Jutta Menschik
(Hrsg.)

Grundlagentexte zur Emanzipation der Frau

Pahl-Rugenstein

© 1976 by Pahl-Rugenstein Verlag, Köln.
Gesamtherstellung: Plambeck & Co., Neuss/Rhein
Umschlagentwurf: Wolfgang Freitag, Düsseldorf
ISBN 3–7609–0195–6

Inhalt

Neue Impulse
nach dem Zweiten Weltkrieg

Feminismus

Praktische Frauenarbeit
in der Bundesrepublik Deutschland
Beispiele und Möglichkeiten 335

Vorwort

Die Frauenfrage, so wie sie sich heute in vielfacher Gestalt zeigt und in den verschiedensten Formen ihren organisatorischen Ausdruck findet, hat eine gemeinsame Wurzel: die Industrialisierung der Produktion und die damit verbundene Umwälzung der politischen Herrschaftsverhältnisse vom Feudalismus zum Kapitalismus.

Zwar gab es die Unterdrückung der Frau durch den Mann schon seit Jahrhunderten zuvor, doch beginnt jetzt für die Frau das Joch der doppelten Unterdrückung. Sie bleibt Sklavin des Mannes und wird zudem noch ausgebeutete Arbeitskraft durch das Kapital. Es ist das unbestreitbare Verdienst der Klassiker des wissenschaftlichen Sozialismus – Marx und Engels –, den Frauen den Weg zu ihrer Befreiung gewiesen zu haben. Anknüpfend an den Gedanken des Frühsozialisten Fourier, daß der Grad der weiblichen Emanzipation zugleich das natürliche Maß der allgemeinen Emanzipation ist, sahen sie die Lösung der Frauenfrage nicht in einem Kampf der Geschlechter untereinander, sondern in der Vernichtung aller unmenschlichen Lebensbedingungen der bürgerlichen Gesellschaft. Als Ziel stellten sie sich ein von Zwang, Ausbeutung und Unterdrückung befreites Leben der Menschen vor, in dem das Verhältnis von Mann und Frau zueinander und ihr Verständnis voneinander allein von gegenseitiger Liebe und Achtung bestimmt ist. Daß sie trotz ihrer Kenntnis der ekelhaften und brutalen Zustände in den kapitalistischen Fabriken die Frauenarbeit nicht verdammten, sondern auch noch forderten, hat zu den absurdesten Mißverständnissen geführt.

So gehört der Vorwurf, Marxisten würden die Frauenfrage *nur* als »Nebenwiderspruch« innerhalb des Hauptwiderspruchs von Kapital und Arbeit sehen, schon zur Standardargumentation einiger engagierter Streiterinnen, von denen die Exponiertesten Engels und Bebel als Märchenonkel der Frauenfrage attackieren, weil sie es ablehnen, von männlichen »Autoritäten« zu lernen. Ihre Gegenparole lautet schlicht: »Frauen erhebt euch und die Welt erlebt euch!«[1]

---

1 S. Roswitha Burgard und Gaby Karsten, Die Märchenonkel der Frauenfrage: Friedrich Engels und August Bebel, Berlin 1975.

9

Wenn dieser Vorstellung in diesem Zusammenhang lieber nicht nachgegangen werden soll, ist es um so notwendiger, das Fehlverständnis vom »Nebenwiderspruch« aufzulösen. Wirklich gemeint ist folgendes:

Der Kapitalismus braucht zu seiner Selbsterhaltung Eigentumsverhältnisse, die es möglich machen, daß eine Minderheit über die arbeitende Mehrheit bestimmt. Solange diese Eigentumsverhältnisse nicht in Frage gestellt werden und damit nicht der *gesellschaftlichen* Unterdrückung der Kampf angesagt wird, ist es schlicht undenkbar, daß die Unterdrückung der Frau durch den Mann (die sich zuallererst im privaten Bereich ausdrückt, und allgemein überhaupt nicht kontrolliert, geschweige denn organisiert angegangen werden kann) endgültig aufhebbar ist. Hausfrauen können gegen ihre Männer aufbegehren, indem sie sich etwa weigern zu kochen, aber was wäre dadurch für die Befreiung der Frau gewonnen? Deshalb ist die Erwerbstätigkeit der Frau im Kapitalismus nicht nur eine wirtschaftliche Notwendigkeit für die Arbeiterfrau und eine Möglichkeit zur Existenzsicherung für die bürgerliche Frau, sondern zugleich die Chance, bewußt und organisiert einzutreten für mehr Rechte am Arbeitsplatz, Arbeitsschutz, Lohngleichheit und politische Mündigkeit. Und nicht zuletzt bedeutet eigener Verdienst der Frauen auch mehr Selbständigkeit gegenüber dem Mann – auch wenn der Lohn in der Haushaltskasse landet. Natürlich konnte diese Theorie, so schlüssig sie auch ist, nie ungebrochen in die Praxis umgesetzt werden. Hatten schon die Männer Schwierigkeiten, mit der neuen sozialen Rolle der erwerbstätigen Frau fertig zu werden, hatten die jahrhundertelang in Rechtlosigkeit gehaltenen Frauen sie erst recht.

Auf jeden Fall zeigt die Spaltung der Frauenbewegung des letzten Jahrhunderts in eine bürgerliche und eine proletarische Richtung, wie auch das Spektrum der heutigen Frauengruppen von feministisch bis sozialistisch, wie falsch es ist, die Frauen schlechthin unter einen Hut bringen zu wollen. Solange es in einer Gesellschaft verschiedene Klassen und Schichten und damit auch evident unterschiedliche Interessen gibt, sind die Klassenschranken, die Frauen voneinander trennen, stärker als die Geschlechtsbande.

Ebenso wie eine solche Position dazu berechtigt, falsche Theorien, die die Lösung der Frauenfrage blockieren, anzugreifen, verpflichtet sie auch in gleichem Maße, die Verdienste anderer Richtungen zu würdigen, wenn immer sie einen theoretischen oder praktischen Beitrag zur Vorantreibung dieses Problems leisten.

Dieser Gedanke war leitend bei der gewiß nicht leichten Aufgabe, aus der vorliegenden Fülle von »Frauenemanzipations-Literatur« die grundlegenden Texte herauszugreifen.

Zum besseren Verständnis und zur Einordnung der Texte sind den einzelnen Kapiteln kurze Einleitungen vorangestellt.

Eine umfassende Literaturliste ergänzt die ausgewählten Texte und soll Anregung zur weiteren Lektüre sein.

Jutta Menschik

I. Die Anfänge –
Bewegung und Rückschritt

Verglichen mit dem revolutionären Elan, mit dem die französischen Frauen in das politische und soziale Geschehen in der Französischen Revolution[1] und in der Februar-Revolution von 1848[2] eingegriffen hatten, verglichen mit der leidenschaftlichen »Verteidigung der Frauenrechte« durch die englische Vorkämpferin der Frauenemanzipation, Mary Wollstonecraft[3], und schließlich verglichen mit dem mutigen Auftreten der amerikanischen Frauen für die volle Gleichberechtigung ihres Geschlechts und die Befreiung der Negersklaven (Text 2), nahmen sich die Anfänge der deutschen Frauenbewegung geradezu bescheiden aus.

Dennoch läßt sich aus den beiden Formen der Frauenbewegung in Deutschland beispielhaft das Gemeinsame und zugleich das Gegensätzliche der Forderung nach *Gleichberechtigung* und des Kampfes um *Emanzipation* ableiten. So kann die bürgerliche Frauenbewegung des letzten Jahrhunderts als Gleichberechtigungsbewegung, die proletarische Frauenbewegung als Emanzipationsbewegung (die im Verein mit der Arbeiterbewegung den Widerspruch zwischen Lohnarbeit und Kapitalherrschaft lösen wollte) umschrieben werden.

Gleichberechtigung erfordert die Brechung der Herrschaft des männlichen über das weibliche Geschlecht. So verlangt eine in beruflicher, vermögensrechtlicher, familienrechtlicher und politischer Hinsicht bisher unterprivilegierte Gruppe – die Frauen – ihre Anhebung auf das Niveau der anderen Gruppe – die Männer.

Gleichberechtigung setzt aber nicht die Fabrikarbeiterin gleich mit

1 Stellvertretend für die großen Frauen der Französischen Revolution sei hier Olympe de Gouche genannt, die, als 1793 der Konvent die Menschenrechte (Les droits de l'homme) proklamierte, sofort erkannte, daß es sich dabei um Männerrechte handelte und diesen deshalb in 17 Artikeln die »Frauenrechte« gegenüberstellte. Ihre Begründung war: »Hat die Frau das Recht, das Schafott zu besteigen, so muß sie auch das Recht haben, die Tribüne zu besteigen.«

2 Die leidenschaftlichste Kämpferin der Februarrevolution war Flora Tristan. Sie trat bereits für die Selbstbefreiung der Frau *und* des Arbeiters ein.

3 Ihr vielbeachtetes Buch »A Vindication of the Rights of Women« erschien bereits 1792.

etwa der Studienrätin, sondern läßt sie vergleichbar werden mit dem Fabrikarbeiter, ebenso die Studienrätin mit dem Studienrat.

Träger der bürgerlichen Gleichberechtigungsbewegung waren vor allem die unverheirateten Frauen der entstehenden Mittelstände, die vor der industriellen Umwälzung als Verwandte in den landwirtschaftlichen oder handwerklichen Großhaushalten ihr Auskommen hatten. Für sie wurde nun die Forderung nach besseren Ausbildungsmöglichkeiten und der Beseitigung aller Schranken weiblicher Erwerbsarbeit zum existentiellen Anliegen. Diesen Postulaten schlossen sich auch Frauen des besitzenden Bürgertums an, die durch Dienstboten weitgehend von ihren Haushaltspflichten entlastet wurden und »denen die wachsende Unausgefülltheit ihres äußeren Daseins die geistige Leere ihres inneren Lebens zum Bewußtsein brachte«[4].

Hervorzuheben unter diesen Frauen, die zwar mit voller Überzeugung für die Gleichberechtigung ihres Geschlechts eintraten, wenngleich als fordernde und handelnde Frauen*massen* nie aufgetreten sind, ist Louise Otto-Peters, eine »deutsche Pionierin aus dem Vormärz, . . . eine rote Demokratin«[5]. Diese Bezeichnung von Bloch wird der Bedeutung ihres Lebenswerks eher gerecht, als sie verklärend »die Lerche der deutschen Frauenbewegung« zu nennen, wie ihre Nachfolgerinnen es taten. Louise Otto, 1819 als Tochter eines wohlhabenden Gerichtsdirektors und Senators in Meißen geboren, wuchs in der geistigen Atmosphäre der Revolutionszeit auf. Die ihr durch das Elternhaus vermittelten freiheitlichen Ideale wurden ergänzt durch ein echtes, tiefes Mitgefühl für das Leid und Elend ihrer »armen Schwestern«, der Arbeiterinnen, das auch ihr Mann, Otto-Peters (Sohn einer einfachen Weberfamilie), in seinen sozialen Romanen beschrieb. Ihr Tatendrang, ihre Bildung und Wohlanständigkeit und ihr Engagement für die Schwachen ließen sie 1848 inmitten des Revolutionsgeschehens die erste deutsche Frauenzeitschrift unter dem Motto: »Dem Reich der Freiheit werb' ich Bürgerinnen«, ins Leben rufen. In der ersten Nummer schrieb sie: »Wenn die Zeiten gewaltsam laut werden, so kann es nicht fehlen, daß auch die Frauen ihre Stimme vernehmen und ihr gehorchen.«[6]

4 Gundula Bölke, Die Wandlung der Frauenemanzipation von Marx bis zur Rätebewegung, Berlin o. J., S. 7.
5 Ernst Bloch, Freiheit und Ordnung, New York 1946, S. 152.
6 Ebenda.

Im selben Jahr erschien auch ihre »Adresse eines Mädchens« (Text 1), wohl das bekannteste und eines der rührendsten Dokumente der bürgerlichen Frauenbewegung. Der von ihr als so schmerzhaft empfundene Unterschied zwischen arm und reich ließ sie allerdings nicht erkennen, daß er »seine höchst geschichtliche Form erhalten hat in dem Klassengegensatz von Bourgeoisie und Proletariat, daß er sich auf der Grundlage des Privateigentums an den Produktionsmitteln, in der Wirtschaft wie in dem politischen und rechtlichen, kurz, ideologischen Überbau der Gesellschaft auswirkt«.[7]

1865 trat unter der Führung von Louise Otto-Peters die erste deutsche Frauenkonferenz in Leipzig zusammen, auf der sich der Allgemeine Deutsche Frauenverein konstituierte.

Auf der Frauenkonferenz zeigte sich, wie weit die bürgerliche Frauenbewegung hinter die Losungen des Revolutionsjahres 1848 zurückgewichen war: Die einst selbstverständliche Forderung nach aktivem und passivem Wahlrecht wurde in die Versenkung verbannt, bis sie erst Jahre später von radikalen Frauenstimmrechtsorganisationen wieder aufgegriffen wurde. Das Ziel der politischen Gleichberechtigung war zusammengeschrumpft auf das Recht der Freiheit der Berufsausbildung. So bescheiden geworden, verband sich der Allgemeine Deutsche Frauenverein zu gemeinsamer Aktion mit dem 1866 gegründeten reaktionären Lette-Verein. Sein Gründer und Leiter, W. A. Lette, war ein reger Förderer weiblicher Erwerbstätigkeit und setzte sich für die Eröffnung neuer und die Verbesserung bisheriger Erwerbsquellen ein, hatte allerdings hauptsächlich die »unverheirateten Frauenzimmer derjenigen mittleren wie auch der höheren Klassen im Auge, welche sich vermöge ihrer gewerblichen Beschäftigungen über den unteren Arbeiterstand erhoben«. Das Feld gesellschaftlicher Betätigung der Frau war für ihn unumstößlich abgesteckt: »Was wir nicht wollen und niemals, auch nicht in noch so fernen Jahrhunderten wünschen und bezwecken, ist die politische Emanzipation und Gleichberechtigung der Frau. Wenn ihnen sogar der berühmte englische Nationalökonom John Stuart Mill das aktive und passive Wahlrecht, die Vertretung und Teilnahme an politischen Versammlungen zu vindizieren gewillt ist, so befindet er

7 Clara Zetkin, Zur Geschichte der proletarischen Frauenbewegung Deutschlands, Berlin (DDR) 1958, S. 23.

sich dabei im Widerspruch wie mit den tausendjährigen Einrichtungen aller Staaten und Völker, so auch mit der Natur und Bestimmung des Weibes und mit den ewigen Gesetzen der göttlichen Weltordnung. Der alte Satz der christlichen Kirche: ›Mulier taceat in ecclesia‹ (Das Weib schweige in der Kirchengemeinde, d. Verf.) gilt für alle Zeit, nicht bloß für die kirchliche, sondern auch für die politische Gemeinde.«[8]

Hier klingt schon deutlich der Standpunkt des Bürgertums durch, den auch die bürgerliche Frauenbewegung nie entkräften konnte: Die Frau darf und soll arbeiten, wenn es gar nicht anders geht, aber vor allem und zuallererst ist sie zuständig für die Gestaltung des häuslichen Glücks. Wie sehr es gelungen ist, diese Auffassung auch den Arbeiterfamilien aufzudrängen (die sich ja für oder gegen die Erwerbsarbeit der Frau nie entscheiden konnten, da sie ihnen fast immer aufgezwungen wurde), zeigt eine von der »Commission des Verbandes Arbeiterwohl« im Jahre 1882 herausgegebene Broschüre. Bereits die Erstausgabe des »vollständigen Haushaltsunterrichts nebst Anleitung zum Kochen für Arbeiterfrauen« war ein Bestseller. Die Nichtbeschränkung auf praktische Hinweise zur Haushaltsführung, sondern die hanebüchene Ergänzung durch Programme zur Selbstbeschneidung und Bürgerruhe bietet wichtiges Quellenmaterial der Emanzipationsgeschichte (Text 4). Interessant ist die Form, in der die Verdummung und Versklavung der Frauen propagiert wird: Mittels des Mahnworts eines Seelsorgers wird den Frauen ein Zehn-Gebote-Katalog der Selbstaufgabe nahegebracht. Beginnend mit der Forderung »Sei vor allem gottesfürchtig und fromm!« über den Appell »Ertrage die Fehler deines Mannes mit Geduld« wird schließlich verlangt: »Halte dich still für dich, möglichst fern von geschwätzigen Freundinnen.« Welch ein Rückschritt hinter den knapp hundert Jahre vorher erschienenen Katechismus der Vernunft für edle Frauen (Text 3) des evangelischen Theologen und Philosophen Friedrich Schleiermacher, der in seinem für die Romantik typischen Dokument die Frauen auffordert: »Laß dich gelüsten nach der Männer Bildung, Kunst, Weisheit und Ehre.«[9]

In diesem Sinne ist der bürgerlichen Frauenbewegung zuzugestehen,

---

8 Zitiert nach ebenda, S. 54.

9 Er sagt dies, obwohl er sich in seinen Tagebüchern strikt gegen die politische Freiheit der Frau ausspricht, nicht etwa, weil er sie für gefährlich hält, sondern – echt romantisch – fürchtet, sie könne die Frauen minder reizvoll machen.

daß sie den Boden bereitet hat für die grundsätzliche Anerkennung der Gleichbewertung und Gleichberechtigung des weiblichen Geschlechts. Sie wurde im wesentlichen von zwei Parolen bestimmt: zum einen durch die Forderung nach politischer Gleichberechtigung, die mit der Gewährung des Frauenwahlrechts nach der Novemberrevolution 1918 einen vorläufigen Höhepunkt erreichte, und zum anderen durch die Forderung des Rechts auf Berufsfreiheit. Als erstes öffneten sich den bürgerlichen Frauen die Türen von Kontoren und Büros, als nächstes (1900) die Universitäten. Da dies noch nicht ausreichte, schuf die bürgerliche Frauenbewegung jenen Kanon der »sozialen Frauenberufe« von der Krankenschwester bis zur Fürsorgerin: Berufe, die zunächst ehrenhalber, bald jedoch schon erwerbsmäßig ausgeübt und institutionalisiert wurden und heute oft noch zur Begründung herhalten müssen, die Frau finde ihre Bestimmung durch die Bestellung der »Hege- und Pflegewelt«, während der Mann die »Sach- und Wirkwelt« gestalte. Trotz dieser Abstriche ist Clara Zetkin voll zuzustimmen, wenn sie urteilt: »Das Beste, was die bürgerliche Frauenbewegung geleistet hat, ist die Betonung der Bedeutung, die der Berufsarbeit für die Gleichberechtigung der Frau mit dem Mann zukommt.«[10]

Mühelos ließen sich eine Reihe von hervorragenden bürgerlichen Frauen, die sich um die Sache ihrer Geschlechtsgenossinnen verdient gemacht haben, aufführen. Stellvertretend für alle sollen Lily Braun (Text 7) und Helene Lange (Text 8) stehen. Nach Zetkin war ihr gemeinsamer und entscheidender Fehler aber, »anzunehmen, daß ihre frauenrechtlerischen Forderungen für alle Frauen die gleiche befreiende Wirkung hätten. Indem sie den Boden der kapitalistischen Gesellschaftsordnung bewußt nicht verließen und lediglich danach strebten, die bürgerliche Gesellschaft zu reformieren, wurde die bürgerliche Frauenbewegung zu einer gegenrevolutionären Macht durch den lähmenden Einfluß auf große werktätige Frauenmassen, deren Wollen und Handeln auf den Kampf von Geschlecht zu Geschlecht für die Reform der bürgerlichen Ordnung konzentriert wird, statt auf den Kampf von Klasse zu Klasse für die Revolution«[11].

So stellte sich die proletarische Frauenbewegung nicht gegen die bürgerliche, sah aber die Probleme an anderer Stelle. Ihre Forderung nach

10 Zur Geschichte . . ., a.a.O., S. 57.
11 Ebenda, S. 92.

Emanzipation knüpft zwar an demselben durch die Frau ertragenen Widerspruch an, wie ihn die Bürgerinnen sahen – Rechtlosigkeit und die volle Verantwortung für die Versorgung der Familie auf der einen Seite; die Erbringung gesellschaftlicher Erwerbsleistungen auf der anderen Seite –, meint jedoch mehr als Gleichberechtigung.

Das Wort stammt aus dem Lateinischen. Emancipatio bedeutet im römischen Recht die Freilassung von Sklaven, aber dann vor allem auch die Entlassung des erwachsenen Sohnes aus der väterlichen Gewalt. »Emanzipation« wurde später im Anschluß an die Aufklärung zur eigentlichen politischen Losung in der Französischen Revolution.

Der Begriff wurde nunmehr auf die Befreiung einzelner Bevölkerungsgruppen ausgedehnt, z. B. Sklavenbefreiung, Bauernbefreiung, Judenemanzipation. Im Vordergrund stand nun die Verkündigung der Menschenrechte und das darin enthaltene Gleichheitsprinzip. Deshalb ging es bei der Emanzipation im modernen Sinne nicht länger um die Erringung einzelner Rechte und Freiheiten, sondern um die prinzipielle Gleichstellung aller Menschen. Zugleich trat das Moment der *Selbstbefreiung* im Vergleich zur (früheren) *Gewährung* der Emanzipation hervor.

In den Zusammenhang dieser modernen Emanzipationsbewegungen ist auch die Frauenemanzipation einzuordnen. So wurde einige Jahrzehnte nach der Französischen Revolution die Emanzipationsparole von amerikanischen Bürgerfrauen aufgegriffen, die für die Befreiung der Negersklaven kämpften und aus den Erfahrungen dieses Kampfes die Erkenntnis von der Notwendigkeit ihrer eigenen Emanzipation gewannen.

Der deutsche Gebrauch des Wortes »Emanzipation«, im erweiterten Sinne von Frauenemanzipation, geht vermutlich zurück auf die Parole des Frühsozialisten *Saint-Simon* »L'affranchissement de la femme« (l'affranchissement = Freilassung), die in einer Schrift aus dem Jahre 1835 als »Emanzipation der Frau« übersetzt wurde.

Eine besondere Bedeutung erhält der Begriff der Emanzipation der Frau im Zusammenhang der Entfaltung des wissenschaftlichen Sozialismus, in dem die Frauenemanzipation der Emanzipation der Arbeiter innerhalb der Klassenfrage zugeordnet wird. Dabei geht die Frauenemanzipation von der doppelten Unterdrückung der Frau im Kapitalismus aus. Sie konstatiert die durch die Tradition gegebene Unterprivile-

18

gierung der Frau gegenüber dem Mann, darüber hinaus aber und daneben: bei Zugehörigkeit der Frauen zur Klasse der Nichtbesitzenden ihre Unterdrückung durch die Klasse der Besitzenden. Insofern macht Emanzipation die Frauenfrage zu einer sozialen Frage und hebt den Konflikt der Geschlechter untereinander auf die Ebene des Kampfes der Klassen gegeneinander.

Organisatorischer Ausdruck eben dieser Überzeugung war die proletarische Frauenbewegung. Sie entzündete sich an einem der ersten Gesetze kapitalistischer Produktion, nämlich Frauen und Kinder in den Fabriken Arbeit erbringen zu lassen. Da Frauen – bedingt durch ihre Rechtlosigkeit – von Anfang an billigere Arbeitskräfte als die Männer waren, wirkten sie als Konkurrenten um die Arbeitsplätze und Drücker auf die Männerlöhne.

So nimmt es nicht wunder, daß eine Fraktion in der deutschen Sozialdemokratie (die »Lasallianer«) die Frauenfrage durch Herausnehmen der Frauen aus der Produktion lösen wollte. Zugleich sah aber eine andere Gruppe (die »Eisenacher« oder Marxisten) in der außerhäuslichen, gesellschaftlichen Arbeit der Frau die Chance, Rechtlosigkeit praktisch zu überwinden, d. h. durch die Erwerbsarbeit der Frau ein Faktum zu schaffen, das es nicht mehr zuläßt, der arbeitenden Frau Rechte am Arbeitsplatz zu versagen. Schließlich wurde auch eingesehen, daß nur die Teilnahme am Produktionsprozeß die Frauen in den direkten Emanzipationskampf der Arbeiterklasse einreiht.

Um die Verelendung der Arbeiterklasse abzuwenden und die Verwahrlosung der Arbeiterfamilie rückgängig zu machen, setzte die proletarische Frauenbewegung innerhalb »ihrer« Partei, der Sozialdemokratie, folgenden Standpunkt durch: Da es ein Gesetz der industriellen Produktion ist, auf Frauenarbeit nicht zu verzichten, gelte es, die Frauenarbeit als solche zu bejahen und gegen die kapitalistischen Mißstände zu kämpfen. Das hieß zunächst, den Kampf aufzunehmen für angemessene Arbeitsbedingungen, den Zehn-, später Achtstundentag, gesetzlich garantierten Arbeitsschutz, mehr Lohn und Lohngleichheit für Männer und Frauen.

So wie Louise Otto-Peters als Begründerin der bürgerlichen Frauenbewegung in Deutschland gilt, muß Clara Zetkin als Repräsentantin der proletarischen Frauenbewegung gewürdigt werden.

1857 als Tochter des sächsischen Dorfschullehrers Eißner geboren, kam sie mit dem Marxismus in Berührung, als sie während ihrer Ausbildung zur Lehrerin in Leipzig mit russischen Emigranten und Revolutionären zusammentraf. Einer von ihnen war Ossip Zetkin, ihr späterer Mann, der unter dem Sozialistengesetz 1879 ausgewiesen wurde. Als junge Lehrerin verließ sie Deutschland und ging nach Zürich, wo sie aktiv für den »Sozialdemokrat« tätig war, die in der Schweiz von dem bedeutenden Sozialisten Julius Motteler herausgegebene und illegal nach Deutschland eingeführte (Clara Zetkin benutzte dazu den Kinderwagen) sozialistische Zeitung. War ihr Leben in der schweizer und französischen Emigration durch harte Entbehrungen schwer genug, wurde ihre Lage noch verzweifelter, als ihr Mann nach schwerer Krankheit frühzeitig starb und sie die Sorge um zwei Kinder allein zu tragen hatte.

Trotzdem besuchte Clara Zetkin weiterhin Deutschland und sprach auf illegalen Versammlungen. 1889 hielt sie auf dem Gründungskongreß der II. Internationale in Paris ihr erstes großes Referat zur Frauenfrage (Text 10). In ihm führte sie exemplarisch die Auffassung der Marxisten zur Möglichkeit der Befreiung der Frau vor. Nach Zetkin hat Marx sich zwar nie mit der Frauenfrage an und für sich und als solcher beschäftigt, »wohl aber Besseres gegeben: die richtige und treffsichere Methode, sie zu erforschen und zu begreifen«[12]. So muß die Frauenfrage im allgemeinen sozialen und historischen Zusammenhang verstanden werden und nicht als Problem eines Geschlechts. Drei Aspekte seien vor allem zu berücksichtigen, wenn die Frau Emanzipation als Prozeß der Befreiung von Herrschaft und Unterdrückung vorantreiben will:

1. Ihre Teilnahme am Produktionsprozeß;

2. die Enthüllung der bürgerlichen Familienstruktur und die Einsicht in ihre historische Wandelbarkeit;

3. die praktische Durchsetzung der Frauenemanzipation durch Organisierung der Frau in der revolutionären Arbeiterpartei (Proletarische Frauenbewegung).

Der Deutschen Sozialdemokratie, die sich als marxistische Partei verstand und die von den marxistischen Theoretikern analysierten Zusammenhänge zwischen Frauenarbeit, Auflösung der Familie und Emanzipation akzeptierte (d. h. die soziale, geistige und politische Gleichstel-

12 Clara Zetkin, Ausgewählte Reden und Schriften, Bd. 1, Berlin (DDR) 1957, S. 219.

lung der Frau verwirklichen wollte), blieb Clara Zetkin – trotz aller ideologischen Auseinandersetzungen mit den Revisionisten – bis 1917 verbunden. Daneben gab sie die Frauenzeitschrift »Die Gleichheit« heraus und mobilisierte die Frauen während des Ersten Weltkrieges unermüdlich zum Kampf für den Frieden.

In politischer Solidarität mit Karl Liebknecht und Rosa Luxemburg verbunden und begeistert von der Sozialistischen Oktoberrevolution in Rußland, wurde sie Mitglied der jungen Kommunistischen Partei Deutschlands. Von der SPD der Redaktion der »Gleichheit« enthoben, brachte sie 1919 die erste Nummer der »Kommunistin« heraus. Als Reichstagsabgeordnete der KPD erwarb sie sich vor allem Verdienste im Kampf um die Schulreform. Sie lebte jetzt abwechselnd in Deutschland und in der Sowjetunion, wo sie – nachlesbar in unzähligen Aufsätzen, Referaten und Schriften – die Befreiung der Frau unter sozialistischem Vorzeichen studierte, kommentierte und durch ihren Rat förderte. Clara Zetkin, die die Frauenfrage als Vollblutpolitikerin und nicht allein als Frauenrechtlerin vorantrieb, konnte nicht so befangen sein – wie viele ihrer bürgerlichen Mitstreiterinnen –, die faschistische Gefahr zu übersehen. 1932 eröffnete sie als Alterspräsidentin den deutschen Reichstag und rief zur Einheitsfront gegen den Faschismus auf. Vier Monate nach der Machtergreifung und dem Einsetzen des blutigen Terrors in Deutschland, der keine der beiden Frauenbewegungen verschonte, starb Clara Zetkin bei Moskau und wurde an der Kremlmauer beigesetzt.

Betrieb Clara Zetkin den Frauenkampf eher von der praktischen Seite her, fand sie die wesentlichste theoretische Unterstützung durch Bebels Werk »Die Frau und der Sozialismus«[13], das sie »den Abschluß der Klä-

13 August Bebel, Die Frau und der Sozialismus, 61. Auflage, Berlin 1964. Dieses erste umfassende Werk eines Marxisten zur Frauenfrage, das schon unter dem Sozialistengesetz entstand, fand sehr schnell eine ungewöhnliche Verbreitung. 1909 war es bereits in 15 Sprachen übersetzt und erschien in Deutschland in der 50. Auflage, 1964 in der 61. Auflage. Dieses klassische Werk der proletarischen Frauenbewegung enthält zwar keine neuen wissenschaftlichen Erkenntnisse, schildert dafür aber kraß realistisch – auch für die Proletarierin verständlich – die elende Lage der Frau in sozialer und sexueller Hinsicht. In einem geschichtlichen Überblick beschreibt es die Stellung der Frauen von der Urgesellschaft bis hin zur bürgerlichen Familie, behandelt die sexuellen und Eheverhältnisse in ihrer Entwicklung, Probleme der Prostitution, der Erwerbsstellung der Frau und ihren Kampf um Gleichberechtigung und Ausbildung. Als Lösung der Frauenfrage stellt es schließlich die Vorstellung der Marxisten zur Frauenemanzipation in einer sozialistischen Gesellschaft dar.

rungsepoche der Arbeiterbewegung . . . und die ideologische Krönung der Anfänge der proletarischen Frauenbewegung«[14] nannte. Wenn es auch für Bebel keinen anderen Weg für die ganze Befreiung der Frau gab als durch die gänzliche Umgestaltung der Gesellschaft und ihren Neuaufbau auf sozialistischer Grundlage, vertagte er die Forderung nach Emanzipation der Frau nicht auf den Zukunftsstaat. Der Wegbereiter für eine Neueinschätzung der Frauenfrage erklärte den Kampf für die volle Gleichberechtigung des weiblichen Geschlechts als Sache des Proletariats und eine Aufgabe der Gegenwart. »Auch an die Frau (. . .) tritt die Aufforderung, in diesem Kampfe nicht zurückzubleiben, in dem auch für ihre Befreiung und Erlösung gekämpft wird. Es ist an ihr, zu beweisen, daß sie ihre wahre Stellung in der Bewegung und in den Kämpfen der Gegenwart für eine bessere Zukunft begriffen hat und entschlossen ist, daran teilzunehmen.«[15] Seine reale Utopie von der Frau in der Zukunft ist in Text 9 dokumentiert.

Versucht man einen zusammenfassenden Vergleich beider Frauenbewegungen, könnte man sagen: Verlangten die bürgerlichen Frauen das Recht auf (angemessene) Arbeit, suchten die proletarischen Frauen Schutz vor zuviel Arbeit. War die Idee der bürgerlichen Frauen die, daß die »soziale Weltordnung erst ins Gleichgewicht gebracht werden« konnte, »wenn Frauen verantwortlich mitdenken und mithandeln«[16], vollzog die proletarische Frauenbewegung ideologisch und praktisch den Trennstrich zwischen den Arbeiterinnen, die nach *sozialer Gleichheit* und Aufhebung der Klassen strebten, und den Bürgerinnen, die innerhalb der Grenzen des bürgerlichen Staates *Frauenrechte* forderten.

War der Kampf um Frauenemanzipation bisher nur *gegen* bürgerliches Selbstverständnis, gegen Tradition und Moral geführt worden, war den Frauen nach dem Sieg der sozialistischen Revolution in Rußland eine Chance neuer Qualität gegeben. Frauenemanzipation sollte *Bestandteil* der Neuordnung der Gesellschaft auf der Grundlage des wissenschaftlichen Sozialismus sein. Bereits im Dezember 1917 erließ der Rat der Volkskommissare zwei Dekrete, die die Frau politisch und rechtlich mit dem Mann gleichstellten. Die ökonomische Gleichberechtigung folgte konsequent durch die weitgehende Eingliederung der

14 Clara Zetkin, Zur Geschichte . . ., a.a.O., S. 118.
15 August Bebel, Die Frau und der Sozialismus, a.a.O., S. 556.
16 Agnes Zahn-Harnack, Die Frauenbewegung, Berlin 1928, S. 11.

Frauen in die Produktion. Gleicher Lohn für gleiche Arbeit, umfassender Arbeitsschutz, qualifizierte Berufsausbildung auch für Frauen waren bereits Gebote der ersten Jahre, so daß Clara Zetkin 1926 feststellte, daß »in den Betrieben und Unternehmungen der Sowjetrepubliken im Gegensatz zu den Verhältnissen der kapitalistischen Länder Frauenarbeit nicht billige, sondern teure Arbeit« ist.[17] Zugleich wurde der »heroische Versuch, den sogenannten ›Familienherd‹ zu zerstören«, unternommen, indem (wie schon von Bebel erdacht) ein »vollendetes System öffentlicher Pflegen und Dienste«[18] geplant und stufenweise aufgebaut wurde: Entbindungsanstalten, Krippen, Kindergärten, Schulen, öffentliche Speisehäuser, öffentliche Wäschereien, Arbeiterwohnungen mit gemeinsamen Wirtschafts- und Küchenräumen für mehrere Familien.

Entsprechend wurde die Eheschließung nur noch formale Registrierung, und Scheidung konnte ohne gerichtlichen Beschluß und schon auf Wunsch eines Ehepartners vom Standesamt ausgesprochen werden. Legalisierung der Schwangerschaftsunterbrechung und die Möglichkeit absoluter Befriedigung der sexuellen Bedürfnisse (teilweise in Formen von freier Liebe, die in der Auffassung gipfelten, der Liebesakt sei nicht höher zu bewerten als das Trinken eines Glases Wasser gegen den Durst) zeigen das Ausmaß der extremen Befreiungstendenzen.

Lenin allerdings wehrte sich entschieden gegen jene »famose Glas-Wasser-Theorie«, die er »für vollständig unmarxistisch und obendrein für unsozial« hielt.[19] Da er sich (wie Engels und Bebel) Geschlechterliebe in ihrer höchsten Verfeinerung nur als Zweierbeziehung vorstellen wollte, sah er in dieser Spielart von »Befreiung der Liebe (. . .) eine Erweiterung des bürgerlichen Bordells«[20] und statt möglicher Erweiterung der Liebesbeziehungen und Lebensfreude lediglich »eine Emanzipation des Fleisches«.[21] Die Auffassungen der Verfechter jener »freien Liebe«, allen voran Alexandra Kollontaj[22], wurden zwar nur von einer

17 Clara Zetkin, Ausgewählte Reden und Schriften, Bd. 3, Berlin (DDR) 1960, S. 294.
18 Leo Trotzki, Verratene Revolution, Frankfurt/Main 1968, S. 141.
19 Clara Zetkin, Erinnerungen an Lenin. In: Zetkin, Ausgewählte Reden und Schriften, Bd. 3, a.a.O., S. 140.
20 Ebenda, S. 139.
21 Ebenda, S. 141.
22 Alexandra Kollontaj wird die Zusammenfassung der neuen sozialistischen Sexualmoral unter dem Schlagwort ›Glas-Wasser-Theorie‹ zugeschrieben. Zu ihren politischen und moralischen Vorstellungen vgl. auch: Kollontaj, Alexandra: Autobiographie einer sexuell emanzipierten Kommunistin, München 1970.

Minderheit der Parteimitglieder akzeptiert, genossen aber beachtliche Popularität bei der städtischen Jugend, so daß die Kontroverse über eine neue sozialistische Moral nicht nur theoretische Bedeutung hatte. Alexandra Kollontajs heute schwer zugängliche Novelle »Die Liebe der drei Generationen«, in der sie ihre Vorstellungen vom Wandel der Moral und der Geschlechterbeziehungem am klarsten darlegt, ist in Text 11 abgedruckt.

Nach den allgemeinen sozialen Erschütterungen durch Bürgerkrieg (1921–22) und Zweiten Weltkrieg ist von den sozialistischen Emanzipationsansprüchen die rechtliche und wirtschaftliche Gleichstellung der Sowjetfrau seit 50 Jahren geblieben. Die Abschaffung der Familie wird allerdings nicht mehr gefordert, sondern lediglich die Aufhebung ihrer privaten Isolation und ihre fruchtbare Einbeziehung in das politische, soziale und kulturelle Leben der Gesellschaft.

Louise Otto

Aufruf in der »Leipziger Arbeiter-Zeitung« Nr. 4 vom 20. Mai 1848

Adresse eines Mädchens an den hochverehrten Herrn Minister Oberländer, an die durch ihn berufene Arbeitercommission und an alle Arbeiter.

Meine Herren!
Indem ich mir erlaube, eine Adresse an Sie zu richten, welche weiter keine Unterschrift trägt, als den einfachen Namen eines Mädchens, so kann diese Freiheit nur entschuldigt werden durch das unbegrenzte Vertrauen, welches ich in das Ministerium des Innern setze, durch die Wichtigkeit, welche ich der Arbeitercommission beilege und durch den Antheil, welchen ich von jeher an dem Loose der arbeitenden Classen genommen habe.

Meine Herren! Misverstehen Sie mich nicht: ich schreibe diese Adresse nicht trotzdem, daß ich ein schwaches Weib bin – ich schreibe sie, weil ich es bin. Ja, ich erkenne es als meine heiligste Pflicht, der Sache Derer, welche nicht den Muth haben, dieselbe zu vertreten, vor Ihnen meine Stimme zu leihen. Sie werden mich deshalb keiner Anmaßung zeihen können, denn die Geschichte aller Zeiten hat es gelehrt und die heutige ganz besonders, daß Diejenigen, welche selbst an ihre Rechte zu denken vergessen, auch vergessen wurden. Darum will ich Sie an meine armen Schwestern, an die armen Arbeiterinnen mahnen!

Meine Herren – wenn Sie sich mit der großen Aufgabe unserer Zeit: mit der Organisation der Arbeit beschäftigen, so wollen Sie nicht vergessen, daß es nicht genug ist, wenn Sie die Arbeit für die Männer organisiren, sondern daß Sie dieselbe auch für die Frauen organisiren müssen.

Sie wissen es Alle, daß unter den vorzugsweise sogenannten arbeitenden Classen die Frauen so gut wie die Männer für das tägliche Brot arbeiten müssen. Ich will mich hier nicht dabei aufhalten, nachzuweisen, wie, weil die Frauen nur zu wenig Arten von Arbeiten zugelassen sind, die Concurrenz in denselben die Löhne so herabgedrückt hat, daß, wenn man das Ganze im Auge behält, das Loos der Arbeiterinnen noch ein viel elenderes ist, als das der Arbeiter. Sie werden es Alle wissen, daß es so ist, und wenn Sie es noch nicht wissen, so setzen Sie Commissionen ein, die es Ihnen werden bestätigen müssen. – Nun kann man zwar sagen: wenn die Männer künftig besser als jetzt bezahlt werden, so können sie auch besser für ihre Frauen sorgen und diese sich der Pflege ihrer Kinder widmen, statt für Andere zu arbeiten. Einmal, fürchte ich, wird das Loos der arbeitenden Classen nicht gleich in diesem Maße verbessert werden können, und dann bleibt immer noch die große Schar der Witwen und Waisen, auch der erwachsenen Mädchen überhaupt, selbst wenn wir die Gattinnen und Mütter ausnehmen. Ferner heißt dies aber auch, die eine Hälfte der Menschen für Unmündige und Kinder erklären und von den andern ganz und gar abhängig machen. Es heißt dies, um es gerade herauszusagen: die Sittenlosigkeit, das Verbrechen begünstigen. Ein Mädchen, das als Arbeiterin ihr Dasein nur kümmerlich fristen kann, wird ihr ganzes Bestreben darauf richten, einen Mann zu bekommen, durch den sie diesen Sorgen enthoben wird – ist sie schon verderbt, so gibt sie sich aus Berechnung dem ersten besten Mann hin, damit er sie, wenn auch nicht um ihrer selbst, doch um ihres Kindes Willen heirathe – oder wenn sie auch nicht so tief gesunken, heirathet sie doch den ersten besten, gleichviel ob sie ihn liebt und zu ihm paßt oder nicht. Auf alle Fälle wird die Zahl der unglücklichen, unmoralischen, leichtsinnig geschlossenen Ehen, der unglücklichen Kinder und der unglücklichsten Proletarierfamilien auf eine bedenkliche Weise gerade dadurch vermehrt: daß das Loos der alleinstehenden Arbeiterinnen ein so trauriges ist. Ich habe hier noch gar nicht auf die schlimmste Folge des weiblichen Proletariats aufmerksam gemacht – es ist die Prostitution. Ich erröthe, daß ich dies Wort vor Ihnen nennen muß – aber mehr noch als darüber erröthe ich über die socialen Zustände eines Staats, der Tausenden seiner armen Töchter kein anderes Brot zu geben vermag, als das vergiftete eines scheußlichen Gewerbes, das sich auf das Laster der Männer gründet!

Meine Herren! im Namen der Moralität, im Namen des Vaterlandes, im Namen der Humanität fordere ich Sie auf: vergessen Sie bei der Organisation der Arbeit die Frauen nicht!

Sie, Hochverehrter Herr Minister, werden sie nicht vergessen, denn Sie haben ein Herz für alle Leiden des Volks! – Sie haben an die armen verhungernden Klöpplerinnen, an den allgemeinen Nothstand schon damals gedacht, als Ihr prophetisches Wort: daß es, wenn es so fortgehe wie bisher, nur noch Hundert Reiche und Millionen Arme geben werden, innerhalb der Kammer spurlos verhallte und nur draußen in die dankbaren Herzen der Armen und ihrer Freunde fiel! – Auch das Loos der armen Arbeiterinnen werden Sie jetzt in Ihre und darum in die besten Hände nehmen und werden auch mir nicht zürnen, daß ich meine schwache Stimme für einen Theil des Volks erhob, der noch nicht gewagt, seine Interessen selbst zu vertreten.

Und Sie, meine Herren, die Sie zur Prüfung und Regelung der Arbeiterverhältnisse mit berufen sind – denken Sie auch an das schwächere Geschlecht, das, weil es sich nicht selbst zu helfen vermag, ein heiliges Recht hat, diese Hülfe von Ihnen, dem stärkern Geschlecht, zu fordern! Vergessen Sie auch die Fabrikarbeiterinnen, Tagelöhnerinnen, Strickerinnen, Näherinnen usw. nicht – fragen Sie auch nach ihrem Verdienst, nach dem Druck, unter dem sie schmachten, und Sie werden finden, wie nöthig hier Ihre Hülfe ist.

Und auch für Sie, meine Herren, auch für Sie, die ganze große Schar der Arbeiter habe ich diese Adresse geschrieben. Auch Sie haben als das stärkere Geschlecht die Pflicht, sich des schwächern anzunehmen! Sind es nicht Ihre Frauen, Schwestern, Mütter und Töchter, deren Interessen es zu wahren gilt, so gut wie Ihre eigenen? – Statt dessen hat es in Berlin geschehen können, daß die Fabrikarbeiter, die eine Verbesserung ihres Looses begehrten, darauf drangen, daß aus den Fabriken alle Frauen entlassen würden! – Das ist ein Misbrauch des Rechts des Stärkern! – Arbeiter! ich bin überzeugt, die Mehrzahl von Ihnen ist von einem andern Geist erfüllt! – Nein, geben Sie nicht zu, daß fortan noch das Elend Ihre Töchter zwingt, noch ihr einziges Besitzthum – ihre Ehre, da man ihre Arbeitskraft verschmäht, an den lüsternen Reichen zu verkaufen! – Dulden Sie nicht ferner, daß diese Schande im Geleit der Armuth ist! Denken Sie nicht nur daran, wie Sie sich selbst, sondern auch wie Sie Ihren Frauen und Töchtern Brot verschaffen können!

Ich bin gewiß, meine armen Schwestern theilen meine Gefühle, aber ihre Tage gehen so in Noth und Stumpfheit dahin, daß sie nicht wagen, wie es die Männer thun, ihre Bitten und Wünsche öffentlich auszusprechen. So habe ich dies allein für sie zu thun gewagt durch das einzige Mittel, durch das es mir möglich ist, eine Wirkung für das Allgemeine wenigstens zu versuchen – durch die Presse. – Möchte es mir gelungen sein, Ihre Aufmerksamkeit auf die Lage der armen Arbeiterinnen und der Nothwendigkeit einer Verbesserung derselben gelenkt zu haben!

Louise Otto

(Da es der guten Sache gilt, werde ich allen Redactionen von Zeitschriften, welche diesen Artikel in ihre Spalten aufnehmen, sehr dankbar sein.)

TEXT 2

»Declaration of sentiments«, aufgestellt von der Versammlung amerikanischer Frauen in Seneca Falls (N. Y.) am 19. und 20. Juli 1848

Da die History of Woman Suffrage, die diese Erklärung bringt, in Deutschland kaum zugänglich ist, folgt hier der wesentlichste Teil in der Übersetzung.

Die Einleitung geht von zwei grundlegenden Voraussetzungen aus: daß alle Männer und Frauen gleich geschaffen und vom Schöpfer mit gewissen unveräußerlichen Rechten begabt sind, zu denen Leben, Freiheit und das Streben nach Glück gehören; daß zur Sicherung dieser Rechte Regierungen eingesetzt werden, die den Rechtsgrund ihrer Macht aus der Zustimmung der Regierten ableiten und denen der Gehorsam versagt werden darf, wenn sie ihren Zweck nicht mehr erfüllen. Dieses Recht ist für die Frauen nach langem geduldigen Leiden unter dem Despotismus des Männerstaats zur Pflicht geworden. Ihre Anklagen gegen diesen Despotismus werden dann, wie folgt, zusammengestellt:

»Die Geschichte der Menschheit ist eine Geschichte wiederholter Schädigungen und Übergriffe von seiten des Mannes gegenüber der Frau, die zum unmittelbaren Zweck die Begründung einer Tyrannei über sie haben. Um dies zu beweisen, sollen die Tatsachen einer unvoreingenommenen Welt unterbreitet werden.

Er hat ihr niemals erlaubt, ihren unveräußerlichen Anspruch auf das politische Stimmrecht auszuüben.

Er hat sie gezwungen, sich Gesetzen zu unterwerfen, bei deren Abfassung sie keine Stimme hatte.

Er hat ihr Rechte vorenthalten, die man den unwissendsten und entartetsten Männern, Einheimischen und Fremden, gewährt.

Indem er sie des vornehmsten Rechts eines Bürgers, des Wahlrechts, beraubte, und sie so ohne Vertretung in den gesetzgebenden Körperschaften ließ, hat er sie auf allen Seiten unterdrückt.

Er hat die verheiratete Frau, vom Standpunkt des Gesetzes aus, bürgerlich tot gemacht.

Er hat ihr alles Eigentumsrecht genommen, sogar auf den selbstverdienten Lohn.

Er hat sie moralisch zu einem unverantwortlichen Wesen gemacht, da sie viele Verbrechen ungestraft tun kann, vorausgesetzt, daß sie sie in Gegenwart ihres Mannes tut. In dem Heiratsvertrag ist sie gezwungen, ihrem Manne Gehorsam zu versprechen, der in jeder Beziehung zu ihrem Herrn wird, indem das Gesetz ihm das Recht gibt, sie ihrer Freiheit zu berauben und Züchtigung auszuüben.

Er hat die Ehescheidungsgesetze in bezug auf die Scheidungsgründe und in bezug darauf, wem im Falle der Trennung die Kinder zugesprochen werden sollen, so gestaltet, daß dabei das Glück der Frau ganz außer acht gelassen wird, da das Gesetz in allen Fällen von der falschen Voraussetzung der Überlegenheit des Mannes ausgeht und alle Macht in seine Hände gelegt wird.

Während er sie als verheiratete Frau aller Rechte beraubt, besteuert er sie, wenn sie unverheiratet ist und Eigentum besitzt, um eine Regierung zu unterstützen, die sie nur anerkennt, wenn ihr Vermögen nutzbar gemacht werden kann.

Er hat fast alle einträglichen Berufe monopolisiert, und in denen, die sie ausüben darf, erhält sie nur eine kärgliche Bezahlung. Er verschließt ihr alle Wege zu Reichtum und Auszeichnung, von denen er meint, daß sie ihm zukommen. Als Lehrer der Theologie, der Medizin und des Rechts ist sie unbekannt.

Er hat ihr die Gelegenheit versagt, sich eine gründliche Bildung anzueignen, indem er ihr alle höheren Schulen verschloß.

Er gesteht ihr in der Kirche wie im Staat nur eine untergeordnete Stellung zu, indem er sich bei ihrem Ausschluß vom geistlichen Amt und, mit einigen Ausnahmen, von aller öffentlichen Teilnahme in kirchlichen Angelegenheiten auf apostolische Autorität beruft.

Er hat die öffentlichen Moralanschauungen verwirrt, indem er der Welt ein verschiedenes Sittengesetz für Mann und Frau gab, durch welches moralische Verfehlungen, die die Frauen gesellschaftlich unmöglich machen, bei dem Mann nicht nur geduldet, sondern sogar für ziemlich belanglos gehalten werden.

Er hat sich das Vorrecht Jehovahs selbst angemaßt, indem er für sich das Recht in Anspruch nimmt, ihre Lebenssphäre zu bestimmen, während das doch Sache ihres Gewissens und ihres Gottes ist.

Er hat sich in jeder Weise bemüht, ihr Vertrauen in ihre eigene Kraft zu zerstören, ihre Selbstachtung zu verringern und sie willig zu machen, ein abhängiges und unwürdiges Leben zu führen.

Nun, angesichts dieser gänzlichen Knechtung der einen Hälfte unseres Volkes, ihrer sozialen und religiösen Erniedrigung – angesichts der oben erwähnten ungerechten Gesetze, und weil die Frauen sich beleidigt, unterdrückt und betrügerischer Weise ihrer heiligsten Rechte beraubt fühlen, bestehen wir darauf, daß sie sofort zu allen Rechten und Privilegien zugelassen werden, die ihnen als Bürger der Vereinigten Staaten gehören.

Indem wir dieses große Werk beginnen, sehen wir kein geringes Maß von Mißdeutungen, Mißverständnissen und Lächerlichkeit voraus, aber wir werden jedes Mittel, das in unsere Macht gegeben ist, gebrauchen, um unser Ziel zu erreichen.«

Friedrich Schleiermacher

Idee zu einem Katechismus der Vernunft für edle Frauen

Die zehn Gebote.

1. Du sollst keinen Geliebten haben neben ihm; aber du sollst Freundin sein können, ohne in das Kolorit der Liebe zu spielen und zu kokettieren oder anzubeten.

2. Du sollst dir kein Ideal machen, weder eines Engels im Himmel, noch eines Helden aus einem Gedicht oder Roman, noch eines selbstgeträumten oder phantasierten; sondern du sollst einen Mann lieben wie er ist. Denn sie, die Natur, deine Herrin, ist eine strenge Gottheit, welche die Schwärmerei der Mädchen heimsucht an den Frauen bis ins dritte und vierte Zeitalter ihrer Gefühle.

3. Du sollst von den Heiligtümern der Liebe auch nicht das kleinste mißbrauchen; denn die wird ihr zartes Gefühl verlieren, die ihre Gunst entweiht und sich hingibt für Geschenke und Gaben, oder um nur in Ruhe und Frieden Mutter zu werden.

4. Merke auf den Sabbath deines Herzens, daß du ihn feierst, und wenn sie dich halten, so mache dich frei oder gehe zugrunde.

5. Ehre die Eigentümlichkeit und die Willkür deiner Kinder, auf daß es ihnen wohlergehe und sie kräftig leben auf Erden.

6. Du sollst nicht absichtlich lebendig machen.

7. Du sollst keine Ehe schließen, die gebrochen werden muß.

8. Du sollst nicht geliebt sein wollen, wo du nicht liebst.

9. Du sollst nicht falsch Zeugnis ablegen für die Männer, du sollst ihre Barbarei nicht beschönigen mit Worten und Werken.

10. Laß dich gelüsten nach der Männer Bildung, Kunst, Weisheit und Ehre.

Mahnwort eines Seelsorgers an junge Hausfrauen

Es ist wohl noch nicht lange her, meine Tochter, daß du im Braut-
schmuck mit Myrthenkranz und weißem Schleier an deines Mannes
Arm aus der Kirche zum ersten Male als Frau dein Haus betreten. Der
Segen Gottes war durch die Hand des Priesters reichlich über dich aus-
gegossen und du fühltest dich überglücklich, voll der schönsten Hoffnungen. Sind deine damaligen Hoffnungen von dem geträumten, häuslichen Glücke in Erfüllung gegangen? – Mußt du hier mit einem traurigen »Nein« antworten, dann schiebe die Schuld daran, daß sie unerfüllt
geblieben sind, ja nicht auf besondere Verhältnisse oder gar auf deinen
Mann; sie liegt ganz gewiß an dir selber, weil es dir entweder an den nö-
thigen Kenntnissen, oder an den zur Begründung des häuslichen Glük-
kes nothwendigen Tugenden gefehlt hat. Doch lasse deßhalb den Muth
nicht sinken! Was dir noch fehlt, das kannst du noch immer lernen, und
was du noch nicht geworden bist – glücklich meine ich, – das kannst du
noch werden. Dies Büchlein will dir ja helfen, die dir noch fehlenden
Kenntnisse im Hauswesen zu erlangen; möge es dir auch helfen, die dir
noch mangelnden Tugenden zu erwerben! Drum will ich dir die wichtigsten derselben hier vor Augen stellen. Befolgst du meine Mahnworte,
dann wirst du das gewünschte häusliche Glück ganz sicher erlangen.

1. Sei vor Allem gottesfürchtig und fromm!

und suche auch im Herzen deines Mannes stets die Gottesfurcht zu
wecken. »An Gottes Segen ist Alles gelegen«, ohne ihn kannst du kein
Glück und keine Zufriedenheit finden, du magst es anstellen, wie du
willst. Mögen Andere noch so viel auf Geld und Gut und eigene Kraft
vertrauen, halt' du dich immer treu an deinen Gott. Von ihm kommt alles Gute, er hat dein Wohl und Weh', Gesundheit und Krankheit, Alles
ganz in seiner Hand. Drum befolge stets den Rath: »Mit Gott fang' an,
mit Gott hör' auf!« *Beginne Alles, das Kleine wie das Große nur »mit
Gott«;* jeden neuen Tag, jede schwere Arbeit, jede ernste Sorge – fang'
sie an »mit Gott«, d. h. mit Gebet. *Vergiß doch nie dein tägliches Gebet!*
Bete kurz, wenn du wenig Zeit hast, aber stets mit Andacht und –
wenn's nur immer möglich – mit deinem Manne zusammen. Hör' nicht

auf, ihn zu bitten und mit all' deiner Liebe ihn zu drängen, daß er doch jeden Morgen und jeden Abend mit dir niederkniet zu gemeinschaftlichem Gebet und nicht zum Tische hintritt oder davon aufsteht, ohne sich mit dir zum Gebet zu erheben. Thue auch dein Bestes, deinen Mann zu bestimmen, mit *dir zusammen pünktlich zur Kirche, fleißig zur Predigt und regelmäßig zum Tische des Herrn* zu gehen.

Die gemeinschaftliche Erfüllung der religiösen Pflichten schlingt das festeste Band um zwei liebende Herzen und macht ihre Zuneigung heilig und unzerstörbar, während bloß sinnliche Zuneigung gar leicht und gar bald zerfällt. So lange ihr Beide gottesfürchtig und fromm bleibt, kannst du sicher sein, daß Gott euch nie verläßt und deines Mannes Herz dir nie entfremdet wird.

2. Hege stets die rechte Liebe zu deinem Manne!

Du suchst vergebens nach Glück, wenn du die Liebe zu deinem Manne in dir erkalten lässest; die rechte Liebe zu ihm ist und bleibt der Stern deines häuslichen Glückes.

Aber du klagst vielleicht schon, daß dein Mann jetzt nicht mehr so liebevoll gegen dich wäre, wie früher. Ist's wahr, – dann sieh' zu, ob die Schuld nicht wiederum an dir selber liegt. Nicht wahr, im Anfange trug der Mann dich auf den Händen, that Alles, was er dir an den Augen absehen konnte, schlug dir nie eine Bitte ab, erfüllte all' deine Wünsche, lobte Alles, was du sagtest, freute sich über Alles, was du thatest, – das schmeichelte dir, das gefiel deiner Eitelkeit, das ließest du dir Alles gern gefallen; aber – wie hast du dich gegen *ihn* benommen, wie hast du *seine* Wünsche berücksichtigt, *seine* Bitten erfüllt, was thatest du, um *ihm* Freude zu machen? Alles ebenso bereitwillig und eifrig, wie er dir? – Die Liebe ist nur dann dauerhaft und beständig, wenn sie auf beiden Seiten gleich ist. Ist die Frau nur stets begierig, Liebesbeweise zu empfangen, aber karg, um solche zu erwiedern, dann muß auch die stärkste Liebe im Herzen des Mannes allmählich erkalten. Machst du also den Anspruch an deinen Mann, daß er immer zuvorkommend, immer freundlich und sanft, immer deinen Bitten willfährig sei, während du dir nur wenig Mühe gibst, ebenso gegen ihn zu sein, dann brauchst du dich über die Änderung in dem Benehmen deines Mannes nicht zu wundern. Auch *du* mußt stets die rechte, die wahre Liebe üben, *nicht selbstsüchtig, nicht unbescheiden sein,* sondern selbstlos die eigenen Wünsche unterdrücken, um des Mannes Wünsche zu erfüllen, selber auf Bequemlichkeit verzichten, um sie dem Manne zu verschaffen, selbst immer gern entbehren, um dem Mann eine Freude zu machen. Hast du nicht Geld genug, um für euch beide ein Stück Fleisch zum Mittag zu bereiten, dann verzichte du darauf, aber besorge eins für deinen Mann, der es bei seiner schweren Arbeit nöthig hat, – wenn du auch in Folge dessen auf das schöne Tuch, auf den neuen Hut, nach dem du verlangst, noch etwas länger warten mußt. *Bleibe immer anspruchlos und bescheiden.* Aeußere keinen Wunsch, von dem du weißt, daß es deinem Manne schwer wird, ihn zu erfüllen; belästige ihn nicht mit Klagen, wenn du weißt, daß er dir nicht helfen kann; verlange nicht immer Lob und Anerkennung für das, was du ja pflichtgemäß thust und gräme dich auch nicht, wenn du einmal Tadel hörst, wo du Beifall erwartest hast. So macht's die rechte Liebe. Sie geht aber noch weiter, sie ist auch, wie der Apostel sagt, »geduldig, sie erträgt Alles, sie glaubt Alles, sie duldet Alles«; willst du sie also üben, dann

3. Ertrage die Fehler deines Mannes mit Geduld!

Du selber bist doch wahrlich auch nicht ohne Fehler, dein Mann muß doch oft genug auch mit deinen Schwächen Geduld haben. Wie kannst du da gleich so unwirsch, so schnell verletzt, so bitter gekränkt sein, wenn er einmal in der Übereilung ein liebloses Wort gebraucht hat! Er hat nun einmal den Fehler, schnell aufgeregt und heftig zu werden, besonders, wenn ihm auf der Arbeit oder sonstwo etwas Verdrießliches begegnet ist; – warum willst du nun gleich grollen, wenn er in solcher Stimmung sich auch einmal gegen dich vergißt? Es ist ja nicht so bös gemeint, und er macht es gewiß auch schnell wieder gut, wenn du das kränkende Wort geduldig hinnimmst. Antwortest du ihm dann aber sofort ebenfalls mit bittern, kränkenden Worten, dann ist alsbald ein trauriger Zwist vorhanden und der Glückstern der Liebe oft für lange Zeit von einer schwarzen Wolke verhüllt. *Hüte dich aber, jemals über die Fehler deines Mannes mit Andern zu sprechen.* Auch deiner vertrautesten Freundin darfst du sie nicht verrathen, sonst ist es um deine Geduld für immer geschehen. Sind sie ohne dein Zuthun bekannt geworden, dann such' sie doch stets zu entschuldigen, wenn sie dir auch noch so schmerzlich sind. Trage dies Leid ganz allein und still für dich, klag' es nur Gott und such' nur bei ihm deinen Trost. Auch größere und schlimme Fehler des Mannes sollst du mit Geduld ertragen und in Liebe zu bessern suchen. Bleibt dein Mann des Abends länger aus, als dir lieb ist, länger im Wirtshaus, als es sich schickt, dann bezähme doch ja deine Ungeduld und beherrsche deinen Unwillen. Machst du es in diesem Falle wie so viele unvernünftige Frauen und fängst gleich an, den Mann mit den bittersten Vorwürfen zu überhäufen, oder gar Schimpfworte zu gebrauchen, dann besserst du ihn niemals, sondern du machst das Uebel immer schlimmer. Zeigst du dich aber bloß betrübt über solchen Leichtsinn, mahnst und bittest du ihn nur mit sanften, liebevollen Worten, dann kannst du ihn leicht von diesem traurigen Fehler abbringen, wenn du nur stets besorgt bist, daß ihm seine Häuslichkeit angenehm wird und daß ihm nichts lieber ist, als seine Frau. Bist und bleibst du ihm unentbehrlich, dann wird er nicht zu sehr nach dem Wirtshaus verlangen und auch nicht leicht zu lange drin verweilen. Damit du aber deinem Manne stets so lieb und werth bleibest,

4. Sei immer aufrichtig und offen gegen ihn!

Vor deinem Manne darfst du kein Geheimniß haben, er muß immer in deinem Herzen bis auf den Grund schauen können. Bist du traurig, – dein Mann muß wissen warum; bist du ängstlich, – dein Mann muß wissen weßhalb; bist du hastig und eilig, – dein Mann muß wissen, aus welchem Grunde, andernfalls entstehen eine Menge von Mißverständnissen und schlimme Launen, welche die Liebe und auch den Frieden gar schnell zu Grabe tragen. Bist du unwohl und siehst du, daß dein Mann sich ärgert, weil du Alles so langsam und nachlässig thust, so zerstreut und vergeßlich bist, so sei doch nicht stumm und sag' ihm offen den Grund, ohne dabei zu klagen, dann ist aller Ärger beseitigt. Hast du ein Unglück gehabt, etwas Theueres zerbrochen und fürchtest den Unwillen des Mannes, dann such' es doch nicht zu verheimlichen, sag' es offen und auf der Stelle; denn wenn er's später doch erfährt, so zürnt er um so mehr, weil du es ihm verheimlicht. Hast du überhaupt durch irgend eine Veranlassung deine gute Laune verloren und bist mußmuthig geworden, dann erzähle deinem Manne, was vorgefallen, damit er deine böse Laune nicht anders deute und kein Mißtrauen entstehe. Sei in allem offen, aber auch immer aufrichtig! *Dein Mann muß wissen, daß er auf das Wort seiner Frau unbedingt bauen kann.* Drum halte dich immer streng an der Wahrheit, ohne Hintergedanken, ohne etwa zu verdrehen oder zu entstellen, meide ängstlich jede Lüge und jedes Heucheln! *Vor Allem sei aufrichtig in Geldangelegenheiten.* Mache keine noch so kleine Ausgabe hinter dem Rücken deines Mannes. Lüge und betrüge ihn niemals, wenn du auch noch so gute Absicht dabei hast. Gib ihm aufrichtig Rechenschaft, wenn er es wünscht, sogar über den Pfennig. Bekommst du zu wenig Geld, um die Bedürfnisse der Haushaltung zu bestreiten, dann überzeuge ihn, weßhalb es zu wenig, zeige ihm, was noch nothwendig ist und warum es nothwendig, suche ihn durch Bitten und Zuvorkommenheit freigiebiger zu machen; gelingt dir daß aber nicht, dann beuge dich vor dem Willen des Mannes in Gehorsam und Ergebung, dulde lieber einen Mangel, als daß du durch Zorn und Zank deinen Willen durchzusetzen versuchst. In keinem Falle aber suche dir durch Lüge und falsche Vorstellung zu helfen, die erschüttern das Vertrauen und machen argwöhnisch. Mißtrauen gegen dich und falscher Argwohn im Herzen deines Mannes müßten dir doch gewiß furchtbar bitter sein; – nun wohl, dasselbe gilt auch für dein eigen Herz, drum

5. Lasse niemals Argwohn in dir aufkommen!

sonst ist's mit deiner Zufriedenheit und deinem häuslichen Glück mit einem Mal und vielleicht sogar für immer aus. Der Mann erträgt schon leicht ein kränkend Wort und auch schon manche Unart im Benehmen, indem er denkt: es war unüberlegt und nicht so schlimm gemeint, aber falschen Argwohn erträgt er nie, der verwundet seine Liebe tödtlich. Deßhalb gibt er sich auch selten die nöthige Mühe, den falschen Argwohn zu widerlegen. Je mehr er sich unschuldig weiß, desto weniger sagt er zur Aufklärung, weil er es unter seiner Würde hält, sich vor seiner so undankbaren und lieblosen Frau, die er so innig geliebt und die jetzt ohne Grund so schlecht von ihm denkt, zu rechtfertigen. Es ist dies Schweigen des Mannes in solchem Falle gewiß nicht zu billigen, aber leider ist es so in den meisten Fällen und nur zu oft ist das schrecklichste Unglück in der Ehe einzig durch den bösen, falschen Argwohn der Frau entstanden. Die rechte Liebe kennt keinen Argwohn. Der Apostel sagt es: »Die Liebe denkt nichts Arges, sie ist neidlos, sie glaubt Alles, sie hofft Alles«, und er fügt noch hinzu »sie läßt sich nicht erbittern«, das heißt: sie ist sanftmüthig und friedfertig. Um den lieben, schönen Frieden dreht sich aber alles häusliche Glück; deßhalb möchte ich dir noch besonders dringend anempfehlen:

6. Werde immer friedfertiger und sanftmüthiger!

Bei dieser Mahnung, – nimm es mir nicht übel, meine Tochter, – muß ich dir zunächst zwei Lieblingsfehler der Frauen zeigen, welche die Todfeinde des häuslichen Friedens sind. Der erste heißt *Herrschsucht.* Gar manche Frauen sind nicht damit zufrieden, über Essen und Trinken, Möbel und Geschirre, Kleider und Wäsche zu regieren, sie wollen Alles und auch – den Mann selber beherrschen; er soll sich nicht bloß ihren Wünschen, sondern auch sogar ihren Launen unterwerfen. Das ist aber die völlige Umkehr der von Gott gesetzten Ordnung. Der Mann ist das Haupt der Familie, er ist Herr im Hause und muß als solcher auch von seiner Frau stets anerkannt und geachtet werden. Er kann und darf es nicht ertragen, sich von der Frau beherrschen zu lassen und ist deßhalb auch höchst eifersüchtig darauf bedacht, seine Stellung als Herr im Hause zu bewahren. Nur zu oft wird er von seinen Freunden dazu gemahnt; lehnt er ihnen z. B. die Einladung, mit in's Wirtshaus zu gehen, ab, um bei dir zu bleiben, oder geht er schon früh aus ihrer Gesellschaft weg, dann muß er sofort den Spott hören: er stehe unter dem Pantoffel seiner Frau. Das merke dir gut und *zeige dich niemals herrschsüchtig und anmaßend!* Vermeide auch den Schein von Herrschsucht, sprich' nie: »ich will das so«, sondern kleide deinen Willen in die Form eines Wunsches und sage immer: »ich wünschte das so«. Auf diese Weise kommst du viel schneller zum Ziel und erlangst unvermerkt einen großen Einfluß auf deinen Mann; und das steht dir auch zu. Du sollst ja recht viel, Alles bei ihm vermögen, um ihn zu bessern und zu veredeln, um die Gottesfurcht und den häuslichen Sinn beständig in ihm zu wekken. Mit Bescheidenheit gelingt dir das leicht, mit Anmaßung nimmermehr.

Der zweite Lieblingsfehler der Frauen ist die *Rechthaberei.* Immer das letzte Wort haben wollen, ist ein häßlicher Charakterzug, es zeugt von Eigensinn und Trotz und widerstrebt der Sanftmuth, der schönsten weiblichen Tugend, ganz und gar. Nachgiebig sein, auch wenn man Recht hat, ist nicht entehrend, sondern edel und klug. Du vergibst dir nichts, wenn du zugibst, daß du Unrecht haben kannst, im Gegentheil – du steigst dadurch in der Achtung deines Mannes, zumal wenn er später sieht, daß er selbst im Unrecht war; drum

Sei nicht rechthaberisch, sondern nachgiebig! bestehe nie hartnäckig auf deinem eignen Sinn und Willen, wenn du auch überzeugt bist, daß deines Mannes Ansicht verkehrt ist. Sobald du merkst, daß er eigensinnig dran festhält, dann sei du die Klügste und gib nach. Freilich gibt es auch Dinge, in denen du nie nachgeben darfst. So oft es sich um etwas sittlich Böses handelt, mußt du unbeugsam bleiben. Nie darfst du um den Preis einer Sünde den häuslichen Frieden erkaufen wollen. Deine weibliche Würde mußt du ebenso hoch halten, wie der Mann seine Rechte. Werden z. B. in deiner Gegenwart unpassende, leichtfertige Reden geführt, so darfst du nicht nachsichtig sein, du *mußt* dagegen auftreten und sie mit allem Ernst dir verbitten. Sollte das nicht helfen, dann entferne dich ohne Rücksicht auf die Anwesenden, selbst auf die Gefahr hin, den Anstand und die Gastfreundschaft zu verletzen.

Wenn nun aber trotz all' meiner Willfährigkeit, Bescheidenheit und Nachgiebigkeit, – so denkst du vielleicht, – der Mann doch bei jeder Kleinigkeit aufbraust, ihm nie etwas recht geschieht, – wie kann man denn da noch den Frieden bewahren? Sehr gut, antworte ich, und zwar durch *Sanftmuth und Geduld.* Zum Zanken und Streiten gehören immer zwei. Wenn dein Mann aufbraust und zornig wird, dann bleibe du ruhig und suche ihn in Liebe zu besänftigen, so entsteht kein Zank, – wenn er lieblos wird und dich beleidigt und kränkt, dann beherrsche dich, grolle nicht, vergib und vergiß, so wird jeder Streit vermieden. Bist du wirklich friedfertig und ist deine Liebe echt, dann läßest du dich auch durch eine Beleidigung nicht erbittern, denkst nicht daran, sie zu erwidern und bleibst trotz der erlittenen Kränkung ebenso zuvorkommend und liebevoll, wie früher. Das beschämt den Mann, das führt ihm sein Unrecht nicht bloß vor Augen, sondern zum Herzen und bessert ihn schnell. Aber wehe! wenn du dich nicht beherrschen gelernt hast und statt sanftmüthig zu sein, ebenso schnell aufbrausest, wie dein Mann. Kommen Feuer und Pulver aneinander, dann gibt's Donner und Verwüstung. Das laute Getöse eines Streites geht wohl bald vorüber, aber die Verwüstung, die er in den Herzen anstiftet, ist meist schwer zu beseitigen. Drum *hüte dich doch ja vor dem ersten Streite* und sollte der schon längst vorüber und vielleicht schon ein zweiter, dritter gefolgt sein, dann suche doch jedes Andenken daran zu vertilgen. Hüte dich sorgfältigst jemals an einen früheren Zwist zu erinnern oder jemals deinem Manne frühere Fehler vorzuwerfen. Das wäre nicht friedfertig, das wäre ein frevelhaftes Spiel um das häusliche Glück.

Hiermit könnte ich, meine Tochter, eigentlich mein Mahnwort schon schließen, weil die noch nicht berührten Tugenden des Fleißes, der Sparsamkeit, der Reinlichkeit und der Ordnungsliebe so selbstverständlich zur Begründung des häuslichen Glückes sind und so oft und ausführlich in diesem Buche behandelt werden, daß du nicht noch besonders über ihre Nothwendigkeit belehrt zu werden brauchst. Doch du mußt auch wissen, daß du von Gewissens wegen zur Übung dieser Tugenden verpflichtet bist. Drum laß' mich als Seelsorger dir noch weiter zurufen:

7. Verrichte deine Arbeit mit Fleiß und stets unverdrossen!
So befiehlt dir dein Gott, und bietet dir als Lohn dafür: Friede für dein Haus und ewige Freude im Himmel. Eine rauhe Arbeitshand ist für eine Hausfrau ein schönerer Schmuck, als goldene Ketten und glänzende Armbänder. Drum liebe deine Arbeit, welche die Hände rauh, aber die Seele froh und heiter macht. »Fleiß« sei dein tägliches Losungswort. Rege Arme und Hände zu rastlosem Schaffen und gebrauche zur Arbeit auch stets deinen Kopf und den Verstand, den Gott dir gegeben, dann bleibst du munter und zufrieden. Arbeitest du träg und mit Widerwillen, dann flieht der Frohsinn aus deinem Herzen und die Freude schwindet aus deinem Auge; der Mißmuth hält seinen Einzug in dein Haus und der Müßiggang öffnet deine Thür nicht bloß dem Laster, sondern auch der Armuth. Müßiggang und Arbeitsscheu bei der Frau verzehren allen Wohlstand, zerstören den Frieden und alles häusliche Glück, sie schaffen nur eins: sie nähen den Bettelsack. – Ganz dieselbe schlimme Folge hat aber auch die Verschwendung, drum

8. Befleißige dich in Allem der Sparsamkeit!
Sollte dein Mann je arbeitsscheu werden und sich dem Müßiggang hingeben, dann müßtet ihr Beide hungern. Der Fleiß des Mannes ist die Voraussetzung für deine Arbeit.

Er muß dir das Brod in's Haus, die Nahrungsmittel in die Küche schaffen; du aber mußt durch deine Sparsamkeit die Butter zum Brod, das Fleisch in den Topf schaffen. Wie du das kannst, lehrt dich dies Buch an vielen Stellen und daß du es mußt, lehrt dich dein Gewissen. Verschwenderisches Haushalten, leichtsinniges Geldausgeben von deiner Seite wäre Diebstahl am Wohlstand des Hauses und Raub am sauer erworbenen Verdienst deines Mannes. Mache keine Ausgabe, auch die kleinste nicht unüberlegt; lasse nichts, auch das scheinbar Werthlose nicht verkommen; vergeude nicht das Geringste weder von der Zeit, noch von Geld oder Geldeswerth. Thust du das doch, dann bringst du dich und deinen Mann und deine ganze Familie in Noth und Elend. Dein Mann plagt sich umsonst, sein Fleiß, seine Anstrengung, sein saurer Schweiß und schwere Sorge – alles ist vergebens, wenn du verschwenderisch im Haushalten bist, darum studire fleißig in diesem Buche und besonders das eigene Kapitel über die Kunst des »Gut-Haushaltens«, damit du lernst, wie du sie üben sollst.

9. Liebe über Alles Reinlichkeit und Ordnung.

Könnte ich dir doch, meine Tochter, das Lob dieser Tugenden so begeistert schildern, daß es niemals verklänge aus deinen Ohren, daß es vom frühen Morgen bis zum späten Abend darin wiederhalle! Die Reinlichkeit ist die Beschützerin der Gesundheit, der Hort der Sittsamkeit, die Grundlage aller Schönheit und auch deiner Schönheit. Ohne sie ist dein Haus widerwärtig, sein Schmuck ekelhaft, alle Zierde und selbst das Gold nur häßlich; ohne Reinlichkeit und Ordnung ist das ganze Familienleben höchst unbehaglich. So hege und pflege denn doch auch diese Tugenden unablässig. Wenn du noch so sparsam geworden bist, – spare nie an Wasser, dieser kostbaren Gabe, die Gott dir so billig und in so reicher Fülle spendet; spare nie an Seife und stelle Besen, Stauber und Abwischer nie zu weit aus dem Wege, sie sollen dir so lieb und werth sein, wie dem Schmied der Hammer, dem Schreiner die Säge, dem Weber die Spule. Halte alles in Ordnung und rein, was dir untersteht und nur irgend im Bereiche deines Hauses weilt, aber vor allem auch dich selber. Vergiß es nie, daß dein Leib ein Tempel Gottes ist, halt' ihn heilig und mache keine Vogelscheuche d'raus. Wasche täglich und zwar mehr als einmal, nach Vollendung jeder schmutzigen Arbeit: Hände, Gesicht und Hals, sei nicht nachlässig im Ordnen deiner Haare, im Reinigen deiner Zähne und im Wechseln deiner Wäsche und besorge auch allen Familiengliedern frische, reine Wäsche recht oft und regelmäßig. Gesundheit und Frohsinn wird dein Lohn sein.

Ich zweifle nicht, meine Tochter, daß du die Tugenden, die ich dir hier anempfohlen, für edel und schön hälst. Wenn vielleicht eine meiner Bemerkungen hie und da ein leichtes Kopfschütteln bei dir hervorgerufen, so hast du sicher nicht gedacht: es ist »verkehrt«, sondern höchstens: »das ist mir zu schwer«. Sollte dies der Fall sein, dann nur nicht zaghaft, nicht kleinmüthig! Was dir zu schwer scheint, hast du sicher noch nicht ernstlich versucht. Nur frisch und munter angefangen mit der Übung der uneigennützigen Liebe, der Bescheidenheit, der Geduld und Sanftmuth! Nur wacker angefangen mit dem Fleiß, der Sparsamkeit, der Reinlichkeit und Ordnungsliebe! Du wirst schon bald deine größte Freude dran finden, wenn du nur ernstlich und ausdauernd danach strebst. Jede Tugend – auch die hier empfohlenen – lernt man erst dann schätzen und lieben, wenn man sie ausübt.

Vor einem großen Hinderniß im Streben nach diesen Tugenden muß ich dich aber noch eindringlich warnen, es ist das: der Umgang mit plaudersüchtigen Frauen. Drum

10. Halte dich still für dich, möglichst fern von geschwätzigen Freundinnen

Willst du das häusliche Glück erringen und bewahren, dann mußt du nirgends lieber weilen, als in *deinem* Hause und nie dein Haus zum Sammelplatz von neugierigen und plauderhaften Frauen machen.

Gehe nur aus, wenn es durchaus nöthig ist und suche auch du selber nicht deine Freude im Plaudern mit Nachbarn, im Plaudern am Brunnen, auf dem Markte oder im Laden. Das raubt dir die kostbare Zeit und macht dich in Folge dessen hastig und nachlässig in deiner Arbeit. Das raubt dir die innere Ruhe durch beständige Zerstreuung und macht dich deßhalb unachtsam und vergeßlich in der Besorgung des Hauswesens, deinen Mann in Folge dessen mißmuthig und unzufrieden. Das raubt dir endlich den häuslichen Frieden und damit alles häusliche Glück. Der Umgang mit plaudersüchtigen Frauen verwickelt dich nothwendig in vielerlei Streitigkeit und weckt in dir böse Leidenschaften, von denen du sonst nichts gewußt hättest. Hörst du im Plaudern, wie Andere über dich sprechen und kritisieren, so regt dich das auf zu Haß und Rachsucht, die dir alle Freude verbittern. Hörst du an, wie viel besser und angenehmer andere Frauen es haben, als du, so ruft das Neid und Mißgunst in dir wach und thörichte Unzufriedenheit mit deinen Verhältnissen. Hörst du gar über deinen Mann tadeln und kritisieren von gleißnerischen Plauderzungen, dann entsage nur deiner Hoffnung auf Glück, wenn du dich nicht entschließen kannst, den Umgang mit solchen Frauen ganz und gar zu meiden. Tropfweise bringen die bösen Zungen dir das Gift der Abneigung und des Mißtrauens gegen deinen Mann bei und danach das tödtliche Gift des bösen Argwohns. Vor all' diesem Unglück bleibst du bewahrt, wenn du dich möglichst still für dich hältst und dich niemals um Andere kümmerst, die dich nichts angehen. Dein Haus und dein ganzes Hauswesen sei dir wie ein Heiligthum, das nur für dich und die Deinen da ist; jedem fremden, neugierigen, zudringlichen Weibe sei der Zutritt dazu und auch der Blick hinein für immer verwehrt.

Befolgst du, meine Tochter, diese Mahnworte, die dein Seelsorger an dich als Hausfrau richtet, dann wirst du *selber die Quelle des Glückes in deinem Hause.* Dein Mann wird stets seine Freude an dir haben und dich stets auf den Händen tragen, weil er fühlt, daß er glücklich wird durch dich. Deine Kinder werden sich glücklich preisen, daß sie in dir ein so treffliches Beispiel der Gottesfurcht und ein so schönes Vorbild der weiblichen Tugend vor Augen haben. Und der liebe Gott wird's an seinem Segen nicht fehlen lassen, er wird dir keine Prüfung senden, ohne zugleich auch reichen Trost zu spenden; doch den vollen Lohn für dein Tugendstreben hat er im Himmel für dich aufbewahrt.

TEXT 5

Clara Zetkin
Die bürgerliche Frauenbewegung

Die bürgerliche Frauenbewegung ist – wie die moderne Frauenbewegung als Ganzes betrachtet – das Kind der kapitalistischen Produktionsweise. Diese schafft die wirtschaftliche Grundlage, sie ist die tragende und treibende Kraft des Strebens nach der vollen sozialen Gleichberechtigung des weiblichen mit dem männlichen Geschlecht. Sie vernichtet in der bürgerlichen Gesellschaft, die sich auf ihr aufbaut, die sozialen Bedingungen der produktiven Tätigkeit der Frau im Hause und für die Familie, jene sozialen Bedingungen, die früheren Gesellschaftsorganisationen eigentümlich waren, die Lebensgestaltung der Frau bestimmten und sie der Herrschaft des Mannes unterwarfen. Entscheidend für diese tiefgreifende Umwälzung sind die vervollkommneten Produktionsmittel, Kraft- und Werkzeugmaschinen, sind wirtschaftstechnische Fortschritte anderer Art, beruhend auf angewandter wissenschaftlicher Erkenntnis; ist ferner die Entwicklung der modernen Städte, die der früheren vielseitigen hausgewerblichen Tätigkeit der Frau die Arbeitsstätte in der Familienwohnung und die selbsterzeugten Rohstoffe aus der Landwirtschaft entzog. Der gezeigte Wandel in der Wirtschaft der bürgerlichen Gesellschaft ist Voraussetzung der modernen Frauenbewegung. Schritt für Schritt mit ihm entstehen große, wachsende Frauenmassen, die planmäßig, organisiert die Befreiung des Weibes von der rechtlichen, sozialen Herrschaft des Mannes, die soziale und menschliche Gleichberechtigung des weiblichen mit dem männlichen Geschlecht erstreben.

Die bürgerliche Frauenbewegung erhebt die grundsätzliche Forderung voller rechtlicher und sozialer Gleichwertung und Gleichstellung der Frau mit dem Mann. Ihre Führerinnen behaupten, daß die Verwirklichung dieser Forderung für alle Frauen unterschiedslos die gleiche befreiende Bedeutung habe. Das ist falsch. Die Frauenrechtlerinnen sehen nicht oder wollen nicht sehen die für volle soziale, menschliche Freiheit oder Sklaverei entscheidende Tatsache, daß die bürgerliche Gesellschaft, die sich auf der kapitalistischen Produktionsweise aufbaut, durch den unüberbrückbaren Klassengegensatz von Bourgeoisie und Proletariat gespalten ist in Ausbeutende und Herrschende auf der einen Seite und Ausgebeutete und Beherrschte auf der anderen. Die Zugehörigkeit zu der einen oder der anderen Klasse ist letzten Endes ausschlaggebend für die Lage, die Lebensgestaltung der Frauen und nicht ihre Gemeinschaft als Geschlecht, das zugunsten der Vormacht- und Vorrechtstellung des Mannes mehr oder minder rechtlos und unterdrückt ist. Die formale Gleichstellung des weiblichen mit dem männlichen Geschlecht in Gesetzestexten sichert in der Folge den Frauen der ausgebeuteten und unterdrückten Klasse ebensowenig tatsächliche volle soziale und menschliche Freiheit und Gleichberechtigung, wie sie solche den Männern ihrer Klasse trotz ihrer Geschlechtsgemeinschaft mit den Männern der Bourgeoisie verleiht.

Die Grundursache des Klassengegensatzes, die das bewirkt, ist das Privateigentum an den der bürgerlichen Gesellschaft eigentümlichen Mitteln der Gütererzeugung für Lebenserhaltung und kulturelle Lebenserhöhung. Damit die Frauen der unterdrückten und ausgebeuteten Klasse und ihr nahestehender Schichten – und sie bilden die ungeheure Mehrzahl des gesamten weiblichen Geschlechts – in Wahrheit und Tat volle Befreiung und Gleichberechtigung erlangen, muß diese Grundursache ihrer Klassensklaverei beseitigt werden. Dem vergesellschafteten Charakter der modernen Produktionsmittel entsprechend, kann das nur dadurch geschehen, daß sie aus dem Privateigentum einzelner oder kleiner Gruppen zum Gesellschaftseigentum werden, daß die Gesellschaft die Bedingungen der Gütererzeugung und die Verteilung ihrer materiellen und kulturellen Früchte regelt. Nur auf dem Boden der so umgewälzten Wirtschaft können sich neue, höhere soziale Lebensformen entwickeln, die der Gesamtheit der Frauen tatsächliche Freiheit der Entwicklung und Betätigung zu vollem Menschentum verbürgen. Nur der organisierte revolutionäre Klassenkampf aller Ausgebeuteten ohne Unterschied des Geschlechts führt zu diesem Ziel und nicht der Kampf der Frauen ohne Unterschied der Klasse wider die Vormachtstellung der Männer.

Im Gegensatz zu dieser wissenschaftlichen Erkenntnis, die durch die Tatsachen und Erfahrungen bestätigt wird, beschränkt die bürgerliche Frauenbewegung ihr Eintreten für die Emanzipation der Frauen auf den Kampf gegen die Vorrechte, die Macht des Mannes in Familie, Staat und

Gesellschaft. Diese Beschränkung ist international das charakteristische Merkmal der bürgerlichen Frauenbewegung. Sie läßt erkennen, daß die Frauenrechtlerinnen das große und verwickelte Problem der Frauenbefreiung nicht in seinen vielverzweigten sozialen Zusammenhängen erfassen, vielmehr aus der Froschperspektive der Interessen der bürgerlichen Gesellschaft betrachten. Ihre Auffassung und Praxis ist um so kennzeichnender dafür, als die Geschichte lehrt, daß die Geschlechtssklaverei der Frau sich auf der Grundlage des Privateigentums und in Verbindung mit ihm entwickelt hat.

Um die Herrschaft und Macht des männlichen Geschlechts über das weibliche Geschlecht zu brechen, sind Hauptforderungen der bürgerlichen Frauenbewegung: gleiches Recht der Schließung, Gestaltung und Scheidung der Ehe; Verfügungsrecht über die Kinder für Frau und Mann; eine einheitliche sexuelle Moral für beide Geschlechter; freies Verfügungsrecht der Frau über ihr Vermögen, ihr Einkommen, ihren Verdienst; gesicherte Freiheit der Berufsbildung und Berufstätigkeit; gleiches Recht der Bewegungs- und Betätigungsfreiheit der Frauen mit den Männern auf allen Gebieten des sozialen Lebens; volle politische Gleichberechtigung im Staat und in seinen Organen und anderes mehr. Unbestritten, daß die frauenrechtlerischen Forderungen auch für die Proletarierinnen, die werktätigen Frauen von Wert sind, daß insbesondere auch für sie die grundsätzliche Anerkennung der Gleichwertung und Gleichberechtigung des weiblichen Geschlechts von großer Bedeutung ist. Allein, Wert und Bedeutung von Reformen zur Milderung oder Aufhebung der Geschlechtssklaverei der Frauen werden für deren Mehrheit in der bürgerlichen Gesellschaft herabgemindert, ja zunichte gemacht durch das Fortbestehen der Klassensklaverei, die Leib und Geist der Ausgebeuteten in Ketten hält. Die Erfolge der bürgerlichen Frauenbewegung kommen in der Hauptsache überwiegend den ökonomisch freien Frauen der besitzenden, herrschenden und ausbeutenden Klasse zugute.

Die Frauenrechtlerinnen verzichten auf den Kampf gegen die Klassensklaverei der weitaus meisten Frauen, obgleich sie die Geschlechtssklaverei aufrechterhält und verschärft. Mehr noch, sie lehnen diesen Kampf grundsätzlich ab, der Klasse gegen Klasse von den Niedergetretenen gegen ihre Herren und Peiniger ausgefochten werden muß. Die bürgerliche Frauenbewegung steht mit beiden Füßen auf dem Boden der bürgerlichen Gesellschaft und verteidigt ihn gegen das vordrängende Proletariat. Sie strebt lediglich danach, die bürgerliche Gesellschaft durch Lösung der rechtlichen und sozialen Bindungen zu reformieren, die das weibliche Geschlecht zum Vorteil des Mannes fesseln. Dem Kampf für die frauenbefreiende Revolution der Gesellschaft mittels der Machteroberung des Proletariats und der Aufrichtung des Sozialismus steht die übergroße Mehrheit der Frauenrechtlerinnen heute nicht mehr mit dem Schein einer gewissen Neutralität gegenüber wie zum Teil in den Anfängen ihrer Bewegung, vielmehr in unverhüllter bitterer Feindschaft.

Die bürgerliche Frauenbewegung ist folglich nicht Vorkämpferin, Interessenvertreterin aller befreiungssehnsüchtigen Frauen. Sie ist und bleibt bürgerliche Klassenbewegung. Sie ist der letzte Ausläufer des Emanzipationskampfes, in dem das Bürgertum die herrschenden und regierenden Schichten der feudalen Gesellschaft niederwarf und die Bourgeoisie zur herrschenden politischen Macht emporstieg. Ihr Ziel ist die rechtliche Verwirklichung der Grundsätze, in deren Namen das Bürgertum zu diesem Kampfe alle anführt, die von den feudalen Herrschaftsgewalten niedergetreten und ausgeplündert wurden. Es waren die Grundsätze formaler bürgerlicher Demokratie, der gesetzlichen Anerkennung der Gleichheit und Gleichberechtigung aller Glieder der bürgerlichen Gesellschaft als Ausdruck allgemeiner Menschenrechte.

Nach der stark religiös gefärbten Ideologie der Vorkämpfer für die Macht der Bourgeoisie in England im 17. Jahrhundert sind diese allgemeinen Menschenrechte ein Geschenk des himmlischen Schöpfers. Nach der materialistischen Weltanschauung der Philosophen, deren Lehren ein Jahrhundert später die Führer des bürgerlichen Machtringens gegen die feudalen Gewalten in Frankreich begeisterten, sind die allgemeinen Menschenrechte Naturrecht, das jedem Glied der Gesellschaft unterschiedslos mit der Geburt zufällt. Von beiden Auffassungen geleitet, forderte und fordert zum Teil noch heute die internationale bürgerliche Frauenbewegung die Gleichberechtigung des weiblichen Geschlechts als »allgemeines Menschenrecht«, als Gottesgabe und Naturrecht, die den schwachen Frauen von den stärkeren Männern entwendet worden sind. Erst allmählich und unvollständig ist sie dazu übergegangen – namentlich unter der Auswirkung sozialistischer Lehren und sozialistischer Kritik –, ihre Forderungen mit den veränderten

Tätigkeits- und Lebensbedingungen der Frauen zu begründen. Sie verschließt sich gegen die Tatsache, daß in der bürgerlichen Gesellschaft sich die beschworeren »Grundsätze der Demokratie« als Diktatur der Bourgeoisie, die »allgemeinen Menschenrechte« als Vorrechte der Besitzenden ausleben.

Die bürgerliche Frauenbewegung führt ihren Ursprung auf die Französische Revolution am Ausgang des 18. Jahrhunderts zurück. In dem Wettern und Flammen dieses gewaltigen Ereignisses erheben organisierte, kämpfende Frauen die Forderung voller Gleichberechtigung des weiblichen Geschlechts in Familie, Gesellschaft und Staat. Olympe de Gouges prägte sie als Konsequenz der proklamierten allgemeinen Menschenrechte in dem berühmten Satz aus: »Wenn die Frau das Recht hat, die Guillotine zu besteigen, so muß ihr auch das Recht zustehen, die Rednertribüne zu besteigen.« Trotz der Opfer und Leistungen von Frauen, von Frauenmassen für die Verteidigung und den Sieg der Revolution wurden die Menschenrechte nicht Frauenrechte. Der junge Kapitalismus hatte die bürgerliche Gesellschaft noch nicht tief genug für diesen Fortschritt umgewälzt. Er hatte auch den Klassengegensatz von Bourgeoisie und Proletariat noch nicht zu einer Schärfe und Reife entwickelt, die den unzulänglichen, formalen Charakter der Frauenrechte als allgemeiner Menschenrechte unzweideutig hervortreten ließen. Noch konnten sie scheinen, was sie nicht sind: volle Befreiung des gesamten weiblichen Geschlechts.

Die Revolution der ersten Hälfte des 19. Jahrhunderts in Frankreich und Deutschland wie die politischen und sozialen Kämpfe in England und namentlich die große, zuletzt kriegerische Auseinandersetzung des industriellen Nordens mit dem feudalen Süden der Vereinigten Staaten um die Aufhebung der Negersklaverei waren von dem Hervortreten grundsätzlicher Vertreter und Vertreterinnen der Gleichberechtigung des weiblichen Geschlechts begleitet; es bildeten sich lose zusammenhängende Frauengruppen, die diese Forderung erhoben. In Frankreich und Deutschland heischten manche ihrer Vorkämpferinnen außer der Emanzipation der Frauen auch die Verbesserung der Lebensbedingungen der Arbeiterinnen. Das geschah jedoch nicht vom proletarischen Klassenstandpunkt aus, sondern im Namen einer gefühlsseligen Humanität, die den »armen Schwestern« von oben helfen, sie aber nicht zum selbsthelfenden Kampfe rufen wollte. In den Revolutionen in

Frankreich und Deutschland hatte das Auftreten der Arbeiter als sich zusammenschließende, kämpfende Klasse – die Pariser Junischlacht 1848! – die Bourgeoisie, das »honette Bürgertum«, erschreckt. In allen Ländern, wo der Kapitalismus triumphierend vorstieß, bewirkte die davon untrennbare Verschärfung des Klassengegensatzes von Ausbeutern und Ausgebeuteten, daß die Proletarier als fordernde, sich gewerkschaftlich und politisch organisierende revolutionäre Macht aufzumarschieren begannen. Die Bourgeoisie versuchte erst diese Macht zu ködern, dann zu brechen. Sie wurde aus einer weiland revolutionären zu einer reaktionären, schließlich zu einer ausgesprochen gegenrevolutionären Klasse.

Die bürgerliche Frauenbewegung nahm an dieser Entwicklung teil. Ihr Klassencharakter trat immer klarer, unverhüllt durch die alte Phraseologie, in Erscheinung. Das erwies sich besonders in ihrer Einstellung zum gesetzlichen Arbeiterinnenschutz und zum Frauenwahlrecht, das zum »Damenwahlrecht« zusammenschrumpfte. Wohl drängten »radikale« Frauenrechtlerinnen vorwärts, hinter denen die Bedürfnisse und Forderungen breiter Frauenschichten des Mittelbürgertums, der Intelligenz standen, die die Herrschaft des Großkapitals bitter empfinden. Jedoch, trotzdem wurde die bürgerliche Frauenbewegung als Ganzes in Theorie und Praxis »maßvoller«, »vernünftiger«. Sie paktierte mit alten Vorurteilen, sie stellte bürgerliche Klasseninteressen über die Gleichberechtigung des weiblichen Geschlechts. Die terroristische Taktik der opferbereiten, anarchistischen Suffragetten in den Vereinigten Staaten und England im Kampfe für das Frauenwahlrecht unterstrich zwar, änderte aber nicht den Klassencharakter der Frauenrechtlerei. Ungeachtet ihrer feierlichen Festgesänge internationaler Schwesterschaft und brennender Friedensliebe betätigten sich die weitaus meisten bürgerlichen Frauenorganisationen aller Länder im Namen der »Vaterlandsverteidigung« als fanatische nationalistische, mordspatriotische Durchhalterinnen des mehr als vierjährigen imperialistischen Völkergemetzels.

Seit das russische Proletariat im Roten Oktober 1917 begonnen hat, die Sturm- und Siegesglocke der proletarischen Weltrevolution zu läuten, seit unter dem Eindruck dieses größten Ereignisses unserer Zeit sich die Unterdrückten und Ausgebeuteten der noch kapitalistischen Staaten, der Kolonial- und Halbkolonialländer kettenrüttelnd, kämpfend erheben, ist allem übergeordnetes Hauptziel der bürgerlichen Frauenbewegung der Schutz, die Erhaltung der bürgerlichen Gesellschafts-ordnung, in der die Frauen weder ihrer Klassensklaverei noch ihrer Gesellschaftssklaverei ledig werden können. Und das, obgleich der Bund sozialistischer Räterepubliken durch die Sowjetverfassung und den sozialistischen Aufbau erhärtet, daß die proletarische Revolution die höheren wirtschaftlichen und sozialen Formen schafft, die die volle soziale und menschliche Gleichwertung und Gleichberechtigung aller Frauen aus Buchstabenrecht in blühendes Leben verwandeln. Eine Ausnahme zu der Betätigung der bürgerlichen Frauenbewegung als Macht der Gegenrevolution bildet nur die Internationale Frauenliga für Frieden und Freiheit. Aus ehrlichem Pazifismus, heißer Freiheitsliebe und in vorurteilsloser Anerkennung des frauenbefreienden Werkes der russischen Revolution beben ihre besten Führerinnen nicht vor dem Nahen des Umsturzes der bürgerlichen Gesellschaftsordnung durch das revolutionär kämpfende Proletariat und seine Diktatur. Allein, die Liga ist nur ein kleiner Bruchteil der bürgerlichen Frauenbewegung.

Die gegenrevolutionäre Macht der organisierten Frauenrechtlerei beruht nicht auf der Sammlung der Bourgeoisdamen, sondern auf dem täuschenden, lähmenden Einfluß auf große werktätige Frauenmassen, deren Wollen und Handeln auf den Kampf von Geschlecht zu Geschlecht für die Reform der bürgerlichen Ordnung konzentriert wird, statt auf den Kampf von Klasse zu Klasse für die Revolution. Die bürgerliche Frauenbewegung erniedrigt diese Massen zu Kräften der Gegenrevolution. Sie nimmt bei ihrem Tun und Treiben die starke reformistische, sozialdemokratische Frauenbewegung in ihr Schlepptau. Die Bedeutung dieses Geschehens darf nicht unterschätzt werden. Mit dem Kapitalismus schreitet die bürgerliche Frauenbewegung über alle Erdteile. Sie erfaßt auch in der Welt des Orients wachsende Frauenmassen. Überall, wo niedergehaltene, ausgeplünderte Klassen und Völker sich gegen den imperialistischen Kapitalismus erheben, kommt sie diesem zu Hilfe, indem sie werktätige Frauen vom revolutionären Kampf ihrer Brüder durch narrende Illusionen zurückhält. Sie schleift eine Gefolgschaft von vielen Millionen hinter sich her. Sie umfaßt Bildungsorganisationen, die zu kapitalfrommer Demut erziehen, Genossenschaften, Gewerkschaften, Berufsvereinigungen, die kleine Vorteile verschaffen; Wohltätigkeitsvereine, die als Ketten und Knebel antibürgerlicher Gesinnung und Betätigung wirken. Sie verfügt über raffiniert ausgeklügelte Propaganda- und Agitationsapparate, über viele Zehntausende aktiver Kräfte. Sie wird aus öffentlichen und privaten Kassen mit reichen materiellen Mitteln bedacht. Der klassische Ausdruck des gegenrevolutionären Wesens der bürgerlichen Frauenbewegung sind die faschistischen Frauenorganisationen in Italien, Polen, Deutschland, den Vereinigten Staaten und anderen Ländern. Kurz, die bürgerliche Frauenbewegung ist eine ernste, gefährliche Macht der Gegenrevolution. Mit ihr kann, darf es kein Kompromiß, keine Bundesgenossenschaft geben, sie muß geschlagen werden, damit die proletarische Weltrevolution siege. Die objektiven und subjektiven Kräfte der Geschichte verbürgen ihren Triumph.

Clara Zetkin

Die sozialdemokratische [proletarische]
Frauenbewegung

Auf einer bedeutsamen, auf der besten Strecke ihrer Geschichte konnte die sozialdemokratische Frauenbewegung als proletarische Frauenbewegung der bürgerlichen entgegengestellt werden. In Theorie und Praxis war sie während dieser Periode, was jene scheinen wollte: Vorkämpferin für die volle soziale und menschliche Befreiung und Gleichberechtigung des gesamten weiblichen Geschlechts. Sie erfaßte die Frauenfrage im Lichte des historischen Materialismus als wesentlichen Teil der allgemeinen sozialen Frage. Sie erkannte daher, daß der Klassengegensatz und der Klassenkampf von Ausgebeuteten und Ausbeutern in der bürgerlichen Gesellschaft von ausschlaggebender Bedeutung für die volle Frauenemanzipation ist. Ihr Handeln wurde von der Auffassung geleitet, daß nur der revolutionäre Umsturz der bürgerlichen Gesellschaft und die Verwirklichung des Sozialismus als Tat des sich kämpfend befreienden Proletariats der Gesamtheit der Frauen voll erblühendes und sich auswirkendes Menschentum bringen werde und nicht die formale Gleichstellung der Geschlechter im Gesetz.

Im Gegensatz zu der bürgerlichen Frauenrechtlerei rief die proletarische Frauenbewegung zufolge ihrer grundsätzlichen Einstellung nicht die Frauen aller Klassen und Schichten zum gemeinsamen Kampfe von Geschlecht zu Geschlecht für eine Reform der Gesellschaft, die die Vorrechte des Mannes aufhebt. Sie sammelte, organisierte und schulte vielmehr vor allem die Proletarierinnen für den Kampf in Reih und Glied ihrer Brüder. Sie rief aber auch die unterdrückten und ausgebeuteten Frauen aller Schichten, zusammen mit dem Proletariat den Kampf von Klasse zu Klasse zu führen für die Revolution der bürgerlichen Ordnung mittels Aufhebung des Privateigentums an den Produktionsmitteln.

Die sozialdemokratische Frauenbewegung hat die Ehre verwirkt, in Lehre und Tat proletarische Frauenbewegung zu sein. Sie ist heute ihrem Ziel und Inhalt nach bloße Reformbewegung, eine besondere Spielart bürgerlicher Frauenrechtlerei, bürgerlicher Demokratie. Sie hatte ihren Aufschwung im Zusammenhang mit der II. Internationale, und gemeinsam mit dieser und derem Verrat am Proletariat ist sie seit dem Ausbruch des imperialistischen Weltkriegs 1914 von Stufe zu Stufe gesunken.

Die Bewegung der Frauen des Proletariats und des Bürgertums für ihre Emanzipation hat die gleiche Grundlage: die Vernichtung der alten hausgewerblichen Tätigkeit der Frau in der Familie durch die kapitalistische Produktionsweise. Jedoch darüber hinaus macht sich in der bürgerlichen Gesellschaft der Klassengegensatz der Frauen geltend. Die Besitzlosigkeit macht produktive, erwerbende Arbeit zur Existenzfrage für die Proletarierin, ja für die Proletarierfamilie. Die wirtschaftliche Umwälzung schafft dank der modernen Produktionsmittel und Produktionsbedingungen mit der Fabrikindustrie ein weites und wachsendes Gebiet solcher Arbeit in der Gesellschaft. Der Drang nach Mehrwert, nach Profit, der die Seele des Kapitalismus ist, peitscht mit dem Zwange der Not Scharen von Proletarierinnen in die Fabrik. Die ausgiebige Verwendung billiger und durch Lohndruck verbilligender, williger Frauenarbeit ist nicht lediglich eine Folgeerscheinung der Ausbreitung des Kapitalismus, sie ist gleichzeitig eine Voraussetzung seines Aufblühens.

Die Verdienstarbeit in der Gesellschaft löst für die Proletarierin die wirtschaftliche Abhängigkeit vom Manne und macht sie als Selbsterwerbende diesem gleich. Doch ihre Geschlechtssklaverei als Weib kettet sie rechtlich, gesetzlich weiter an ihn. Sie muß außerdem ihre wirtschaftliche Selbständigkeit mit teurem Preis bezahlen, mit den erbarmungslosesten Auswirkungen der proletarischen Klassensklaverei. Und nicht nur sie allein muß ihn zahlen. Auch die Proletarier in Gestalt sinkenden Lohnes und Verdrängung aus der Fabrik; das proletarische Kind mit mangelnder Pflege und Fürsorge, mit Verderben und Sterben; die gesamte Arbeiterklasse mit steigender Verelendung. Die Arbeiter, die noch nicht durch die Lehren des wissenschaftlichen Sozialismus klarsehend geworden sind, verwechseln Wirkung und Ursache. Für die verschärfte Not machen sie die Arbeit der am härtesten Ausgebeuteten verantwortlich, statt des gesellschaftlichen Regimes der kapitalistischen Ausbeutung. Sie bekämpfen die industrielle, die erwerbende Frauenarbeit und heischen ihr gesetzliches Verbot. Der Kampf der Geschlechter entbrennt auch in der Welt des Proletariats um eine Forderung, deren Verwirklichung die Frauen in die altersgraue Abhängigkeit vom Manne zurückwerfen würde. Geschlechtsunfreiheit und Klassensklaverei gestalten in enger Verschlingung das leidbeschwerte Dasein der Proletarierinnen.

Die Ideen der utopischen Sozialisten Owen, Saint-Simon, Fourier und ihrer Schüler entzünden das Licht der Hoffnung in diesem Dunkel. Die zum Bewußtsein ihres Menschentums und zum Freiheitssehnen erwachsenen Proletarierinnen erwarten ihre Befreiung von allen Übeln in einem neuen, idealen Gesellschaftsbau der Gleichheit, Freiheit und Brüderlichkeit. Sie finden allmählich in Gruppen zusammen – auch mit bürgerlichen Frauen –, die sich gegen das Verbot der Frauenarbeit wehren und eine Verbesserung der Arbeits- und Lebensbedingungen der Arbeiterinnen verlangen. Sie vereinigen sich mit Gleichgesinnten – Männern wie Frauen –, um gemeinschaftlich für den Aufbau der utopischen, erträumten Gesellschaft zu werben, zu wirken. Sie sind jedoch noch sehr weit von der Erkenntnis entfernt, daß der Kapitalismus im Schoße der bürgerlichen Gesellschaft die objektiven Voraussetzungen der neuen, frauen- und menschenbefreienden Ordnung erzeugt und daß diese durch den gemeinsamen revolutionären Klassenkampf der Männer und Frauen des Proletariats verwirklicht werden muß.

Die ersten Anfänge der Emanzipationsbestrebungen proletarischer Frauen waren so nichts weniger als grundsätzlich, klar sozialistisch, sozialdemokratisch. Sie stellten ein Miteinander und Durcheinander frauenrechtlerischer, utopischer, sozialrevolutionärer, sozialreformerischer Tendenzen und Forderungen dar. Sie entbehrten national und erst recht international eines festen organisatorischen Gefüges. In England, Frankreich, Deutschland, den Vereinigten Staaten von Nordamerika und anderwärts traten bald die einen, bald die anderen Charakterzüge mehr hervor, bald mehr ökonomische, bald politische Losungen. Allgemein bestimmend dafür war unter den gegebenen geschichtlichen Verhältnissen der einzelnen Länder die fortschreitende Entwicklung der kapitalistischen Produktion und ihre Auswirkung auf den Klassengegensatz von Bourgeoisie und Proletariat, auf das Rückwärts der bürgerlichen Demokratie, das Vorwärts des Proletariats an Erkenntnis, Organisation, Kampfkraft als revolutionäre Klasse. Im Verlaufe dieses

geschichtlichen Reifeprozesses traten bei den Freiheit und Gleichberechtigung verlangenden Proletarierinnen frauenrechtlerische Stimmungen und Strömungen hinter die Anforderungen des Klassenkampfes zurück, rangen sich die Proletarierinnen zu der Auffassung durch,
daß der Befreiungskampf der Klasse ohne die bewußte und hingebungs-
volle Beteiligung gleichberechtigter, gleichgewerteter Frauen nicht siegreich geführt werden könne.

Führend, beispielgebend ging die I. Internationale dem Proletariat im
Kampf für die volle Emanzipation des gesamten weiblichen Geschlechts
voran. Ihr Kongreß zu Genf 1866 schlug die Vorstöße für das gesetzliche Verbot der industriellen Frauenarbeit zurück, das zünftlerische
englische Gewerkschafter von rechts her, Anarchisten, Proudhonisten
und Gesinnungsverwandte von links her forderten. Ausschlaggebend
dafür war eine Darstellung des Problems – eine persönliche Arbeit von
Marx –, die entsprechend dem dialektischen Materialismus die weitrei-
chende revolutionäre Bedeutung der industriellen Frauenarbeit erhellte
und gegen ihre reaktionären, die Klassenlage des Proletariats ver-
schlechternden Auswirkungen in der Gesellschaftsordnung des Kapitalismus durchgreifenden gesetzlichen Schutz wider Ausbeutung und
Unterdrückung heischte. Wie die Resolution über die Gewerkschaften
zeigte sie die Notwendigkeit des gemeinsamen Klassenkampfes der Proletarier und Proletarierinnen zum Sturze des knechtenden und ausbeutenden Kapitalismus. Im Generalrat der I. Internationalen saß eine
Frau, berufliche Arbeiterinnenorganisationen gehörten ihr an: der Verband der Schuharbeiterinnen in England, der Seidenwirkerinnen von
Lyon, und mit großer Energie und gutem Erfolg unterstützte die Internationale Arbeiterassoziation einen Streik der letztgenannten. Die
Ideen dieser Weltorganisation der kämpfenden Arbeiterklasse befeuer-
ten und leiteten viele Proletarierinnen und Kleinbürgerinnen, die bei der
Verteidigung der Pariser Kommune als Heldinnen und Märtyrerinnen
ihren Anspruch auf Gleichwertung und Gleichberechtigung mit dem
Manne bewiesen hatten. In Deutschland war noch vor dem großen, international aufwühlenden und lehrenden Ereignis der Machteroberung
des Proletariats der erste gemeinsame, organisierte Aufmarsch von Proletarierinnen und Proletariern im Zeichen des Sozialismus gegen den
Kapitalismus erfolgt. Die Gewerksgenossenschaften der Manufaktur-,
Fabrik- und Handarbeiter zu Crimmitschau wurde gegründet, eine

Vorläuferin des Textilarbeiterverbandes, die sich zu den Grundsätzen der Internationalen Arbeiterassoziation bekannte.

Die I. Internationale fiel als Organisationsform auseinander, ihr reicher geschichtlicher Inhalt lebt im Proletariat auch in der revolutionären Auffassung der Frauenfrage weiter und gewann immer mehr Anhänger und Anhängerinnen. Der Gründungskongreß der II. Internationale zu Paris 1889 bewies es. Eine der beiden Vertreterinnen deutscher Arbeiterinnenvereine[1] wandte sich im Auftrage der deutschen Delegation gegen ein Verbot der Frauenarbeit, wies die Frauenrechtlerei ab und forderte die Eingliederung der Proletarierinnen in die Kampfreihen der Arbeiterklasse. Der Kongreß solidarisierte sich durch stürmischen Beifall mit der Auffassung, faßte jedoch keinen die Parteien und Gewerkschaften verpflichtenden Beschluß in der aufgerollten Frage. Das ist kennzeichnend für das Verhalten der II. Internationale zu ihr. Die II. Internationale verzichtete auf Initiative und Führung, das Ringen der proletarischen, der werktätigen Frauen für ihre Befreiung und Gleichberechtigung ideologisch und organisatorisch mit dem Klassenkampf des Proletariats zu verbinden und zu einer nicht zu missenden tragenden und treibenden Kraft der sozialen Revolution zu machen. Sie überließ es den Bekennerinnen des Sozialismus selbst, diese bedeutsame Aufgabe zu lösen.

In allen kapitalistischen Ländern gingen diese mit reifender theoretischer Erkenntnis und größtem hingebungsvollem Eifer daran, die Wirrnis frauenrechtlerischer, sozialreformerischer, sozialistischer Gedanken zu klären, die Zersplitterung der vielerlei von Organisationsformen zu überwinden und die in Fluß befindliche Bewegung der Proletarierinnen zu einer grundsätzlich richtigen, praktisch wirksamen, ausgesprochen sozialistischen Frauenbewegung zu machen. Die Sozialdemokratinnen Deutschlands gingen bei diesem Werk wegweisend und beispielgebend voran. Die sozialdemokratische Frauenbewegung erhärtete ihre Gleichgewichtigkeit als Teil des revolutionären Befreiungskampfes durch ihre reinliche Scheidung in Theorie und Praxis von der Frauenrechtlerei und dem bürgerlichen Reformismus. Die dafür nötigen Auseinandersetzungen erfolgten auf der ganzen Front der Frauenfrage als sozialer Frage, die nur durch die proletarische Revolution und Diktatur als Wegbereiter des Sozialismus gelöst werden kann.

Sie konzentrierten sich zunächst auf die grundsätzliche und praktische Einstellung zum gesetzlichen Arbeiterinnenschutz. Der Kongreß der II. Internationale zu Zürich 1893 entschied entgegen starken frauenrechtlichen Tendenzen im Sinne der marxistischen Auffassung. Wichtiger und weittragender noch war der Kampf um die grundsätzliche und taktische Stellungnahme zum Frauenwahlrecht. Sollte das Eintreten für ein »Damenwahlrecht« gestattet sein, der Verzicht auf die Forderung des allgemeinen Frauenwahlrechts in proletarischen Wahlrechtskämpfen, die frauenrechtlerische Gleichsetzung des politischen Frauenwahlrechts mit der vollen sozialen Befreiung des weiblichen Geschlechts? Die Klärung dieser Streitfragen wurde zu einem leidenschaftlichen Kampf gegen den Reformismus, den Opportunismus auf der ganzen Linie. Die Initiative und Zähigkeit der fortgeschrittensten Trägerinnen der sozialdemokratischen Frauenbewegung setzten es durch, daß dieser Kampf auf dem Kongreß der II. Internationale zu Stuttgart 1907 mit dem Sieg des revolutionären Marxismus endete. Die sozialdemokratische Frauenbewegung war in ihren besten Zeiten eine wertvolle Kraft des »linken Flügels« der sozialistischen Parteien der II. Internationalen im Ringen mit dem Opportunimsus und Revisionismus.

Ihrer Auffassung von der einheitlichen Organisation der Ausgebeuteten ohne Unterschied des Geschlechts getreu, führte sie die Arbeiterinnen den Gewerkschaften ihrer Berufsgenossenschaften zu, die proletarischen Frauen jeder Schicht der sozialistischen Partei ihres Landes. Auf der geschaffenen Grundlage nahm die sozialdemokratische Frauenbewegung ihren internationalen Zusammenschluß im Rahmen und in engstem Zusammenhang mit der II. Internationale in Angriff. Die erste internationale Konferenz sozialistischer Frauen zu Stuttgart 1907 bestimmte die »Gleichheit«, das Frauenblatt der deutschen Sozialdemokratie, zum internationalen Organ und wählte eine Internationale Sekretärin.[1] Die zweite internationale Konferenz sozialistischer Frauen zu Kopenhagen 1910 beschloß als einheitliche internationale Aktion den alljährlichen Frauentag. In Anknüpfung an aktuelle Forderungen der Proletarierinnen, so des Frauenwahlrechts, sollte er revolutionärer Klassenvormarsch der proletarischen Frauen und Männer gegen die bürgerliche Gesellschaft sein.

Das imperialistische Völkermorden brachte zum Ausdruck, daß der

---

1 Diese Funktion übte von 1907 bis 1917 Clara Zetkin aus.

Wurm des Reformismus auch die so hoffnungsreich scheinende sozialdemokratische Frauenbewegung zerfressen hatte. Sie zeitigte noch *eine* kraftvolle revolutionäre Lebensäußerung: die internationale sozialistische Frauenkonferenz zu Bern 1915. Vom proletarischen Klassenstandpunkt aus rief sie die Frauen auf zum Kampf gegen den Verrat der internationalen Solidarität der Proletarier aller Länder durch die Mehrheit der sozialdemokratischen Parteien und Gewerkschaften, zum Kampf für den Frieden der Völker als Voraussetzung zur Entfesselung des schärfsten revolutionären Vorstoßes der proletarischen Massen zum Umsturz der bürgerlichen Gesellschaft. Die Konferenz war Aktion einer Minderheit der Bewegung, Vorbotin ihrer unerläßlichen Spaltung. Der weitaus größte Teil der organisierten sozialdemokratischen Frauen sank unter Führung der II. Internationale herab zu Verteidigerinnen der nationalen »Vaterländer« der imperialistischen Bourgeoisie. Sie wetteiferten an chauvinistischer Gesinnung und Aktivität mit den bürgerlichen Damen. Sie täuschten und beschwindelten die Proletarierinnen über Ziel und Charakter des imperialistischen Machtringens und trieben damit diese in die Schützengräben der Wirtschaft und aller Gebiete des sozialen Lebens. Unbelehrt durch das gewaltige Weltgewitter der proletarischen Revolution im Zarenreich, standen die Sozialdemokratinnen weiterhin der Bourgeoisie bei, ihre Klassenherrschaft gegen den Ansturm der revolutionär vordringenden Ausgebeuteten zu schützen.

Die rühmliche Vergangenheit wirft hellesLicht darauf, wie tief die sozialdemokratische Frauenbewegung gefallen ist. Sie ist zu einer Nichts-als-Reformbewegung entartet, die die bürgerliche Ordnung nicht stürzen, sondern stützen will. Sie trägt dazu bei, die Klassensklaverei der Proletarierinnen zu befestigen, zu erhalten. Gewiß, in der sozialdemokratischen Frauenbewegung wird noch vom Sozialismus geredet, aber nur zu dem Zwecke, werktätige Frauen vom revolutionären Kampfe ihrer Klasse abzuhalten. Sie führt die Proletarierinnen nicht auf den einzigen Weg zum Sozialismus, zur kommunistischen Weltordnung: zur Revolution zur Eroberung des Staatsmacht. Sie lullt diese zweifach Geopferten des Kapitalismus mit dem Traum ein vom »friedlichen Hineinwachsen in den Sozialismus« durch soziale Reformen und bürgerliche Demokratie. Sogar was Reformen und die Demokratie anbelangt, so narrt sie die werktätigen Frauen mit der Illusion, daß diese

»Errungenschaften« Früchte des Zusammenwirkens der Klassen, des Burgfriedens zwischen ihnen sind und nicht Ergebnisse des erbitterten, hartnäckigen proletarischen Klassenkampfes. Indem sie das grundsätzliche Ziel preisgibt – die proletarische Revolution –, macht sie sich selbst unfähig, auch die Gegenwartsforderungen der Proletarierinnen zu vertreten.

Besonders charakteristisch für das alles sind die internationalen sozialdemokratischen Frauenkonferenzen, die in Marseille 1925 und in Brüssel 1926 und 1928 in der Gnadensonne der wieder zusammengeflickten II. Internationale stattgefunden hatten. In den Fragen des gesetzlichen Arbeiterschutzes, des Schutzes und der sozialen Fürsorge für Mutter und Kind, für Hilfsbedürftige jeder Art zogen sich diese Tagungen auf die winzigen Forderungen der Washingtoner Konferenz 1919 zurück. Sie sind bis heute nicht von den gepriesenen Koalitonsregierungen großer kapitalistischer Staaten und der Arbeiterregierung in England ratifiziert, und ihre Verwirklichung als »humanitäres Menschenrecht« wird von den Sozialdemokratinnen sanft erbeten. Den Wert solcher Einstellung zeigt Frau Bondfield, Arbeitsminister der englischen Arbeiterregierung, durch deren Gesetzentwürfe und Vorschläge zur Regelung der Arbeitslosenfürsorge, der Arbeitsverhältnisse im Bergbau; durch die Stellungnahme zu dem großen Kampf in der Wollindustrie, in der viele Zehntausende Arbeiterinnen ausgebeutet und geknechtet werden.

Das Frauenwahlrecht werteten die internationalen Konferenzen der Sozialdemokratinnen echt feministisch als vollendetes Menschenrecht der Frauen. Trotzdem waren die Tagenden bereit, sich mit einem »Damenwahlrecht« zu begnügen, und drückten sich feige darum herum, die reformistische Arbeiterpartei Belgiens auch nur zur Ordnung dafür zu rufen, daß ihre Vertreter in der Kammer zufolge ihres Bündnisses mit den Liberalen gegen das von den Klerikalen beantragte Frauenwahlrecht gestimmt haben. Im höchsten Maße schamlos ist das Verhalten der Sozialdemokratinnen gegenüber der drohenden Gefahr imperialistischer Kriege. Sie verzichteten in Marseille auf die geforderte Brandmarkung des greuelreichen Marokkokrieges der französischen Imperialisten, weil dieser von den reformistischen Sozialisten Frankreichs nicht bekämpft worden ist. Sie hetzten dafür gegen den angeblichen »roten Imperialismus« der Sowjetunion und vertrösteten die friedenssehnsüchtigen Proletarierinnen mit der Hoffnung auf den »Stimmzettel der Mütter«. Die sozialdemokratische Frauenbewegung ist eine Pflegestätte der Illusionen über die friedenstiftende Macht des Völkerbundes, der internationalen Abrüstungskonferenzen der kapitalistischen Regierungen und jeder damit zusammenhängenden Massenbeschwindelung. Sie ist ebenso eine Pflegestätte aller Lügen und Verlästerungen gegen den ersten Staat der proletarischen Diktatur und seinen sozialistischen Aufbau. Sie schweigt hingegen in allen Sprachen von der ernsten Friedenspolitik dieses Staates, von seinem vorbildlichen Werk zur vollen menschlichen Befreiung der Frau durch die Sowjetverfassung und die Gestaltung wirtschaftlicher und sozialer Lebensformen, die die Gleichberechtigung zur Wahrheit und Tat erheben. Sie hat auch keine Tat internationaler Solidarität aufzuweisen für die Befreiungskämpfe der Kolonial- und Halbkolonialvölker gegen den Imperialismus; Kämpfe, an denen Arbeiterinnen, Bäuerinnen, Kleinbürgerinnen, weibliche Intellektuelle einen hervorragend opferfreudigen Anteil nehmen. Die sozialdemokratische Frauenbewegung ist verbürgerlicht. Sie unterscheidet sich vom Feminismus in der Konkurrenz um gläubige Gefolgschaft lediglich durch die Phraseologie, nicht durch ihr Wesen. Sie geht den politischen Parteien und Gewerkschaften, mit denen sie verbunden ist, nicht mehr Probleme der Frauenfrage klärend, die Praxis anregend und bereichernd voran. Sie ist die gefügige Magd dieser Organisationen im Dienste der Großbourgeoisie. Keine arbeiterfeindliche Schandtat der Koalitionspolitik, des Industriefriedens, mit deren Duldung sie nicht im Namen des »Staatsgedankens« und der »Volkswirtschaft« das Klassenbewußtsein der Proletarierinnen trübt, ihre Kampfenergie einschläfert. Die sozialdemokratische Frauenbewegung hat trotz ihres innerlichen Verfalls eine starke und aufsteigende äußere Entwicklung. Nach dem Bericht an den Brüsseler Kongreß der Sozialistischen Arbeiterinternationale 1928 waren in den dieser angeschlossenen Parteien 915 000 Frauen organisiert, die reformistischen Gewerkschaften zählten 1 687 000 weibliche Mitglieder. Diese Zahlen sind seither bei weitem überholt.

Die sozialdemokratische Frauenbewegung wird nicht mehr wie einst von der »öffentlichen Meinung« verhöhnt, von den Behörden verfolgt, sie erfreut sich von beiden Seiten kräftiger Unterstützung. In den Ländern mit Koalitionsregierungen – und namentlich dort, wo das Frauenwahlrecht besteht – verwurzelt sie sich mittels starker Positionen im Staatsapparat in den Gemeindeverwaltungen, in der Sozialversicherung, der Wohlfahrtspflege unter den Massen der Proletarierinnen. Für sie wirken erfahrene, geschickte Propagandistinnen und Organisatorinnen, die das früher erworbene Vertrauen wie ihre ganze Kenntnis der Lage und Psychologie der werktätigen Frauen mißbrauchen, um diese zu täuschen und zu gängeln, indem sie ihren antirevolutionären Kleinmut, ihre Furcht vor der Revolution nähren und bestärken. Das in der Zeit, wo sie die erbarmungslose Herrschaft des Monopolkapitals, des beutegierenden Imperialismus, die begonnene proletarische Revolution, das unsterbliche Beispiel der revolutionär kämpfenden und sozialistisch aufbauenden Frauen in der Sowjetunion vor Augen haben. Auf daß die frauenbefreiende proletarische Revolution den Kapitalismus niederwirft, muß sie den Reformismus in der Arbeiterklasse vernichten.

Lily Braun

Das Verhältnis von bürgerlicher zu proletarischer Emanzipation

Es bedeutet in jeder Beziehung eine Selbstaufgabe, wenn die Arbeiterinnenbewegung den Charakter der Frauenbewegung im bürgerlichen Sinne annimmt. Soweit sie eine selbständige Existenz neben der Arbeiterbewegung besitzt, ist es keine, aus der Entwicklung der Frauenarbeit sich ergebende Notwendigkeit, wie in der bürgerlichen Welt, sondern nur ein Notbehelf, zu dem sie vielfach durch die rechtliche Stellung, besonders der deutschen Frau, gezwungen wird. Wo ein direkter Zwang nicht vorliegt, ist jede Nur-Frauenorganisation in der Arbeiterinnenbewegung vom Übel. Dahin gehören z. B. die vielen in Deutschland und Österreich entstandenen Arbeiterinnen-Bildungsvereine, dahin gehören die selbständigen sozialistischen Frauenkongresse, wie sie in Belgien schon zweimal abgehalten wurden, dahin gehören vor allem die Frauengewerkschaften, wie sie neuerdings besonders von den radikalen französischen Frauenrechtlerinnen angestrebt werden. Eine sich ihrer Grundlagen und ihrer Ziele klar bewußte Arbeiterinnenbewegung hat diese Art der Organisierung nur da zu gestatten, wo es sich bei Gewerkschaften um ausschließliche Frauenberufe, oder bei Bildungsvereinen um solche Orte handelt, wo überhaupt gar kein anderer, den Arbeiterinnen zugänglicher Verein besteht. Grundsätzlich aber sollte sie sich ihnen gegenüber stets ablehnend verhalten, denn sie können am letzten Ende nur verwirrend wirken und jenen einseitigen Frauenstandpunkt groß ziehen, der das Solidaritätsgefühl zwischen Arbeiter und Arbeiterin, die wichtigste Voraussetzung für einen erfolgreichen Kampf des Proletariats, nicht aufkommen läßt. Die selbstverständliche Konsequenz dieses Standpunktes ist natürlich auch die Ablehnung jeder gemeinsamen Arbeit mit der bürgerlichen Frauenbewegung. Darunter verstehe ich den Eintritt in oder den Zusammenschluß mit bürgerlichen Frauenvereinen einerseits, oder die Zulassung bürgerlicher Frauenrechtler in Arbeiterinnenvereine andererseits. Wie reaktionär beides wirkt, dafür liefert England und Frankreich Beispiele genug: die zahlreichen, von Damen der bürgerlichen Gesellschaft geleiteten Arbeiterinnenklubs, Ferienkolonien und dergl. sind zweifellos eine der Ursachen für die politische Rückständigkeit der englischen Arbeiterinnen, ebenso wie die Einmischung der französischen Frauenrechtler in die Arbeiterinnenbewegung fast einer Zerstörung gleichkommt. Völlig abzulehnen ist daher auch die Tätigkeit bürgerlicher Frauen in Gewerkschaften, die man vielfach selbst in Arbeiterkreisen für unbedenklich hält. Sie wird fast immer in Bevormundung ausarten. Die deutsche Arbeiterinnenbewegung hat die Gemeinschaft mit der bürgerlichen Frauenbewegung stets am schroffsten abgelehnt. Aber weder deren Feindseligkeit gegenüber den sozialdemokratischen Arbeiterinnen, wie sie sich bei Gelegenheit der Gründung des Bundes deutscher Frauenvereine dokumentierte, noch ihre Gleichgültigkeit, die am drastischsten in dem Auflösungsjahr 1895 hervortrat, wo es niemandem einfiel die behauptete Solidarität mit den »ärmeren Schwestern« in der Form energischer Proteste einmal durch die Tat zu beweisen, bot die Veranlassung dazu, sondern vielmehr die klare Erkenntnis der völligen Differenz der beiden Bewegungen zu Grunde liegenden Weltanschauungen, die Verschiedenheit ihrer Ausgangspunkte, sowohl wie ihrer Ziele. Diese Differenz fand in einer auf dem Parteitag zu Gotha angenommenen Resolution ihren prägnanten Ausdruck, in der es unter anderem heißt:

»Als Kämpferin im Klassenkampf bedarf die Proletarierin ebenso der rechtlichen und politischen Gleichstellung mit dem Manne, als die Klein- und Mittelbürgerin und die Frau der bürgerlichen Intelligenz. Als selbständige Arbeiterin bedarf sie ebenso der freien Verfügung über ihr Einkommen (Lohn) und ihre Person als die Frau der großen Bourgeoisie. Aber trotz aller Bemühungen in rechtlichen und politischen Reformforderungen hat die Proletarierin in den entscheidenden ökonomischen Interessen nichts Gemeinsames mit den Frauen der anderen Klassen. Die Emanzipation der proletarischen Frau kann deshalb nicht das Werk sein der Frauen aller Klassen, sondern ist allein das Werk des gesamten Proletariats ohne Unterschied des Geschlechts.« . . .

Während die Arbeiterinnenbewegung stets von einem klaren einheitlichen Klassengefühl getragen und bestimmt war, ist das Verhalten der bürgerlichen Frauenbewegung gegenüber der Arbeiterinnenfrage ein unklares und zwiespältiges. In der Vergangenheit überwiegt das philanthropische Moment jedes andere, und der kindliche Glaube beherrscht die Frauen, daß Wohltätigkeit, Armenpflege und allseitiger guter Wille die Mittel sind, das soziale Elend aus der Welt zu schaffen. Dieser durch Religion und Sitte in den Frauen groß gezogene Gefühlsstandpunkt und seine Betätigung haben, so schön sie vielfach erscheinen mögen, die traurigsten Folgen gehabt: sie haben sowohl auf seiten der Wohltäter, wie auf der ihrer Schützlinge die Empfindung für Gerechtigkeit abgestumpft, indem sie die Wohltat an ihre Stelle setzten, und diese beiden Begriffe so sehr verwirrt, daß Wohltätigkeitsbestrebungen und Frauenbewegung noch heute vielfach für identisch gehalten werden. Sie haben das Verständnis dafür unterdrückt, daß jeder arbeitende Mensch ein Recht auf eine gesicherte Existenz hat und es zu der schreienden Ungerechtigkeit noch die Kränkung fügen heißt, wenn man ihn, in welcher Form immer, mit Almosen abspeisen will. Sie haben die Entwicklung zu tieferer Erkenntnis der sozialen Probleme vielfach aufgehalten und nur die eine fruchtbringende Folge gezeigt, daß den Frauen der Bourgeoisie Not und Elend nicht immer abstrakte Begriffe blieben . . .

Sobald das Gebiet der Wohltätigkeit im weiteren Sinn verlassen und das des Rechts betreten wurde, lehnten sich die Frauen der Bourgeoisie teils an eine der politischen Parteien und deren Anschauungsweisen an, teils übertrugen sie, rein mechanisch, in naiver Unkenntnis der tatsächlichen Verhältnisse, die Theorien der bürgerlichen Frauenbewegung auf die Arbeiterinnenfrage . . .

In den letzten dreißig Jahren des 19. Jahrhunderts war jene große Bewegung siegreich durch die Welt gezogen, an deren Spitze Marx, Engels und Lasalle standen. Der Sozialismus, wütend bekämpft von der bürgerlichen Gesellschaft, drang trotzdem, wie die Luft, die wir atmen, durch geschlossene und verbarrikadierte Türen und Fenster hinein. In vielen seiner Züge war er geradezu prädestiniert, die Frauen zu gewinnen; wie einst das Christentum zahllose Jüngerinnen an sich zog, weil es an das Gefühl appellierte, weil es den »Mühseligen und Beladenen« zu helfen versprach, so ist es die Gefühlsseite des Sozialismus, die heute so stark auf die Frauen wirkt, oft ohne daß sie es wissen und meist ohne daß sie es eingestehen wollen. Wo es sich um bürgerliche Frauen handelt, hört ihr Verständnis und ihre Zustimmung meist da auf, wo der Sozialismus als Wissenschaft der Wurzel des gesellschaftlichen Übels kritisch zu Leibe geht, sie haben weder den Mut noch die logische Konsequenz, den Weg bis zu Ende zu verfolgen. Aber ihre Gefühlswelt ist durch ihn befangen; kürzere Arbeitszeit, höherer Lohn, Schutz den Frauen und Kindern – das sind Ideen, die ihnen, denen die Armut in jeder Gestalt so leicht zu Herzen geht, sympathisch sein müssen. Auch die Form der Beschlüsse des französischen Kongresses von 1900 ist auf den wachsenden Einfluß des französischen Sozialismus zurückzuführen. Sie lehnen zwar den gesetzlichen Schutz für weibliche Arbeiter ab, – eine Reminiszenz an die Frauenrechtelei, – aber sie verlangten ihn in ausgedehntem Maße für beide Geschlechter, indem sie die grundlegende Forderung der organisierten Arbeiterschaft, – den Achtstundentag, – an die Spitze stellen.

Das Eindringen sozialer Ideen in die deutsche bürgerliche Frauenbewegung vollzog sich natürlich außerordentlich langsam und setzte äußerlich bemerkbar erst dann ein, als der Bannfluch, der mit dem Sozialistengesetz den Sozialismus und seine Vertreter in den Augen der bürgerlichen Welt getroffen hatte, von ihm genommen war. Noch 1872 erklärte Fräulein Auguste Schmidt, die eigentliche Führerin des Allgemeinen deutschen Frauenvereins, der damals fast allein die Frauenbewegung repräsentierte, die Bildung für den eigentlichen Kern- und Schwerpunkt der Frauenfrage. Wenige Jahre später, angesichts des Sozialistengesetzes, hielt sie sich für verpflichtet, die deutsche Frauenbewegung gegen jeden Verdacht revolutionärer Bestrebungen öffentlich zu verwahren. Erst 1881, zum ersten Male wieder seit der Gründung des längst eingegangenen Arbeiterinnenvereins im Jahre 1869 durch Luise Otto, beschäftigte sich die Generalversammlung des Vereins, infolge eines Referats von Fräulein Marianne Menzzer, mit der traurigen Lage der Arbeiterinnen. Ihre Forderung: »Gleicher Lohn für gleiche Arbeit«, die in England und Frankreich längst aufgestellt worden war und durchaus frauenrechtlerischen Ursprungs ist, fand lebhaften Widerhall. Als dann zwei Jahre später dieselbe Frage zur Beratung stand, zeigte sich die ganze Einsichtslosigkeit der Versammlung darin, daß sie in erster Linie vorschlug, die Lage der Arbeiterinnen durch die moralische Beeinflussung der Fabrikanten und dadurch zu unterstützen, daß die Frauen sich verpflichten sollten, nur in solchen Geschäften zu kaufen, deren Arbeiterinnen guten Lohn erhalten . . .

Wie sehr es aber noch Eclaireur-Dienste waren, die hier geleistet wurden, wie tief die Angst vor dem Sozialismus der bürgerlichen Frauenbewegung noch in allen Gliedern lag, so daß selbst die ruhige Vernunft dadurch unterdrückt wurde, das beweist die in demselben Jahr erfolgte Gründung des Bundes deutscher Frauenvereine. Seine Entstehung verdankte er der Anregung einiger Frauen, die gelegentlich des internationalen Frauenkongresses in Chicago 1893 den amerikanischen nationalen Frauenbund kennen gelernt hatten. Sein Zweck war von vornherein kein propagandistischer, sondern ein vereinigender, der die Frauenvereine aller Richtungen zusammenfassen und »den Einfluß aller Frauen solchen allgemeinen Arbeitsgebieten« zuwenden wollte, »zu denen alle von Herzen ihre Zustimmung geben können«. Von diesem Bündnis nun, das gar keiner bestimmten Richtung zu dienen vorgab, wurden, nach dem Ausspruch der Vorsitzenden der Gründungsversammlung, Fräulein Auguste Schmidt, »die sozialistischen Arbeiterinnenvereine selbstverständlich« ausgeschlossen, und in diesem Sinne stimmte die überwiegende Majorität der Anwesenden . . .

Selbstverständlich lehnt die bürgerliche Frauenbewegung nach wie vor jede Gemeinschaft mit dem Sozialismus ab, und dokumentiert das vielfach durch Unterlassungssünden, durch Worte und Taten. Als die proletarischen Frauenorganisationen im Jahre 1895 unter dem Zeichen des drohenden Umsturzgesetzes in der schlimmsten Weise verfolgt und geschädigt wurden und die Gelegenheit geboten gewesen wäre, die Solidarität mit den Arbeiterinnen zu beweisen, hüllte die offizielle Vertretung der bürgerlichen Frauenbewegung sich in Schweigen. Eine Protesterklärung an den Reichstag gegen die Umsturzvorlage, die ich veröffentlicht hatte, fand nur verhältnismäßig wenig Unterschriften. Und bei Gelegenheit der großen Agitation gegen das bürgerliche Gesetzbuch seitens des Bundes deutscher Frauenvereine, die eine Flut von Reden, Artikeln, Broschüren und Petitionen mit sich führte, blieben die für die Proletarierin so wichtigen Fragen des Rechts auf dem Gebiet des Arbeitsvertrags, der Gesindeordnungen, der Stellung der ländlichen Arbeiter von alledem völlig unberührt. Wie vorsichtig und zurückhaltend die Mehrheit der Frauenrechtlerinnen Deutschlands der Arbeiterinnenbewegung gegenübersteht, dafür noch folgendes Beispiel: Unter der Leitung des Vereins »Frauenwohl« entstand innerhalb des Bundes ein Verband fortschrittlicher Frauenvereine, der weniger in seinen Bestrebungen, – sie decken sich fast ganz mit denen des Bundes, – als in ihrer energischen Betonung und radikalen Färbung von ihm abweicht. Er stellte den Antrag, der Bund möge eine Verständigung zwischen der sozialistischen und bürgerlichen Frauenbewegung für wünschenswert erklären, wurde aber damit zurückgewiesen und es trat eine äußerst matte Erklärung an seine Stelle, wonach »die Möglichkeit einer Verständigung von Fall zu Fall in Betracht« gezogen werden sollte.

Am deutlichsten aber trat der bürgerliche Klassencharakter der Frauenbewegung hervor, als im Jahre 1899 die häuslichen Dienstboten anfingen, sich auf ihre Menschenrechte zu besinnen, und sich gegen die unwürdige Lage, in der sie sich befinden, aufzulehnen. Bis ins innerste Herz wurde die ganze bürgerliche Gesellschaft dadurch getroffen; solange die Arbeiterinnenbewegung sich außerhalb der eigenen vier Wände abspielte, konnte sie noch auf Sympathien rechnen, besonders bei den Frauen, die keine Unternehmer waren, also nichts von ihren Forderungen glaubten fürchten zu müssen. Die Dienstbotenfrage aber machte sich in ihrem eigensten Reich, im Hause selbst, empfindlich geltend, sie verlangte direkte Opfer von ihnen und damit verwandelte sich, von wenigen Ausnahmen abgesehen, ihr Wohlwollen in Abneigung, ja vielfach in Haß, der alle diejenigen in Acht und Bann erklärte, die mit der Dienstbotenbewegung sympathisierten. Schon die Haltung des Berliner Internationalen Frauenkongresses war charakteristisch; für lange Berichte über Wohltätigkeitsorganisationen war Zeit in Fülle vorhanden, als aber Dr. Schnapper-Arndt die Dienstbotenfrage erörtern wollte, konnte er nicht zu Ende sprechen, und niemand ging in der Diskussion darauf ein. Noch schlimmer war das Auftreten des Berliner Hausfrauenvereins unter Leitung von Frau Lina Morgenstern: um das »Verlieren« der in Deutschland üblichen, mit Zeugnissen versehenen Dienstbücher wirkungslos zu machen, verlangte er die direkte Einreichung dieser Zeugnisse an die Polizei, damit die Herrschaften hier stets Einsicht von ihnen nehmen könnten.

Die Dienstbotenbewegung selbst schien den Frauen zunächst die Zunge gelähmt zu haben. Erst allmählich entschloß man sich, sie vorsichtig und zurückhaltend zu erörtern; persönlichen Anteil daran nahmen aber nur wenige Frauen aus der christlich-sozialen und der radikalen Frauenbewegung. Der Bund deutscher Frauenvereine konnte sich zu nichts weiter entschließen als zu einer Petition um Einführung der Unfallversicherung für das häusliche Gesinde, und eine Anzahl Vereine erklärten mit großem Pathos, die Mißachtung, unter der die Dienstboten zu leiden haben, dadurch zu besiegen, daß sie von nun an nicht mehr Dienstboten, sondern »Hausgehilfen« zu nennen seien.

TEXT 8

Helene Lange

Die Stellung der Frauenbewegung zu Ehe und Familie

Von den beiden großen soziologischen Kernfragen der Frauenbewegung – die Einordnung der Frau in das Erwerbsleben und die Gestaltung ihres Familienberufs auf der Grundlage der neuen Bedingungen – stellen wir die zweite in den Vordergrund, um damit zugleich zum Ausdruck zu bringen, daß die Mutterschaftsbestimmung der Frau der Grundmaßstab ist, nach dem ihre Verwendbarkeit auf dem Arbeitsmarkt beurteilt und, soweit möglich, reguliert werden sollte.

Dabei handelt es sich wieder um zwei Teilfragen; erstens: um den tatsächlichen *Inhalt* des neuen, dualistisch gespaltenen Frauenlebens und die Auseinandersetzung seiner beiden Bestandteile, Familienberuf und Erwerbsberuf, miteinander, und zweitens: um die Frage der *Stellung* der Frau innerhalb der Familie, die Frage, ob und in welcher Form der Umbildungsprozeß der Familie, indem er den Typus der Frau veränderte und ihre Kulturleistungen zum Teil auf ein anderes Feld hinüberschob, auch ihre ethischen und rechtlichen Ansprüche innerhalb der Familie, ihre Beziehungen zum Mann und zu ihren Kindern berührte. Diese Erwägungen umfassen naturgemäß sowohl die gesetzliche Regelung der Beziehungen zwischen der Frau und der Familie, wie auch jenes ganze Gewebe von ungeschriebenen sittlichen und sozialen Gesetzen, nach denen sich das Verhalten der Geschlechter in ihren innerlichsten und persönlichsten Beziehungen zueinander bestimmt.

Wenn wir der Entstehung dieser Probleme in ihrer heutigen Gestalt nachgehen, so sehen wir wieder ihre geistigen Voraussetzungen früher erscheinen als ihre wirtschaftlichen Bestimmungsgründe. Es entsteht zuerst eine neue Auffassung von dem Verhältnis der Geschlechter, von der Art der Einordnung der Frau in die Familie, die unmittelbar mit den geistesgeschichtlichen Vorgängen zusammenhängt, die im zweiten Kapitel als »Entwicklung des Individuums« und »Entwicklung der emanzipatorischen Doktrin« gekennzeichnet sind. Selbstverständlich sprechen auch hier wirtschaftliche Vorgänge mit, aber im Bewußtsein derjenigen Generationen, die das Eheproblem vom Gesichtspunkt der Frau aus zuerst bewußt und reflektierend aufgriffen, spielte die Erkenntnis der wirtschaftlichen Umwandlungen noch gar keine Rolle, *konnte* sie zeitlich noch gar keine Rolle spielen. Vielmehr bietet sich das Eheproblem der Kritik zuerst als ein rein sittliches, als ein Problem des persönlichen inneren Lebens, nicht etwa als ein wirtschaftlich soziales.

In welcher Weise sehen wir nun durch den geschichtlichen Vorgang, den wir als Entwicklung der weiblichen Individualität bezeichnet haben, die Auffassung des sexuellen Lebens sich umgestalten?

Zunächst ist ohne Zweifel die Entstehung und Befestigung der Einehe ein Stück dieses Prozesses. Sie ist, wie Marianne Weber in ihrem ausgezeichneten Buch »*Ehefrau und Mutter in der Rechtsentwicklung*« überzeugend darlegt, ein Sieg der Frau über die polygamen Instinkte des Mannes. Dieser Sieg, durch die Ehegesetze der Griechen und Römer verwirklicht, setzt immerhin ein gewisses Gewicht ihrer Persönlichkeit voraus, auch wenn die Monogamie zunächst nur eine rechtliche Institution war, die neben sich verantwortungslosen Geschlechtsverkehr gestattete, und wenn sie auch als *sittliche* Forderung nur für die Frau galt. Die Minderwertung der Frau kommt nach wie vor darin zum Ausdruck, daß der Mann zwar von ihr unbedingte Treue verlangte, aber gar nicht daran dachte, seinerseits ihr die gleiche Achtung und Rücksicht zu gewähren.

Der Individualismus aller modernen Weltanschauungen, der Stoa und dann vorzüglich auch des Christentums, demzufolge jede einzelne Seele unter dem Maßstabe der Sittlichkeit gleichwertig und zu gleichen Pflichten und Ansprüchen berufen ist, konnte nicht verfehlen, auf diese Auffassung des Verhältnisses der Geschlechter einzuwirken. Man wird aber behaupten dürfen: stärker noch wirkte die geistige Befreiung, die Entwicklung der Persönlichkeit in der Frau selbst. Ohne diese Entwicklung hätte die bloße *Lehre,* daß vor Gott »nicht Mann noch Weib« sei, sich nicht in moralisch-rechtliche Forderungen umgesetzt. Man hätte sich mit dem »vor Gott« zufrieden gegeben und im irdisch-menschlichen Dasein alles beim Alten gelassen. Denn man kann in der Geistesgeschichte immer wieder sehen, wie ganz naheliegende praktisch-sittliche Konsequenzen aus allgemein angenommenen Anschauungen nicht gezogen werden, aus dem Instinkt heraus, daß das dadurch geforderte Opfer zu schwer sein würde. So sind, wie schon erwähnt wurde, die

Vertreter der Menschenrechte erstaunlich lange um die Frage herumgegangen, was ihr Prinzip für die soziale Stellung der Frau bedeute, und so sind auch heute noch ganz allgemein anerkannte Grundsätze unseres gesamten sittlichen Handelns und Empfindens ohne Einfluß auf die Beurteilung der doppelten Moral. Stärker und gewichtiger als neue Theorien ist also das unmerklich wachsende Persönlichkeitsgefühl der Frau, das unbewußt dem Liebesleben andere Gesetze aufzwingen möchte und die Theorie *ergreift* und *benützt,* um sich daran zu halten. Das ist der eine Faktor, der den »zwischen den Geschlechtern anhängigen ewigen Prozeß« (Hebbel) beeinflußt: die Frau, die ihren Persönlichkeitswert empfinden gelernt hat, kann sich nicht mehr damit zufrieden geben, Mittel zum Zweck zu sein, kann das Defizit an persönlicher Achtung schwer ertragen, das naturgemäß da vorhanden ist, wo ihr nicht die gleiche Treue gehalten wird, die man von ihr verlangt. Sie fühlt die Spannung zwischen dem Liebesideal, das man für sie aufstellt und das sie auch aus ihrem tiefsten Empfinden heraus freudig ergreift, und der Sexualethik des Mannes, in der die Norm, *deren* Erfüllung für *sie* selbstverständlich ist, bis zum Indifferenzpunkt heruntergeschraubt wird.

Mit dieser Kritik der Frau an der doppelten Moral verknüpft sich die soziale und ethische Beurteilung jenes Ersatzes, den sich der Mann für die von ihm selbst als notwendig erkannte Beschränkung seiner erotischen Freiheit durch die Ehe geschaffen hatte – der Prostitution. Mit Recht hat Rosa Mayreder in ihrem neuen Buch »Geschlecht und Kultur« betont, daß die Frauenbewegung aus ihrem Ethos heraus zu einer scharfen und klaren Stellungnahme gegen die Prostitution kommen mußte, weil sie die vollkommenste Ausschaltung des entscheidenden Prinzips der Frauenbewegung: der Verwirklichung der Persönlichkeitsidee für die Frau ist. Überdies mußte die Frau in dem Augenblick, wo sie zu dem Gefühl der Solidarität ihres Geschlechts erwacht war, einsehen, daß die Hebung ihrer Stellung in der Familie erkauft wurde dadurch, daß eine Schar von Frauen um ebensoviel unter das Niveau persönlicher Achtung herabgedrückt wurde, als sie selbst darüber hinausstieg. Sie mußte empfinden, daß die Nichtachtung, die sexuelle Hörigkeit der Frau, eigentlich gar nicht beseitigt, sondern nur mit ihren Konsequenzen auf eine andere Schicht von Frauen abgeschoben worden war.

Ein anderer, aus dem eigentlichen und ursprünglichen Ethos der Frauenbewegung hervorgehender Impuls richtet sich gegen den Patriarchalismus der Ehe. Die Rechtsordnung der Ehe stellt die Frau fast allgemein unter eine Bevormundung, die heute zu ihrer Urteilsfähigkeit und zu ihrem Willen zur Selbstbestimmung in keinem Verhältnis mehr steht und sich durch nichts anderes mehr begründen läßt, als durch das traditionelle Ansehen der *patria potestas*.

Das ist, in großen Zügen skizziert, die Wirkung der *Frauenbewegung* auf die Anschauungen über Liebesleben und Ehe. Neben dieser im Gedankenkreis der *Frauenbewegung* entstehenden »sexuellen Frage«, neben diesen aus ihrem ethischen Gehalt geprägten Forderungen an das Sexualleben und die Rechtsordnung der Ehe entsteht aber nun, von *ganz anderen* Motiven ausgehend, eine Bewegung, die sich gleichfalls kritisch *gegen* die Ehe richtet und umgestaltend auf das Sexualleben wirken will. An die Stelle des *ethischen* Individualismus, von dem die Frauenbewegung in ihrer Kritik der Ehe ausging, setzt diese Bewegung den *Individualismus schlechthin*, in dem Sinne eines Rechtes auf eine Lebenserfüllung, die *allen* Seiten der menschlichen Persönlichkeit, den sinnlichen so gut wie den geistigen, Genüge leisten soll. Die Überwindung der doppelten Moral wird in dieser Bewegung darin gesucht, daß man für die Frau die *gleiche* erotische Freiheit verlangt, die sich der Mann zugesteht. Auch für die Entstehung dieser Forderung haben die äußeren wirtschaftlichen Verhältnisse zunächst noch nicht mitgesprochen. Der Gedanke, daß die Frau die gleiche erotische Freiheit besitzen sollte wie der Mann, erscheint vielmehr, in erster Linie von Männern geprägt, im Zusammenhang der aristokratischen Moral der deutschen Romantik, als ein Anspruch des Vollmenschen gegenüber dem Philister, als ein Recht der unverantwortlichen genialen Persönlichkeit, der eben um ihres Wertes willen mehr gestattet sein soll als dem Durchschnitt. Es ist mehr ein historischer Zufall als eine innere Notwendigkeit, daß die Entstehung der emanzipatorischen feministischen Doktrin in der französischen Revolution mit dieser Strömung nach dem Ausleben der genialen Persönlichkeit zusammentraf und sich ihr als Mittel der Selbstrechtfertigung darbot. Diese Verbindung finden wir bei Friedrich Schlegel, der, von dem frauenrechtlerischen Radikalismus der französischen Revolution ergriffen, in der »Lucinde« aus der romantischen Forderung der genialen Lebenserfüllung ein Programm machte, das der Frau das gleiche Recht erotischen Sichauslebens zugestand wie dem Manne. Im jungen Deutschland lebte dann diese Moral weiter in der

Theorie von der *femme libre*, dem freien Weibe, so genannt nicht sowohl um der sozialen und politischen als in erster Linie um der erotischen Freiheit willen, die man für sie forderte.

Schon seit der Wende des Jahrhunderts haben Naturalismus und Neuromantik in gleichem Maße, wenn auch in verschiedener Weise, dazu geführt, die *Erotik* abermals zu betonen. Aus Ursachen, die zu erörtern hier zu weit führen würde, ist die Welle der elementaren menschlichen Instinkte einmal wieder gestiegen, und die erotische Befriedigung nimmt im Begriff des modernen Menschen von Glück und Lebenserfüllung einen sehr großen Raum ein. Diese Reaktion auf eine Zeit nüchterner, aber ethisch kräftigerer Lebensanschauungen hat sich nun in einer nach innen und außen verwirrenden Weise mit der Frauenbewegung verquickt. Es kam da Inneres und Äußeres zusammen. Selbstverständlich liegt ein schweres soziales Problem in der Tatsache, daß eine erhebliche Zahl von Frauen nicht zur Ehe gelangen und von der Lebenserfüllung in Liebe und Mutterschaft ausgeschlossen sind. Die moderne Sexualwissenschaft hatte die Tendenz, die Erotik in stärkerem Maße als Lebenszentrum schlechthin hinzustellen und in dem Verzicht eine Verkümmerung der Gesamtpersönlichkeit zu sehen. Der Krieg hatte auf diesem Gebiet einen ungeheuren Einfluß, sowohl in den unnatürlichen Zuständen für das Sexualleben, die er schuf, wie auch in der Rückwirkung allgemeiner Erregung, Verrohung und Auflösung auf die Formen der Erotik.

Die bürgerliche Gesittung, sofern mehr äußere Gewohnheit als tiefere Motive sie aufrecht erhielt, verfiel mit der Auflösung der äußeren Lebensordnung. Dieser Verfall hat vielleicht sein stärkstes Symptom darin, daß die Frauen in größerer Zahl und unbedenklicher als je zuvor einen Teil der sexuellen Freiheit des Mannes als Lebensrecht in Anspruch nahmen. Nicht prinzipiell, aber tatsächlich. Und daß sie weniger als je geneigt waren, Normen anzuerkennen, die sie von einer Seite weiblicher Lebenserfüllung ausschlossen. Als soziale Erscheinung gesehen, äußerte sich diese Entwicklung darin, daß sexuelle Ungebundenheit der Mädchen bis weiter in die Kreise auch des eigentlichen Bürgertums um sich griff und dort – wenigstens in den Großstädten – eine traditionelle Gesittung angriff. Diese Verhältnisse, so wenig sie unter dem Einfluß bewußter neuer Lebensnormen entstanden waren, zwangen doch weiter zur Auseinandersetzung mit den grundsätzlichen Fragen der Sexualmoral und belebten die Diskussion wieder, die, wie erwähnt, schon seit der Wende des zwanzigsten Jahrhunderts die Kreise der Frauenbewegung beschäftigt hatte. Es handelt sich um die Frage, ob die Ehe, die, an ökonomische Bedingungen geknüpft und mit einem starken Gewicht sozialer Verantwortlichkeit belastet, nicht allen zugänglich ist, die einzig anerkannte Norm sexueller Beziehungen bleiben könne. Die Ehe in ihrer heutigen legitimen Gestalt, so argumentieren die Vertreter einer »Neuen Ethik«, zwingt nur einen Teil des Geschlechtsverkehrs in soziale Formen – sie hat die Prostitution neben sich, die der Zügellosigkeit um so viel mehr Raum gibt, je strenger die Ehe sich als einzig einwandfreie Geschlechtsverbindung zu behaupten trachtet. Wäre es nicht besser – so fragt man – für unser moralisches Urteil und unsere rechtlichen Institutionen, von dieser Tatsache zu lernen und Beziehungen zu sanktionieren, die, ohne die Rechtsform der Ehe annehmen zu können, doch himmelhoch über der Prostitution stehen? Denn die auf Lebenszeit geschlossene Ehe sei auch in psychologischer Hinsicht ein schwer erträglicher Zwang. Mit der Erstarkung der Persönlichkeit, mit der Differenzierung der Individualitäten entwickeln sich in wachsendem Maße Beziehungen und Verhältnisse, die in irgendwelcher Weise über die für die Gattung gesetzten Ordnungen hinauswachsen. Je entwickelter aber die Menschen in seelischer Hinsicht werden, je subtiler ihre Ansprüche aneinander, um so schwerer wird es für sie, sich dem Prinzip der Dauerehe zu unterwerfen, und es in ihrem Zusammenleben ohne unerträgliche Einbußen auf der einen oder anderen Seite, ohne Degradierung der ehelichen Gemeinschaft selbst, zu verwirklichen. Ist es nicht möglich, so fragt man wieder, der seelischen Reizbarkeit des modernen Menschen durch eine Lockerung dieses Zwanges entgegenzukommen?

Zu diesen psychologischen fügt man wirtschaftliche Argumente. Durch die Veränderung der Berufsverhältnisse sei für den Mann bestimmter Gesellschaftskreise die Möglichkeit der Familiengründung in ein so hohes Alter hinaufgerückt, daß er zur Zeit stärkster erotischer Bedürfnisse auf eine ungesunde Askese oder auf die Prostitution angewiesen sei, während die Mädchen derselben Schicht in ungesund hohem Prozentsatz zur Ehelosigkeit verurteilt wären, ein Argument, das durch die Todesernte des Krieges unter den jungen Männern zeitweise an Gewicht sehr gewonnen hat.

Andererseits stützt man sich auf die wirtschaftliche Entwicklung, um die *Entbehrlichkeit* einer auf Dauer begründeten, dem wirtschaftlichen Schutz der Frau und der Kinder dienenden Familiengemeinschaft zu erhärten. Die voll erwerbstätige Frau bedarf dieses Schutzes allerdings in weit geringerem Maße, ja sie könnte unter Umständen auch die Erhaltung der Kinder auf sich nehmen, und tut das ja oft genug. Damit ist ihre wirtschaftliche Gebundenheit in den Familienkreis tatsächlich aufgehoben. Unter der Voraussetzung, daß die allgemeine Durchführung außerhäuslicher Erwerbsarbeit der Ehefrau diese Emanzipation vollständig machen wird, hatten Bebel und seine Anhänger eine freiere Gestaltung der Ehe im Zusammenhange jener Sozialisierung der Familie gefordert, bei der die Frau gleich dem Manne berufstätig und die Haushaltführung und Kinderwartung genossenschaftlich sein wird. Wir kommen auf die Kritik dieser Theorie noch im Zusammenhang des Problems »Beruf und Mutterschaft« zurück. Sie muß hier nur erwähnt werden, weil sie nach Ansicht ihrer Vertreter ein Mittel zur Lösung der sexuellen Frage darstellt; es kann aber gleich dazu erwähnt werden, daß die Kriegserfahrungen die Annahme, die Frau könne normalerweise Kindererziehung, Haushalt und eine selbständige Erwerbsarbeit vereinigen, als utopisch erwiesen haben.

Vergleichen wir diese Gedankenreihen mit denen, die sich aus den geistigen Grundlagen der Frauenbewegung ergeben!

Ein solcher Vergleich kommt einer *Kritik* der »neuen Ethik« aus dem Prinzip der Frauenbewegung heraus gleich. Denn *den Ausgangspunkt für die Frauenbewegung bildet das Festhalten an der Dauerehe als der einzigen rechtlichen und sittlichen Norm des Geschlechtslebens.* Fühlt sich die Frau heute in ihrer ganzen »Befreiung«, in ihrem Persönlichkeitwerden, getragen von einer Kulturentwicklung, die der Linie wachsender Individualisierung alles Menschentums folgt, so kann ihr auch das Kulturideal des Geschlechtslebens nur sein: Durchgeistigung und Individualisierung bis zu der Höhe, auf der es an das Korrelat einer die ganze Persönlichkeit ergreifenden seelischen Gemeinschaft geknüpft ist. Steigende Individualisierung bedeutet steigende Unterwerfung animalischer Triebe unter das Geistige. Die Einsicht, daß es sich hier, auf dem Gebiet des Sexuallebens, um einen zentralen Kampf handelt, bei dem in gewisser Weise *alle* Kräfte geistig-sittlichen Fortschritts mit den Naturgewalten im Menschen ringen, diese Einsicht entfernt uns gleich weit von einem pharisäischen Richten über das, was *heute* ist, von jeder Illusion über die Größe des Schrittes, den *eine* Generation nach diesem Ziel hin tun kann, wie auch von jeder Laxheit dem Ziel selbst gegenüber.

Eine solche Laxheit aber liegt in der gesellschaftlichen und rechtlichen Anerkennung des Surrogats der »freien Verhältnisse«. Man meint, durch sie die Prostitution einschränken zu können, die man immer gern als die naturnotwendige Kehrseite strenger Begriffe von der Unerschütterlichkeit der legitimen Ehe hinzustellen pflegt. Man sieht den ethischen Wert solcher Verhältnisse gegenüber der Prostitution darin, daß hier nicht jene unglückselige und das erotische Empfinden für immer vergiftende Ausscheidung des seelischen Elements aus der sexuellen Sphäre stattfindet. Das »Verhältnis« sei auf seelische Anziehung, auf eine Seele und Sinne verschmelzende Leidenschaft aufgebaut. Versucht man aber sich eine Leidenschaft psychologisch zu definieren, die ihrer eignen Dauer nicht traut und – um sich selbst den Rückzug offen zu halten – für den Menschen, dessen Hingabe sie verlangt, keine Verantwortungen übernehmen möchte, so erscheint ihr seelischer Feingehalt doch recht dürftig. Und es wird fraglich, ob man dieser Leidenschaft ein Recht über einen andern Menschen, ein Recht auf sozial folgenschwere Handlungen zugestehen darf, und ob die allgemeine und *a priori* gewährte Sanktion solcher »Verhältnisse« als ein sittlicher Fortschritt zu bewerten wäre. Wenn man bedenkt, daß es ja doch schon heute lediglich eine Frage der Geldmittel ist, ob ein Mann mit der Prostitution vorlieb nimmt oder sich eine Maitresse leisten kann, so wird man geneigt sein, anzunehmen, daß eine Sanktion der freien Verhältnisse eher das bisher noch von der Ehe behauptete Gebiet angreifen, als der Prostitution Terrain abgewinnen wird.

Die Geschichte bestätigt diese Vermutung durchaus. Sie zeigt, daß niemals die Laxheit illegitimen Beziehungen gegenüber einen Rückgang der Prostitution bewirkt hat, sondern gerade das Gegenteil. Sie zeigt, daß die menschliche Gesellschaft nun einmal gewisser unverrückbarer einfacher sittlicher Gesetze bedarf, die der Willkür des einzelnen Schranken setzen, wenn sie nicht in Unkultur zurücksinken soll, und daß immer gerade die Rohesten und Brutalsten, die, die nicht gemeint waren, den stärksten Vorteil aus solchen Herabminderungen der sittlichen Forderungen ziehen.

Und diese Tatsache legt der Frauenbewegung die Frage nahe: Was hat die Frau von einer Sanktion freier Verhältnisse zu erwarten? *Positiv* viel-leicht das eine: die Aussicht, daß die Zahl der Frauen sich vermindert, die heute auf erotische Befriedigung verzichten müssen. Es gibt Männer und Frauen, die diesen Gewinn so hoch einschätzen, daß sie ihm zu liebe manches Bedenken in Kauf nehmen würden, und es gibt Frauen, die es sich leichter denken, den Lebenskampf für sich und ein Kind eventuell allein auf sich zu nehmen, als überhaupt auf Liebe und Mutter-schaft zu verzichten. Von dieser Seite her wird es gern als kleinliche und spießbürgerliche Berechnung gebrandmarkt, daß die Frau ihre Hingabe an die Sicherheit dauernder Lebensgemeinschaft knüpft. Und doch liegt gerade hierin ein Moment seelischer Kultur, der natürliche Ausdruck für die unlösliche Bindung des Sinnlichen an das Seelische und der höch-ste Beweis für die Herrschaft des *persönlichen* Moments in der Liebes-wahl. Es ist eben *nicht* jene höchstpersönliche, von dem ganzen Wesen getragene große Liebe, die nach der »Zeitehe« verlangt, sondern wie es einmal Fr. W. Förster genannt hat, die »kleine Passion, der Sinnen-rausch, die Lust am Wechsel, die vergängliche Leidenschaft, der treu-lose Egoismus«. Wo all solchen Stimmungen ein Recht auf Erfüllung und Befriedigung gegeben wird, da ist es, im ganzen betrachtet, natur-gemäß immer die Frau, auf welche die Lasten fallen; rein äußerlich, weil sie die Lasten der Mutterschaft zu tragen hat, aber auch innerlich, um all der psychologischen Momente willen, die man als ihre »monogame Veranlagung« etwas allzu summarisch und naturalistisch zusammen-faßt.

Das eigentliche Kriterium aller Vorschläge zur Umgestaltung der Ehe wird aber selbstverständlich durch die Frage nach dem Schicksal des *Kindes* in die Wagschale geworfen.

Die Beurteilung der Ehe nach dem Maße der Lebenserfüllung, die sie den Gatten gewährt, ist eben an sich *einseitig,* ja verfehlt, denn ihren sittlichen und kulturellen Zweck erfüllt sie erst, indem sie der jungen Generation sowohl materielle Versorgung als auch die geistige Atmo-sphäre bietet, in der sie in die jeweilige Kultur hineinwächst. Wie steht es in dieser Hinsicht mit dem sozialen Wert freier Verhältnisse? Wer trägt – vorausgesetzt, daß es sich nicht nur um folgenlosen Geschlechts-verkehr handeln soll (womit jede ethische und soziale Diskutierbarkeit des Vorschlags überhaupt fiele) die Verantwortung für die Kinder? Wenn darauf geantwortet wird, wie das gewöhnlich geschieht: selbstverständlich die Eltern, so erhebt sich die weitere Frage, wie Recht und Sitte diesen Kindern sichern soll, was es den ehelichen sichert, ohne zu einer Bindung für die Eltern zu kommen, die der bürgerlichen Ehe von heute gerade in *den* Punkten, die als eine zu starke Beeinträchtigung der erotischen Freiheit angesehen werden, so ähnlich sieht wie ein Ei dem andern.

Was zunächst die Rücksicht auf die materielle Sicherung des Kindes angeht, so wäre es nur in bemittelten Schichten denkbar, eine ausreichende wirtschaftliche Versorgung zu erreichen ohne die Voraussetzung einer durch Mann und Frau begründeten, bis zur Volljährigkeit des Kindes aufrecht erhaltenen Familiengemeinschaft. Die Möglichkeit, Zeitehen einzugehen und für die daraus stammenden Kinder einzutreten, würde ökonomische Grenzen haben – wie die Vielweiberei im Orient. Es ist aber mehr als wahrscheinlich, daß die einmal mit einer Gloriole umwundene Leidenschaft es für unter ihrer Würde hält, sich nach diesen ökonomischen Grenzen zu richten, und so würde voraussichtlich die Jagd der Vormundschaftsgerichte nach den verpflichteten Vätern bzw. Müttern gegen heute an Erfolglosigkeit ins Ungemessene steigen. Dazu käme die vollständige oder partielle Heimatlosigkeit, zu der Kinder aus solchen Zeitehen verurteilt wären; es wäre ein Wunder und ein Zeichen übernormaler Lebenstüchtigkeit, wenn sie wertvolle Glieder der Gesellschaft würden. In den Akten unserer öffentlichen Armenpflege figurieren Tausende und Abertausende von eheverlassenen Frauen, die unterstützt werden müssen. Geschieht das schon am grünen Holz – unter der immerhin doch vorhandenen gesetzlichen Möglichkeit, die Versorgung der Familie durch den Mann zu *erzwingen*, was würde erst geschehen, welchen Umfang würde die Not der Frau und des Kindes annehmen, wenn wir die Möglichkeiten eines solchen Zwanges verringerten! Es hat ja auch bis jetzt noch niemand behaupten wollen, daß das Verantwortungsgefühl der unehelichen Väter den Kindern gegenüber durchschnittlich höher sei als das der Ehemänner.

Solange die Familie noch wie heute der Träger der *höchsten* moralischen und wirtschaftlichen Verantwortung für die junge Generation ist, muß die Frauenbewegung bestrebt sein, sie zu erhalten und zu festigen. Sie muß als Anwalt der Frau und des Kindes aufs schärfste gegen das Recht protestieren, um persönlicher Befriedigung, persönlichen Ge-

nusses willen sich der mit der Ehe verbundenen Verantwortung zu entziehen. Ernsthaft diskutierbar wäre eine solche ohne Rücksicht auf das
Kind normierte Ehe nur, wenn sie sich an die Bedingung einer sozialistischen Gesellschaftsordnung knüpfte, in der der Staat Vater und Mutter
von der Verantwortung für das Kind überhaupt befreite und diese Fürsorge auf sich nähme. Das ist eine utopische Vorstellung, mit deren Kritik man sich zunächst kaum zu befassen braucht. Sonst könnte man –
wie das z. B. Herbert Spencer tut – auf die kulturgeschichtliche Tatsache
hinweisen, daß zu allen Zeiten und unter allen Lebensformen die Fürsorge für den Nachwuchs den Eltern aufgelegt ist, und daß gerade auf
den höchsten Stufen diese Fürsorge am intensivsten und hingebendsten
zu sein pflegt, so daß es sich fragt, ob durch den Gedanken der Staatser-
ziehung nicht ein primäres psychologisches Gesetz übersehen wird.

Die Frauenbewegung, innerhalb deren die Frau zur Selbstbesinnung
über die *ihr* zugewiesenen Kulturaufgaben kommt, kann den Hebel nur
an *einem* Punkt ansetzen. Sie wird in der Verstärkung der sittlichen und
sozialen Position der *Frau*, die dem Kulturideal der Einschränkung des
Geschlechtsverkehrs auf die Einehe biologisch näher steht als der Mann,
das Mittel zur Lösung der sexuellen Frage sehen, das in ihre Hand gelegt
ist. Und wenn die Frau die Macht, die sie im Fortschritt der geistigen
Entwicklung gewinnt, nicht an der entscheidenden Stelle wieder preis-
geben will, so darf sie sich auf sexualethischem Gebiet nicht der männlichen Ungebundenheit beugen oder gar selbst überlassen, sondern sie
muß den hier maßgeblichen Ordnungen *ihre* Form aufprägen, die sie
vor allem bestimmen muß aus ihrer Verantwortung *als Mutter* heraus.

In diesem Zusammenhange erhebt die Frauenbewegung die Forderung, daß aus den gesetzlichen Institutionen alle Spuren einer sexuellen
»Hörigkeit« der Frau beseitigt werden, alle Bestimmungen des Eherechts, durch die dem Manne als Mann eine Macht über die Frau zugestanden wird, und alle Bestimmungen, durch die der Staat selbst die
doppelte Moral sanktioniert.

Eine solche Sanktion der doppelten Moral findet die Frau in der bis-
herigen Stellung des Staates der Prostitution gegenüber. Die ethische
Formel für diese Stellung ist offensichtlich und unbestreitbar diese: Der
Staat tritt mit dem ganzen Apparat seiner Schutzmaßregeln für die
Männer ein, die die Prostitution benutzen; er stellt ihnen seine Dienste
dafür zur Verfügung, er übernimmt dabei besondere Aufgaben eines

positiven Schutzes, fast als wenn es sich um mehr als die Verfolgung persönlicher Zwecke, als wenn es sich um ein wünschenswertes und im allgemeinen Interesse liegendes Verhalten handelte. Und all diese Maßnahmen dienen zugleich dazu, die Lage der Prostituierten zu verschlimmern, sie nachdrücklicher aus der menschlichen Gesellschaft auszuscheiden und fester an ihr Gewerbe zu ketten. Diese sittliche Unhaltbarkeit der Reglementierung ist, wie gesagt, unbestreitbar. Man kann um ihrer angeblichen »hygienischen« Bedeutung willen ihre ethische Anfechtbarkeit in den Kauf nehmen wollen, aber man muß dann wenigstens ehrlich zugeben, daß der Staat mit der Reglementierung seinen Charakter als Rechtsstaat verleugnet, und zwar auf Kosten der Frau. Seit der Revolution hat sich hier ein bemerkenswerter Wandel in der Stellung des Staates vollzogen. Das Gesetz zur Bekämpfung der Geschlechtskrankheiten, das den letzten Reichstag beschäftigte und leider infolge eines Einspruchs des Reichsrats an einem unwesentlichen Punkt nicht verabschiedet wurde, brach mit dem Prinzip der Reglementierung, hob den sie begründenden § 361,6 des Reichsstrafgesetzbuches auf und ersetzte ihn durch Maßnahmen zum Schutze des öffentlichen Anstandes und der Jugend gegen die moralische Infektionsquelle der Prostitution. Aber es bleibt abzuwarten, ob der neue Reichstag (von 1924) das Gesetz wieder aufnimmt.

Eine andere quasi Sanktion der doppelten Moral liegt zweifellos in der heutigen Rechtsstellung der unehelichen Mutter und ihres Kindes, in der Mehrbelastung der Mutter gegenüber dem Vater. Das Recht wurzelt hier einerseits in der vulgären Moral, die immer geneigt ist, in ihr Urteil nicht die Motive allein, sondern die rein äußeren und zufälligen Konsequenzen einer Tat hineinzunehmen und auf den ihre Steine zu werfen, an dem sich eine Handlung am härtesten rächt. Stärker als solche Elemente materialistischer Gesinnung sind in den Anschauungen über die uneheliche Mutter noch die Überreste der geschlechtlichen Hörigkeit der Frau und der Herrenmoral des Mannes. Damit, daß wir diese Rückstände aus unserem Urteil über die uneheliche Mutter ausscheiden, kommen wir natürlich keineswegs zu jener sentimentalen Verherrlichung der unehelichen Mutterschaft, in die heute das berechtigte soziale Mitgefühl so oft umschlägt. Eine *Schuld*, über die im einzelnen Fall zu richten wir natürlich nicht berufen sind, trägt die uneheliche Mutter dem *Kinde* gegenüber, für das in den seltensten Fällen in vollwertiger Weise materiell und seelisch gesorgt werden kann, und eine *Schuld* natürlich auch gegenüber der Institution der Ehe, die als ein Kulturgut von jedem zur sozialen Gemeinschaft Gehörenden gestützt werden muß. Freilich, in jeder Beziehung trifft diese Schuld den Mann auch, und in der ersten sogar schwerer, da er die soziale Verantwortung für seinen Schritt nicht etwa nicht übernehmen *kann,* sondern einfach nicht übernehmen *will.* Diese gerechte Abwägung der moralischen Verantwortlichkeit läßt das deutsche Familienrecht vermissen, indem es dem Vater eine Unterhaltspflicht nur nach dem Stande der Mutter auferlegt, die in der Praxis dann auch zumeist noch sehr niedrig bemessen wird. Im Verhältnis zu dem, was die Frau an dem Kinde zu tun verpflichtet ist, bedeutet die Alimentationspflicht ohne Zweifel die ungleich geringere Last – ganz abgesehen davon, daß diese geringere Last dann auch noch auf die viel kräftigeren Schultern fällt, häufig genug ja auf die eines reichen Mannes. Aber auch in anderen Punkten, insbesondere in der Befreiung des Vaters von jeder Verpflichtung für das Kind, wenn die Mutter mit mehreren Männern Verkehr gehabt hat, verrät die Regelung der Rechtsstellung des unehelichen Kindes noch stark das Bestreben, den Mann möglichst zu entlasten. Auch hier ist heute damit zu rechnen, daß Deutschland bald dem Beispiel anderer, insbesondere der nordischen Staaten folgen und zu einer Neuregelung kommen wird. Das Prinzip dieser Neuregelung ist in der Verfassung (im Artikel 121) bereits festgelegt, der unter dem Einfluß der weiblichen Abgeordneten in der verfassunggebenden deutschen Nationalversammlung den Wortlaut erhielt: »Den unehelichen Kindern sind durch die Gesetzgebung die gleichen Bedingungen für ihre leibliche, seelische und gesellschaftliche Entwicklung zu schaffen wie den ehelichen Kindern.«

Vor allem aber fordert die Frau, die dem Patriarchalismus innerlich entwachsen ist, eine Umgestaltung der Ehe, die ihrem Persönlichkeitsgefühl gerecht wird. Es ist allerdings eine durch die Erfahrung aller Kulturländer bestätigte Tatsache, daß die Rechtsordnung der Ehe für die *tatsächliche* Gestaltung des Verhältnisses der Ehegatten zueinander eine relativ geringe Bedeutung hat. Die Stellung z. B., die der Amerikaner seiner Frau innerhalb der Familie zugesteht, hat ihren Ausdruck im Ehegesetz bei weitem nicht gefunden, und auch in England haben die eigentümlichsten, aus puritanischen Zeiten stammenden gesetzlichen Vorschriften über die Abhängigkeit der Frau vom Manne bestanden neben einem durchgehend über dieses durch das Gesetz gegebene Niveau sich erhebenden sozialen Ansehen der Frau. Aber diese Tatsache, daß in der persönlichsten und engsten Gemeinschaft, in die Menschen miteinander treten können, die Rechtsordnung durch die in den Persönlichkeiten selbst liegenden Bedingungen mannigfach verwischt wird, diese Tatsache darf uns doch von der Forderung nicht abdrängen, daß die Rechtsordnung in der Ehe dem Rechtsbewußtsein genüge und sich nicht als ein Mittel darstellen darf, die ethische Entwicklung zurückzuhalten.

Gegen diese Forderung verstößt unser deutsches Familienrecht, indem es trotz der Zugeständnisse, die es dem veränderten wirtschaftlichen Grundriß der Hauswirtschaft und des Frauenlebens macht, doch im Prinzip am Patriarchalismus festhält. Die Ehegatten stehen weder in bezug auf ihre persönlichen Angelegenheiten, noch den Kindern gegenüber als gleichberechtigte freie Persönlichkeiten nebeneinander, sondern das Entscheidungsrecht der Frau ist in all diesen Beziehungen dem des Mannes nachgestellt. Ganz besonders empfindlich berührt die Herleitung dieser Autorität des Mannes aus seiner Rolle als »Ernährer« der Familie. Denn einmal ist die Frau nicht nur zur Beschaffung des Familienunterhalts mit verpflichtet – wenn auch erst an zweiter Stelle –, sondern auch zur Mitarbeit im Beruf des Mannes, wo eine solche Mitarbeit möglich und üblich ist. Andererseits aber legt ihr das Gesetz ausdrücklich die *Pflicht* zur Leitung des Hauswesens auf und entzieht ihr dadurch die Möglichkeit eigenen Erwerbs, mindestens in dem Umfange, in dem diese häusliche Pflicht sie in Anspruch nimmt. Je mehr Frauen vor der Ehe einem Beruf nachgegangen sind und sich dadurch imstande fühlen, ihrerseits auch »Ernährer« der Familie in dem früher ausschließlich dem Manne zugesprochenen Sinne sein zu können, um so unsicherer wird die Begründung der patriarchalischen Autorität auf die Eigenschaften des Mannes als Ernährer. Es wird sich auf Grund dieser neuen wirtschaftlichen Stellung der Frau mit Recht das Bewußtsein verbreiten, daß ihr aus dem Verzicht auf eigenen Erwerb um der Übernahme der häuslichen Pflichten willen ein *Unterhaltsanspruch* an den Mann erwächst, ohne daß sie ihre Selbständigkeit mit in den Kauf geben müßte. Wir werden auf die tatsächliche Bedeutung dieses Anspruchs noch einmal im Zusammenhange des Problems: Beruf und Mutterschaft zurückkommen. An dieser Stelle sei dem modernen Empfinden nur noch einmal mit den treffenden Worten Ausdruck gegeben, die Marianne Weber in ihrem Buch »Ehefrau und Mutter in der Rechtsentwicklung« dafür gefunden hat. »Alle diejenigen, welche die Erhaltung der Familie und der Familienerziehung für kulturnotwendig halten, sollten deshalb darauf hinwirken, daß jene widerwärtig-banausische Ideenverbindung zwischen dem Herrenrecht des Mannes – ›der ihm zukommenden Stellung‹ – und einer primären Unterhaltungspflicht, zufolge deren ihm als ›Ernährer‹ der Frau, d. h. als *Geld*erwerber, ein Anspruch auf ihre persönliche *Unterordnung* zugesprochen wird, durch die Idee der im Interesse eines gesunden Familienlebens notwendigen Pflichten- und Arbeitsteilung zwischen den Gatten und ihrer vollkommenen Kameradschaftlichkeit verdrängt wird.« (S. 427.) Diese Kameradschaftlichkeit, bei der die Entscheidungen über gemeinsame Angelegenheiten durch gegenseitige Verständigung und nicht ein für allemal durch Auslöschen des Willens der Frau zustande kommen, kann auch allein den geistigen Ansprüchen aller der Frauen genügen, die heute das weibliche Kulturniveau tatsächlich repräsentieren. Sowohl die äußere Selbständigkeit, die heute normalerweise jede Frau als berufstätiger Mensch vor der Ehe besessen hat, wie auch die innere Entwicklung der Frau hat sie der Rolle entwachsen lassen, die ihr der Patriarchalismus zuweist. Und insofern das Gesetz dazu hilft, den Mann – und die Frau – über diese Tatsache zu täuschen, insofern wird es die Entwicklung der Ehe zu dieser neuen, in der allgemeinen Kultur gegebenen Phase *aufhalten*. Erst die Beseitigung jeder Form von Hörigkeit in dem Verhältnis von Mann und Frau wird die Atmosphäre schaffen, in der ein reineres und gesunderes Sexualleben gedeihen kann. Die Frauen können nicht anders als von dieser Seite aus die Lösung der sexuellen Frage an ihrem Teil in Angriff nehmen. Nicht nur um ihre eigene Lage zu verbessern; das Verlangen nach höherer Achtung für ihr eigenes Eheideal entspringt vielmehr der festen Überzeugung, daß *die Familie* nach wie vor die Stätte ist, wo die Wurzeln unserer Kultur liegen. Sie kann es aber nur bleiben und immer mehr werden, wenn einerseits der Mann durch seine Anschauungen und sein Verhalten auf sexuellem Gebiet sie mehr stützt als bisher und wenn andererseits die Frau sich ihrer persönlichen Würde als Hüterin des Hauses in immer feinerem und höherem Sinne bewußt wird. Die neue deutsche Reichsverfassung hat sich auf diesen Boden gestellt in ihrem Artikel 119, der lautet: »Die Ehe steht als Grundlage des

Familienlebens und der Erhaltung und Vermehrung der Nation unter dem besonderen Schutz der Verfassung. Diese beruht auf der Gleichberechtigung der beiden Geschlechter. Die Reinerhaltung, Gesundung und soziale Förderung der Familie ist Aufgabe des Staats und der Gemeinden. Kinderreiche Familien haben Anspruch auf ausgleichende Fürsorge. Die Mutterschaft hat Anspruch auf den Schutz und die Fürsorge des Staats.« Die Gesetzgebung wird sich der Aufgabe, das Familienrecht im Geiste dieses Artikels umzugestalten, nicht mehr lange entziehen können.

August Bebel
Die Frau in der Zukunft

Dieses Kapitel kann sehr kurz sein. Es enthält nur die Konsequenzen, die aus dem bis jetzt Gesagten für die Stellung der Frau in der künftigen Gesellschaft sich ergeben, Konsequenzen, die nunmehr der Leser leicht selbst ziehen kann.

Die Frau der neuen Gesellschaft ist sozial und ökonomisch vollkommen unabhängig, sie ist keinem Schein von Herrschaft und Ausbeutung mehr unterworfen, sie steht dem Manne als Freie, Gleiche gegenüber und ist Herrin ihrer Geschicke. Ihre Erziehung ist der des Mannes gleich, mit Ausnahme der Abweichungen, welche die Verschiedenheit des Geschlechts und ihre geschlechtlichen Funktionen bedingen; unter naturgemäßen Lebensbedingungen lebend, kann sie ihre physischen und geistigen Kräfte und Fähigkeiten nach Bedürfnis entwickeln und betätigen; sie wählt für ihre Tätigkeit diejenigen Gebiete, die ihren Wünschen, Neigungen und Anlagen entsprechen und ist unter den gleichen Bedingungen wie der Mann tätig. Eben noch praktische Arbeiterin in irgendeinem Gewerbe ist sie in einem anderen Teil des Tages Erzieherin, Lehrerin, Pflegerin, übt sie in einem dritten Teil irgendeine Kunst aus oder pflegt eine Wissenschaft und versieht in einem vierten Teil irgendeine verwaltende Funktion. Sie treibt Studien, leistet Arbeiten, genießt Vergnügungen und Unterhaltungen mit ihresgleichen oder mit Männern, wie es ihr beliebt und wie sich ihr die Gelegenheit dazu bietet.

In der Liebeswahl ist sie gleich dem Mann frei und ungehindert. Sie freit oder läßt sich freien und schließt den Bund aus keiner anderen Rücksicht als auf ihre Neigung. Dieser Bund ist ein Privatvertrag ohne Dazwischentreten eines Funktionärs, wie die Ehe bis ins Mittelalter ein Privatvertrag war. Der Sozialismus schafft hier nichts Neues, er stellt auf höherer Kulturstufe und unter neuen gesellschaftlichen Formen nur wieder her, was, *ehe das Privateigentum die Gesellschaft beherrschte, allgemein in Geltung war.*

Der Mensch soll unter der Voraussetzung, daß die Befriedigung seiner Triebe keinem anderen Schaden oder Nachteil zufügt, über sich selbst befinden. *Die Befriedigung des Geschlechtstriebs ist ebenso jedes einzelnen persönliche Sache wie die Befriedigung jedes anderen Naturtriebs.* Niemand hat darüber einem anderen Rechenschaft zu geben und kein Unberufener hat sich einzumischen. Wie ich esse, wie ich trinke, wie ich schlafe und mich kleide, ist meine persönliche Angelegenheit, ebenso mein Verkehr mit der Person eines anderen Geschlechts. Einsicht und Bildung, volle Unabhängigkeit der Person, alles Eigenschaften, die durch die Erziehung und die Verhältnisse in der künftigen Gesellschaft naturgemäße sind, werden jeden davor bewahren, Handlungen zu begehen, die zu seinem Nachteil gereichen. Selbstzucht und Kenntnis des eigenen Wesens besitzen die Männer und Frauen der künftigen Gesellschaft in viel höherem Grade als die der heutigen. Die eine Tatsache, daß jene blöde Scheu und lächerliche Heimlichtuerei, über geschlechtliche Dinge zu sprechen, verschwindet, wird den Verkehr der Geschlechter weit natürlicher gestalten, als dies heute der Fall ist. Stellt sich zwischen zwei Menschen, die einen Bund schlossen, Unverträglichkeit, Enttäuschung oder Abneigung heraus, so gebietet die Moral, die unnatürlich und darum unsittlich gewordene Verbindung zu lösen. Und da alle die Verhältnisse verschwinden, die bisher eine große Zahl Frauen entweder zur Ehelosigkeit oder zum Verkauf ihres Körpers verurteilen, so kann die Männerwelt kein Übergewicht mehr geltend machen. Andererseits hat der gänzlich veränderte Sozialzustand die vielen Hemmungen und Störungen beseitigt, die heute das Eheleben beeinflussen und es so häufig zu einer Entfaltung nicht gelangen lassen oder gänzlich unmöglich machen.

Die Hemmungen, Widersprüche und Widernatürlichkeiten in der heutigen Stellung der Frau kommen immer mehr zum Bewußtsein weiter Kreise und finden in der sozialen wie in der Romanliteratur lebhaften Ausdruck; oft in verfehlter Form. Daß die heutige Ehe immer weniger ihrem Zweck entspricht, leugnet kein Denkender mehr, und so braucht man sich nicht zu wundern, daß selbst Personen die Freiheit der Liebeswahl und freie Lösung des eingegangenen Verhältnisses natürlich finden, die im übrigen nicht geneigt sind, daraus die Konsequenzen für eine Veränderung unseres jetzigen Sozialzustandes zu ziehen; sie glauben, nur den bevorrechteten Klassen die Freiheit im Geschlechtsverkehr vindizieren zu sollen. *Mathilde Reichhardt-Stromberg* äußert zum

Beispiel in einer Polemik[1] gegen die frauenemanzipatorischen Bestrebungen der Schriftstellerin *Fanny Lewald* folgendes:

»Wenn Sie (F. L.) die Forderung aufstellen der vollständigen Gleichberechtigung der Frau mit dem Manne im sozialen und politischen Leben, so muß notwendig *George Sand* auch recht haben in ihren Emanzipationsbestrebungen, die auf nichts weiter hinausgehen als das, was der Mann seit längst unbestritten besaß. *Denn es ist schlechterdings kein vernünftiger Grund aufzufinden, weshalb allein der Kopf und nicht auch das Herz der Frau an dieser Gleichberechtigung teilnehmen und frei sein soll, zu geben und zu nehmen wie der Mann.* Im Gegenteil: Soll das Weib seiner Natur nach berechtigt und dann auch verpflichtet sein – denn wir sollen das uns gegebene Pfund nicht vergraben –, die Fasern des Hirns bis aufs äußerste anzuspannen zum Wettlauf mit den Geistestitanen des anderen Geschlechts, so muß es auch das Recht haben, *ganz wie diese zur Erhaltung des Gleichgewichtes den Blutumlauf des Herzens zu beschleunigen, auf immer welche Weise es ihm angemessen scheint.* Denn wir lesen alle doch ohne die geringste sittliche Entrüstung zum Beispiel von *Goethe* – um nur gleich den Größten als Beispiel zu wählen –, wie er oft und immer wieder seines Herzens Wärme und den Enthusiasmus seiner großen Seele an eine andere Frau verschwendete. Der Einsichtsvolle findet das nur natürlich, eben seiner großen, schwer zu befriedigenden Seele wegen, und nur der beschränkte Moralist hält sich tadelnd dabei auf. Warum also wollen Sie spotten über die ›großen Seelen‹ unter den Weibern! . . . Nehmen wir einmal an, das ganze weibliche Geschlecht bestände ohne Ausnahme aus George Sandschen großen Seelen; jede Frau sei eine Lukretia Floriani, deren Kinder alle Kinder der Liebe, die diese Kinder aber auch alle mit echt mütterlicher Liebe und Hingebung sowohl als mit Einsicht und Verstand erzöge. Was würde aus der Welt dabei werden? *Es unterliegt keinem Zweifel, die Welt könnte dabei fortbestehen und Fortschritte machen wie heute und könnte sich vielleicht ausnehmend wohl dabei befinden.*«

Aber warum sollen dieses nur die »großen Seelen« beanspruchen können und nicht auch die anderen, die keine »großen Seelen« sind? Konnten ein Goethe und eine George Sand, um die zwei unter den vie-

---

[1] Frauenrecht und Frauenpflicht. Eine Antwort auf Fanny Lewalds Briefe: Für und wider die Frauen. 2. Auflage. Bonn 1871.

len, die gleich ihnen handelten und handeln, herauszunehmen, den Neigungen ihres Herzens leben, veröffentlicht man namentlich über Goethes Liebesaffären halbe Bibliotheken, die von seinen Verehrern und Verehrerinnen mit einer Art andächtiger Verzückung verschlungen werden, warum bei anderen mißbilligen, was, von einem Goethe oder einer George Sand getan, zum Gegenstand ekstatischer Bewunderung wird?

Freilich, die Freiheit der Liebeswahl in der bürgerlichen Welt zur Geltung zu bringen, ist unmöglich – darin gipfelt ja unsere Beweisführung –, aber man setze die Gesamtheit unter ähnliche soziale Bedingungen, wie sie heute nur den materiell und geistig Auserwählten zuteil werden, und die Gesamtheit hat die Möglichkeit gleicher Freiheiten. In »Jacques« schildert George Sand einen Ehemann, der das ehebrecherische Verhältnis seiner Frau zu einem anderen also beurteilt: »Kein menschliches Wesen kann über die Liebe gebieten, und niemand ist schuldig, wenn er sie fühlt oder entbehrt. Was die Frau erniedrigt, ist die Lüge; was den Ehebruch konstituiert, ist nicht die Stunde, welche sie dem Geliebten gewährt, *sondern die Nacht, die sie danach mit ihrem Manne zubringt.*« Jacques fühlt sich verpflichtet, infolge dieser Auffassung seinem Nebenbuhler (Borel) den Platz zu räumen und philosophiert dabei: »Borel an meiner Stelle würde ruhig seine Frau geprügelt haben und nicht errötet sein, sie dann in seine Arme aufzunehmen, entwürdigt von seinen Schlägen und seinen Küssen. Es gibt Männer, die ohne weiteres nach orientalischer Manier ihre treulose Gattin totschlagen, weil sie dieselbe als gesetzliches Eigentum betrachten. Andere schlagen sich mit ihrem Nebenbuhler, töten oder entfernen ihn und bitten alsdann die Frau, welche sie zu lieben behaupten, um Küsse und Liebkosungen, während diese sich entweder voll Schrecken zurückzieht oder in Verzweiflung sich hingibt. Dies ist in der ehelichen Liebe gemeiniglich die Art zu handeln, und mir kommt es vor, als ob die Liebe der Schweine weniger niedrig und weniger grob sei als diejenige solcher Menschen.« Brandes bemerkt zu den hier zitierten Sätzen: »Diese Wahrheiten, welche für unsere heutige *gebildete* Welt als elementare dastehen, waren vor fünfzig Jahren himmelschreiende Sophismen.«[2] Aber

---

2 George Brandes, Die Literatur des neunzehnten Jahrhunderts. 5. Band. Leipzig 1883, Veit & Co.

zu den George Sandschen Grundsätzen sich offen zu bekennen, wagt auch heute die »besitzende und gebildete Welt« nicht, obgleich sie tatsächlich danach lebt. Wie sie in der Moral und Religion heuchelt, so heuchelt sie in der Ehe.

Was Goethe und George Sand taten, tun heute tausend andere, die sich mit Goethe oder der Sand nicht vergleichen können, und ohne im mindesten an Ansehen in der Gesellschaft zu verlieren. Man muß nur eine angesehene Stellung innehaben, und alles macht sich von selbst. Dessenungeachtet gelten die Freiheiten eines Goethe und einer George Sand vom Standpunkt der bürgerlichen Moral als unsittliche, denn sie verstoßen gegen die von der Gesellschaft gezogenen Moralgesetze und stehen mit der Natur unseres Sozialzustandes im Widerspruch. Die Zwangsehe ist für die bürgerliche Gesellschaft die Normalehe, die einzige »moralische« Verbindung der Geschlechter, jede andere geschlechtliche Verbindung ist unmoralisch. Die bürgerliche Ehe ist, das haben wir unwiderleglich nachgewiesen, die Folge der bürgerlichen Eigentumsverhältnisse. In engster Verbindung mit dem Privateigentum und dem Erbrecht stehend, wird sie zur Erlangung »legitimer« Kinder als Erben geschlossen. Und unter dem Druck der gesellschaftlichen Zustände wird sie auch denen aufgenötigt, die nichts zu vererben haben[3], sie wird gesellschaftliches Recht, dessen Verletzung der Staat bestraft, indem er Männer oder Frauen, die in Ehebruch leben und geschieden werden, auf einige Zeit ins Gefängnis setzt.

In der sozialistischen Gesellschaft gibt es aber nichts mehr zu vererben, es sei denn, man wolle das Hausgerät und das persönliche Inventar als Erbteil ansehen, demnach ist auch von diesem Gesichtspunkt aus die heutige Eheform hinfällig. Damit ist weiter die Frage nach dem Erbrecht erledigt, das der Sozialismus nicht nötig hat abzuschaffen. Besteht kein Privateigentum mehr, so kann auch kein Erbrecht bestehen. Die Frau ist also *frei*, und Kinder, die sie besitzt, verkürzen ihr diese Freiheit

---

3 In seinem Werke »Bau und Leben des sozialen Körpers« sagt *Dr. Schäffle:* »Eine Lockerung des Ehebandes durch Erleichterung der Ehescheidung sei gewiß nicht wünschenswert, sie ginge wider die sittlichen Aufgaben menschlicher Paarung und wäre der Erhaltung der Bevölkerung sowie der Erziehung der Kinder nachteilig.« Nach dem Dargelegten ergibt sich, daß wir diese Anschauungen nicht nur für unrichtig ansehen, sondern geneigt sind, sie für »unsittlich« zu halten. Indes würde auch Dr. Schäffle zugeben, daß es unmöglich ist, in einer Gesellschaft von weit höherer Kultur als die gegenwärtige Einrichtungen einzuführen oder aufrechtzuerhalten, *die gegen ihre sittlichen Begriffe verstoßen.*

nicht, sie können ihr nur die Freude am Leben vermehren. Pflegerinnen, Erzieherinnen, befreundete Frauen, die heranwachsende weibliche Jugend stehen ihr in Fällen, in welchen sie Hilfe braucht, zur Seite.

Möglich, daß es auch in Zukunft Männer gibt, die gleich *A. Humboldt* sagen: »Ich bin nicht geschaffen, um Familienvater zu sein. Außerdem halte ich das Heiraten für eine Sünde, das Kindererzeugen für ein Verbrechen.« Was liegt daran? Die Macht der Naturtriebe wird bei anderen für das Gegengewicht sorgen. Uns beunruhigt weder die Ehefeindlichkeit eines Humboldt noch der philosophische Pessimismus eines Schopenhauer, Mainländer oder v. Hartmann, welche der Menschheit die Selbstvernichtung im »Idealstaat« in Aussicht stellen. Wir halten es hier mit Fr. Ratzel, der mit vollem Recht schreibt:

»Der Mensch darf sich nicht länger als eine Ausnahme von den Naturgesetzen betrachten, sondern fange endlich an, das Gesetzmäßige in seinen eigenen Handlungen und Gedanken aufzusuchen und strebe, sein Leben den Naturgesetzen gemäß zu führen. Er wird dahin kommen, das Zusammenleben mit Seinesgleichen, das heißt die Familie und den Staat, nicht nach den Satzungen ferner Jahrhunderte, sondern nach den vernünftigen Prinzipien einer naturgemäßen Erkenntnis einzurichten. Politik, Moral, Rechtsgrundsätze, welche jetzt noch aus allen möglichen Quellen gespeist werden, werden nur den Naturgesetzen entsprechend zu gestalten sein. Das menschenwürdige Dasein, von welchem seit Jahrtausenden gefabelt wird, wird endlich zur Wahrheit werden.«[4]

Diese Zeit kommt mit *Riesenschritten* heran. Die menschliche Gesellschaft hat in Jahrtausenden alle Entwicklungsphasen durchlaufen, um schließlich dahin zu gelangen, von wo sie ausgegangen ist, zum kommunistischen Eigentum und zur vollen Gleichheit und Brüderlichkeit, aber nicht mehr bloß der Gentilgenossen, *sondern aller Menschen.* Das ist der große Fortschritt, den sie macht. Was die bürgerliche Gesellschaft vergeblich erstrebte und woran sie scheitert und scheitern muß, die Freiheit, Gleichheit und Brüderlichkeit aller Menschen herzustellen, wird der Sozialismus verwirklichen. Die bürgerliche Gesellschaft konnte nur die Theorie aufstellen, die Praxis widersprach, wie in so vielen andern Dingen, auch hier ihren Theorien. Der Sozialismus wird Theorie und Praxis vereinigen.

4 Zitat in Haeckels »Natürliche Schöpfungsgeschichte«. 4. Auflage.

Aber indem die Menscheit zum Ausgangspunkt ihrer Entwicklung zurückkehrt, geschieht dies auf unendlich höherer Kulturstufe als jene war, von der sie ausgegangen ist. Besaß die Urgesellschaft in der Gens, im Clan, das Gemeineigentum, so nur in rohester Form und auf unterentwickelter Stufe. Der Entwicklungsgang, der sich seitdem vollzog, hat zwar das Gemeineigentum bis auf kleine unbedeutende Reste aufgelöst, die Gentes zertrümmert und schließlich die ganze Gesellschaft atomisiert, er hat aber auch in seinen verschiedenen Phasen die Produktivkräfte der Gesellschaft und die Vielseitigkeit der Bedürfnisse in gewaltigster Weise gesteigert, aus den Gentes und Stämmen die Nationen und großen Staaten geschaffen, aber damit wieder einen Zustand erzeugt, der mit den Bedürfnissen der Gesellschaft in den schreiendsten Widerspruch tritt. Die Aufgabe der Zukunft ist, diesen Widerspruch dadurch zu lösen, daß auf breitester Basis die Rückwandlung des Eigentums und der Arbeitsmittel in gemeinsames Eigentum vorgenommen wird.

Die Gesellschaft nimmt zurück, was sie einst besessen und selbst geschaffen, sie ermöglicht aber allen, entsprechend den neugeschaffenen Lebensbedingungen, die Lebenshaltung auf *höchster* Kulturstufe, das heißt, *sie gewährt allen, was unter primitiveren Verhältnissen nur das Privilegium einzelner oder einzelner Klassen sein konnte.* Und jetzt erhält auch die *Frau* die *aktive* Rolle *wieder,* die sie einst in der Urgesellschaft innehatte, aber nicht als Herrin, sondern als Gleichberechtigte.

»Das Ende der staatlichen Entwicklung gleicht dem Beginn des menschlichen Daseins. Die urprüngliche Gleichheit kehrt zuletzt wieder. Das mütterlich stoffliche Dasein eröffnet und schließt den Kreislauf der menschlichen Dinge«, schreibt Bachofen in seinem Werke »Das Mutterrecht«. Und Morgan äußert:

»Seit dem Eintritt der Zivilisation ist das Wachstum des Reichtums so ungeheuer geworden, seine Formen so verschiedenartig, seine Anwendung so umfassend *und seine Verwaltung so geschickt im Interesse der Eigentümer, daß dieser Reichtum dem Volke gegenüber eine nicht zu bewältigende Macht geworden ist.* Der Menschengeist steht ratlos und gebannt da vor seiner eigenen Schöpfung. Aber dennoch wird die Zeit kommen, wo die menschliche Vernunft erstarken wird zur Herrschaft über den Reichtum, wo sie feststellen wird sowohl das Verhältnis des Staates zu dem Eigentum, das er schützt, wie die Grenze der Rechte der

Eigentümer. *Die Interessen der Gesellschaft gehen den Einzelinteressen absolut vor, und beide müssen in ein gerechtes und harmonisches Verhältnis gebracht werden;* die bloße Jagd nach Reichtum ist nicht die Endbestimmung der Menschheit, wenn anders der Fortschritt das Gesetz der Zukunft bleibt, wie er es war für die Vergangenheit. Die seit Anbruch der Zivilisation verflossene Zeit ist nur ein kleiner Bruchteil der verflossenen Lebenszeit der Menschheit, nur ein kleiner Bruchteil der ihr noch bevorstehenden. *Die Auflösung der Gesellschaft steht drohend vor uns als Abschluß einer geschichtlichen Laufbahn, deren einziges Endziel der Reichtum ist; denn eine solche Laufbahn enthält die Elemente ihrer eigenen Vernichtung.*

Demokratie in der Verwaltung, Brüderlichkeit in der Gesellschaft, Gleichheit der Rechte, allgemeine Erziehung werden die nächste, höhere Stufe der Gesellschaft einweihen, zu der Erfahrung, Vernunft und Wissenschaft stetig hinarbeiten.

Sie wird eine Wiederbelebung sein – aber in höherer Form – der Freiheit, Gleichheit und Brüderlichkeit der alten Gentes.«

So kommen Männer der verschiedensten Standpunkte, auf Grund ihrer wissenschaftlichen Forschungen, zu gleichen Resultaten. Die volle Emanzipation der Frau und ihre Gleichstellung mit dem Mann ist eins der Ziele unserer Kulturentwicklung, dessen Verwirklichung keine Macht der Erde zu verhindern vermag. Aber sie ist nur möglich auf Grund einer Umgestaltung, welche die Herrschaft des Menschen über den Menschen – also auch des Kapitalisten über den Arbeiter – aufhebt. Jetzt erst wird die Menschheit zu ihrer höchsten Entfaltung gelangen. Das »goldene Zeitalter«, von dem die Menschen seit Jahrtausenden träumten und nach dem sie sich sehnten, wird endlich kommen. *Die Klassenherrschaft hat für immer ihr Ende erreicht, aber mit ihr auch die Herrschaft des Mannes über die Frau.*

TEXT 10

Clara Zetkin
Für die Befreiung der Frau!
Rede auf dem Internationalen Arbeiterkongreß
zu Paris, 19. Juli 1889

Bürgerin Zetkin, Abgeordnete der Arbeiterinnen von Berlin, ergreift unter lebhaftem Beifall das Wort über die Frage der Frauenarbeit. Sie erklärt, sie wolle keinen Bericht erstatten über die Lage der Arbeiterinnen, da diese die gleiche ist wie die der männlichen Arbeiter. Aber im Einverständnis mit ihren Auftraggeberinnen werde sie die Frage der Frauenarbeit vom prinzipiellen Standpunkt beleuchten. Da über diese Frage keine Klarheit herrsche, sei es durchaus notwendig, daß ein internationaler Arbeiterkongreß sich klipp und klar über diesen Gegenstand ausspreche, indem er die Prizipienfrage behandelt.

Es ist – führt die Rednerin aus – nicht zu verwundern, daß die reaktionären Elemente eine reaktionäre Auffassung haben über die Frauenarbeit. Im höchsten Grade überraschend aber ist es, daß man auch im sozialistischen Lager einer irrtümlichen Auffassung begegnet, indem man die Abschaffung der Frauenarbeit verlangt. Die Frage der Frauenemanzipation, das heißt in letzter Instanz die Frage der Frauenarbeit, ist eine wirtschaftliche, und mit Recht erwartet man bei den Sozialisten ein höheres Verständnis für wirtschaftliche Fragen als das, welches sich in der eben angeführten Forderung kundgibt.

Die Sozialisten müssen wissen, daß bei der gegenwärtigen wirtschaftlichen Entwicklung die Frauenarbeit eine Notwendigkeit ist; daß die natürliche Tendenz der Frauenarbeit entweder darauf hinausgeht, daß die Arbeitszeit, welche jedes Individuum der Gesellschaft widmen muß, vermindert wird oder daß die Reichtümer der Gesellschaft wachsen; daß es nicht die Frauenarbeit an sich ist, welche durch Konkurrenz mit den männlichen Arbeitskräften die Löhne herabdrückt, sondern die Ausbeutung der Frauenarbeit durch den Kapitalisten, der sich dieselbe aneignet.

Die Sozialisten müssen vor allem wissen, daß auf der ökonomischen

Abhängigkeit oder Unabhängigkeit die soziale Sklaverei oder Freiheit beruht.

Diejenigen, welche auf ihr Banner die Befreiung alles dessen, was Menschenantlitz trägt, geschrieben haben, dürfen nicht eine ganze Hälfte des Menschengeschlechtes durch wirtschaftliche Abhängigkeit zu politischer und sozialer Sklaverei verurteilen. Wie der Arbeiter vom Kapitalisten unterjocht wird, so die Frau vom Manne; und sie wird unterjocht bleiben, solange sie nicht wirtschaftlich unabhängig dasteht. Die unerläßliche Bedingung für diese ihre wirtschaftliche Unabhängigkeit ist die Arbeit. Will man die Frauen zu freien menschlichen Wesen, zu gleichberechtigten Mitgliedern der Gesellschaft machen wie die Männer, nun, so braucht man die Frauenarbeit weder abzuschaffen noch zu beschränken, außer in gewissen, ganz vereinzelten Ausnahmefällen.

Die Arbeiterinnen, welche nach sozialer Gleichheit streben, erwarten für ihre Emanzipation nichts von der Frauenbewegung der Bourgeoisie, welche angeblich für die Frauenrechte kämpft. Dieses Gebäude ist auf Sand gebaut und hat keine reelle Grundlage. Die Arbeiterinnen sind durchaus davon überzeugt, daß die Frage der Frauenemanzipation keine isoliert für sich bestehende ist, sondern ein Teil der großen sozialen Frage. Sie geben sich vollkommen klare Rechenschaft darüber, daß diese Frage in der heutigen Gesellschaft nun und nimmermehr gelöst werden wird, sondern erst nach einer gründlichen Umgestaltung der Gesellschaft. Die Frauenemanzipationsfrage ist ein Kind der Neuzeit, und die Maschine hat dieselbe geboren.

Emanzipation der Frau heißt die vollständige Veränderung ihrer sozialen Stellung von Grund aus, eine Revolution ihrer Rolle im Wirtschaftsleben. Die alte Form der Produktion mit ihren unvollkommenen Arbeitsmitteln fesselte die Frau an die Familie und beschränkte ihren Wirkungskreis auf das Innere ihres Hauses. Im Schoß der Familie stellte die Frau eine außerordentlich produktive Arbeitskraft dar. Sie erzeugte fast alle Gebrauchsgegenstände der Familie. Beim Stande der Produktion und des Handels von ehedem wäre es sehr schwer, wenn nicht unmöglich gewesen, diese Artikel außerhalb der Familie zu produzieren. Solange diese älteren Produktionsverhältnisse in Kraft waren, solange war die Frau wirtschaftlich produktiv . . .

Die maschinelle Produktion hat die wirtschaftliche Tätigkeit der Frau in der Familie getötet. Die Großindustrie erzeugt alle Artikel billiger, schneller und massenhafter, als dies bei der Einzelindustrie möglich war, die nur mit den unvollkommenen Werkzeugen einer Zwergindustrie arbeitete. Die Frau mußte den Rohstoff, den sie im kleinen einkaufte, teurer bezahlen als das fertige Produkt der maschinellen Großindustrie. Sie mußte außer dem Kaufpreis (des Rohstoffes) noch ihre Zeit und ihre Arbeit dreingeben. Infolgedessen wurde die produktive Tätigkeit innerhalb der Familie ein ökonomischer Unsinn, eine Vergeudung an Kraft und Zeit. Obgleich ja einzelnen Individuen die im Schoß der Familie produzierende Frau von Nutzen sein mag, bedeutet diese Art der Tätigkeit nichtsdestoweniger für die Gesellschaft einen Verlust.

Das ist der Grund, warum die gute Wirtschafterin aus der guten alten Zeit fast gänzlich verschwunden ist. Die Großindustrie hat die Warenerzeugung im Hause und für die Familie unnütz gemacht, sie hat der häuslichen Tätigkeit der Frau den Boden entzogen. Zugleich hat sie eben auch den Boden für die Tätigkeit der Frau in der Gesellschaft geschaffen. Die mechanische Produktion, welche der Muskelkraft und qualifizierten Arbeit entraten kann, machte es möglich, auf einem großen Arbeitsgebiete Frauen einzustellen. Die Frau trat in die Industrie ein mit dem Wunsche, die Einkünfte in der Familie zu vermehren. Die Frauenarbeit in der Industrie wurde mit der Entwicklung der modernen Industrie eine Notwendigkeit. Und mit jeder Verbesserung der Neuzeit ward Männerarbeit auf diese Weise überflüssig, Tausende von Arbeitern wurden aufs Pflaster geworfen, eine Reservearmee der Armen wurde geschaffen, und die Löhne sanken fortwährend immer tiefer.

Ehemals hatte der Verdienst des Mannes unter gleichzeitiger produktiver Tätigkeit der Frau im Hause ausgereicht, um die Existenz der Familie zu sichern; jetzt reicht er kaum hin, um den unverheirateten Arbeiter durchzubringen. Der verheiratete Arbeiter muß notwendigerweise mit auf die bezahlte Arbeit der Frau rechnen.

Durch diese Tatsache wurde die Frau von der ökonomischen Abhängigkeit vom Manne befreit. Die in der Industrie tätige Frau, die unmöglicherweise ausschließlich in der Familie sein kann, als ein bloßes wirtschaftliches Anhängsel des Mannes – sie lernte als ökonomische Kraft, die vom Manne unabhängig ist, sich selbst genügen. Wenn aber die Frau wirtschaftlich nicht mehr vom Manne abhängt, so gibt es keinen vernünftigen Grund für ihre soziale Abhängigkeit von ihm. Gleichwohl kommt diese wirtschaftliche Unabhängigkeit allerdings im Augenblick nicht der Frau selbst zugute, sondern dem Kapitalisten. Kraft seines Monopols der Produktionsmittel bemächtigte sich der Kapitalist des neuen ökonomischen Faktors und ließ ihn zu seinem ausschließlichen Vorteil in Tätigkeit treten. Die von ihrer ökonomischen Abhängigkeit dem Manne gegenüber befreite Frau war der ökonomischen Herrschaft des Kapitalisten unterworfen; aus einer Sklavin des Mannes ward sie die des Arbeitgebers: Sie hatte nur den Herrn gewechselt. Immerhin gewann sie bei diesem Wechsel; sie ist nicht länger mehr dem Mann gegenüber wirtschaftlich minderwertig und ihm untergeordnet, sondern seinesgleichen. Der Kapitalist aber begnügt sich nicht damit, die Frau selbst auszubeuten, er macht sich dieselbe außerdem noch dadurch nutzbar, daß er die männlichen Arbeiter mit ihrer Hilfe noch gründlicher ausbeutet.

Die Frauenarbeit war von vornherein billiger als die männliche Arbeit. Der Lohn des Mannes war ursprünglich darauf berechnet, den Unterhalt einer ganzen Familie zu decken; der Lohn der Frau stellte von Anfang an nur die Kosten für den Unterhalt einer einzigen Person dar, und selbst diese nur zum Teil, weil man darauf rechnete, daß die Frau auch zu Hause weiterarbeitet außer ihrer Arbeit in der Fabrik. Ferner entsprachen die von der Frau im Hause mit primitiven Arbeitsinstrumenten hergestellten Produkte, verglichen mit den Produkten der Großindustrie, nur einem kleinen Quantum mittlerer gesellschaftlicher Arbeit. Man ward also darauf geführt, eine geringere Arbeitsfähigkeit bei der Frau zu folgern, und diese Erwägung ließ der Frau eine geringere Bezahlung zuteil werden für ihre Arbeitskraft. Zu diesen Gründen für billige Bezahlung kam noch der Umstand, daß im ganzen die Frau weniger Bedürfnisse hat als der Mann.

Was aber dem Kapitalisten die weibliche Arbeitskraft ganz besonders wertvoll machte, das war nicht nur der ganz geringe Preis, sondern auch die größere Unterwürfigkeit der Frau. Der Kapitalist spekulierte auf diese beiden Momente: die Arbeiterin so schlecht wie möglich zu entlohnen und den Lohn der Männer durch diese Konkurrenz so stark wie möglich herabzudrücken. In gleicher Weise machte er sich die Kinderarbeit zunutze, um die Löhne der Frauen herabzudrücken; und die Arbeit der Maschinen, um die menschliche Arbeitskraft überhaupt herabzudrücken. Das kapitalistische System allein ist die Ursache, daß die

Frauenarbeit die ihrer natürlichen Tendenz gerade entgegengesetzten Resultate hat; daß sie zu einer längeren Dauer des Arbeitstages führt, anstatt eine wesentliche Verkürzung zu bewirken; daß sie nicht gleichbedeutend ist mit einer Vermehrung der Reichtümer der Gesellschaft, das heißt mit einem größeren Wohlstand jedes einzelnen Mitgliedes der Gesellschaft, sondern nur mit einer Erhöhung des Profites einer Handvoll Kapitalisten und zugleich mit einer immer größeren Massenverarmung. Die unheilvollen Folgen der Frauenarbeit, die sich heute so schmerzlich bemerkbar machen, werden erst mit dem kapitalistischen Produktionssystem verschwinden.

Der Kapitalist muß, um der Konkurrenz nicht zu unterliegen, sich bemühen, die Differenz zwischen Einkaufs (Herstellungs) -preis und Verkaufspreis seiner Ware so groß wie möglich zu machen; er sucht also so billig wie möglich zu produzieren und so teuer wie möglich zu verkaufen. Der Kapitalist hat folglich alles Interesse daran, den Arbeitstag ins Endlose zu verlängern und die Arbeiter mit so lächerlich geringfügigem Lohn abzuspeisen wie nur irgend möglich. Dieses Bestreben steht in geradem Gegensatz zu den Interessen der Arbeiterinnen, ebenso wie zu denen der männlichen Arbeiter. Es gibt also einen wirklichen Gegensatz zwischen den Interessen der Arbeiter und Arbeiterinnen nicht; sehr wohl aber existiert ein unversöhnlicher Gegensatz zwischen den Interessen des Kapitals und denen der Arbeit.

Wirtschaftliche Gründe sprechen dagegen, das Verbot der Frauenarbeit zu fordern. Die gegenwärtige wirtschaftliche Lage ist so, daß weder der Kapitalist noch der Mann auf die Frauenarbeit verzichten können. Der Kapitalist muß sie aufrechterhalten, um konkurrenzfähig zu bleiben, und der Mann muß auf sie rechnen, wenn er eine Familie gründen will. Wollten wir selbst den Fall setzen, daß die Frauenarbeit auf gesetzgeberischem Wege beseitigt werde, so würden dadurch die Löhne der Männer nicht verbessert werden. Der Kapitalist würde den Ausfall an billigen weiblichen Arbeitskräften sehr bald durch Verwendung vervollkommneter Maschinen im umfangreicherem Maße decken – und in kurzer Zeit würde alles wieder sein wie vorher.

Nach großen Arbeitseinstellungen, deren Ausgang für die Arbeiter günstig war, hat man gesehen, daß die Kapitalisten mit Hilfe vervollkommneter Maschinen die errungenen Erfolge der Arbeiter zunichte gemacht haben.

Wenn man Verbot oder Beschränkung der Frauenarbeit auf Grund der aus ihr erwachsenden Konkurrenz fordert, dann ist es ebenso logisch begründet, Abschaffung der Maschinen und Wiederherstellung des mittelalterlichen Zunftrechts zu fordern, welches die Zahl der in jedem Gewerbebetriebe zu beschäftigenden Arbeiter festsetzte.

Allein, abgesehen von den ökonomischen Gründen sind es vor allem prinzipielle Gründe, welche gegen ein Verbot der Frauenarbeit sprechen. Eben auf Grund der prinzipiellen Seite der Frage müssen die Frauen darauf bedacht sein, mit aller Kraft zu protestieren gegen jeden derartigen Versuch; sie müssen ihm den lebhaftesten und zugleich berechtigsten Widerstand entgegensetzen, weil sie wissen, daß ihre soziale und politische Gleichstellung mit den Männern einzig und allein von ihrer ökonomischen Selbständigkeit abhängt, welche ihnen ihre Arbeit außerhalb der Familie in der Gesellschaft ermöglicht.

Vom Standpunkt des Prinzips aus protestieren wir Frauen nachdrücklich gegen eine Beschränkung der Frauenarbeit. Da wir unsere Sache durchaus nicht von der Arbeitersache im allgemeinen trennen wollen, werden wir also keine besonderen Forderungen formulieren; wir verlangen keinen anderen Schutz als den, welchen die Arbeit im allgemeinen gegen das Kapital fordert.

Nur eine einzige Ausnahme lassen wir zugunsten schwangerer Frauen zu, deren Zustand besondere Schutzmaßregeln im Interesse der Frau selbst und der Nachkommenschaft erheischt. Wir erkennen gar keine besondere Frauenfrage an – wir erkennen keine besondere Arbeiterinnenfrage an! Wir erwarten unsere volle Emanzipation weder von der Zulassung der Frau zu dem, was man freie Gewerbe nennt, und von einem dem männlichen gleichen Unterricht – obgleich die Forderung dieser beiden Rechte natürlich und gerecht ist – noch von der Gewährung politischer Rechte. Die Länder, in denen das angeblich allgemeine, freie und direkte Wahlrecht existiert, zeigen uns, wie gering der wirkliche Wert desselben ist. Das Stimmrecht ohne ökonomische Freiheit ist nicht mehr und nicht weniger als ein Wechsel, der keinen Kurs hat. Wenn die soziale Emanzipation von den politischen Rechten abhinge, würde in den Ländern mit allgemeinem Stimmrecht keine soziale Frage existieren. Die Emanzipation der Frau wie die des ganzen Menschengeschlechtes wird ausschließlich das Werk der Emanzipation der Arbeit vom Kapital sein. Nur in der sozialistischen Gesellschaft werden die Frauen wie die Arbeiter in den Vollbesitz ihrer Rechte gelangen.

In Erwägung dieser Tatsachen bleibt den Frauen, denen es mit dem Wunsche ihrer Befreiung ernst ist, nichts anderes übrig, als sich der sozialistischen Arbeiterpartei anzuschließen, der einzigen, welche die Emanzipation der Arbeiter anstrebt.

Ohne Beihilfe der Männer, ja, oft sogar gegen den Willen der Männer, sind die Frauen unter das sozialistische Banner getreten; man muß sogar zugestehen, daß sie in gewissen Fällen selbst gegen ihre eigene Absicht unwiderstehlich dahin getrieben worden sind, einfach durch eine klare Erfassung der ökonomischen Lage.

Aber sie stehen unter diesem Banner, und sie werden unter ihm bleiben! Sie werden unter ihm kämpfen für ihre Emanzipation, für ihre Anerkennung als gleichberechtigte Menschen.

Indem sie Hand in Hand gehen mit der sozialistischen Arbeiterpartei, sind sie bereit, an allen Mühen und Opfern des Kampfes teilzunehmen, aber sie sind auch fest entschlossen, mit gutem Fug und Recht nach dem Siege alle ihnen zukommenden Rechte zu fordern. In bezug auf Opfer und Pflichten sowohl wie auf Rechte wollen sie nicht mehr und nicht weniger sein als Waffengenossen, die unter gleichen Bedingungen in die Reihen der Kämpfer aufgenommen worden sind.

(Lebhafter Beifall, der sich wiederholt, nachdem Bürgerin Aveling diese Auseinandersetzung ins Englische und Französische übersetzt hat.)

Alexandra Kollontay
Die Liebe der drei Generationen

Eines Morgens fand ich im Amt unter einem Haufen geschäftlicher und privater Briefe ein dickes Kuvert, das meine Aufmerksamkeit erregte. Ich vermutete darin einen Zeitungsartikel und öffnete es. Aber es war ein viele Seiten langer Brief. Ich suchte die Unterschrift, – Olga Wesselowskaja. Was mochte das bedeuten?

Die Genossin Olga Sergejewna Wesselowskaja war mir gut bekannt als Organisatorin, die einen verantwortungsvollen Posten in der verstaatlichten Industrie innehatte. Sie interessierte sich überhaupt nicht für die Frauenfrage, was also hatte sie mir in einem so endlosen Brief mitzuteilen?

Ich warf einen Blick auf den Briefumschlag und bemerkte erst jetzt die große Aufschrift »streng persönlich«.

Persönlich? »Persönlich« bedeutet bei meinen Briefschreiberinnen gewöhnlich: Mitteilung einer Ehetragödie. Sollte auch Olga Sergejewna eine Ehetragödie erlebt haben? Das ist kaum denkbar . . .

Im Augenblick ist es mir nicht möglich, den Brief zu lesen. Unaufschiebbare Dinge warten auf mich. Aber unwillkürlich kehren die Gedanken zu dem langen Brief und Olga Sergejewna zurück.

Ich denke an einige Begegnungen mit ihr, es waren nur wenige, geschäftliche, ich denke an ihre trockene, zurückhaltende Art den Menschen gegenüber und an ihre außergewöhnliche, »Frauen sonst nicht eigene«, viel gerühmte Geschäftstüchtigkeit. Mir fällt ein, daß sie mit einem jungen Mann lebt, einem früheren Fabrikarbeiter; ein ausgezeichneter Genosse mit etwas kränklichem, aber sympathischen, gutmütigem Gesicht. Die Parteigenossen lieben ihn, aber geschätzt wird er weit weniger als seine Frau, Olga Sergejewna. In der Staatsinstitution der Räterepublik, in der sie beide tätig sind, ist sie seine Vorgesetzte. Der Mann ist viel jünger als Olga Wesselowskaja. Aber das gibt doch noch nicht Anlaß zu einer Ehetragödie? Soviel ich beurteilen konnte, standen sie sich sehr nahe als Kameraden und als Parteigenossen, und so oft ich sie zusammen gesehen habe, habe ich immer völlige Übereinstimmung zwischen ihnen beobachtet.

Mir fällt ein, der junge Mann hat einmal vorwurfsvoll zu mir gesagt: »Warum soll man die Sache noch weiterdiskutieren? Wissen Sie denn nicht, daß auch Olga Sergejewna dieser Ansicht ist?« Also ist sie ihm anscheinend die höchste Autorität.

Ich erinnere mich auch an einen anderen Fall: während eines Rätekongresses wurde Olga Sergejewna plötzlich Nachricht gebracht, ihr Mann sei ohnmächtig geworden. Ich erinnere mich deutlich, wie das gewöhnlich etwas strenge und hochmütige Gesicht der Genossin Wesselowskaja mit einemmale so weiblich weich und menschlich wirkte. Der Mann ist nämlich tuberkulös. Vielleicht ist die Krankheit ihres Gatten und Freundes, ihre stete Angst um sein Leben die Ursache einer Seelentragödie Olga Sergejewnas? Nein, aus solchem Grunde schreibt man nicht so viele Bogen voll . . .

Erst abends, in meinem Zimmer, nehme ich den Brief vor, der meine Gedanken den ganzen Tag über beschäftigt hat.

Was kann nur darin stehen?

»Ich schreibe Ihnen privat, ganz privat – wie nur ein Parteigenosse einem anderen Parteigenossen und Kameraden schreiben kann. Ich schreibe Ihnen aber auch als einer Frau, die öfter als ich mit solchen Fragen zu tun hat und mir vielleicht helfen kann, einen Ausweg aus dieser unerträglichen und niederdrückenden Stimmung zu finden.

Ich bin in eine Sackgasse geraten. In meinem ganzen 43jährigen Leben war ich nicht in einer so närrischen, unwürdigen Lage. Es ist eben eine Sackgasse und ich finde keinen Ausweg.

Sie kennen mich nur als tüchtigen Arbeitsmenschen, der noch dazu den Ruf hat, trocken und pedantisch zu sein. Sie können sich wohl kaum vorstellen, daß ich, noch dazu in meinen Jahren, eine ›Weibertragödie‹ durchmache. Eine vaudevilleartige banale, häßlich triviale und deshalb besonders schmerzliche und kränkende Tragödie.

Und dennoch scheint es mir, als ob in diesem Fall die Banalität nur in äußeren Erscheinungen und nicht im Wesen der Sache liege. Mir kommt vor, als sei diese ganze Geschichte nur ein unmittelbares Resultat der Umwälzung aller Begriffe und Lebensverhältnisse, die sich jetzt in Rußland vollzieht, wo neben Großem und Schöpferischem auch viel Gemeines, Dunkles und Böses geschieht.

Manchmal graut mir selbst vor der Berührung mit solchen Dingen. Schon der Gedanke, daß ähnliche Erscheinungen nicht vereinzelt dastehen, erregt mir einen rein physischen Ekel. Aber zuweilen scheint es mir, daß ich diejenige bin, die unrecht hat. Daß der Mensch mit der alten Weltauffassung aus mir spricht, daß die Vorurteile der Bourgeoisie tatsächlich in mir vorherrschen, wie meine Tochter Genia behauptet, und daß ich selbst das ganze Bild verzerre, wie mein Mann, Genosse Rjabkow, sagt. Wer hat recht? Die andern oder ich? Helfen Sie mir, mich zurechtzufinden. Und erklären sie mir, wenn ich unrecht habe, wenn noch die eingewurzelten Begriffe der Bourgeoisieerziehung aus mir sprechen, wie vom Standpunkt der neuen Moral aus das alles aufzufassen ist.«

Hier bricht der Brief ab. Auf einem neuen Blatt und mit einer ruhigeren und leserlicheren Handschrift setzt Olga Sergejewna ihn fort.

»Ich würde gern den Kern der Sache berühren, das Wesentliche meiner Seelentragödie. Aber wenn ich Ihnen nur meine jetzigen Erlebnisse erzählen wollte und Sie von meinem früheren Leben nichts wüßten, würden Sie ein falsches Bild gewinnen. Sie könnten äußere Vorgänge berücksichtigen und außer acht lassen, daß das Leid nicht in ihnen wurzelt, sondern viel tiefer, komplizierter ist, daß ich die Erscheinungen verstehen kann, aber die Motive, die Motive . . . Mit einem Wort, ich bitte Sie, Geduld zu haben und meinen Brief zu Ende zu lesen. Bedenken Sie, daß Ihnen ein Kamerad schreibt, der kameradschaftliche Hilfe von Ihnen erhofft.«

Teile des Briefes sind durchstrichen. Die Fortsetzung folgt auf einem anderen Blatt.

»Erinnern Sie sich noch meiner Mutter? Sie lebt und hat die Leitung der Wanderbibliothek im N.schen Gouvernement noch nicht aus den Händen gegeben und arbeitet im Volksbildungskomitee. Sie kannten meine Mutter persönlich, daher brauche ich sie Ihnen nicht zu schildern.«

Ja, ich kannte sie und erinnere mich ihrer genau. Marja Stepanowna Olschewitsch war eine typische Kulturarbeiterin der 90er Jahre, Herausgeberin populärwissenschaftlicher Bücher, bekannte Übersetzerin sozialer Broschüren und unermüdliche Arbeiterin auf dem Gebiet der »Volksaufklärung«. Unter den liberalen Politikern jener Zeit genoß sie große Achtung. Aber auch die Kreise der »unterirdisch« arbeitenden Revolutionäre schätzten sie. Sie hatte den »Illegalen«, den Revolutionären manchen wertvollen Dienst geleistet. Der Kreis ihrer Freunde und Bekannten war groß und sehr vielgestaltig.

Ihren politischen Anschauungen nach näherte sie sich den Narodniki[1], ohne sich doch politisch zu betätigen. Bücher, Bibliotheken, Aufklärungsarbeit auf dem Lande und in den Armenkreisen der Stadt waren ihre Leidenschaft. Als sie (einige Monate, nachdem ich Olga Sergejewnas Schreiben erhielt) vor kurzem beerdigt wurde, folgten ihrem Sarg die meisten lokalen Arbeiterorganisationen: Vertreter der Sowjets, der Gewerkschaften und der Partei, obwohl sie bis zu ihrem Tod nicht der Partei angehört hatte.

Sie war eine hochgewachsene, schlanke Erscheinung mit hübschem, stolzem Kopf, klugen Augen und feinem, ausdrucksvollem Gesicht. Ihr Wesen weckte Ehrerbietung. Vielleicht wirkte sie sogar etwas einschüchternd. Ihre Stimme klang fest und klar. Sie sprach kurz, überlegt und sachlich und hielt beim Sprechen die Zigarette im Mund. Sie ging stets einfach angezogen und war nicht nach der Mode gekleidet, aber ihre Hände waren schön, gepflegt, die einer »Dame«, – am Ringfinger trug sie einen schweren, goldenen Ring mit dunklem Rubin.

»Aber, was Ihnen vielleicht nicht bekannt ist,« setzte Olga Sergejewna ihren Brief fort, »ist die Tatsache, daß meine Mutter in ihrer Jugend auch eine ›Liebestragödie‹ erlebt hat. Und danach hat sie sich in Liebesfragen ihren eigenen, festen Moralkodex gebildet. Wer diesem Kodex nicht folgt, den verurteilt sie schonungslos in ihrem Innern, ja sie verachtet ihn. Dabei ist meine Mutter gutherzig und in jeder Beziehung eine hervorragende Persönlichkeit. Aber in Dingen der Sexualmoral ist sie bis zur Pedanterie streng und unerbittlich.

Nicht politische Meinungsverschiedenheiten trennten uns beide, wie Sie vielleicht annehmen könnten, sondern meine Mutter und ich wurden einander entfremdet, weil wir das Erlaubte, das Zulässige verschieden bewerteten, als es sich um mein persönliches Liebesdrama handelte.

Meine Mutter hatte aus Liebe und gegen den Willen ihrer Eltern einen Offizier geheiratet. Sie lebte in einer kleinen Provinzstadt als Regimentskommandeuse. Nach ihren eigenen Worten war sie eine Zeitlang glücklich. Sie hatte zwei Söhne und galt als mustergültige Hausfrau. Ihr Mann vergötterte sie.

Aber allmählich begann das passive, zu große Wohlleben der Regimentskommandeuse sie zu bedrücken. Sie wissen ja, was für eine uner-

---

1 Revolutionäre Volkspartei der neunziger Jahre

schöpfliche Energiequelle meine Mutter Marja Stepanowna gewesen ist. Sie hatte eine für jene Zeit sehr gute Erziehung genossen, war sehr belesen, oft im Ausland gewesen und hatte einen Briefwechsel mit Tolstoi geführt. Sie werden begreifen, daß ihr der Regimentskommandeur nicht genügen konnte.

Das Schicksal führte sie mit dem Kreisarzt Sergei Iwanowitsch Wesselowsky zusammen.

Sergei Iwanowitsch, mein Vater, war ein Mensch wie aus einer Tschechowschen Erzählung, mit dem unklaren Idealismus, dem unruhigen, unbestimmten, ins unbekannte Ferne gerichteten Streben des russischen Intellektuellen, besaß aber dabei eine starke Vorliebe für gutes Essen und gutes Leben und eine noch größere Unbeholfenheit allen Übeln und Ungerechtigkeiten des praktischen Lebens gegenüber. Er war ein hübscher, kräftiger Mann, liebte dieselben Bücher wie meine Mutter, konnte stimmungsvoll und mit Gefühl über Not und Elend des Bauernstandes reden, trauerte über das arme, in Finsternis lebende Volk und träumte platonisch von der Möglichkeit, Bibiotheken und Schulen einzurichten und Aufklärungsarbeit zu leisten.

Es kam, wie es kommen mußte. An einem heißen Sommerabend, als der Regimentskommandeur im Manöver war, fand sich meine Mutter in den Armen meines Vaters . . . Das Buch über die ›Wanderbibliotheken in Neuseeland‹ blieb ungelesen im Grase liegen . . .

Es scheint, als sei mein Vater nicht geneigt gewesen, den ›poetischen Traum‹ eines Sommerabends als Ereignis anzusehen, das sein Leben von Grund aus verändern sollte. Er schätzte seine Freiheit, und außerdem hatte er eine gesunde, junge Bauernwitwe als ›Wirtschafterin‹ im Hause.

Meine Mutter aber hatte, wie ich Ihnen schon sagte, in bezug auf Moral ihre ›besonderen Regeln‹. Sie hat mir später selbst erzählt, daß sie ihre Liebe zu meinem Vater nicht bekämpft hat. Sie war der Ansicht, daß die Rechte der Liebe stärker seien als die Pflichten der Ehe. Die Liebe war ihr etwas Großes und Heiliges, sie verstand nicht, mit Gefühlen zu spielen, und fand das auch unter ihrer Würde.

In Sergei fand meine Mutter, wie sie behauptete, die Verkörperung alles dessen, was ihr Herz, ihre Seele und ihr Geist suchten: Den leidenschaftlich geliebten Mann, den Menschen, den sie achten konnte, und den Freund, mit dem zusammen sie für die Aufklärung des Volkes arbeiten wollte.

Es blieb nur übrig, mit dem Obersten zu brechen und, stolz über das Gerede und Getratsche der Gevatterinnen hinwegsehend, sich ein neues Leben nach eigenem Geschmack aufzubauen.

Am nächsten Tag rief meine Mutter Sergei Iwanowitsch schon am Morgen zu sich, und in der Lindenallee, während die Grillen zirpten, las sie ihm einen kurzen, entschiedenen Brief an ihren Mann vor, in dem sie nichts verheimlichte und die Scheidung forderte.

Sergei Iwanowitsch war wie vor den Kopf geschlagen. Solche Eile und solches Drängen hatte er nicht erwartet. Er versuchte etwas davon zu stammeln, daß meine Mutter ihren Ruf wahren solle, sprach auch von Pflichten ihren Söhnen gegenüber, aber obgleich seine Worte sie erstaunten, blieb meine Mutter unbeugsam. Und da sie damals bezaubernd schön und mein Vater im Honigmond der Verliebtheit war, endete die Unterredung mit neuen Umarmungen, die meine Mutter in dem Entschluß bestärkten, sofort Klarheit in die gegebene Lage zu bringen.

Es war aber gar nicht so einfach, Klarheit zu schaffen. Der arme Regimentskommandeur, der meine Mutter leidenschaftlich liebte, kam voll Empörung und seiner kaum mächtig nach Hause. Er weigerte sich brüsk, in die Scheidung einzuwilligen. Er überschüttete seine Frau mit Vorwürfen; bald drohte er, sie, bald sich selbst und den Verbrecher, den Doktor, zu töten, bald geriet er in eine weiche Stimmung und flehte seine Frau an, im Hause zu bleiben, wenn auch nur als Mutter und Hausfrau.

Er tat meiner Mutter leid. Aber ihre Liebe zu ihrem Herzenshelden, zu dem Menschen mit der ›gleichgestimmten‹ Seele, war stärker als ihr Mitleid. Nachdem sie sich überzeugt hatte, daß keine Gründe auf ihren Mann wirkten, packte sie ihre Sachen, Geld und Bücher, küßte ihre Knaben und reiste ab, ohne sich vom Obersten zu verabschieden . . .

Das Gouvernement sprach lange von diesem Skandal. Die Liberalen standen auf seiten meiner Mutter und wollten in ihrem Fortgehen von ihrem Mann, dem Offizier, und in der Wahl des Kreisarztes eine Art Protest gegen das Regime sehen. Das Lokalblatt brachte Verse an sie; bei einem vom Kreisamt gegebenen Mittagessen brachte jemand ein Hoch auf die ›Heldenfrauen‹ aus, die ›sich aus traditioneller Ehe lösen und sich zum arbeitenden Volke gesellen, um für das Volkswohl zu wirken . . .‹

Meine Mutter zog zu Sergei Iwanowitsch und ging sofort an die Verwirklichung ihrer alten Idee, für die auch der Tschechowsche Held, mein Vater, schwärmte, an die Errichtung einer Wanderbibliothek. Die Verwirklichung dieses Planes brauchte ungeheure Energie und Anstrengung, denn es waren damals Jahre der heftigsten Reaktion. Aber meine Mutter kämpfte mit der ihr eigenen Hartnäckigkeit und verhandelte mit den Landräten und dem Gouverneur, fuhr nach Petersburg, benutzte alle freundschaftlichen Beziehungen, gab nicht nach, brachte immer neue Argumente vor.

Als der Plan sich seiner Verwirklichung näherte, wurden meine Mutter und der ganz konfuse und verängstigte Sergei Iwanowitsch verhaftet und nach einer nicht sehr entfernten Gegend verbannt. Dort bin ich auch geboren.

Aber auch in der Verbannung behielt meine Mutter ihren Tätigkeitswillen. Sie rief auch dort eine Vereinigung für Selbstbildung ins Leben, legte den Grund für Bibliotheken, dozierte, klärte auf . . .

Mein Vater fühlte sich sehr unglücklich, wurde dick und kam geistig immer mehr herunter.

Aber als er aus der Verbannung zurückkehrte, hatte er den Ruf eines Revolutionärs und betätigte sich auf dem Lande. Meine Mutter wirkte mit neuem Eifer für die Aufklärung im Kreisbezirk. Es schien, als sei das Leben meiner Eltern in ruhige, feste Bahnen gekommen.

Da ereignete sich ein kleiner, unangenehmer Zwischenfall: Meine Mutter traf ihren schon ziemlich kahlen, aber immer noch hübschen Gatten in einer absolut unzweideutigen Situation mit der Viehmagd Arischa an.

Der Vater versuchte, sich zu verteidigen. Die Lage aber war komplizierter, als er annahm: Arischa war schwanger.

Da packte meine Mutter ohne lange Erklärungen ihre Sachen und zog mit mir in die Gouvernementsstadt. Meinem Vater hinterließ sie einen Brief, ganz sachlich, ohne Vorwürfe und Klagen. Unter anderem bestand sie darin auf der Sicherstellung von Arischas Kind und ermahnte ihn, Alkohol, nach dem er ein immer stärkeres Verlangen hatte, zu vermeiden. Alle diese Einzelheiten erfuhr ich später von meiner Mutter, als sie hoffte, mich durch ihre Offenheit zu beeinflussen und auf den rechten Weg zu bringen.

Ich erinnere mich gut, daß meine Mutter ihren Kummer mit großer

Fassung trug: Ich sah sie nie Tränen vergießen, obgleich sie nach ihren eigenen Worten nicht aufgehört hatte, Sergei Iwanowitsch zu lieben, und ihm ihr ganzes Leben treu blieb.

In der Gouvernementsstadt begann meine Mutter die Herausgabe von populärwissenschaftlichen Büchern zu organisieren, womit sie sich ihren Namen erworben hat.

Ich wohnte bei ihr. Von frühester Jugend an waren mir die Gedanken und die Tätigkeit des revolutionären Kreises vertraut; als Halbwüchsige las ich ›geheime Literatur‹ und gewöhnte mich an die ›Illegalen‹ und an das ›Illegale‹.

Wir lebten sehr bescheiden, sogar etwas asketisch. Im Hause herrschte immer eine Arbeitsatmosphäre. Man lebte in Ideen und strebte nach ›neuen Zielen und Anfängen‹. Ich war noch nicht sechzehn Jahre alt, als man mich zum erstenmal verhaftete, und meine Mutter war sehr stolz darauf.

Meine Ansichten trennten sich schon damals von denen meiner Mutter. Ich neigte zu den Marxisten, sie blieb bei den Narodniki.

Während der Revolutionierungsarbeit innerhalb des städtischen Proletariats wurde ich mit einem schon damals hervorragenden Mitglied unserer Kampforganisation bekannt. Er war bedeutend älter als ich und hatte eine gute, revolutionäre ›Vergangenheit‹. Unter seinem Einfluß wurde ich Marxistin und später steinharte Bolschewistin.

Wir lebten zusammen, schlossen jedoch aus Prinzip keine Ehe. Meine Mutter schüttelte zwar den Kopf, fand mich viel zu jung, meinte, daß ich noch warten könnte, mein väterliches Erbteil verspräche Unbeständigkeit in der Liebe, aber schließlich fand sie sich mit der Tatsache ab. Wir zogen zu meiner Mutter und setzten unsere Arbeit fort.

Da mein Mann aber ›illegal‹ war, endete es mit einer allgemeinen Verhaftung. Freunde setzten die Befreiung meiner Mutter durch. Ich ging mit meinem Mann in die Verbannung.

Ich fürchte, das Lesen dieser endlosen Einleitung wird Sie langweilen, aber Sie werden meine jetzige Qual sonst nicht verstehen können. Ich will aber, daß Sie mich verstehen und eines nicht vergessen: Ich bin die Tochter und die Schülerin meiner Mutter, der Ihnen wohlbekannten Marja Stepanowna! Was man in der Kindheit aufnimmt, was einem in der Jugend eigen wird, kann man durch keine Logik austreiben . . .

Also haben Sie Geduld, und lesen Sie meinen langen Brief weiter. Ich komme jetzt zur Tragödie der zweiten Generation.

Es gelang mir, aus der Verbannung zu entfliehen. Mein Mann blieb dort. Ich kam nach Petersburg. Um meine Spuren zu verwischen, brachten meine Freunde mich als Hauslehrerin in das Haus des gutgestellten Ingenieurs M. In seiner Studienzeit hatte er sich den Marxisten genähert.

Es war ein wohlhabendes Haus, in dem jeder seinen Neigungen lebte. Man interessierte sich für Politik nicht mehr als für das Künstlertheater und die Bilder von Wrubel; Politik war ein anregendes Thema für Salongespräche.

Ich kannte diese Kreise überhaupt nicht, sie lagen mir mir fern und waren innerlich fremd. Gleich am ersten Abend geriet ich mit dem Hausherrn aneinander, ich glaube über Bernstein, und zwar mit einer Hitze, die dem Salonmilieu nicht entsprach. Nachher quälte und ärgerte mich meine Unbeherrschtheit die ganze Nacht, besonders kränkte mich aus irgendeinem Grunde der spöttisch-schelmische Blick des Ingenieurs. Etwas an diesem Menschen brachte mich von vornherein in Erregung. Er schien mir äußerst unsympathisch, weit entfernt von ideellen Bestrebungen, und doch wollte ich gerade ihm die Richtigkeit unserer Anschauungen nachweisen, ihn überzeugen und zur Anerkennung unserer Grundsätze zwingen.

Seine Frau, ein zerbrechliches, hübsches Püppchen in Spitzen und Pelzen, die es trotzdem zuwege gebracht hatte, fünf kräftige Kinder in die Welt zu setzen, sah zu dem Mann anbetend auf und versicherte lachend, daß sie sich gegen alle Regeln mehr und mehr in ihn verliebe, je länger sie mit ihm zusammen lebe.

Mich ärgerte diese Atmosphäre der Zufriedenheit, dieses so übertrieben zur Schau getragene Familienglück. Die Aufmerksamkeit des Mannes für seine niedliche Frau, seine ewige Sorge um ihre Gesundheit erregten in mir Ärger, beinahe Bosheit. Absichtlich sagte ich ihm böse, beleidigende Worte über die ›sorgenfreien, wohlgenährten Liberalen‹, über das üppige, satte Dasein dieser bürgerlichen Kreise, über die Trivialität ihrer Lebensinteressen, erzählte ihm vom Leben in der Verbannung und brachte die niedliche, nervöse Lydia Andrejewna zu hysterischen Tränen.

›Aber warum tun Sie so etwas?‹ fragte Ingenieur M. vorwurfsvoll und sah mich dabei mit traurigen, aber doch schmeichelnden Augen an.

Zuweilen schien es mir, als ginge mein Haß gegen die beiden so weit, daß ich imstande sei, Unvorsichtigkeiten zu begehen, und wenn nur, um sie durch das Eingreifen der Polizei aus ihrer glücklichen Ruhe aufzurütteln.

Es war mir nicht möglich, sie zu verlassen. Ihre Wohnung war nicht nur ein Zufluchtsort für mich, sondern diente auch als bequemer Treffpunkt für meine illegalen Parteigenossen.

Als ich davon sprach, daß ich wegziehen wolle, wurden meine Kameraden böse und konnten meine Gründe nicht verstehen.

›Warum verkehren Sie denn mit den Leuten? Halten Sie sich doch abseits.‹ Doch daran war nicht zu denken. Mir schien, als hasse ich die hübsche, satte Gestalt des Ingenieurs M., seine weiche Stimme mit dem rollenden ›R‹ und seinen nachlässigen Gang. Wenn ich ihn aber einige Tage nicht sah, wurde ich nervös. Es quälte mich, daß ich in seinem Hause eine Fremde, eine Überflüssige war. Die geringste Vernachlässigung von ihm verursachte mir heftigen Schmerz.

Und doch gerieten wir jedesmal, wenn wir zusammen waren, in heftige Diskussionen. Wir stritten über alle Fragen, die wir berührten, wir stritten, bis wir heiser wurden und gebrauchten dabei nicht immer gewählte Ausdrücke. Außenstehende konnten glauben, daß wir einander unerträglich wären.

Aber mitten in der heißesten Diskussion trafen sich zuweilen unsere Blicke, und sie führten ihre eigene Sprache, die ich aus Furcht weder zu verstehen noch zu deuten wagte.

Einmal hielten mich Parteiangelegenheiten in der Vorstadt länger auf, als ich gedacht hatte. Ich kam spät nachts nach Hause. M. öffnete mir selbst.

›Zurückgekehrt? . . . Und ich hatte schon alle Hoffnung verloren!‹

Und ehe ich mich besinnen konnte, lag ich in seinen Armen unter einem Schauer von wilden Küssen.

Aber das sonderbarste war, daß ich davon nicht überrascht wurde; als hätte ich es längst erwartet . . .

Als der Morgen graute, ging ich in mein Zimmer, und er behielt sein Nachtlager in seinem Arbeitszimmer, wo er auch schlief, wenn die Arbeit ihn zu lange aufhielt.

Am nächsten Abend in Gegenwart der anderen diskutierten wir wieder leidenschaftlich, unversöhnlich . . . Und wieder mußte es scheinen, als seien wir Feinde.

Aber als die Gäste gegangen waren, forderte M. mich zu einer Spazierfahrt auf den ›Inseln‹[2] auf. Es war im Frühling, die Zeit der Petersburger weißen Nächte. Seine Frau bestand lachend darauf, daß ich fahren solle. Es schien ihr komisch . . . Ich war ihre Eifersucht nicht wert.

Und so schürzte sich der Knoten meines Lebens.

Es war eine schwere Zeit für die Partei. Ich steckte tief in Sorgen und Arbeit. Indem ich mich damit entschuldigte, daß ich keine Zeit habe, und weil die Abreise von Frau M. mit ihren Kindern nach dem Süden bevorstand, verschob ich zaghaft die Lösung immer wieder.

Sie werden es vielleicht nicht glauben können, aber trotzdem dachte ich gerade zu der Zeit mit besonderer Zärtlichkeit an meinen Mann, der in der Verbannung lebte, und ich tat alles, um ihn freizubekommen.

Wenn ich mich damals gefragt hätte, wen ich liebe, ohne Besinnen hätte ich geantwortet: Ihn, meinen Mann und Freund. Und doch, hätte man von mir gefordert, mich vom Ingenieur M. zu trennen, so wäre ich gewiß lieber gestorben. Er war mir innerlich fremd und doch wieder unaussprechlich verwandt; seine Anschauungen, seine Gewohnheiten, seine ganze Lebensart waren mir verhaßt und ekelhaft, – und doch liebte ich ihn leidenschaftlich mit all seinen Schwächen, seinen Unzulänglichkeiten und all den Eigenschaften, die dem widersprachen, was ich an Menschen gewöhnlich schätzte und verehrte . . .

Glück fanden weder er noch ich in unserer Liebe. Und doch konnten wir beide an keine Trennung denken. Ich begriff nicht und begreife es heute noch nicht, was M. so zu mir zog. Ich war damals auch gar nicht hübsch, verstand nicht, mich geschmackvoll anzuziehen, interessierte mich auch nicht dafür, war schroff und ›unweiblich‹, und doch wußte ich, daß M. mich liebe, und zwar liebe, wie er seine niedliche, ihn vergötternde Frau nie geliebt hatte.

Im Sommer blieben wir allein in der Wohnung, der Ingenieur M. und ich . . . Es war eine seltsame Zeit, ein Sommer voller Qual, voller Widersprüche in unseren Gefühlen. Glück kannten wir beide nicht. Wir

2 Auf Inseln gebauter Stadtteil Petersburgs, ein beliebter Ausflugsort

empfanden jedoch keine Scheu, unsere Unbefriedigtheit einander zu zeigen, und, merkwürdig, gerade das brachte uns einander näher.

Zu Beginn des Herbstes zeigte es sich, daß ich schwanger war . . . Sollte ich mich davon befreien? Dieser Gedanke war uns beiden fremd. Ich reiste zur Mutter . . .«

Hier bricht Olga Sergejewnas Brief ab. Offenbar hatte sie ihn mit Unterbrechungen geschrieben, auf einem Amtsbogen, nervös. Jetzt schrieb sie mit Bleistift weiter.

»Ich erzählte meiner Mutter alles, meine Qualen, den Zwiespalt unserer Gefühle: nicht nur ich litt daran, zwei Männer gleichzeitig zu lieben, auch M. wurde von derselben Qual gemartert; er verheimlichte mir nicht seine Gefühle für seine puppenhafte Frau Gemahlin.

Die Mutter hörte mich aufmerksam und ernst bis in die Nacht hinein an und saß noch in ihrem Schlafzimmer, schweigsam und nachdenklich.

Am nächsten Morgen kam sie zu mir, setzte sich auf mein Bett und erklärte mir sehr bestimmt:

›Du liebst M., das ist mir klar. Das erste, was du tun mußt, ist, Constantin (meinem Mann) zu schreiben.‹

›Was soll ich schreiben?‹

›Wie, was? Daß du einen anderen liebst. Du kannst ihm doch keine Illusionen lassen. Mitleid ist hier nicht am Platz, das macht nur noch mehr Schmerzen.‹

›Es ist aber nicht Mitleid, was ich für Constantin empfinde. Ich liebe ihn. Ich habe nie aufgehört, ihn zu lieben . . .‹

›Wenn du nicht aufgehört hast, ihn zu lieben, wie konntest du dich dann in einen anderen verlieben?‹ fragte die Mutter ungeduldig. ›Du redest den reinen Unsinn!‹

›Absolut keinen Unsinn . . . Verstehst du denn nicht, Mutter? Darin liegt ja eben mein Unglück . . .‹

Und ich versuchte wieder, meiner Mutter klarzumachen, wie beide Gefühle in mir nebeneinander lebten: Die tiefe Anhänglichkeit, die Zärtlichkeit für Constantin, das Bewußtsein unserer seelischen Zusammengehörigkeit, – und der stürmische Trieb zu M., den ich als Menschen weder liebe noch achte.

Meine Mutter verstand mich nicht.

›Wenn du für M. nur den physischen Trieb empfindest, Constantin aber liebst und achtest, mußt du dich beherrschen und dich von M. trennen . . .‹

›Das ist es ja eben, Mutter, daß es nicht nur der physische Trieb ist, es ist auch Liebe, aber eine andere . . . Würde man mir sagen, M. sei in Gefahr, ich würde mein Leben hingeben, um ihn zu retten . . . Würde man mir aber sagen: ›Gib dein Leben für Constantin,‹, ich wäre dazu nicht imstande . . . Und doch liebe ich Constantin, ich brauche ihn, meine Seele braucht ihn, ohne ihn ist es kalt, leer; aber siehst du, M. als Menschen kann ich weder achten noch lieben.‹

›Du faselst ungereimtes Zeug‹ sagte meine Mutter ärgerlich. Aber sie wurde selbst bald unentschlossen und verwirrt. Einmal verlangte sie, ich solle sofort Constantin schreiben und mich von ihm trennen, und dann wieder entschied sie, daß ich mit M. brechen solle.

Zum erstenmal in meinem Leben fühlte ich, daß meine Mutter und ich einander nicht verstanden, und daß ich mich geirrt hatte, als ich hoffte, bei ihr einen Halt zu finden. Der Hauptgrund unseres Zwiespalts lag darin, daß meine Mutter die Trennung entweder von dem einen oder von dem anderen forderte. Ich aber wollte sowohl M. als Constantin behalten. Und diese Entscheidung schien mir richtiger, menschlicher, mehr dem inneren Wesen entsprechend.

Es endete damit, daß ich Constantin alles schrieb. Nicht nur die Tatsachen, sondern auch meine Qualen, Zweifel und die Zwiespältigkeit meiner Gefühle. Zuerst bekam ich eine kurze Antwort. Er müsse alles in sich verarbeiten, sich klar werden, dann würde er schreiben, – aber auch diese wenigen Zeilen waren voll Wärme, die mir sofort sagte, Constantin ist nicht wie Mutter: er wird alles verstehen.

Und Constatin verstand wirklich. In der Verbannung hatte er alle meine Qualen geteilt, den ganzen Zwiespalt meiner Gefühle, hat mich verstanden und in sein Herz geschlossen, wie ich eben war. Er ergab sich in das Unvermeidliche und wußte den Teil meines Ichs, meiner Seele, der zu ihm strebte und ohne ihn nicht leben konnte, an sich zu fesseln.

Ich hatte den Ausweg gefunden. Aber meine Mutter erwartete noch immer eine Entscheidung. Es bedrückte sie, daß ich auf ihren Namen gleichzeitig Briefe von M. und von Constantin erhielt, und – mich auf beide freute.

Eben in dieser Zeit erzählte sie mir die Tragödie ihrer Liebe. Sie wollte mich zu einer Entscheidung zwingen. Meine ›Unklarheit‹ und ›Willenlosigkeit‹ betrübten und ärgerten sie.

›Sonst hast du doch soviel Charkater, bist fest und entschlossen, ich verstehe nicht, warum du in der Liebe so schwankend bist. Sollte das ein Erbteil von deinem Vater sein?‹

Sie wollte nicht zugeben, daß auch das eine Entscheidung war: völlige Klarheit zu schaffen und den Menschen so zu nehmen, wie er ist.

›Nun, und was wird aus M.'s Frau? Wollt ihr der auch alles erzählen? Und sie zwingen, sich euren Anschauungen anzupassen?‹

›Nein, sie wird es leider nicht verstehen. Ihr kann man es nicht erzählen, aber M. hat ihr auch seelisch nie nahe gestanden, er liebt sie wie ein entzückendes, zartes, zerbrechliches Spielzeug. Sie hat durch seine Liebe zu mir nichts verloren.‹

Meine Mutter wurde ungeduldig und versicherte, wir seien im Grunde doch nur gewöhnliche, triviale Menschen. Solche Ehen zu vieren könnten nur im ganz verdorbenen Paris bestehen, früher oder später würde ich doch wählen müssen.

Im Frühling wurde ich von einer Tochter entbunden. M. kam zu uns, und diese Woche im Hause meiner Mutter war vielleicht die glücklichste meines Lebens.

Seltsamerweise wurden die Beziehungen zwischen meiner Mutter und M. von vorneherein viel herzlicher als zwischen ihr und Constantin. Sobald M. fortgefahren war, stand es bei meiner Mutter fest, daß die Wahl schon getroffen sei: ›Du mußt beim Vater deines Kindes bleiben‹.

Aber sonderbar, je mehr meine Mutter sich auf M.'s Seite stellte, desto stärker fühlte ich, wie einsam ich ohne Constantin würde. Als hätten Mutter und M. das eine und ich und Constantin das andere Lager gebildet. Vielleicht war es auch so – die Kulturträgerin, die Anhängerin der ›Narodniki‹ ging zusammen mit dem Vertreter der liberalen Bourgeoisie, ich und Constantin standen im Lager des Proletariats . . .

Eine neue Verhaftung, eine neue Verbannung schoben die Entscheidung hinaus. Mein Töchterchen wuchs bei der Großmutter auf, und ich setzte den Briefwechsel mit M. und mit Constantin fort, bis es mir gelang, schließlich mit Constantin zusammenzukommen.

Zum Entsetzen meiner Mutter lebten wir wieder zusammen. Wir lebten zusammen ohne dramatische Versöhnung, ohne großmütiges Verzeihen seitens Constantin, natürlich und freudig, wie zwei seelisch verbundene Menschen. Damals hatte meine Mutter gar kein Verständnis für mich. Sie schrieb mir Briefe voller Vorwürfe, Bitterkeit und tiefer Gekränktheit. Sie stellte sich auf Seite M.'s in der Meinung, daß ich um eines verbrecherischen Mitleids mit Constantin willen den zugrunde richtete, den ich liebte.

Nachdem M. mir einige Briefe als Ultimatum geschrieben hatte, brach er seinerseits die Beziehungen brüsk ab. Ich blieb bei Constantin.

Es kam der Frühling des Liberalismus und der Bankette unter dem wohlwollenden Auge von Swiatopolk-Mirski. Wir kehrten aus der Verbannung zurück. Das Schicksal führte mich wieder nach Petersburg. Hier war eine Begegnung mit M. unvermeidlich. Ich will es Ihnen nicht verbergen: ich wollte sie, ich suchte sie.

Wir trafen uns, und es war, als ob die drei Jahre der Trennung nicht gewesen wären. Alles begann von neuem. Die ganze Qual und die ganze Freude. Alles Fremdsein, alle Zweifel und die ganze Macht der gegenseitigen Liebe. Ich erschrak über die Gewalt, mit der sich M.'s Gefühle für mich jetzt äußerten, um so mehr als er in der neu auflodernden Leidenschaft jetzt mit seiner Frau brechen und eine Ehe mit mir eingehen wollte. Aber mehr als früher noch fühlte ich, wie geistig fremd wir uns waren. Es war ja die Zeit des Aufflackerns revolutionärer Kämpfe. Die Parteien trennten sich immer schroffer; was vor drei Jahren nur theoretischer Streit war, wurde jetzt lebendige Alltagspolitik.

M. war in seinen politischen Anschauungen nicht einmal soweit wie die Liberalen. Wir sprachen zwei verschiedene Sprachen. Ich verachtete mich selbst innerlich nach jeder Begegnung mit ihm und grämte mich doch maßlos, wenn ich ihn nicht traf . . . M. verachtete meine politische Tätigkeit, er haßte die Bolschewiki und war bemüht, mich ganz und für immer für sich allein zu gewinnen. Ich haßte den Bürger, den Bourgeoisieliberalismus in ihm und hatte doch nicht die Kraft, mich von ihm loszureißen. Seltsam, in mein Gefühl zu ihm mischte sich etwas Mütterliches, ein sonderbares, zärtliches Mitleid. Es schien mir immer, daß er sich schlechter mache als er sei, und ich müsse ihm helfen, sich selbst zu finden, und dürfe ihn auf dem Wege der politischen Unentschlossenheit nicht weitertaumeln lassen.

Diese Qual zog sich monatelang hin, bis unerwartet Constantin ankam. Diesmal nahm er meine Beichte schmerzlich auf. Es war deutlich, daß die Eifersucht sich in ihm regte. Trotzdem lebten wir wie Freunde zusammen. Aber das konnte wieder M. nicht ertragen. Er tobte. Er verlangte, ich solle mit Constantin brechen, er glaubte nicht, daß wir nur wie ›Freunde‹ lebten. Er hätte beinahe den Bruch mit seiner Frau herbeigeführt . . . Mit einem Wort, es verging kaum ein Tag ohne neuen Schmerz und neue Verwirrung. Schließlich geschah etwas ganz Tolles. M. drang bei uns ein, wurde grob gegen Constantin und stellte die Forderung, ich solle sofort mit ihm abreisen, sonst wäre alles zwischen uns aus. Ich folgte ihm nicht. Wir trennten uns als Feinde. Die Zeit war unerträglich schwer. Constantin sah, wie ich litt, aber ohne Verstehen, er konnte mir nicht helfen; er war eifersüchtig.

Zum ersten und einzigen Mal in meinem Leben (übrigens geht es mir jetzt ähnlich) konnte ich mich nicht ganz und gar meiner Arbeit widmen . . . Der Schmerz überwog alles.

Damals traf meine Mutter ein. M.'s verzweifelte Briefe hatten sie herbeigerufen. Sie brachte mein Töchterchen mit und kam mit der energischen Forderung, ich solle ein Ende machen und endlich einen Entschluß fassen.

›Der Entschluß steht schon lange fest, Mutter,‹ antwortete ich ihr.

›Wenn es so ist, dann lebe doch nicht mit ihm‹ (sie meinte Constantin). ›Ich glaube dir ja, daß du ihm jetzt nicht Frau bist, aber wozu dann der Schein? Warum quälst du M.?‹

›Du irrst, Mutter. Ich bleibe bei Constantin.‹

Meine Mutter wollte davon nichts hören. Aus M.'s Briefen kannte sie die Ereignisse der letzten Monate. Auch hatte sie ihr von meiner Unentschlossenheit und meinen Qualen geschrieben.

›Du liebst M. Die Liebe hat ihre Rechte. Du aber verwirrst die Gefühle mit deiner törichten Verstandeslogik!‹ wiederholte sie eigensinnig. ›Quäle dein Herz nicht. Du mußt den Mut haben, um der Liebe willen alle Hindernisse zu überwinden. Auch die Verschiedenheit der politischen Überzeugungen . . . Du wirst M. noch zum Marxisten machen. Seine Liebe zu dir ist so stark, daß er zu allem fähig ist, und du bist stärker als er.‹

Mutters Überredungsversuche bewirkten aber bei mir stets das Gegenteil. Es wurde mir immer klarer, daß ich mein Leben mit M. weder verknüpfen konnte noch durfte, es wäre geistiger Bankrott gewesen. M.'s und meine Überzeugungen waren unvereinbar.

Es gelang meiner Mutter, zwischen M. und mir eine Begegnung herbeizuführen. Sie versuchte, uns durch die Gegenwart des Kindes zu vereinen, aber das Resultat dieser Begegnung waren nur Qualen und neue Lügen.

Dann kam das historische Jahr 1905. Die Ereignisse vollzogen sich mit solcher Kraft und ergriffen alle so mächtig, daß das Persönliche ganz in den Hintergrund gedrängt wurde. Das eigene kleine Unglück versank im Ozean des Geschehens. Die Revolution warf uns alle durcheinander. Ich fuhr nach dem Süden Rußlands, Constantin ins Ausland, Mutter beeilte sich, in ihr Gouvernement zu kommen. M. stellte sich an die Spitze eines der vielen neu entstandenen politischen Verbände.

Wir arbeiteten, wir kämpften, wir diskutierten, wir waren voll Erregung und großer Hoffnungen.

Dann kam die trübe Zeit der Reaktion, und wieder hatten wir keine Zeit, an eigene Angelegenheiten zu denken.

Im Herbst 1908 führte mich das Schicksal in einem Fabrikstädtchen mit M. zusammen. Die Reaktion hatte gesiegt, die Revolution war unterdrückt. Ich wurde wieder eine ›Illegale‹. M. aber, der seinen vorübergehenden Radikalismus des Jahres 1905 vergessen hatte, machte einen schnellen Aufstieg in der Industrie- und Finanzwelt. Er war ein ›großes Tier‹ geworden, die lokalen Blätter zeigten seine Ankunft an.

Ich wußte, daß er in derselben Stadt weilte, dieser Gedanke versetzte mich in eine fast schon vergessene Erregung und duldete keine ruhige Arbeit. Aber ich mied ihn. Ich wünschte keine neue Begegnung. Doch kam die Polizei mir auf die Spur. Die Kameraden warnten mich. Ich mußte mich schleunigst retten, wenigstens bis zum Morgen einen sicheren Unterschlupf finden, weniger um meinetwillen als wegen der Papiere, die ich bei mir hatte und nicht verbrennen wollte. Ich kam auf den Gedanken, zu M. zu gehen. In der Direktionswohnung einer großen Fabrik, wo er als Ehrengast lebte, würde ich sicher geborgen sein. Und ich ging zu ihm. Der Diener meldete mich. Ich nannte meinen früheren Namen. M. trat mir aufrichtig erfreut entgegen. Als wir aber allein waren, und ich ihm den Grund meines Besuches sagte, verlor er den Kopf, bekam Angst und sah mich gar nicht mehr freundschaftlich an. Keine Spur der früheren Liebe lag in seinem Blick.

Als zwei völlig fremde Menschen standen wir uns gegenüber und müssen uns wohl beide gefragt haben: Ist es wirklich möglich, daß wir einander einmal geliebt haben und vor Sehnsucht nacheinander vergehen sollten? Mir schien, als stehe nicht M. vor mir, sondern ein entfernter Verwandter von ihm. Irgendeine Ähnlichkeit mit dem Gesicht, das ich geliebt hatte, war vorhanden, aber sonst – ein absolut uninteressanter fremder Herr . . .

Ich bedauerte, daß ich gekommen war, aber der Papiere wegen beschloß ich, fest zu bleiben, möge der Bourgeois innerlich über mich schimpfen und Angst ausstehen. Es schadet ihm nicht. Er wird etwas Fett verlieren.

Er bemühte sich seinerseits, mir höflich zu verstehen zu geben, daß meine Anwesenheit ihm äußerst ungelegen sei; ich tat, als verstünde ich das nicht, berief mich auf die Rechte der alten Freundschaft.

Es blieb ihm nichts übrig, als mich für die Nacht zu beherbergen. Aber, mein Gott, ich kann mir denken, wie schlecht M. diese Nacht geschlafen hat. Ich habe ausgezeichnet geschlafen.

Ich merkte gar nicht, daß zwei Zimmer weiter der Mensch schlief (oder vielmehr nicht schlief), dessen Schritte, dessen Lachen, dessen flüchtiger Blick mein Herz wie mit einer heißen Welle erfüllt hatten, dessen Anwesenheit ich selbst am anderen Ende des Hauses empfunden hatte. In dieser Nacht wurde mir klar: Unsere Liebe war gestorben und begraben. Sie hinterließ eine Leere und – mein Töchterchen. M. hatte nach ihm nicht einmal gefragt.

Wir trennten uns kühl, äußerten keinen Wunsch nach einem Wiedersehen. Das Vergangene war begraben und vergessen.

Aber merkwürdig und mir selbst unverständlich ist folgendes. Bald darauf traf ich mit Constantin zusammen, den ich lange nicht gesehen hatte. Wir hatten in ganz verschiedenen Teilen Rußlands gearbeitet. Und denken Sie, auch ihm gegenüber empfand ich plötzlich ein Gefühl der Entfremdung. Auch ihn sah ich jetzt mit anderen Augen. Als hätten uns allen die Erlebnisse dieser stürmischen Revolutionsjahre einen Stempel aufgedrückt, der das frühere, bekannte Antlitz verlöscht hatte. Wir beurteilten die Ereignisse verschieden, wir gingen anders an die Aufgaben der Gegenwart und sahen die Zukunft aus anderen Gesichtswinkeln.

Constantin hatte viel Schweres durchmachen müssen. Er hatte Differenzen mit der Partei gehabt. Die Unannehmlichkeiten trugen teils persönlichen Charakter, teils betrafen sie die Parteipolitik, und das machte ihn bitter und pessimistisch. Constantin hegte nicht den früheren Glauben an die Revolution, er meinte, ein Stillstand für viele Jahre sei unvermeidlich, und mit Jähzorn, mit Bitterkeit, zu der sich noch persönliche Gekränktheit mischte, wies er auf unsere Fehler hin. Er war mehr für Vorsicht und Umsicht, und in seinen Reden und Stimmungen erkannte ich den Menschen, der kampfesmüde ist und, ohne es selbst zu wissen, sich von der Bewegung entfernt, um einen stillen Hafen zu suchen.

Ich stand damals noch in der Vollkraft. Die Revolution hatte mich erhoben und beflügelt, ich fühlte ein inneres Wachstum, fühlte mich gerade jetzt besonders arbeitsfähig.

Die Begegnung mit Constantin war voll Wärme. Wir beabsichtigten, wieder zusammen zu arbeiten, aber sehr bald fühlte ich, wie fremd und fern wir einander innerlich geworden waren. Ich fand eine Gelegenheit, ins Ausland zu reisen. Natürlich auf ungesetzlichem Wege. Und ich fuhr wirklich, auch um mein Studium der Chemie, das die Parteiarbeit unterbrochen hatte, wieder gründlich aufzunehmen. Eine weitere Begegnung mit Constantin fand nicht mehr statt. Er entfernte sich immer mehr von uns. Während des Krieges arbeitete er in der Etappe und war Lehrer am Gymnasium. Die Herrschaft der Sowjets sabotierte er aktiv, und ich glaube, er hat als Teilnehmer einer weißgardistischen Verschwörung sein Ende gefunden.

M. gelang es noch rechtzeitig, ins Ausland zu entkommen und so der ›rächenden Hand des Proletariats‹ zu entgehen. Diese beiden Menschen sind für mich schon lange tot, und ich nehme keinen Anteil mehr an ihrem Schicksal.

Aber wo ist denn die Tragödie? werden Sie denken, während Sie ungeduldig meine rücksichtslos lange Selbstbiographie lesen. Das ist ja alles überwunden, vergangen . . . alte Geschichten. Um was handelt es sich denn eigentlich?

Um meinen jetzigen Schmerz zu verstehen, mußten Sie erst wissen, was für ein Mensch ich bin. Meine Beichte sollte Ihnen zeigen, daß ich ebenso ›Weiberqualen‹ kenne wie so viele andere, und daß ich die Mannigfaltigkeit und Kompliziertheit der Gefühle verstehen kann.

Aber das, was ich jetzt bei meiner Tochter erlebe, vermag ich bei aller Duldsamkeit doch nicht zu fassen . . .

Ich wiederhole, manchmal tröste ich mich damit, daß ich Genia nicht verstehe, wie auch Marja Stepanowna, meine Mutter, mich nicht verstanden hat. Aber öfter scheint mir das alles eine so maßlose Zügellosigkeit und Gemeinheit zu sein, daß mir graut. Helfen Sie mir, daraus klug zu werden . . . Schelten Sie mich, wie es sich gehört, wenn ich nur rückständig bin, wenn die neuen Lebensverhältnisse auch eine andere, neue Psychologie hervorrufen.

Nein, ich kann heute nicht mehr schreiben. Erlauben Sie mir, daß ich zu Ihnen komme. Da Ihnen das Vergangene nun bekannt ist, wird es leichter und einfacher sein, und vor allem kann ich kürzer über das neue Rätsel sprechen, das das Schicksal mir aufgegeben hat, und das ich nicht lösen kann. Rufen Sie die Nummer 2 07 51 an, Apparat 31, und sagen Sie, wann ich Sie ganz allein treffe. Abends ist es mir bequemer, so spät wie möglich. Ich erwarte Ihren Anruf.

Mit kameradschaftlichem Gruß

Olga Wesselowskaja«

Einige Tage später, abends zur verabredeten Stunde, kam Olga Sergejewna zu mir. Es fiel mir auf, daß sie elend aussah, und daß ihre klugen Augen Unruhe verrieten.

Mit neuem Interesse sah ich diese bescheiden angezogene, glatt gekämmte Frau an, die immer zurückhaltend, ruhig und wortkarg war. Sie hatte zweifellos etwas unendlich Anziehendes – den unaussprechlichen Reiz einer abgeschlossenen Persönlichkeit. Und doch, als ich sie jetzt sah, und mit ihr über die nächstliegenden politischen Angelegenheiten sprach, die augenblicklich ganz Rußland beschäftigten, war ich nicht imstande, sie, die einen so verantwortungsvollen Posten in der staatswirtschaftlichen Verwaltung einnahm, mit dem Bild der Frau zu vereinen, die mir ihre Beichte geschrieben hatte.

»Aber kommen wir zu meiner Angelegenheit« unterbrach mich Olga Sergejewna mit ihrer sachlichen, klaren Stimme, die an die entschlossene Marja Stepanowna erinnerte. »Es handelt sich um meine Tochter Genia. Ich will von Ihnen über sie hören. Vielleicht kann ich der Zeit nicht folgen, sie nicht verstehen, vielleicht handelt es sich um die unvermeidliche Tragik zwischen Eltern und Kindern, vielleicht aber ist es auch anders – Genias Verkehrtheit, das Resultat der abnormen Verhältnisse, unter denen sie erzogen wurde. Seit ihrer frühesten Jugend ist das Mädel immer hin- und hergeschoben worden: Erst zur Großmutter, dann zu mir, dann wieder zu Freunden. In den letzten Jahren lebte sie auf der Fabrik, in einem Großbetrieb, fuhr zur Front, nahm an der Verpflegungskampagne teil und hat da natürlich vieles gesehen, was Mädchen ihres Alters früher kaum ahnten. Vielleicht ist das auch recht, man soll das Leben kennenlernen, wie es ist; aber andererseits . . .

Ach wissen Sie, in diesen Wochen bin ich selbst ganz irre geworden. Ich weiß nicht, was Recht und Unrecht ist. Früher freute ich mich, daß Genia vorurteilslos ist, daß sie dem Leben mutig ins Auge sieht, daß sie imstande ist, sich aus jeder Schwierigkeit herauszuhelfen, daß sie nicht an der bei den Intellektuellen so häufigen Willenlosigkeit krankt, daß in ihr kein Falsch ist, und daß sie, wie mir schien, bis zur Naivität wahrheitsliebend ist, und plötzlich . . .

Kurz, die Sache ist folgende:

Sie wissen, daß ich während der Emigrantenzeit im Ausland den Genossen Rjabkow getroffen und in Davos gepflegt habe. Seitdem leben wir wie Mann und Frau. Gewiß, ich bin viel älter als er. Er ist, sozusagen, mein Schüler. Aber während dieser sieben Jahre unseres Zusammenlebens herrschte die reinste Eintracht zwischen uns. Zusammen kehrten wir im Jahre siebzehn zurück. Zusammen setzten wir uns für die Sowjetregierung ein.

Sie wissen, was für ein reiner Mensch der Genosse Rjabkow ist, dem Geist nach richtiger Proletarier, ohne Kompromisse, und anders kann er natürlich auch nicht sein. Es ist unnötig, über ihn als Parteiarbeiter zu sprechen, es gibt darüber nur eine Meinung.

Ich habe ihn gepflegt, wie ich es konnte – er ist ja tuberkulös. Mir schien, als sei zwischen uns nicht die leiseste Trübung. Alles war so klar, so licht, so innig . . .

Voriges Jahr ließen wir uns in Moskau nieder, da nahm ich Genia zu mir. Trotz ihrer kaum 20 Jahre arbeitet sie sehr eifrig in der Partei. Sie ist entschlossen und fest, unermüdlich und leidenschaftlich wie die Großmutter. Man schätzt sie im Rayon. Sie kennen unsere Wohnungsverhältnisse: ein Zimmer für drei. Es ist eng, aber das ist jetzt unvermeidlich. Übrigens waren wir ja selten zu Hause, besonders ich. Ich fahre oft in unsere chemischen Werke, die außerhalb der Stadt liegen . . .

Genia und ich fanden nach der langen Trennung sofort gute, freundschaftliche Beziehungen zueinander; ja, freundschaftliche. Ich fühlte mich gar nicht als ›Mutter‹, und im Verkehr mit ihr wurde ich jung. Ihre Unternehmungslust, ihr Lachen, ihr junges Selbstvertrauen wirkten ansteckend.

Genosse Rjabkow stand ausgezeichnet mit ihr. Das freute mich, ich hatte gefürchtet, sie würden sich nicht vertragen, aber Genia und Andrei wurden ausgezeichnete Kameraden, schien es mir. Ich selbst schickte sie zusammen ins Theater, auf Meetings, zur Eröffnung von Kongressen. Unser Leben gestaltete sich freundschaftlich und leicht. Am meisten freute mich, daß Andrei viel munterer geworden war, und daß seine Krankheit sich viel seltener bemerkbar machte.

So war es bis zum Tag . . . ja, bis etwas eintrat, das alles veränderte . . .«

Olga Sergejewna stockte, als hätte sie nicht mehr den Mut, weiter zu sprechen. Ich wartete. Olga Sergejewna sah über meine Schulter hinweg aus dem Fenster und schwieg. Es wurde unheimlich still im Zimmer.

»Ich errate es, Olga Sergejewna. Es geschah, was in solchen Fällen kaum vermeidlich ist: Genia und Genosse Rjabkow gaben sich einander hin. Aber was finden Sie daran so unerträglich Schreckliches, Gemeines, Schmutziges? Eigentlich sollten Sie es verstehen!«

»Nicht das entsetzt mich! Nicht das!« unterbrach mich Olga Sergejewna leidenschaftlich, »aber was ich nachher in Genias Seele gesehen habe und bei ihm . . .«

»Was haben Sie bei ihnen denn gesehen?«

»Eine mir unverständliche Herzlosigkeit, eine Ruhe, ein Überzeugtsein von ihrem Recht . . . etwas Kaltes, Verstandesmäßiges, . . . fast Zynisches . . . verstehen Sie: nicht Liebe, nicht Leidenschaft, nicht Mitleid, kein Schuldbewußtsein und kein Bestreben, aus dieser Lage herauszukommen . . . Als ob das alles so sein müßte, als ob ich allein die Verständnislose, die ›Rückständige‹ sei . . . Manchmal scheint es mir, als beherrsche Genia und ihn die allergemeinste Zügellosigkeit, eine unbegreifliche Lüsternheit, – dann wieder zweifle ich, ob ich nicht doch rückständig bin . . . Auch meine Mutter, Marja Stepanowna, hat mich nicht verstanden, als ich meine Liebestragödie durchmachte . . .

Ich bedarf Ihrer Hilfe, helfen Sie mir, mich zurechtzufinden.«

Olga Sergejewna erzählt weiter, wie ihre Tochter während des Dienstes zu ihr ins Büro gekommen sei und die Mutter um eine Audienz von zehn Minuten gebeten habe.

»Mutter, anders kann ich dich ja nie fassen.«

Und ohne Einleitung, scheinbar kaltblütig und gefaßt teilte sie der

Mutter mit, daß sich eine Schwangerschaft bei ihr bemerkbar mache. Olga Sergejewna war entsetzt.

»Aber von wem denn?« rief sie unwillkürlich aus.

»Ich weiß es nicht«, antwortete die Tochter. Und die Mutter dachte, Genia wolle den Mann nicht kennen, aber dann fühlte sie, wie ein Stich ihr durchs Herz ging, eine Vorahnung.

Genia erbat den Rat der Mutter, wie man es mit dem Abort machen solle. Das Gesetz hierüber war in Kraft getreten. Sie wollte dann die betreffenden Einrichtungen aufsuchen und holte sich die nötigen Empfehlungsschreiben. Ein Kind wollte sie nicht haben.

»Ich habe keine Zeit dazu!«

Olga Sergejewna sprach nicht mit ihrem Mann über Genias Mitteilung. Sie hielt das für Genias persönliche Angelegenheit. Wenn sie es will, kann sie es ihm selbst erzählen. Aber eine dunkle Wolke legte sich auf ihre Seele und bedrückte sie schwer. Eine Unruhe machte sich im Unterbewußtsein fühlbar. Zweifel regten sich in ihr, belebten viele kleine Züge des gemeinsamen Lebens zu dritt in einem Zimmer, die sie früher anders gesehen hatte.

Olga Sergejewna verachtete sich wegen dieser Gedanken und verscheuchte sie. Aber sie lebten in ihr und störten sie bei der Arbeit. Sie lebten so beharrlich, daß Olga Sergejewna unter dem Vorwand, sich nicht wohl zu fühlen, aus einer abendlichen Sitzung unerwartet nach Hause eilte . . . und Genia in den Armen ihres Mannes fand.

»Sie verstehen, mich entsetzte nicht die Tatsache als solche, wohl aber das, was dann geschah. Andrei nahm ruhig seine Mütze, sagte kein Wort zu mir und ging fort. Unwillkürlich schrie ich Genia an: ›Warum hast du mich belogen, warum hast du mir gesagt, daß du nicht weißt, von wem du schwanger bist?‹ Da antwortete Genia mit erstaunlicher Einfachheit: ›Ich sage auch jetzt dasselbe, ich weiß es nicht, ob es Andrei ist oder der andere.‹

›Wieso der andere?‹

›Nun ja, ich hatte in dieser Zeit auch Beziehungen zu einem Kameraden, den du nicht kennst.‹

Verstehen Sie, wie mich das alles verwirrt und in Verzweiflung bringt? Genia erzählte mir, daß sie schon damals, als sie mit Liebesgaben zur Front fuhr, geschlechtlichen Verkehr gehabt hat. Aber am wenigsten verständlich, beängstigend war mir Genias offene Erklärung, daß sie keinen geliebt habe und keinen liebe.

›Warum gabst du dich dann hin? Ist der physische Trieb in dir so stark? Du bist doch noch so jung. Das ist nicht normal!‹

›Wie soll ich es dir sagen, Mutter, einen eigentlichen ›physischen Trieb‹, wie du ihn dir offenbar denkst, habe ich wohl nie gehabt, bis ich den andern traf, mit dem ich in diesen Monaten verkehrte. Jetzt ist auch das vorbei. Aber er gefiel mir, und ich fühlte, daß ich ihm auch gefalle . . . das ist doch alles so einfach und dann, es verpflichtet ja zu nichts, ich verstehe nicht, Mutter, was dich so aufregt? Wenn ich mich verkauft hätte, oder wennn man mich vergewaltigt hätte – das ist eine andere Sache – aber ich war dazu freiwillig bereit. Solange wir einander gefallen – sind wir zusammen, vergeht es – so gehen wir auseinander. Keiner hat etwas dabei verloren . . . Nur daß man des Abortes wegen die Arbeit auf zwei, drei Wochen unterbrechen muß, das ist gewiß unangenehm. Aber daran bin ich selbst schuld. In Zukunft werde ich mich besser schützen.‹ «

Auf die Frage Olga Sergejewnas, warum sie es mit zweien halte, wenn sie doch keinen liebe, antwortete Genia, daß es zufällig gekommen sei. Eigentlich wirke der andere, nicht Andrei, viel stärker auf sie. Er verkehrte aber mit ihr wie mit einem Kind, nahm sie nicht ernst, und das beleidigte sie. Aus Trotz hat sie sich Andrei hingegeben, der doch zu uns gehört, den sie wie einen Kameraden lieb hat, und bei dem sie sich immer froh und leicht fühlt.

»Und beide wissen voneinander?«

»Ja, das Verbergen und Lügen halte ich für unnötig. Wenn es ihnen nicht paßt, ja, dann brauchen sie mich nicht zu küssen, ich werde doch nach meiner Art leben. Andrei nimmt es ruhig hin, ihm macht es nichts. Nun ja, der andere wurde erst böse, stellte mir ein Ultimatum, aber es blieb ihm doch nichts anderes übrig als sich zu beruhigen. Jetzt habe ich ihn endgültig verlassen, er wurde mir langweilig. Er ist ungezogen und grob, das liebe ich nicht.«

Olga Sergejewna versuchte, ihr die ganze Unzulässigkeit einer so oberflächlichen Einstellung zur ehelichen Gemeinschaft, zum Leben zu beweisen. Aber Genia bestritt das.

»Du sagst, das ist gemein, Mutter, man soll sich nicht ohne Liebe hingeben, du behauptest, ich bringe dich mit meinen ›zynischen Anschauungen‹ zur Verzweiflung. Aber sage mir offen, Mutter, wenn ich dein zwanzigjähriger Sohn wäre, der an der Front gewesen ist und überhaupt selbständig lebt, würdest du auch entsetzt sein, wenn er Verkehr mit Frauen hätte, die ihm gefallen? Nicht mit Prostituierten, die man kauft, nicht mit Mädchen, die man betrügt (das ist gemein, das bestreite ich nicht), aber mit Frauen, die ihm gefallen und denen er gefällt. Würdest du auch über seine ›Moral‹ entsetzt sein? Also, warum gerätst du in Verzweiflung über meine ›Sittenlosigkeit‹. Ich versichere dir, ich bin genau solch ein Mensch, wie es ein Bruder von mir sein könnte. Und ich bin mir meiner Pflichten völlig bewußt. Ich kenne meine Verantwortlichkeit gegen die Partei. Aber welcher Zusammenhang ist zwischen der Partei, der Revolution, der weißgardistischen Front, dem Zusammenbruch und allem, was du angeführt hast – und dem, daß ich mich mit Andrei und noch einem anderen küsse . . .? Siehst du, ein Kind soll man nicht haben, das geht nicht in dieser Kampfzeit. Ich verstehe das und werde vorläufig um keinen Preis Mutter werden. Und was das andere betrifft . . .«

»Aber an mich, Genia, hast du gar nicht gedacht?« fragte Olga Sergejewna. »Wie soll ich deine Beziehungen zu Andrei aufnehmen?«

»Ändert sich denn etwas? Du wolltest doch selbst, daß wir einander näherkommen sollten, du freutest dich, daß wir Freunde wurden . . . wo ist die Grenze des Vertrautseins? Und warum dürfen wir seelisch befreundet sein, zusammen sprechen, lachen, denken, nur küssen dürfen wir uns nicht? Wir haben dir nichts gestohlen, nichts genommen, Andrei vergöttert dich, wie er dich immer vergöttert hat . . . nicht einen Lichtstrahl seiner Liebe habe ich dir geraubt . . . Aber daß wir uns geküßt haben? . . . Ja, du hast ja doch keine Zeit, mit ihm lieb zu sein. Und dann, Mutter, willst du wirklich Andrei so an dich fesseln, daß er es nicht wagen sollte, ohne dein Wissen seine Freuden zu haben? Das ist doch ein unschönes Besitzenwollen. Aus dir spricht Großmutters bürgerliche Erziehung, und außerdem ist das ungerecht. Du hast doch zu deiner Zeit auch gelebt, wie es dir gefiel, warum darf Andrei das nicht?«

Olga Sergejewna verwirrte und empörte es, daß weder die Tochter noch ihr Mann einen Funken Reue zeigten. Als ob das alles so natürlich wäre, gesetzmäßig und einfach, daß es sich gar nicht lohne, darüber zu reden, und Andrei und Genia sich nur aus Herablassung zwangen, der Nichtverstehenden einige oberflächliche Phrasen zu sagen, daß sie bedauerten, daß alles so gekommen sei, und sie Olga Sergejewna etwas Unangenehmes bereitet hätten. Sie hatte die Empfindung, daß der zartfühlende, seelengute Andrei und auch Genia in der Tiefe ihres Herzens sich gar nicht schuldig fühlten. Beide wiederholten Olga Sergejewna auf alle mögliche Weise, daß sich nichts geändert habe, daß sie die ganze Sache unnötigerweise tragisch ansehe, daß keiner ihr einen Schmerz oder eine Beleidigung zufügen wollte. Wenn das alles aber sie so »irritiere«, wären beide bereit, Schluß zu machen, obgleich es ihnen ganz unverständlich sei, was an der Sache geändert würde.

In diesem Chaos von Gedanken und Gefühlen entschloß sich Olga Sergejewna, zu mir zu kommen und mich um Rat und Aufklärung zu bitten.

Was soll das nun sein? Zügellose Lüsternheit, durch kein moralisches Gesetz eingedämmt, oder Anschauungen, hervorgebracht von dem neuen Leben und geboren aus den Aufgaben der aufbauenden Klasse? Neue Moral? . . . Wir haben lange über diese Fragen nachgedacht.

»Das allerschmerzlichste für mich«, sagte Olga Sergejewna, indem sie sich auf ihre hübsche Hand stützte, die an Marja Stepanowna erinnerte, »ist, daß ich weder Leidenschaft noch Gefühle sehe . . . nur kalt Verstandesmäßiges wie bei Greisen . . . keine Gefühlsbewegungen. Wenn Genia Andrei lieben würde und Andrei sie – dann wäre mir alles klar. Es kann ja sein, daß ich auch leiden würde (ich liebe Andrei), aber ich hätte dann nicht diesen unangenehmen Beigeschmack, diese Qual . . . Wie soll ich es ausdrücken? Mit einem Wort, ich habe ein unschönes Gefühl gegen Genia und Adrei, ich kann ihnen ihren Betrug nicht verzeihen, ihre Lüge . . . . Ich kann es nicht verstehen: Wie konnten sie mir gegenüber so ohne Achtung sein? Gegen meine Gefühle nach allem, was ich durchlebt habe? Verstehen Sie, mein Glaube, daß diese beiden Menschen überhaupt fähig sind zu lieben, ist erschüttert. Beide versichern, daß sie mich lieben, aber was für Liebe ist das, sagen Sie selbst, wenn man einen anderen so verwundet und spielend verwundet, ohne Reue, ohne Mitleid! Nein, hier ist eine Stumpfheit, eine Härte des Gemüts . . . Ich verstehe beide nicht . . . Genia hat mir auf meine unwillkürlichen Vorwürfe als Antwort hingeworfen: ›Hast denn du deine Beziehungen zu meinem Vater nicht seiner Frau verheimlicht? Hast du nicht gelogen?‹ Aber hier liegt eben der große Unterschied, den Genia nicht versteht, nicht verstehen will. Erstens habe ich M.'s Frau nie geliebt, sie war mir fremd. Ich hatte gar keine Berührungspunkte mit ihr. Aus Menschlichkeit habe ich sie geschont. Und zweitens, ich habe doch M. geliebt, und wie habe ich ihn geliebt! . . . Nicht weniger als seine Frau ihn geliebt hat, viel mehr! Unsere Gefühle für ihn gaben uns gleiche Rechte, die Stärke meiner Liebe, meine Leiden rechtfertigen mich. Aber hier ist doch gar nichts: nicht Liebe, nicht Leiden, nicht Reue . . . Kaltes Überzeugtsein von ihrem Recht und Bestätigung des Rechtes, Freuden zu pflücken, wo und wie man sie findet . . . Sehen Sie, das ist das schreckliche . . . Hier ist kein Funken von Herzenswärme, nicht einmal die elementarste Feinfühligkeit einem Menschen gegenüber, und keine Güte . . . Was sind das für Kommunisten?«

Über diesen unerwarteten Schluß mußte ich unwillkürlich lachen. Und Olga Sergejewna gestand, verlegen lächelnd, daß ihre Schlußfolgerung durch die Anklagen nicht begründet war.

Wir schieden voneinander mit dem Entschluß, daß ich in den nächsten Tagen Genia treffen sollte.

Genia kam am frühen Morgen zu mir. Den Tag über bis zum späten Abend hat sie im Bezirk mit Parteiarbeit zu tun.

Sie ist schlank, hoch gewachsen, hat ein lebhaftes Gesichtchen und einen kleinen Kopf, dessen stolze Haltung an ihre Großmutter Marja Stepanowna erinnert. Etwas blaß war sie an jenem Morgen, hatte dunkle Ringe unter den Augen, und ihre Hand war kalt und feucht. – Anscheinend hatte sie sich noch nicht ganz von dem Abort erholt.

Ihr Benehmen mir gegenüber war schlicht und kameradschaftlich.

»Es erstaunt Sie wohl am meisten, daß ich mich Männern hingeben kann, wenn sie mir bloß gefallen, ohne abzuwarten, daß ich mich in sie verliebe? Sehen Sie, zum Verlieben muß man Zeit haben, ich habe viele Romane gelesen und weiß, wieviel Zeit und Kraft das Verliebtsein beansprucht. Aber ich habe keine Zeit. Wir haben soviel Arbeit im Bezirk, soviel wichtige Fragen sind zu lösen, wann hatten wir denn Zeit in all diesen über uns hinwegrasenden Revolutionsjahren? Immer ein Hasten und Jagen, die Gedanken immer voll von tausend brennenden Aufgaben . . . Gewiß, es gibt auch ruhige Perioden . . Nun, dann merkt man eben, daß der eine oder andere einem gefällt; aber verstehen Sie mich bitte: sich zu verlieben, dazu hat man keine Zeit. Auch, – kaum befreundet man sich mit einem Mann, bitte schön – so wird er schon an die Front kommandiert oder in eine andere Stadt versetzt. Oder man hat selbst soviel zu tun, daß man ihn vergißt . . . Aber gerade deshalb lernt man die Stunden schätzen, wenn man sich zufällig getroffen hat und sich zu zweit glücklich fühlt . . . Das verpflichtet zu nichts . . . das einzige, wovor ich mich fürchte, ist eine venerische Krankheit, aber wissen Sie, ich glaube, wenn man einem Menschen aufrichtig in die Augen sieht und ihn fragt, ob er auch gesund ist, dann kann er nicht lügen. Ich habe zwei solche Fälle erlebt, dem einen schien ich sehr zu gefallen, ich glaube, daß er mich noch immer liebt. Als ich ihn fragte, war es ihm sehr schwer zu gestehen, ich sah, wie er litt, aber wir kamen nicht zusammen. Er wußte, ich hätte es ihm nie verziehen.«

Genia hat schöne Augen mit einem offenen und klaren Ausdruck, ihr Benehmen ist voll Unmittelbarkeit und Aufrichtigkeit.

»Aber sagen Sie, Genossin Genia, warum haben Sie Ihrer Mutter nicht gleich alles erzählt? Warum haben Sie Ihre Verbindung mit Andrei monatelang verheimlicht?«

»Ich dachte, es ginge sie nichts an . . . Wenn Andrei und ich uns geliebt hätten, hätte ich natürlich der Mutter alles gesagt, oder wahrscheinlicher, ich wäre aus ihrem Leben verschwunden. Ich will nicht, daß sie unglücklich ist. Aber wenn doch gar nichts ist, was ihr Andreis Gefühl geraubt hätte?! Warum begreift sie denn nicht: wenn ich es nicht bin, ist es eine andere. Sie kann doch unmöglich Andrei so an sich ketten, daß er keinen Menschen sehen, mit keiner mehr verkehren darf? – Ich kann es nicht begreifen: Daß ich mit Andrei befreundet bin, daß er zu mir viel aufrichtiger ist als zur Mutter, daß er mir sozusagen seelisch näher steht als ihr, kränkt die Mutter gar nicht. Aber daß wir uns geküßt haben – das, meint sie, bedeutet, daß ich ihr Andrei ›geraubt‹ habe. Aber die Mutter selbst hat ja nie Zeit zur Liebe. Glauben Sie mir, sie hat nicht Zeit dazu! Und den Jahren nach steht Andrei mir näher als der Mutter. Wir haben auch gleiche Neigungen, den gleichen Geschmack, und überhaupt, alles ist so natürlich.«

»Aber vielleicht sind Sie sich selbst nicht klar und lieben Andrei doch?«

Genia schüttelte verneinend den Kopf.

»Ich weiß nicht, was Sie Liebe nennen. Aber was ich für ihn fühle, ist meiner Meinung nach besimmt nicht Liebe. Wenn man liebt, will man immer beisammen sein, man will dem, den man liebt, alles geben, man denkt an ihn, man sorgt sich um ihn . . Wenn man mir aber den Vor-

schlag machte, immer mit Andrei zusammen zu leben, würde ich bestens danken . . . Man fühlt sich wohl bei ihm, froh, mit einem Wort: er
ist ein guter Kamerad; und er tut mir so leid, er ist so feinfühlend, so
›licht‹, wie Mama sagt. Aber auf die Dauer langweilt er mich. Dann ist
Abrascha besser . . . Und doch – nein! Den liebe ich auch nicht, habe
ihn nie geliebt, obgleich Abrascha eine gewisse Macht über mich hatte . . . Ich mußte ihm gehorchen, ich konnte nicht anders.«

Genia zieht die Augenbrauen hoch. Sie ist in ihre Gedanken vertieft.
Plötzlich wird sie wieder lebhaft.

»Es empört Mutter, daß ich keinen von ihnen liebe. Sie sagt, es ist un-
normal und unsittlich, sich in meinem Alter ohne Liebe hinzugeben.
Aber ich glaube, sie hat Unrecht. Ich meine, es ist so einfacher und besser. Ich denke an meine Kindheit, wie Mutter damals zwischen Constantin und meinem Vater hin- und herschwankte, verzweifelt war, wie
sehr sie sich quälte . . . und alle darunter litten . . . Constantin und
Großmutter, noch jetzt höre ich Großmutters Stimme, wie sie verlangte, Mutter müsse sich entscheiden. ›Sei nicht so kleinmütig – du mußt
wählen – du mußt dich entschließen.‹ Aber Mutter konnte zu keiner
Entscheidung kommen, weil sie beide liebte, und beide liebten sie, und
so litten sie und quälten sich immerfort, dann haßten sie sich und gingen
schließlich als Feinde auseinander . . . Ich werde mich von keinem in
Feindschaft trennen. Es ist zu Ende, es gefällt mir nicht mehr – und das
ist alles. Wenn man auf mich eifersüchtig wird, muß ich immer an Mutters Leiden denken, an die Eifersucht von Constantin und meinem Vater, ich sage mir dann, so etwas will ich nicht durchmachen. Sie sollen es
endlich begreifen, daß ich keinem gehöre.«

»Und haben Sie denn wirklich nie jemand geliebt, lieben Sie keinen?
Ich bezweifle das etwas, denn Sie haben das Gefühl der Liebe so richtig
beschrieben. Das haben Sie doch nicht aus Büchern?«

»Warum denken Sie denn, daß ich niemand liebe?« Genia ist ehrlich
erstaunt. »Ich habe Ihnen doch nur gesagt, daß ich die Männer nicht
liebte, mit denen ich verkehrt habe, aber ich habe doch nie gesagt, daß
ich niemand liebe.«

»Und wen lieben Sie denn, wenn man fragen darf?«

»Wen? Ja, zu allererst und am meisten auf der Welt – Mutter. Einen
solchen Menschen gibt es nicht mehr. In gewissem Sinne stelle ich sie

sogar über Lenin. Und überhaupt, sie ist etwas ganz Besonderes, ohne sie könnte ich nicht leben, und ihr Glück ist mir das Wichtigste.«

»Und trotzdem haben Sie dieses Glück angetastet, und Ihre Mutter schmerzlich verletzt? Wie können Sie das vereinen?«

»Sehen Sie«, antwortete Genia nachdenklich, »wenn ich gedacht, gewußt hätte, daß Mutter es so auffassen, daß es ihr so schmerzlich sein würde . . . ich glaube, ja ich bin gewiß, daß ich es nicht getan hätte . . . Aber mir war, als ob Mutter über dem allen stände. Daß sie die Dinge ebenso ansehen würde wie Andrei und ich. Jetzt da ich sehe, daß ich mich geirrt habe, ist es mir sehr, sehr schmerzlich, viel schmerzlicher als sie glaubt.«

Zu erstenmal während unseres Gespräches schimmern Tränen in Genias Augen; verstohlen, mit den Fingerspitzen, ich soll sie nicht merken, wischt sie sie weg.

»Für Mutter kann ich mein Leben lassen, das ist keine Phrase. Ich fühle es. Mutter kann Ihnen erzählen, wie es war, als wir glaubten, sie habe Typhus . . . Wissen Sie, was mich jetzt besonders drückt? Es tut mir so leid um Mutter, ich bin so böse auf mich, daß ich so dumm war und nicht erraten konnte, welchen Eindruck diese Geschichte auf sie machen würde . . . Ich würde jetzt, ich weiß nicht was darum geben, die Sache ungeschehen zu machen . . . Und doch, ganz im Innersten fühle ich, Mutter hat Unrecht, und Andrei und ich sind im Recht . . . Man muß das alles ganz anders einschätzen und verstehen, dann ist alles so klar und einfach, und keiner leidet. Und alle können Freunde bleiben, und keiner wird den andern verachten. Wenn ich Mutter auch noch so liebe, fühle ich doch zum erstenmal in meinem Leben, daß sie Unrecht hat . . . Und das . . . sehen Sie, das ist das Schmerzlichste für mich. Ich habe Mutter für unfehlbar gehalten, und jetzt ist etwas bei mir ins Wanken geraten, ich habe nicht mehr den Glauben, daß Mutter über allem steht, daß sie alles versteht . . . Das ist furchtbar schmerzlich . . . Ich will nicht aufhören, Mutter zu lieben. Ich will den Glauben an sie nicht verlieren . . . Wie soll ich sonst an andere glauben. Sie wissen nicht, wie mich dieser Gedanke zermürbt . . . Das ist es, was mich quält, und gar nicht, aber auch gar nicht das, was nach Mutters Meinung mich quälen müßte. Das ist schmerzlich. Das ist sehr schmerzlich.«

Jetzt rinnen die großen Tränen schon ganz offen über Genias Wangen und tropfen auf ihr stark abgetragenes, schwarzes Röckchen.

Wir sprechen weiter und versuchen, aus dieser peinlichen Lage einen Ausweg zu finden.

Genia hat bereits beschlossen, ins »Heim« zu ziehen, zu ihren Kameradinnen. In den nächsten Tagen wird sie übersiedeln. Es macht ihr nur Sorge, wie Mutter und Andrei ohne ihre Hilfe und Fürsorge leben werden. Die ganze leidige Verpflegungsfrage lag auf ihr.

»Ich bin fest überzeugt, daß Mutter immer hungrig herumlaufen wird«, sagt Genia traurig. »Wenn man sich nicht um sie kümmert, ihr das Essen nicht hinstellt, läuft sie den ganzen Tag so herum, und Andrei ist nicht besser. Ich weiß nicht, wie sie ohne mich leben werden. Sie sind beide wie Kinder, vollkommen hilflos. Natürlich werde ich hingehen, werde tun, was ich kann, aber es ist doch nicht das Richtige. Ich bin ja auch beschäftigt; wenn man zusammenlebt, ist alles viel einfacher.«

Sie seufzt. Ihr Ton ist sorglich mütterlich, wenn sie von der Mutter und Andrei spricht, als handele es sich tatsächlich um Kinder, um ihre jüngeren Geschwister.

»Es freut mich,« sagte ich beim Abschied, »daß ich Ihre Mutter beruhigen, ihr sagen kann, wie sehr Sie sie lieben. Es war ihr sehr schmerzlich, daß sie fürchtete, Sie seien keiner gesunden und starken Gefühle fähig, sondern nur Verstandesmensch.«

Genia lächelte.

»Mutter soll sich nur beruhigen ... Ich werde gewiß einmal aus Liebe irgendeine Dummheit machen. Ich bin nicht umsonst ihre Tochter und Großmutters Enkelin ... Und es gibt schon Leute, die ich liebe – und wie ich sie liebe ... Nicht nur Mutter ... auch andere, zum Beispiel Lenin ... lächeln Sie nicht. Das ist sehr ernst. Ich liebe ihn vielleicht mehr als alle die, die mir gefallen haben und mit denen ich verkehrte ... Wenn ich weiß, daß ich ihn hören und sehen kann – dann bin ich tagelang ganz hin ... für ihn könnte ich mein Leben lassen. – Dann Genossin Gerassim, kennen Sie ihn? Der Parteisekretär unseres Bezirks. Das ist ein Mensch ... Sehen Sie, den liebe ich. Ganz ehrlich. Ich will mich ihm immer unterordnen, auch wenn er nicht im Recht ist, denn ich weiß, daß seine Absichten immer richtig und gut sind ... Als voriges Jahr, Sie erinnern sich vielleicht, diese empörende Intrige gegen ihn einsetzte, konnte ich keine Nacht schlafen ... Und wie haben wir damals für ihn gekämpft. Den ganzen Bezirk habe ich in Bewegung gesetzt. Ja, ich liebe ihn wirklich!« schließt Genia überzeugt, als habe sie noch einmal sich und ihre Gefühle geprüft.

»Aber jetzt muß ich laufen, wir haben sehr viel im Bezirk zu tun. Ich bin doch zur Sekretärin unserer Zelle gewählt worden«, sagt sie, nicht ohne Stolz. »Und jetzt gibt es noch mehr Arbeit. Das Leben wäre so schön, wenn Mutter alles verstehen und sich beruhigen könnte.«

Wieder folgte ein tiefer, kindlicher Seufzer.

»Ich werde zu Ihnen kommen, um mit Ihnen über Mutter zu sprechen, und dann überzeugen Sie Mutter, daß Andrei ihr ganz gehört, daß ich ihn gar nicht brauche, nicht so viel . . . Was meinen Sie, wird Mutter es verstehen? Wird sie mich weiter lieben? Ich fürchte mich so. Ich kann ohne Mutter nicht leben, ohne ihre Liebe. Und dann ist es auch so schmerzlich, daß diese ganze Geschichte ihrer Arbeitsfähigkeit schadet. Nein! . . . Ich will nicht so lieben, wie Mutter geliebt hat . . . Wann soll man dann arbeiten?«

Mit dieser Frage verschwindet Genia hinter der Türe.

Ich aber bleibe mitten im Zimmer stehen und suche die Antwort auf die Frage: Wer hat Recht, – das zukünftige Recht einer neuen Klasse mit den neuen Gefühlen, neuen Begriffen und neuen Moralanschauungen?

Hinter der Tür aber ertönt Genias junges Lachen und ihre frohe Stimme: »Bis heute abend, Kameraden! . . . Haltet mich nicht auf! . . . Ich komme schon viel zu spät. Es gibt noch viel, viel zu tun!«

II. Neue Impulse nach dem Zweiten Weltkrieg

Der Zweite Weltkrieg warf andere Probleme auf, als über die Frauenfrage zu reflektieren. In Deutschland war schon vorher, während des Faschismus, die Frauenbewegung gründlich zerstört worden. Das »Dritte Reich« brachte den Höhepunkt der Erniedrigung der Frauen aller Klassen und Schichten. Die faschistischen Machthaber propagierten ein Frauenbild, das es selbst im mittelalterlichen Patriarchat nicht gegeben hatte: »Die deutschen Frauen wollen . . . in der Hauptsache Gattin und Mutter, sie wollen nicht Genossin sein, wie die roten Volksbeglücker es sich und ihnen einzureden versuchen. Sie haben keine Sehnsucht nach der Fabrik; keine Sehnsucht nach dem Büro und auch keine Sehnsucht nach dem Parlament. Ein trautes Heim, ein guter Mann und eine Schar glücklicher Kinder steht ihrem Herzen näher . . . Die deutschen Männer aber wollen, und das mit Recht, auch wieder *deutsche* Frauen haben. Nicht ein leichtfertiges Spielzeug, das oberflächlich nur auf Genuß sinnt, sich mit Tand und Flitter behängt und einer glitzernden Schale gleicht, deren Inneres hohl und öde ist.«[1] Adolf Hitler äußerte dazu: »Wenn früher die Liberalen, intellektualistischen Frauenbewegungen in ihren Programmen viele, viele Punkte enthielten, die ihren Ausgang vom sogenannten Geiste nahmen, dann enthält das Programm unserer nationalsozialistischen Frauenbewegung eigentlich nur einen einzigen Punkt, und dieser Punkt heißt: Das Kind.«[2]

Und dümmlicher als die Reichsfrauenführerin Gertrud Scholtz-Klink konnte wohl niemand mehr die grotesken Vorstellungen über die »Kampfstärke« der Frauen umreißen: »Wenn auch unsere Waffe . . . nur der Kochlöffel ist, soll seine Durchschlagskraft nicht geringer sein als die anderer Waffen.«[3] Natürlich diente die Beschränkung der Frau auf das Haus vor allem der Freistellung von Arbeitsplätzen für die Männer, um die Massenarbeitslosigkeit zu beheben. Doch ab 1937 – die Rü-

---

1 Rosten, Curt: Das ABC des Nationalsozialismus, 5. Auflage, Berlin 1933, S. 198 f.

2 Zitiert nach Fest, Joachim C.: Das Gesicht des Dritten Reiches. Profile einer totalitären Herrschaft. München 1963, S. 363 f.

3 Rede vor den deutschen Frauen auf dem Reichsparteitag 1937, zitiert nach: Fest, Joachim: Das Gesicht des Dritten Reiches, a.a.O., S. 363.

stungsproduktion lief bereits auf hohen Touren und verlangte nach jeder verfügbaren Arbeitskraft – wurde die Frau »im Einklang mit den Maßnahmen der staatlichen Arbeitspolitik« wieder in ihre alten »Erwerbsrechte« eingesetzt. Das hieß schon bald, daß Arbeits- und Mutterschutz, Frau-Sein und »natürliche Bestimmung« neben den Brutalitäten des Kriegslebens nichts mehr zählten.

Nach dem Krieg konnte keines der beiden deutschen Systeme über die unschätzbaren Verdienste der Frauen während der Kriegsjahre hinweggehen, wenn auch die Akzente verschieden gesehen wurden. Setzte sich im Westen schon bald wieder das Leitbild der Hausfrau durch, verlangte man im Osten die Berufsfrau. Zwar wurde in den Verfassungen beider deutscher Staaten die Gleichberechtigung der Frau unumstößlich verankert, doch gingen die Vorstellungen über deren Verwirklichung weit auseinander. Während aus der Familienpolitik der CDU-Regierung eindeutig hervorging, die Frau auf Heim- und Herdbetreuerin zu beschränken, war die Erwerbstätigkeit der Frau in der DDR von Beginn an aus zwei Gründen erwünscht: Erstens wurde für den Wiederaufbau jede Arbeitskraft – auch die der Frau – notwendig gebraucht (gleicher Lohn für gleiche Arbeit gehörte bereits 1946 zu den ersten Erlassen der sowjetischen Militäradministration); zweitens wurde der marxistischen Grundauffassung gefolgt, daß die Entfaltung menschlicher Fähigkeiten und Bedürfnisse, ja die Entwicklung der Persönlichkeit selbst, nur innerhalb der gesellschaftlichen Arbeit geschehen kann. Nur hier können Wissenschaft, Technik und Produktionsmittel am zweckmäßigsten eingesetzt und die menschlichen, körperlichen und geistigen Potenzen optimal genutzt werden.

Die Auffassung, auch Frauen als menschliche Hauptproduktivkraft zu begreifen, verlangt geradezu deren Beitrag an der gesellschaftlichen Arbeit außerhalb der Familie und gibt ihnen den Auftrag, an der Erschließung des Fortschritts und an der Schaffung des gesellschaftlichen Reichtums gleichwertig mitzuwirken. Auf der anderen Seite verbietet ein solcher Standpunkt – theoretisch – ein Dasein als »Nur-Hausfrau«. Dies wäre nämlich Beharren auf traditioneller Arbeitsteilung, in der der Mann die gesellschaftlichen Werte erschafft und sie der Frau im Austausch für ihre privaten Dienste im Haushalt – kochen, putzen, waschen, einkaufen, Kinder versorgen usw. – als Nutznießerin zukommen läßt.

Allerdings, erst wenn Frauen in gleichem Maße an Ausbildung partizipieren können wie die Männer, ist die Ausgangsbasis erreicht, sie in qualifizierten Positionen im Erwerbsleben zu finden. Erst von diesem Stadium an kann Arbeit ein Weg zur Emanzipation sein.

Das Bildungssystem der DDR spiegelt die Bemühungen und Erfolge wider, Frauen Schritt halten zu lassen mit den durch die wissenschaftlich-technische Revolution gestiegenen Anforderungen des Arbeitsprozesses. Die Erfolge zeigen sich besonders bei der Ausbildung der jungen Generation. Hier kann von einer Benachteiligung der Frauen keine Rede mehr sein. Grundlage hierfür ist die einheitliche zehnklassige polytechnische Oberschule als Pflichtschule für Jungen und Mädchen, die Vermittlung einer breiten Grundlagenausbildung und der für unsere Verhältnisse unvorstellbar breite Katalog von Erwachsenenbildungs- und Weiterbildungsmöglichkeiten.

Um Frauen nicht den Bodensatz der Erwerbsbevölkerung bilden zu lassen, ist es notwendig, mit der Tradition »weiblicher« Berufe zu brechen und die Frauen in Berufszweige zu »lenken«, die ihnen bisher verschlossen waren. Mit welcher Ernsthaftigkeit und schon preußischer Genauigkeit dies heute in der DDR geschieht, soll Dokument 15 veranschaulichen, das die Betriebsleiter darin unterweist, wie Frauen für technische Berufe und leitende Tätigkeiten vorbereitet werden sollen.

So rücken Frauen in der DDR immer selbstverständlicher in ungewohnte Berufe ein und in leitende Positionen auf, weil sie sich auf Grund ihrer Ausbildung und ihres gewachsenen Selbstbewußtseins nicht mehr so leicht mit untergeordneten Assistentinnenstellen und »Rechte-Hand-des-Chefs-Posten« abspeisen lassen. Zur Zeit sind immerhin schon 20 Prozent der Arbeitsplätze in technischen und Ingenieurberufen mit Frauen besetzt.[4]

Diese Erfolge wären sicher nicht erreicht worden, wenn man allein auf die Selbstinitiative der Frauen gesetzt und darauf verzichtet hätte, ihnen durch intensive Frauenförderungsprogramme den oft noch nötigen Anstoß zu geben. Drückt sich die offizielle Einstellung zur Frauenemanzipation in sozialistischen Staaten eher in konkreten Programmen als in theoretischen Abhandlungen aus, ist in der Bundesrepublik

4 Siehe hierzu auch Menschik, Jutta, und Leopold, Evelyn: Gretchens rote Schwestern. Frauen in der DDR. Frankfurt/Main 1974.

bis zur Herausgabe der Frauenenquête 1966[5] kaum dergleichen auffindbar.

Hier waren die Frauen ideologisch eingeschnürt in das Korsett des überlebten Leitbildes der Hausfrau, das selbst die Diktion des Gleichberechtigungsstatuts im Bürgerlichen Gesetzbuch bestimmt[6], während sie tatsächlich bereits 1955 jeden dritten Arbeitsplatz besetzten. Die Folge dieses Widerspruchs spüren sie heute noch schmerzlich. So versäumte man sowohl, genügend Kindergartenplätze für arbeitende Frauen zur Verfügung zu stellen (nur jede vierte arbeitende Mutter kann ihre Kinder in einem Kindergarten unterbringen), als auch sie in den Ausbildungsgängen zu fördern statt still zu dulden, als auch Lohndiskriminierung[7] und Vorurteile gegenüber Frauen am Arbeitsplatz zu beseitigen.

Ergebnis ist das sogenannte »Doppelrollenproblem«, das zwar bisher von keiner Industrienation der Welt zufriedenstellend gelöst ist, in den kapitalistischen Staaten aber seine krassesten Auswirkungen hat. In der Diskussion um das Für und Wider der Erwerbsarbeit von Müttern nimmt das Thema »Auswirkungen auf die Kinder« den ersten Platz ein. Lange Zeit schien erwiesen, daß Kinder arbeitender Mütter vernachlässigt würden und in stärkerem Maße neurotische Verhaltensstörungen, soziale Auffälligkeiten, geringere Schulleistungen und auch kriminelle Neigungen zeigen. Obwohl diese Behauptungen als wissenschaftlich widerlegt gelten, leben sie im Bewußtsein der Öffentlichkeit fort und erzeugen in der erwerbstätigen Mutter Unsicherheit und starke Schuldkomplexe.

5 Praktische Konsequenzen hat die »Frauenenquête – Bericht der Bundesregierung über die Situation der Frauen in Beruf, Familie und Gesellschaft« nie gehabt. 1972 folgte der »Bericht der Bundesregierung über die Maßnahmen zur Verbesserung der Situation der Frau«, der allerdings konkretere Vorschläge etwa zur Anhebung des Bildungsniveaus von Frauen, zu Arbeits- und Mutterschutz usw. enthält.

6 So heißt es in der Einführung zum Gleichberechtigungsgesetz vom 18. Juni 1957: »Es gehört zu den Funktionen des Mannes, daß er grundsätzlich der Erhalter und Ernährer der Familie ist, während es die Frau als ihre vornehmste Aufgabe ansehen muß, das Herz der Familie zu sein.«

7 So reduziert Rainer Skiba vom DGB das Mißverhältnis zwischen Erwerbsbeteiligung und Einkommensanteil der abhängig beschäftigten Frauen auf folgende Formel: »Obwohl rund ein Drittel aller abhängig Erwerbstätigen Frauen sind, erhalten sie nur knapp ein Viertel der gesamten Bruttolohn- und -gehaltsumme.« (Gewerkschaftliche Monatshefte 11/1972, S. 698)

Einen Lösungsvorschlag konzipieren Alva Myrdal und Viola Klein in ihrem berühmten Buch »Die Doppelrolle der Frau in Familie und Beruf« (Text 13). Unter der Voraussetzung, daß in jeder hochindustriellen Gesellschaft latenter Arbeitskräftemangel herrscht und die verheirateten Frauen die wichtigsten Reserven sind, propagieren sie folgendes Modell:

Alle Frauen seien berufstätig bis auf die Zeit, in der die Kinder klein sind. Die Zeit der aktiven Mutterschaft dauert so lange, bis das jüngste Kind zur Schule geht. Nach Ansicht der Autorinnen beansprucht diese Zeit, die zur Versorgung der Kinder und des Haushalts notwendig ist, nur etwa ein Viertel bis ein Drittel ihres Erwachsenendaseins. Von daher sei es unsinnig, die Frau, die zwei Drittel ihres Lebens außerhalb der Familie tätig sein kann, in ihrem Denken und Handeln auf die Rolle als Ehefrau und Mutter zu zentrieren. Sie schränken ein, daß selbst nach diesem Modell die Doppelrolle der Frau nur entproblematisiert werden kann durch eine solidarische Arbeitsteilung innerhalb der Familie. Erst wenn der Mann sich überwindet, auch »typisch weibliche« Haushaltsaufgaben zu übernehmen, und die Erziehungsaufgaben partnerschaftlich bewältigt werden, werde die »Gefährtenehe« praktisch realisiert sein und biete die Voraussetzung einer »starken Beteiligung der verheirateten Frauen an den wirtschaftlichen, politischen, administrativen und kulturellen Tätigkeitsbereitschaften der Gesellschaft«. (303)

Dieses sich so vernünftig und praktikabel gebende Modell hat nur einen Haken: Es paßt nur in eine Gesellschaft, in der Kinderaufzucht als gesellschaftliche und nicht als private Aufgabe angesehen werden wird, so daß mit dem vorübergehenden Zurückziehen aus dem Erwerbsleben keinerlei Benachteiligungen für die Frau verbunden wären. Deshalb ist Elisabeth Dessais Polemik gegen die ›Dreiphasen-Verführung‹, die sich inzwischen auch der Deutsche Hausfrauen-Verband zu eigen gemacht hat, die richtige Antwort: »Das von Myrdal propagierte Dreiphasen-Modell ist jetzt im Munde aller, die sich fortschrittlich dünken: Die Frau soll einen Beruf erlernen, ihn ein paar Jahre ausüben, dann zwei bis drei eheliche Kinder in die Welt setzen, diese bis zum Schulantritt und länger hauptberuflich versorgen und dann mit 40 Jahren wieder ins Erwerbsleben zurückkehren. Ich zitiere eine beliebte Annonce: ›Sind Sie dynamisch und kontaktfähig? Wenn Sie ein abgeschlossenes Hochschulstudium haben und etwa fünf bis sieben Jahre Berufserfahrung und dabei nicht über 33 sind, dann sind Sie der rechte Mann für die ungewöhnliche Position, die wir zu bieten haben.‹ Auf 90 Prozent aller Stellenangebote wird die 40jährige Ex-Nur-Mutter nicht einmal antworten können, alt und unerfahren, bestenfalls als Lückenbüßerin geeignet. Das Drei-Phasen-Modell ist eine Lösung für Hilfsarbeiterinnen und für einige Beamtenberufe wie Lehrer, in denen kein Konkurrenzkampf herrscht.«[8]

Das Unbehagen an der weiblichen Rolle ist offenbar grenzenlos. So rührte Betty Friedan in den fünfziger Jahren mit ihrem Buch »The Feminine Mystique« die Gemüter der amerikanischen Frauen und später die der europäischen auf. Das »Problem ohne Namen« (Text 12), für das Betty Friedan schließlich die Bezeichnung »Weiblichkeitswahn« erfand, beschäftigte die Amerikanerinnen nach dem Zweiten Weltkrieg so sehr, daß sie in Depressionen, Neurosen und auf die Couch des Psychiaters flüchteten. Die Lösung, die Betty Friedan aufzeigt, ist ideal, aber leider nur für wenige Frauen durchsetzbar: »Die einzige Art Arbeit, die es einer begabten Frau ermöglicht, ihre Fähigkeiten voll zu verwirklichen und Identität in der Gesellschaft zu erlangen nach einem Lebensplan, der auch Ehe und Mutterschaft einschließen kann, ist ironischerweise diejenige, die der Weiblichkeitswahn verboten hatte: Das lebenslange Engagement in Kunst oder Wissenschaft, Politik oder freiberuflicher Tätigkeit.« (223) Zur Selbstbefreiung sieht sie also den einzigen Weg über »schöpferische Arbeit«. »Es gibt keinen anderen Weg. Aber ein Job, irgendein Job, ist nicht die Lösung; er könnte sich sogar auch wie ein Gefängnis auswirken.« (222) Damit hat sie allerdings all die Frauen fallengelassen, die arbeiten *müssen* – und das sind die meisten. Im Gegensatz zur deutschen proletarischen Frauenbewegung, die diese Frauen innerhalb der Sozialdemokratie organisierte und von daher mit Durchsetzungskraft Frauenforderungen formulieren und realisieren konnte, blieben diese Frauen von der 1966 durch Betty Friedan ins Leben gerufenen Frauenbewegung (NOW)[9] weitgehend unberücksichtigt.

8 Dessai, Elisabeth: Sklavin, Mannweib, Weib. Streitschrift für eine weibliche(re) Gesellschaft. München 1970, S. 59. (Mittlerweile müssen die Lehrer aus der Aufzählung herausgenommen werden.)

9 National Organisation for Women (NOW), die größte bundesweite Frauenorganisation in den USA, deren Spektrum von der Bürgerrechtsbewegung bis hin zu ›radikalen Lesbierinnen‹ reicht.

In Westeuropa dachten die Frauen lange nicht daran, sich wieder als eigene Frauenbewegung zu reorganisieren. Wenn überhaupt, befaßte man sich mit Reflexionen über das Wesen der Frau. Ohne Zweifel ist hier das 1949 erstmals erschienene Buch von Simone de Beauvoir »Das andere Geschlecht« (Text 14) von hervorragender Bedeutung. Auf die Frage, die Unterlegenheit der Frau und ihre Abhängigkeit vom Mann zu erklären, formuliert sie brillant die Antwort der Existentialisten, die das Anderssein der Frau aus den jeweils herrschenden Moralvorstellungen, Normen, Sitten und Mythen einer Kultur erklären. Diese einmal akzeptierten Normen, die u. a. in ökonomisch bedingten Notwendigkeiten innerhalb der Familie ihren Grund haben, wirkten in der Folge auf die Verhaltensweisen der Individuen zurück. Opferbereitschaft, Verzicht, Treue, Pflicht, Moral, all diese ursprünglich durch Zwänge erzeugten Werte prägten die psychische Struktur des Menschen in so hohem Maße, daß sie als »natürlich« empfunden wurden und alle kulturellen Institutionen (Kirche, Familie, Schule usw.) die Fortschreibung dieser Charakterwerte übernahmen. So ist das »Wesen der Frau« in seiner jetzigen Ausprägung nicht als etwas Endgültiges zu sehen, sondern wurde in erster Linie durch die kulturelle Entwicklung geformt.

»Das Fortschrittliche hieran ist ihre strikte Leugnung einer anderen Wesensbeschaffenheit« der Frau, die diese aus biologischen und seelischen Gründen nie die Stärke des Mannes erreichen läßt. Beachtlich ist ihre Position vor allem aber auch wegen ihrer Annäherung an die marxistische Erklärung, nach der die unterschiedliche Wertung der Geschlechter in erster Linie nicht natur- und kulturbedingt zu verstehen ist, sondern aufzeigt, daß sie einherging mit der Entwicklung der Produktivkräfte und der damit verbundenen Umgestaltung der Arbeitsteilung. So ist die Unterlegenheit der Frau endgültig erst dann gegeben, wenn die ihr durch Arbeitsteilung zugewiesenen Arbeiten nicht in gleichem Maße produktiv sind wie die des Mannes.

TEXT 12

Betty Friedan
Das Problem ohne Namen

Viele Jahre lag das Problem den amerikanischen Frauen unausgespro-
chen im Sinn. Es war eine seltsame Erregtheit, ein Gefühl der Unzufriedenheit, eine Sehnsucht, worunter die Frauen in den Vereinigten Staaten um die Mitte des 20. Jahrhunderts litten. Jede der in den Vororten
lebenden Ehefrauen kämpfte für sich allein dagegen an. Wenn sie Betten
machte, einkaufen ging, Stoff für neue Schonbezüge ausmaß, mit ihren
Kindern Erdnußbutterbrote aß oder sie mit dem Auto zu ihren Pfadfindergruppen brachte, wenn sie nachts im Bett lag – immer scheute sie
sich, die leise Frage zu stellen: »Ist das alles?«

Nicht ein Wort von dieser Sehnsucht fand sich seit fünfzehn Jahren
unter den Millionen Wörtern in all den Zeitungsartikeln und Büchern,
die über Frauen und für Frauen geschrieben worden waren, in denen
Fachleute den Frauen sagten, daß es ihre Rolle sei, Erfüllung als Ehefrauen und Mütter zu finden. Noch und noch hörten die Frauen die traditionellen und mit Freudscher Diktion durchtränkten Ansichten, daß
sie sich kein schöneres Los wünschen könnten, als sich ihrer Weiblichkeit zu freuen. Fachleute sagten ihnen, wie man sich einen Mann angelt
und ihn an sich fesselt, wie Kinder gestillt und an Reinlichkeit gewöhnt
werden, wie man mit Geschwisterrivalität und jugendlicher Aufsässig-
keit fertig wird; worauf es beim Kauf einer Geschirrspülmaschine ankommt, wie man Brot bäckt, erlesene Leckerbissen bereitet und eigen-
händig ein Schwimmbecken baut; wie man sich weiblicher anzieht, aus-
sieht, benimmt und aus der Ehe eine aufregende Sache macht; wie man
verhindert, daß der Ehemann jung stirbt und die Söhne Verbrecher
werden. Und es wurde ihnen gesagt, die neurotischen, unweiblichen,
unglücklichen Frauen seien zu bedauern, die Dichterinnen, Ärztinnen
oder Direktorinnen sein wollten. Es wurde ihnen eingeschärft, daß
wirklich weibliche Frauen nicht nach einem Beruf, höherer Bildung und
politischen Rechten trachteten – nach jener Freiheit und jenen Rechten,
für die die altmodischen Frauenrechtlerinnen gekämpft hatten. Einige
der Vierzig- und Fünfzigjährigen erinnerten sich noch voll Wehmut

daran, daß sie diese Träume einstmals gehegt hatten, aber die meisten jüngeren Frauen verschwendeten keine Gedanken mehr daran. Aus tausend sachverständigen Mündern wurde ihrer Weiblichkeit, ihrer Anpassungsfähigkeit, ihrer neuen Reife Beifall gespendet. Von frühester Kindheit an brauchten sie weiter nichts zu tun, als ihr Leben der Jagd nach dem Ehemann und dem Kinderkriegen zu widmen.

Gegen Ende der fünfziger Jahre war das Durchschnittsheiratsalter der Amerikanerinnen auf zwanzig gesunken und fiel noch weiter. Vierzehn Millionen Mädchen waren mit siebzehn verlobt. Während im Jahre 1920 noch 47 Prozent der Studenten Frauen waren, sank deren Anteil im Jahre 1958 auf 35 Prozent. Ein Jahrhundert früher hatten die Frauen um die höhere Bildung gekämpft. Jetzt besuchten die Mädchen ein College, um sich einen Mann zu angeln. Um die Mitte der fünfziger Jahre brachen 60 Prozent der Studentinnen ihr Studium ab, um zu heiraten oder weil sie fürchteten, zuviel Bildung würde ein Ehehindernis sein. In den Colleges wurden Wohnheime für »verheiratete Studenten« gebaut, aber Studenten waren fast nur die Ehemänner.

Dann begannen die Mädchen schon in der höheren Schule zu heiraten. Und die Frauenzeitschriften klagten, daß nach den Statistiken so viele dieser jungen Ehen unglücklich waren; sie drängten auf Einrichtung von Ehekursen und Eheberatungen an den höheren Schulen. Selbst die Zwölf- und Dreizehnjährigen hatten schon einen festen Freund. Für die Zehnjährigen kamen Büstenhalter mit Schaumgummieinlage auf den Markt.

Gegen Ende der fünfziger Jahre überstieg die amerikanische Geburtenziffer diejenige Indiens. Die Statistiker waren besonders verblüfft über das phantastische Anwachsen der Kinderzahl bei Akademikerinnen. Statt der früher üblichen zwei oder drei Kinder hatten sie jetzt vier, fünf oder sechs. Frauen, die ehemals einen Beruf haben wollten, machten jetzt einen Beruf daraus, Kinder zu bekommen.

In einem New Yorker Krankenhaus erlitt eine Frau einen Nervenzusammenbruch, weil sie ihr Baby nicht stillen konnte. In anderen Hospitälern weigerten sich krebskranke Frauen, ein Mittel zu nehmen, das ihnen vielleicht das Leben gerettet hätte: aber seine Nebenwirkungen, hieß es, machten unweiblich.

Innenarchitekten entwarfen Küchen mit Wandmosaiken und Originalgemälden, denn wieder einmal waren Küchen der Mittelpunkt des

weiblichen Lebens. Hausschneiderei wurde zu einem Millionenge-
schäft. Viele Frauen verließen ihr Haus nur noch, um einzukaufen, ihre
Kinder zu chauffieren oder zusammen mit ihrem Mann einer Einladung
zu folgen. Eine Generation von Mädchen wuchs heran, die niemals einer Tätigkeit außer Hause nachgegangen war. Ende der fünfziger Jahre
wurde plötzlich ein soziologisches Phänomen festgestellt: Ein Drittel
der amerikanischen Frauen arbeitete, aber die meisten waren nicht mehr
jung, und sehr wenige hatten einen wirklichen Beruf. Es waren verheiratete Frauen, die Halbtagsstellungen als Verkäuferinnen oder Sekretärinnen hatten, um ihren Männern eine Ausbildung, ihren Söhnen das
Studium zu ermöglichen oder die Hypothek abzubezahlen. Oder es waren Witwen, die den Lebensunterhalt für ihre Familien verdienten. Immer weniger Frauen hatten einen akademischen Beruf. In fast jeder amerikanischen Stadt war der Mangel an Krankenschwestern, Fürsorgerin-
nen und Lehrerinnen kritisch. Besorgt über den sowjetrussischen Vorsprung beim Wettlauf im Weltraum stellten die Wissenschaftler fest,
daß in den ungenutzten Geisteskräften der Frauen Amerikas größtes
Reservoir bestand. Aber die Mädchen wollten nicht Physik studieren:
Es war »unweiblich«. Von den Universitäten angebotene Stipendien
lehnten sie mit der Begründung ab, sie wollten nur, was auch jedes andere amerikanische Mädchen wolle: heiraten, vier Kinder haben und in
einem hübschen Haus in einem hübschen Vorort wohnen.

Die Vorort-Hausfrau – das war das Traumbild der jungen Amerikanerinnen und die Wunschvorstellung, so wurde behauptet, der Frauen
in aller Welt. Denn die amerikanische Hausfrau war dank der Wissenschaft und arbeitssparender Geräte von der täglichen Plackerei, den Gefahren des Gebärens und den Krankheiten der Großmütter erlöst worden. Sie war gesund, schön, gebildet und kümmerte sich nur um ihren
Mann, ihre Kinder und ihr Heim. Sie hatte wahre weibliche Erfüllung
gefunden. Als Hausfrau und Mutter wurde sie als vollgültige und
gleichberechtigte Partnerin des Mannes in seiner Welt anerkannt. Sie
konnte unter Automobilen, Kleidern, Elektrogeräten und Supermärk-
ten wählen; sie hatte alles, wovon Frauen immer geträumt hatten.

In den ersten fünfzehn Jahren nach dem Zweiten Weltkrieg wurde
der Wahn von der weiblichen Erfüllung der umhegte und dauerhafte
Kernpunkt der zeitgenössischen amerikanischen Zivilisation. Millionen
Frauen richteten sich ihr Leben nach dem hübschen Vorbild der ameri-

kanischen Vorort-Hausfrau ein, die vor dem großen Wohnzimmerfenster mit einem Kuß von ihrem Mann Abschied nimmt, ihre Wagenladung voll Kinder in der Schule abliefert und strahlend lächelnd mit der neuen elektrischen Bohnermaschine den makellosen Küchenboden wachst. Sie buken ihr Brot selbst, schneiderten ihre eigenen und ihrer Kinder Kleider und hatten die neue Waschmaschine und Schleuder den ganzen Tag in Betrieb. Sie wechselten die Bettwäsche zweimal wöchentlich statt einmal, lernten in Abendkursen Teppichknüpfen und bedauerten ihre armen frustrierten Männer, die von einem Beruf geträumt hatten. Ihr einziger Traum war, vollkommene Ehefrauen und Mütter zu sein; ihr höchster Ehrgeiz, fünf Kinder und ein wundervolles Haus zu haben, ihr einziger Kampf, einen Mann zu bekommen und an sich zu fesseln. Auf die unweiblichen Probleme außerhalb ihrer vier Wände verschwendeten sie keinen Gedanken; die wichtigeren Entscheidungen sollten die Männer treffen. Sie gefielen sich in ihrer Rolle als Frauen und gaben bei Volkszählungen stolz an: »Beruf: Hausfrau«.

Mehr als fünfzehn Jahre lang waren die einzigen Gesprächsthemen der Frauen: wie erziehe ich meine Kinder, wie mache ich meinen Mann glücklich, wie kocht man Huhn und wie näht man Schonbezüge. Niemand stritt darüber, ob Frauen den Männern unterlegen oder überlegen seien; sie waren einfach anders. Worte wie »Emanzipation« oder »Beruf« klangen seltsam und peinlich; seit Jahren hatte sie niemand in den Mund genommen. Als Simone de Beauvoir »Das andere Geschlecht« schrieb, meinte ein amerikanischer Kritiker, sie sei offenbar lebensfremd und spreche überdies von französischen Frauen. In Amerika gäbe es kein »Frauenproblem« mehr.

Wenn in den fünfziger und sechziger Jahren eine Frau Schwierigkeiten hatte, dann wußte sie, daß etwas mit ihrer Ehe oder mit ihr selbst nicht stimmte. Andere Frauen waren doch mit ihrem Leben zufrieden, dachte sie. Woran lag es, daß sie nichts von geheimnisvoller »Erfüllung« empfand, wenn sie den Küchenboden bohnerte? Sie schämte sich so, ihr Unbefriedigtsein einzugestehen, daß sie niemals erfuhr, wie vielen Frauen es genauso erging. Wenn sie versuchte, mit ihrem Mann darüber zu reden, verstand er nicht, was sie meinte. Sie verstand es selbst nicht richtig. Mehr als fünfzehn Jahre lang fiel es den Frauen schwerer, über dieses Problem zu reden, als über Sex. Selbst die Psychoanalytiker wußten keinen Namen dafür. Ging eine Frau zu einem Psychiater, was viele taten, dann sagte sie: »Ich schäme mich so« oder »Ich muß wohl hoffnungslos neurotisch sein.« »Ich weiß nicht«, meinte ein Psychiater ratlos, »was heute mit den Frauen los ist. Ich weiß nur, daß etwas nicht stimmt, denn die Mehrzahl meiner Patienten sind Frauen. Aber es sind keine sexuellen Probleme, die sie zu mir führen.« Die meisten Frauen gingen jedoch gar nicht zum Psychoanalytiker. »Es ist wirklich nichts«, sagten sie sich immer wieder. »Es gibt gar kein Problem.«

Im April 1959 hörte ich einmal, wie eine Mutter von vier Kindern, die mit vier anderen Müttern in einer Vorortsiedlung in der Nähe New Yorks beim Kaffee saß, in verzweifeltem Ton von »dem Problem« sprach. Ohne daß es ausdrücklich gesagt wurde, wußten die anderen, daß sie nicht etwa Schwierigkeiten mit ihrem Mann, den Kindern oder dem Heim meinte. Plötzlich erkannten sie, daß sie alle unter demselben Problem litten, dem Problem ohne Namen. Zögernd begannen sie, darüber zu sprechen. Später, nachdem sie ihre Kinder im Kindergarten abgeholt und zum Mittagsschlaf nach Hause gebracht hatten, weinten zwei der Frauen aus schierer Erleichterung, weil sie nun wußten, daß sie nicht allein waren.

Allmählich wurde mir klar, daß unzählige Frauen in Amerika unter dem Problem ohne Namen litten. Ich war damals Mitarbeiterin für verschiedene Frauenzeitschriften und interviewte oft Frauen über ihre Schwierigkeiten mit den Kindern, über Probleme in ihrer Ehe, ihren Hausgemeinschaften und Gemeinden. Ich fand dieselben Anzeichen überall im Lande, in Mietwohnungen und Einfamilienhäusern, in eleganter und bescheidener Umgebung. Manchmal verspürte ich das Problem nicht als Reporterin, sondern als Vorort-Hausfrau, denn in jener Zeit zog auch ich meine drei Kinder groß. Ich glaube, die vorsichtigen Andeutungen, die einige Frauen an ruhigen Nachmittagen machten, wenn die Kinder in der Schule, oder an friedlichen Abenden, wenn die Männer nicht zu Hause waren, verstand ich zuerst als Frau, lange bevor ich die allgemeineren sozialen und psychologischen Konsequenzen erkannte.

Was war nun eigentlich das Problem, das keinen Namen hat? Mit welchen Worten versuchten die Frauen es auszudrücken? Manchmal sagte eine Frau: »Ich fühle mich irgendwie leer . . . unvollständig.« Oder sie sagte: »Mir kommt es vor, als ob ich gar nicht da wäre.« Manchmal erstickte sie das Gefühl mit Beruhigungstabletten. Manchmal glaubte sie, es läge an ihrem Mann oder den Kindern oder sie müßte einfach mal das Haus neu einrichten oder in eine bessere Gegend ziehen oder eine Liebesgeschichte anfangen oder noch ein Kind bekommen. Manchmal ging sie zu einem Arzt, aber die Symptome ihrer Beschwerden konnte sie kaum beschreiben: »Ein Gefühl von Müdigkeit . . . Ich ärgere mich so viel über die Kinder, daß es mich richtig erschreckt . . . Ich muß immer ohne Grund weinen.« (Ein Arzt in Cleveland nannte es »das Hausfrauensyndrom«.) Eine Reihe von Frauen erzählte mir von großen blutenden Pusteln auf Händen und Armen. »Ich nenne das den ›Hausfrauenausschlag‹«, sagte ein praktischer Arzt in Pennsylvania. »Er tritt vor allem bei jungen Frauen auf, die vier, fünf oder sechs Kinder haben und sich hinter ihren Kochtöpfen vergraben. Aber er wird nicht durch Waschmittel hervorgerufen und läßt sich nicht mit Cortison heilen.«

Da war eine Frau, die erklärte mir, das Gefühl würde bei ihr so stark, daß sie aus dem Haus laufe und durch die Straßen wandere. Oder sie lache nicht, wenn ihre Kinder ihr einen Scherz erzählten, weil sie ihn gar nicht gehört habe. Ich sprach mit Frauen, die Jahre auf der Couch des Psychoanalytikers zugebracht hatten und an der »Anpassung an ihre weibliche Rolle« und an der Beseitigung der Hindernisse für die »Erfüllung als Frau und Mutter« arbeiteten. Aber der verzweifelte Ton dieser Frauen und der Ausdruck in ihren Augen waren nicht anders als der Ton und der Ausdruck jener Frauen, die überzeugt waren, daß sie nicht unter einem solchen Problem litten, obwohl sie von einer seltsamen Mutlosigkeit erfüllt waren.

Das Problem ohne Namen brach plötzlich im Jahre 1960 wie eine Sturmflut los und überspülte das Bild der glücklichen amerikanischen Hausfrau. In den Werbesendungen des Fernsehens strahlte die liebreizende Hausfrau noch immer über ihren dampfenden Kochtöpfen, und in der Titelgeschichte von *Time* über »Die Vorort-Hausfrau, ein amerikanisches Phänomen« wurde lautstark verkündet: »Es geht ihnen einfach zu gut, als daß sie sich für unglücklich halten könnten.« Aber mit einemmal war in Presse und Rundfunk die Rede davon, daß die amerikanische Hausfrau tatsächlich unglücklich war, wenn auch fast jeder, der davon sprach, die Sache mit oberflächlichen Erklärungen abtat. Mal wurden die Unzulänglichkeiten des Reparaturdienstes für Haushaltgeräte dafür verantwortlich gemacht, ein andermal die weiten Schulwege der Kinder, die die Mütter zwangen, sie mit dem Auto hinzubringen und wieder abzuholen, oder auch die Eltern-Lehrer-Vereinigung. Einige sagten, es sei das alte Problem – die akademische Bildung: immer mehr Frauen kämen von den Hochschulen und seien dann in ihrer Hausfrauenrolle natürlich unglücklich.

Hauswirtschaftslehrerinnen schlugen eine realistischere Vorbereitung für Hausfrauen vor, zum Beispiel praktische Unterweisung im Gebrauch von Haushaltgeräten in den höheren Schulen. Hochschullehrer regten Diskussionsgruppen über Haushaltführung und Familie an, um die Frauen auf die Anpassung an das häusliche Leben vorzubereiten. Kein Monat verging, ohne daß ein neues Buch eines Psychiaters oder Sexualforschers mit praktischen Ratschlägen erschien, wie man durch Sex größere Befriedigung erlangt.

In *Harper's Bazaar* meinte im Juli 1960 ein (männlicher) Spaßvogel, das Problem könne gelöst werden: man brauche bloß den Frauen das Wahlrecht zu nehmen. (»Früher überließ die Amerikanerin alle politischen Entscheidungen ihrem Mann, und er seinerseits überließ ihr alle familiären Entscheidungen. Heute soll eine Frau die politischen und die familiären Entscheidungen treffen, und das ist einfach zuviel für sie.«)

Eine Reihe von Pädagogen schlug allen Ernstes vor, Frauen sollten nicht mehr zu den vierjährigen Colleges und zu den Universitäten zugelassen werden: angesichts der zunehmenden Hochschulkrise sei es besser, den Unterricht, den die Mädchen ja nicht brauchten, weil sie doch Hausfrauen würden, den Jungen zugute kommen zu lassen, damit sie die Aufgaben des Atomzeitalters lösen könnten.

Dem Problem sollte also mit drastischen Lösungen zu Leibe gegangen werden, die niemand ernst nehmen konnte. Und es wurde beschönigt mit den uralten Allheilmitteln – Liebe, Kinder, Gottvertrauen. Es wurde damit abgetan, daß man der Hausfrau sagte, sie wisse gar nicht, wie glücklich sie sei – ihr eigener Chef, keine Kontrolluhr, kein jüngerer Kollege, der auf ihren Posten scharf ist. Und wenn sie nicht glücklich war – glaubte sie denn, daß die Männer auf dieser Welt glücklich seien? Möchte sie wirklich im tiefsten Herzensgrunde ein Mann sein? Weiß sie denn nicht, welches Glück sie hat, eine Frau zu sein?

Und schließlich und endlich wurde das Problem damit abgetan, daß man achselzuckend erklärte, es gäbe eben keine Lösung: so ist es nun einmal, wenn man eine Frau ist, und woran fehlt es eigentlich bei den

Amerikanerinnen, daß sie sich mit ihrer Rolle nicht gutwilliger abfinden?

Man müsse es eben als Tatsache hinnehmen, daß manche Frauen unglücklich sind; sie müßten sich einfach anpassen und mit der von *Newsweek* (7. 3. 1960) entdeckten glücklichen Hausfrau sagen: »Wir sollten die wundervolle Freiheit begrüßen, die wir alle genießen, und stolz sein auf unser heutiges Leben. Ich habe das College besucht und gearbeitet, aber Hausfrau zu sein ist die lohnendste und befriedigendste Rolle . . . Meine Mutter hatte niemals etwas mit den geschäftlichen Angelegenheiten meines Vaters zu tun . . . sie konnte nicht aus dem Hause gehen und uns Kinder allein lassen. Aber ich bin gleichberechtigt mit meinem Mann; ich kann ihn auf Geschäftsreisen und zu geschäftlichen Geselligkeiten begleiten.«

Die Möglichkeit, mit dem Ehemann auf Reisen zu gehen und die Kinder zu Hause zu lassen, wird allerdings kaum vielen Frauen offenstehen. Die *New York Times* meinte verständnisvoll: »Alle geben zu, daß sie zeitweise zutiefst frustriert sind, weil sie niemals für sich sein können, weil sie ständiger körperlicher Belastung und der Routine des Familienlebens ausgeliefert sind und sich darauf beschränken müssen. Dennoch würde keine Frau ihr Heim und ihre Familie aufgeben, wenn sie noch einmal die Wahl hätte.« Und in der Zeitschrift *Redbook* hieß es: »Nur wenige Frauen haben den Wunsch, auf ihren Mann, ihre Kinder und ihre Nachbarn zu pfeifen und ihre eigenen Wege zu gehen. Diejenigen, die es tun, mögen durchaus begabt sein, aber als Frauen sind sie selten erfolgreich.«

Im selben Jahr, als die Unzufriedenheit der Amerikanerinnen den Siedepunkt erreichte, berichtete die Zeitschrift *Look,* daß die über 21 Millionen Amerikanerinnen, die ledig, verwitwet oder geschieden sind, die rasende, verzweifelte Jagd nach dem Mann selbst dann nicht aufgeben, wenn sie über die fünfzig hinaus sind. Und die Jagd beginnt früh – denn 70 Prozent aller Amerikanerinnen heiraten heute, ehe sie vierundzwanzig sind. Eine hübsche, fünfundzwanzigjährige Sekretärin nahm in sechs Monaten fünfunddreißig verschiedene Stellungen an, in der vergeblichen Hoffnung, einen Ehemann zu finden. Frauen wechselten von einem politischen Club zum anderen, nahmen Abendkurse in Buchführung oder Segeln, lernten Golf spielen und Ski laufen, traten nacheinander in mehrere kirchliche Gemeinden ein, gingen allein in Bars – alles wegen der nicht enden wollenden Jagd nach einem Mann.

In den Vereinigten Staaten werden Tausende von Frauen – und ihre Zahl steigt ständig – als Privatpatienten psychiatrisch behandelt, und es heißt, daß die verheirateten Frauen von ihren Ehen enttäuscht sind und die unverheirateten unter Angst und Depressionen leiden. Merkwürdigerweise gehen die Erfahrungen einer Reihe von Psychiatern dahin, daß unverheiratete Patientinnen glücklicher sind als verheiratete. So öffnete sich die Tür zu all diesen hübschen Vorort-Häusern einen Spalt und gab den Blick frei auf viele tausend Hausfrauen, die einzig und allein unter einem Problem litten, das plötzlich in aller Munde war und allmählich von allen ganz selbstverständlich für eines jener unwirklichen Probleme im amerikanischen Leben gehalten wurde, die niemals gelöst werden können – wie die Wasserstoffbombe. Im Jahre 1962 war die Malaise der in der Falle sitzenden amerikanischen Hausfrau zum nationalen Gesprächsstoff geworden. Ganze Nummern von Zeitschriften, Zeitungsartikel, wissenschaftliche und pseudowissenschaftliche Bücher, Erziehungskonferenzen und Fernsehprogramme wurden dem Problem gewidmet.

Und trotzdem begriffen die meisten Männer und auch einige Frauen immer noch nicht, daß es dieses Problem wirklich gab. Aber jene, die sich ehrlich damit auseinandersetzten, wußten, daß all die oberflächlichen Heilmittel, die mitfühlenden Ratschläge, die scheltenden und aufmunternden Worte das Problem irgendwie unwirklich machten. Ein bitteres Lachen war die Antwort der Frauen. Sie wurden bewundert, beneidet, bemitleidet und zum Gegenstand theoretischer Erörterungen gemacht, bis sie es nicht mehr hören wollten und drastische oder törichte Lösungen vorschlugen, die niemand ernst nehmen konnte. Sie erhielten alle möglichen Ratschläge von dem wachsenden Heer von Ehe- und Erziehungsberatern, Psychotherapeuten und Stammtisch-Psychologen, wie sie sich ihrer Rolle als Hausfrauen anpassen sollten. Kein anderer Weg zur Erfüllung wurde den amerikanischen Frauen um die Mitte des 20. Jahrhunderts gewiesen. Die meisten paßten sich ihrer Rolle an und ignorierten oder erduldeten das Problem ohne Namen, denn es ist zweifellos weniger schmerzhaft, der befremdlichen, unzufriedenen inneren Stimme erst gar kein Gehör zu schenken.

Aber es ist nicht länger möglich, diese Stimme zu überhören, die Verzweiflung so vieler Amerikanerinnen einfach beiseite zu schieben. Das Leben einer Frau braucht nicht so zu sein, gleichviel, was die Fachleute sagen. Für menschliches Leiden gibt es einen Grund; vielleicht ist der Grund noch nicht entdeckt worden, weil die richtigen Fragen noch nicht gestellt oder nicht weit genug verfolgt wurden. Die Antwort, es gäbe kein derartiges Problem, weil die amerikanischen Frauen sich eines Luxus erfreuten, wovon Frauen anderer Zeiten und anderer Länder nicht einmal zu träumen wagten, genügt mir nicht; zum Teil beruht die seltsame Neuheit des Problems darauf, daß es mit den Begriffen der uralten materiellen Probleme der Menschen nicht erklärt werden kann: mit Armut, Krankheit, Hunger und Kälte. Die unter diesem Problem leidenden Frauen haben einen Hunger, der mit Nahrung nicht gestillt werden kann. Es plagt Frauen, deren Männer sich als Assistenzärzte oder Referendare abrackern oder aber erfolgreiche Ärzte oder Rechtsanwälte sind; es plagt Frauen, deren Männer Arbeiter oder hochbezahlte Angestellte sind, die entweder fünf- oder fünfzigtausend Dollar im Jahr verdienen. Wirtschaftliche Benachteiligung ruft das Problem nicht hervor; es mag sogar bei Frauen, die verzweifelt mit Hunger, Armut oder Krankheit zu kämpfen haben, überhaupt nicht auftreten. Und Frauen, die glauben, es könne durch mehr Geld, ein größeres Haus, ein zweites Auto, eine bessere Wohngegend gelöst werden, entdecken oft, daß es sich nur verschlimmert.

Auch kann die Schuld an diesem Problem heute nicht mehr dem Verlust an Weiblichkeit zugeschrieben werden; es kann nicht behauptet werden, daß Bildung und Selbständigkeit und Gleichberechtigung die Amerikanerinnen unweiblich machten. Ich habe es erlebt, daß viele Frauen diese unzufriedene innere Stimme zu leugnen versuchten, weil sie zu dem hübschen Bild von Weiblichkeit nicht paßt, das die Fachleute ihnen boten. In der Tat glaube ich, daß dies der erste Hinweis auf des Rätsels Lösung ist: das Problem läßt sich nicht mit den allgemein anerkannten Begriffen erklären, die angewandt werden, wenn Wissenschaftler Frauen untersuchen, Ärzte sie behandeln, Berater ihnen Ratschläge erteilen und Schriftsteller über sie schreiben. Frauen, die unter diesem Problem leiden, die diese innere Stimme vernehmen, haben ihr ganzes Leben lang nach weiblicher Erfüllung gestrebt. Sie sind nicht berufstätig (obwohl berufstätige Frauen auch ihre Probleme haben); es sind Frauen, deren höchstes Ziel Ehe und Kinder waren. Für die Ältesten unter diesen Frauen, jene Töchter des amerikanischen Mittelstandes, war kein anderer Traum möglich. Die heute Vierzig- und Fünfzigjährigen, die einstmals andere Träume gehegt hatten, gaben sie auf und stürzten sich freudig in das Hausfrauendasein. Für die Jüngsten, die neuen Ehefrauen und Mütter, war dieses Dasein der einzige Traum. Sie sind es, die höhere Schule und College verließen, um zu heiraten, oder die Zeit, bis sie heirateten, in irgendeiner, sie nicht wirklich interessierenden Stellung verbrachten. Diese Frauen sind sehr »weiblich« im üblichen Sinne, und doch leiden sie unter dem Problem.

Sind jene Frauen, die ihre Hochschulbildung abgeschlossen haben und deren Träume einstmals über das Hausfrauendasein hinausgingen, diejenigen, die am stärksten leiden? Nach Ansicht der Fachleute sind sie es, doch hören wir, was vier von ihnen zu sagen haben:

»Meine Tage sind ausgefüllt, aber langweilig. Ich tue nichts als rummurksen. Um acht stehe ich auf und mache Frühstück, anschließend wasche ich ab, bereite den Lunch, wasche wieder ab, und nachmittags wird ein bißchen gewaschen und saubergemacht. Zuletzt das Geschirr vom Abendessen, und dann kann ich mich ein paar Minuten hinsetzen, ehe die Kinder ins Bett müssen . . . Mehr gibt's nicht zu berichten. Ein Tag wie der jeder Hausfrau. Stumpfsinnig. Die meiste Zeit jage ich hinter den Kindern her.«

»Du lieber Himmel, was ich mit meiner Zeit anfange? Nun, ich stehe um sechs auf. Ich ziehe meinen Sohn an und mache ihm Frühstück. Dann wasche ich ab und bade und füttere das Baby. Nach dem Lunch, während die Kinder schlafen, nähe, stopfe oder bügle ich oder erledige die Dinge, die ich vormittags nicht geschafft habe. Dann bereite ich das Abendessen für die ganze Familie, und mein Mann sitzt beim Fernsehen, während ich abwasche. Wenn die Kinder im Bett sind, lege ich mein Haar ein und gehe auch schlafen.«

»Das Problem ist, daß ich immer die Mammi der Kinder oder die Frau des Pfarrers bin und niemals ich selbst.«

»Wenn man einen typischen Vormittag in meinem Haus filmen würde, bekäme man einen jener alten Groteskfilme zu sehen. Ich spüle Geschirr, verfrachte die größeren Kinder in die Schule, stürze in den Garten, um die Chrysanthemen zu jäten, renne wieder ins Haus, um ein Telefongespräch über eine Ausschußsitzung zu führen, helfe dem Jüngsten, ein Blockhaus zu bauen, knapse mir fünfzehn Minuten ab, um die Zeitung zu überfliegen, damit ich auf dem laufenden bin, dann rase ich zur Waschmaschine, und obwohl ich dreimal in der Woche wasche, sind so viel Kleidungsstücke in der Maschine, daß ein Kafferndorf ein ganzes Jahr damit auskäme. Mittags bin ich reif für die Gummizelle. Sehr wenig von dem, was ich tue, ist wirklich notwendig oder wichtig. Durch Druckeinwirkung von außen überstehe ich den Tag. Und doch betrachte ich mich als eine der weniger hektischen Hausfrauen in der Nachbarschaft. Viele meiner Freundinnen sind noch gehetzter. In den vergangenen sechzig Jahren haben wir uns im Kreis bewegt, und die amerikanische Hausfrau ist von neuem in einem Käfig eingesperrt. Auch wenn der Käfig jetzt ein Landhaus mit Blumenfenster und Teppichboden oder eine moderne Komfortwohnung ist, so ist ihre Lage nicht weniger peinvoll als die ihrer Großmutter, die sich in ihrem Salon voller Gold und Plüsch über den Stickrahmen beugte und zornig etwas von Frauenrechten murmelte.«

Die beiden ersten Frauen hatten kein College besucht. Sie wurden von einer Gruppe Soziologen interviewt, die eine Untersuchung über Arbeiterfrauen durchführten. Die dritte, eine Pfarrersfrau, schrieb in dem anläßlich des 15. Treffens ihres Colleges herausgegebenen Fragebogen, sie habe niemals beruflichen Ehrgeiz gehabt, wünschte jetzt aber, sie hätte ihn gehabt. Die vierte hat ihren Doktor in Anthropologie gemacht, ist heute Hausfrau in Nebraska und hat drei Kinder. Die Antworten, die diese vier Frauen gaben, scheinen ein Hinweis darauf zu sein, daß Hausfrauen aller Bildungsgrade unter demselben Gefühl der Verzweiflung leiden.

Tatsache ist, daß heute niemand »zornig etwas von Frauenrechten murmelt«, obgleich doch immer mehr Frauen das College besuchen. Aus einer Untersuchung über alle Jahrgänge des Barnard College geht hervor, daß nur ganz wenige der ersten Graduierten es ihrer Ausbildung zuschreiben, daß sie »Rechte« verlangten; spätere Jahrgänge schoben es auf ihre Hochschulbildung, daß sie berufliche Träume hegten, aber die letzten Jahrgänge gaben dem College die Schuld, wenn sie das Gefühl hatten, es sei nicht genug, einfach Hausfrau und Mutter zu sein; sie wollten kein schlechtes Gewissen haben, wenn sie keine Bücher lasen oder keinen Anteil am Leben der Gemeinde nahmen. Aber wenn Bildung auch nicht die Ursache des Probleme ist, so mag die Tatsache, daß

Bildung gleichsam eine schwärende Wunde bei diesen Frauen ist, ein Hinweis sein.

Wenn das Geheimnis der weiblichen Erfüllung darin besteht, Kinder zu haben, so muß man sagen, daß niemals so viele Frauen aus eigenem Entschluß und bereitwillig in so wenigen Jahren so viele Kinder zur Welt gebracht haben. Wenn die Antwort Liebe ist, so muß man sagen, daß niemals so viele Frauen mit solcher Entschlossenheit nach Liebe getrachtet haben. Und doch wird der Verdacht immer stärker, daß es sich nicht um ein sexuelles Problem handelt, obwohl es irgendwie mit dem Geschlecht zusammenhängt. Von vielen Ärzten habe ich gehört, daß es neue sexuelle Probleme zwischen Mann und Frau gäbe – daß die Frauen sexuell so unersättlich seien, daß ihre Männer sie nicht befriedigen könnten. »Wir haben aus der Frau ein sexuelles Geschöpf gemacht«, sagte ein Psychiater an der Margaret-Sanger-Eheberatungsklinik. »Sie hat keine Identität außer als Frau und Mutter. Sie weiß nicht, wer sie eigentlich ist. Sie wartet den ganzen Tag, daß ihr Mann abends nach Hause kommt, damit sie sich lebendig fühlt. Und nun ist es der Ehemann, der kein Interesse hat. Es ist schrecklich für die Frauen, Nacht für Nacht dazuliegen und zu warten, daß der Mann ihr ein Gefühl von Lebendigkeit gibt.« Warum gibt es ein solches Angebot an Büchern und Artikeln mit sexuellen Ratschlägen? Jene Art von sexuellem Orgasmus, die Kinsey in statistischer Fülle bei den jüngsten Generationen amerikanischer Frauen fand, scheint dieses Problem nicht zum Verschwinden zu bringen.

Im Gegenteil, neue Neurosen tauchen bei den Frauen auf – und Probleme, die bisher noch nicht Neurosen genannt werden –, die Freud und seine Nachfolger nicht vorausgesagt haben und deren physische Symptome, Ängste und Verteidigungsmechanismen jenen gleichkommen, die durch sexuelle Verdrängung verursacht werden. Und von merkwürdigen neuen Problemen unter den heranwachsenden Generationen von Kindern wird berichtet, deren Mütter immer da waren, sie im Auto herumfuhren, ihnen bei den Hausarbeiten halfen, und die unfähig sind, Schmerz oder Disziplin zu ertragen oder irgendein selbstgestecktes Ziel zu erreichen, die das Leben verheerend langweilig finden. Lehrer und Erzieher sind immer besorgter über die Unselbständigkeit und den Mangel an Selbstvertrauen der Jungen und Mädchen, die heute mit dem Studium beginnen.

Im Weißen Haus wurde eine Konferenz über die Verschlechterung der körperlichen Verfassung der Kinder abgehalten: waren sie überfüttert? Die Soziologen stellten fest, wie erstaunlich betriebsam das Leben der Vorort-Kinder ist: Unterricht, Parties, Unterhaltung, Spiel- und Studiengruppen, alles wird für sie organisiert. Eine Vorort-Hausfrau in Portland, Oregon, fragte sich, warum die Kinder wohl Pfadfindergruppen »brauchten«. »Hier gibt's keine Slums. Die Kinder haben Auslauf genug. Ich glaube, weil die Leute sich so langweilen, organisieren sie so viel für die Kinder, und dann versuchen sie, auch alle anderen einzuspannen. Und die armen Kinder haben überhaupt keine Zeit, mal auf ihren Betten zu liegen und zu träumen.«

Kann das Problem ohne Namen irgendwie mit der häuslichen Routine der Hausfrau zusammenhängen? Wenn eine Frau versucht, das Problem in Worte zu kleiden, dann beschreibt sie oft lediglich ihren Tagesablauf. Welche von den aufgezählten häuslichen Pflichten könnte möglicherweise ein Gefühl der Verzweiflung hervorrufen? Ist sie einfach überfordert durch ihre Rolle als moderne Hausfrau: Ehefrau, Geliebte, Mutter, Krankenschwester, Kundin, Köchin, Chauffeur, Expertin für Innendekoration, Babypflege, Gerätereparatur, Möbellackierung, Ernährung und Erziehung? Ihr Tag ist zerrissen, denn sie stürzt vom Geschirrspülautomaten zur Waschmaschine, vom Telefon zur Wäscheschleuder, vom Auto zum Supermarkt, liefert Johnny bei den Pfadfindern und Janey in der Tanzstunde ab, läßt den Rasenmäher reparieren und holt ihren Mann um 6 Uhr 45 vom Vorortzug ab. Niemals kann sie länger als 15 Minuten bei einer Sache bleiben; sie hat keine Zeit, Bücher zu lesen, höchstens Zeitschriften; selbst wenn sie Zeit hätte, so könnte sie sich auf Bücher nicht konzentrieren. Abends ist sie so entsetzlich müde, daß ihr Mann es ihr manchmal abnehmen muß, die Kinder ins Bett zu bringen.

Diese entsetzliche Müdigkeit führte in den fünfziger Jahren so viele Frauen zum Arzt, daß einer beschloß, der Sache nachzugehen. Er stellte überraschenderweise fest, daß seine an »Hausfrauenmüdigkeit« leidenden Patientinnen mit zehn Stunden am Tag länger schliefen, als ein Erwachsener an Schlaf braucht, und daß die tatsächliche Energie, die sie für die Hausarbeit aufwendeten, ihre Leistungsfähigkeit nicht belastete. Das wahre Problem mußte etwas anderes sein, meinte er – vielleicht Langeweile. Einige Ärzte rieten ihren Patientinnen, sie sollten ab und zu einen Tag verreisen oder sich einen Kinobesuch in der Stadt leisten. Andere verordneten Beruhigungstabletten. Manche Vorort-Hausfrauen schluckten Beruhigungstabletten wie Hustenbonbons. »Man wacht morgens auf und hat das Gefühl, es habe gar keinen Sinn, wieder so einen Tag hinter sich zu bringen. Dann nimmt man eine Beruhigungstablette, weil man dann die Sinnlosigkeit nicht so stark empfindet.«

Es ist nicht schwer, die konkreten Einzelheiten zu erkennen, die die Vorort-Hausfrauen plagen und ihre Zeit fortwährend in Anspruch nehmen, aber die Fesseln, die sie in ihrer Falle gefangenhalten, sind Fesseln in ihrem eigenen Sinn und Gemüt. Es sind Fesseln aus falsch verstandenen Begriffen und falsch ausgelegten Sachverhalten, aus unvollkommenen Wahrheiten und wirklichkeitsfremden Entscheidungen. Sie sind nicht leicht zu erkennen und nicht leicht abzuwerfen.

Wie kann eine Frau überhaupt die ganze Wahrheit innerhalb der Grenzen ihres eigenen Lebens erkennen? Wie kann sie jener inneren Stimme Glauben schenken, wenn diese Stimme im Widerspruch steht zu den konventionellen, allgemein anerkannten Wahrheiten, die ihr Leben leiten? Und dennoch scheinen sich die Frauen, mit denen ich gesprochen habe, die schließlich auf diese innere Stimme hörten, auf irgendeine unvorstellbare Weise zu einer Wahrheit vorzutasten, die den Fachleuten entgangen ist.

Auf vielen Gebieten, glaube ich, haben Fachleute Stücke dieser Wahrheit lange Zeit unter der Lupe gehabt, ohne es zu merken. Ich fand Spuren davon in gewissen neuen psychologischen, sozialen und biologischen Forschungen und theoretischen Arbeiten, deren Auswirkungen auf Frauen offenbar niemals untersucht wurden. Ich erhielt viele Aufschlüsse, wenn ich mit Vorstadt-Ärzten, Gynäkologen, Geburtshelfern, Kinderärzten, Berufsberatern, Universitätsprofessoren, Eheberatern, Psychiatern und Geistlichen sprach und sie nicht nach ihren Theorien, sondern nach ihren tatsächlichen Erfahrungen mit amerikanischen Frauen fragte. Ich erkannte, daß es ein immer umfangreicher werdendes Beweismaterial gab, daß aber über einen großen Teil davon nicht öffentlich berichtet wurde, weil sein Inhalt nicht zu dem paßte, was heute über Frauen zu denken üblich ist – ein Beweismaterial, das die Maßstäbe für weibliche Normalität, weibliche Anpassung, weibliche Erfüllung und weibliche Reife, denen die Frauen immer noch zu entsprechen versuchen, fragwürdig macht.

Amerikas Rückkehr zur Frühehe und zur kinderreichen Familie, die der Grund für die gewaltige Bevölkerungszunahme war, die Bewegung für natürliche Geburt und Stillen, die Konformität in den Vororten, die neuen Neurosen, Gemütskrankheiten und sexuellen Probleme, von denen die Ärzte berichten – all das sah ich jetzt in einem anderen Licht. Ich begann, neue Dimensionen zu erkennen bei alten Problemen, die die Frauen lange für selbstverständlich gehalten hatten: Menstruationsbeschwerden, sexuelle Frigidität, Promiskuität, Schwangerschaftsängste, Depressionen nach Geburten, die Häufigkeit von emotionellen Zusammenbrüchen und Selbstmorden unter zwanzig- und dreißigjährigen Frauen, die Klimakteriumskrisen, die sogenannte Passivität und Unreife der amerikanischen Männer, die Diskrepanz zwischen den getesteten geistigen Fähigkeiten von Mädchen und ihren Leistungen als Erwachsene, die schwankende Häufigkeit des Orgasmus bei erwachsenen Amerikanerinnen und die anhaltenden Probleme in der Psychotherapie und Erziehung von Frauen.

Wenn ich recht habe, dann handelt es sich bei dem Problem ohne Namen, das heute so vielen Amerikanerinnen auf der Seele liegt, nicht um einen Mangel an Weiblichkeit oder um ein Zuviel an Bildung, auch nicht um eine Überforderung durch den Haushalt. Es ist weit bedeutsamer, als man denkt. Es ist der Schlüssel zu jenen anderen neuen und alten Problemen, die die Frauen und ihre Männer und Kinder seit Jahren plagen und ihren Ärzten und Erziehern zu denken geben. Es mag gut und gerne auch der Schlüssel zu unserer Zukunft als Nation und Kulturträger sein. Wir dürfen die inneren Stimmen der Frauen nicht länger überhören, die sagen: »Ich will etwas mehr als meinen Mann, meine Kinder und mein Heim.«

Alva Myrdal und Viola Klein

Die Doppelrolle der Frau in Familie und Beruf

Die Lebensabschnitte der Frau
bringen ein neues Problem mit sich

Die Frauenberufe sind natürlich ebenso wie die Männerberufe speziali-
siert worden. In ihrer Jugend braucht die Frau heute zugunsten der
Ausbildung nichts im Haushalt zu tun, und im Alter bleibt ihr die Verpflichtung zu produktiver Arbeit erspart. Es kommt aber hinzu, daß der
mittlere Abschnitt ihres Lebens durch die Kluft, die heute zwischen
dem Lebensstil der ledigen und dem der verheirateten Frau besteht, in
zwei gänzlich verschiedene Perioden aufgespalten worden ist. Durch
mehr oder weniger viele Jahre vor der Ehe wird die Frau heute auf eine
Lebensweise vorbereitet und festgelegt, die in bemerkenswertem Gegensatz zu dem Dasein steht, das die meisten Frauen wahrscheinlich
später führen werden. Eine Minderheit setzt diese erste Periode ihr ganzes Leben hindurch fort. Die große Mehrheit jedoch erlebt nach der
Eheschließung eine vollständige Umwandlung ihrer gesellschaftlichen
Aufgabe.

Erste Periode des Erwachsenenlebens

Zwischen Schulentlassung und Eheschließung durchlaufen die meisten
Frauen eine Periode, in der sie ihren Lebensunterhalt selbst verdienen;
sie dauert in den europäischen Ländern durchschnittlich fünf bis sieben,
in den Vereinigten Staaten eher weniger Jahre. 82 v. H. aller ledigen
Frauen zwischen fünfzehn und sechzig Jahren sind in England erwerbstätig. Der entsprechende Prozentsatz liegt in den USA bei 51 v. H. (dort
beträgt das Durchschnittsalter bei der ersten Eheschließung 20,8 Jahre
gegen 22,1 in Großbritannien, und überdies liegt das Schulentlassungs-
alter in den meisten Staaten mit 18 Jahren beträchtlich höher, so daß die
Zeit zwischen Schulentlassung und Eheschließung in den USA wesentlich kürzer ist), in Schweden bei 75,9 v. H. (mittleres Heiratsalter ledi-

ger Frauen 26,1 Jahre) und in Frankreich bei 65,2 v. H. (mittleres Heiratsalter bei der ersten Eheschließung 22,9 Jahre).

Diese Periode zwischen Schulentlassung und Eheschließung hat zweifellos einen großen bildenden Einfluß auf die Persönlichkeit der Frau. Sie ist in dieser Zeit Kollegin des Mannes. Sie bekommt Kontakt mit dem Leben der Gemeinschaft, wird Mitglied von Verbänden und erlangt politische Reife – alles dies in gleicher Weise wie ihre männlichen Arbeitsgefährten. Sie erhält Freizeit als Ausgleich für ihre Arbeit und gewöhnt sich daran, frei über diese zu verfügen, ohne dabei von den Eltern schärfer überwacht zu werden als herangewachsene Jungen. Auch gelangt sie zu einem unabhängigen Verdienst und entwickelt die Gewohnheit, selbständig darüber zu verfügen.

Meistens erhält die Frau für diesen Lebensabschnitt auch ihre höhere Bildung und erwirbt ihre Kunstfertigkeiten oder ihre Fachausbildung. Vom Standpunkt der Gesellschaft aus bedeutet dies eine erhebliche Kapitalinvestition, selbst wenn in den meisten Ländern nur verhältnismäßig wenige Frauen bis heute in die Stätten einer höheren Ausbildung vorgedrungen sind. Während die Zahl der für die Grund- und Mittelschulen angemeldeten Mädchen und Jungen sich etwa die Waage hält, liegt der Anteil der Mädchen in höheren Schulen und den meisten Fachschulen noch weit unter dem der Jungen; immerhin hat der Anteil der Mädchen während der sechziger Jahre gegenüber den in Tabelle 3 genannten Zahlen zugenommen. In den Vereinigten Staaten waren 1962 bei den College-Anfängern 42 v. H. Studentinnen; zur gleichen Zeit gab es aber nur ein Drittel weibliche Kandidaten unter denjenigen, die ein Diplom-, Doktor- oder Staatsexamen ablegten. Nach dem Robbins-Bericht war 1961 in Großbritannien der Anteil der Mädchen an den Studienanfängern 40 v. H.; nimmt man alle höheren Bildungseinrichtungen, einschließlich Abendhochschulen und Fernstudium, zusammen, dann sind jedoch im gleichen Jahr nur 25,5 v. H. Mädchen unter den Studienanfängern. In Frankreich stieg der Anteil der Studentinnen an der Gesamtzahl der Studierenden im Jahre 1960 auf 40 v. H., in Schweden 1962/63 auf 35 v. H.

Tabelle 1

Anteil der weiblichen Studierenden an Hochschulen 1953 und 1937
Weibliche Studierende in v. H. aller Studierenden

	1952/53	1937
USA*	35	40
Großbritannien	24	22
Frankreich	36	29
Schweden	26	17

* Der prozentuale Rückgang der weiblichen Studierenden an Hochschulen gegenüber 1937 ist auf das nach dem Zweiten Weltkrieg herrschende System von Stipendien für ehemalige Soldaten zurückzuführen.

Quelle: Statistische Abteilung der UNESCO.

Nach Abschluß der Ausbildung folgt praktisch für jedes Mädchen eine Zeit, in der es berufstätig ist. Heute ist es geradezu zur Regel geworden, daß die Frau in die Welt der Arbeit geht, und ihr Recht, nahezu jeden Posten zu übernehmen, wird kaum angefochten. Ihre Beschränkung auf ungelernte Hausarbeit – entweder im Elternhause oder in einem fremden Haushalt – gehört schon der Vergangenheit an. Die meisten Frauen erhalten heute eine Berufsausbildung und können ihren Lebensunterhalt selbst verdienen.

Vom wirtschaftlichen Standpunkt aus leben diese Mädchen vor der Ehe das Leben eines Mannes, obwohl sie oft benachteiligt sind durch ungleiche Löhne und den noch schwerwiegenden Mangel an echten Aufstiegsmöglichkeiten. Bis jetzt kann man die meisten von ihnen wohl kaum als »Karriere-Frauen« bezeichnen, da eine Berufslaufbahn noch immer weitgehend das Vorrecht des Mannes ist. Aber es kommt hinzu – und dies ist wirklich der Kernpunkt dieser Frage –, daß die meisten Mädchen gar nicht ihr Leben lang berufstätig bleiben wollen.

Zweite Periode des Erwachsenenlebens

Nach einer Periode der Berufstätigkeit gabelt sich der Weg. Die Gruppe von Frauen, die weiterhin im Erwerbsleben bleiben, besteht überwiegend aus solchen, die nicht heiraten. Ihre Zahl hat sich seit dem Krieg immer mehr verringert.

Die Volkszählungsergebnisse lassen nur ungenügend erkennen, wie viele Frauen heiraten, denn sie zeigen die Gliederung aller Frauen in Ledige und Verheiratete vom 14. oder 15. Lebensjahr an, so daß sie Altersgruppen unter dem normalen Heiratsalter einbeziehen, was die Zahlen sehr zugunsten der ledigen Frauen verschiebt. Trotzdem mögen sie hier angeführt werden, um Aufschluß über die Zahl der Frauen zu geben, die nach dem Verlassen der Schule unverheiratet sind:

Tabelle 2

Anteil der weiblichen Bevölkerung von 15 Jahren und darüber nach dem Familienstand in v. H.

	England u. Wales 1961	USA 1960	Schweden 1960	Frankreich 1962
ledig	21,8	19,1	27,7	22,4
verheiratet	64,4	65,9	65,2	59,3
verwitwet	13,0	} 15,0	} 7,1	16,3
geschieden	0,9			2,0

Ein besseres Bild von der Heiratsrate gewinnt man aus einem Bericht der *Royal Commission on Population,* demzufolge 1947 in Großbritannien 83,5 v. H. aller Frauen im Alter von 45–54 Jahren verheiratet oder verheiratet gewesen waren.

Nachdem das Erwachsenenleben für die Frau mit ihrem Eintritt in den Arbeitsmarkt begonnen hatte, zieht sich die überwiegende Mehrheit bei der Familiengründung daraus zurück. Das Frauenproblem von heute ist nicht – wie es manchmal dargestellt wird – der Wunsch der verheirateten Frau, sich freizumachen, um einen Beruf auszuüben; die Frage ist vielmehr, ob die erwerbstätige Frau ihren Beruf aufgeben soll zugunsten der Hausarbeit. Diese Lage hat schwedische Frauenrechtlerinnen veranlaßt, den althergebrachten Kampfspruch von dem »Recht der verheirateten Frau auf Arbeit« umzukehren in das »Recht der arbeitenden Frau auf Heirat«.

Niemand wird ihr dieses Recht absprechen und ebensowenig ihr Recht – das manche Leute sogar für eine Pflicht gegenüber der Gesellschaft halten – eine Familie zu gründen und zu betreuen.

Ernstlich ist jedoch die Frage zu prüfen: Wie lange sind häusliche Pflichten eine ausfüllende Beschäftigung innerhalb eines durchschnittlichen Ehelebens von 50 Jahren? Die meisten Frauen betrachten natürlich ihr Heim, sobald sie einmal verheiratet sind, als ihren Beruf, und nehmen jede damit verbundene Arbeit auf sich, von mühseliger Plackerei bis zu mehr oder weniger notwendiger Ausschmückung.

Eine Frau, die den Haushalt in traditioneller Weise als ihren eigentlichen Beruf ansieht, wird kaum zugeben, daß ihre ständige Anwesenheit im Hause nur während der Periode »aktiver Mutterschaft« erforderlich ist. Wie verhält es sich nun mit dem Zeitaufwand für die Hausarbeit, soweit er meßbar ist?

Die Arbeitszeit der Hausfrau

Tarras Saellfors, ein führender schwedischer Rationalisierungs-Experte, stellte die wirklich erschreckende Berechnung an, daß in Schweden jährlich 2,340 Mill. Arbeitsstunden für Einkaufen, Kochen und Spülen aufgewandt werden, während die schwedische Industrie vergleichsweise nur 1,290 Mill. Stunden braucht. Allein mit Spülen, einer der am wenigsten erfreulichen oder produktiven Hausarbeiten, werden täglich 1 1/2 Millionen Stunden zugebracht. Daraus ist leicht zu erkennen, welch großen Fortschritt die Rationalisierung der Hausarbeit bedeuten würde.

Die meisten Untersuchungen, die es über die Arbeitszeit der Hausfrau gibt, machen leider keinen Unterschied zwischen der Periode »aktiver Mutterschaft« und den anderen Jahren. Noch weniger unterscheiden sie zwischen unbedingt notwendiger Arbeit und reiner Beschäftigung; hier ist es natürlich sehr schwierig, eine Grenze zu ziehen. Auch ließe sich einwenden, daß ja die Hausfrau die im Haushalt gewonnene Zeit nicht für andere produktive Arbeit verwenden würde, so daß sie viele zeitraubende Arbeiten genausogut zu Hause verrichten vermag, auch wenn diese anderwärts wirtschaftlicher und mindestens ebenso befriedigend ausgeführt werden könnten.

Die nach unserer Ansicht interessanteste Erhebung über die Arbeitszeit der Hausfrau wurde 1947 von dem französischen *Institut national d'études démographiques* durchgeführt.[1] Man wollte ermitteln, wie viele Arbeitsstunden es eine Mutter kostet, Kinder aufzuziehen. Diese Untersuchung ist für uns von besonderem Interesse – erstens, weil sie zwischen der Arbeitswoche einer kinderlosen, verheirateten Frau und Müttern mit einem, zwei, drei und mehr Kindern unterscheidet, und zweitens, weil sie die Hausarbeitszeit von Voll-Hausfrauen und die von verheirateten Frauen mit außerhäuslicher Berufsarbeit vergleicht. Die Erhebung erstreckte sich auf 1795 verheiratete Frauen unter 47 Jahren in französischen Städten mit über 5000 Einwohnern.

Dieser Untersuchung zufolge schwankt die Arbeitswoche von verheirateten Frauen zwischen 47 und 74 Stunden, je nach Anzahl der Kinder. Die durchschnittliche Hausarbeitszeit – einschließlich des Zeitaufwandes von bezahlten Hilfskräften und gelegentlich helfenden Familienmitgliedern – betrug in kinderlosen Familien 61 Wochenstunden. Hierzu kommen 18 Stunden pro Woche bei einem Kind, 28 Stunden pro Woche bei zwei und 39 Stunden pro Woche bei drei und mehr Kindern.

Verheiratete Frauen mit außerhäuslicher Berufsarbeit verringern ihre Hausarbeitszeit um 10 Wochenstunden, sofern sie kinderlos sind, und bis zu 30 Wochenstunden, wenn sie Kinder haben – verglichen mit Voll-Hausfrauen bei entsprechender Kinderzahl. In der folgenden Tabelle stellt M. Stoetzel die Arbeitszeit von Voll-Hausfrauen und von verheirateten erwerbstätigen Frauen einander gegenüber:

Tabelle 3

Die wöchentliche Arbeitszeit verheirateter Frauen mit bzw. ohne außerhäuslicher Berufsarbeit in französischen Städten, 1947

Anzahl der Kinder		Arbeitsstunden pro Woche		
		Hausarbeit	Berufsarbeit	Insgesamt
0	Voll-Hausfrauen	56,0		56,0
	Verh. berufst. Frauen	45,5	39,1	84,6
1	Voll-Hausfrauen	73,5		73,5
	Verh. berufst. Frauen	44,1	38,0	82,1
2	Voll-Hausfrauen	72,8		72,8
	Verh. berufst. Frauen	46,2	35,2	81,4
3 und	Voll-Hausfrauen	77,7		77,7
mehr	Verh. berufst. Frauen	48,3	35,2	83,5

Quelle: *Population*, 1948, Nr. 1.

1 Jean Stoetzel, *Une étude du budget-temps de la femme dans les agglomérations urbaines*, in *Population*, Paris 1948, Nr. 1.

Diese Tabelle zeigt als interessantestes Ergebnis, daß die Arbeitszeit der verheirateten berufstätigen Frauen von mehr als 80 Stunden pro Woche nur um 6–8 Stunden pro Woche über der Arbeitszeit der Voll-Hausfrauen mit Kindern liegt, was etwa einer Stunde pro Tag entspricht. Was in dieser einen zusätzlichen Stunde täglich geleistet wird, übertrifft an Produktivität bei weitem die gemachten Anstrengungen.

Unter den maßgebenden Forschungsarbeiten in den USA ist eine der bekanntesten Untersuchungen der Bericht von Bryn Mawr: *Women during the War and after* (1945), der die Familien in vier typische Gruppen gliedert. Er ermittelt je Haushalt den folgenden Zeitaufwand für hauswirtschaftliche Arbeiten:

60,55 Stunden pro Woche in bäuerlichen Familien
64,09 Stunden pro Woche in nicht-bäuerlichen, ländlichen Haushalten
78,35 Stunden pro Woche in städtischen Haushalten, in Städten mit weniger als 100 000 Einwohnern
80,57 Stunden pro Woche in Haushalten in Städten mit mehr als 100 000 Einwohnern.

Entgegen der allgemeinen Vermutung liegt die aufgewandte Hausarbeitszeit im städtischen Haushalt erheblich höher als im Landhaushalt, obwohl die Hausfrau in der Stadt über weit größere Arbeitserleichterungen verfügt. Das ist teils auf die Tatsache zurückzuführen, daß die Städte schmutziger sind und deshalb mehr Zeit zum Putzen und Waschen benötigt wird, teils darauf, daß normalerweise mehr Räume benutzt werden. Auch zum Einkaufen und zur Versorgung der Kinder wird mehr Zeit gebraucht. Der Bericht bemerkt ausdrücklich: »Wenn mit wachsendem Lebensstandard mehr Geräte und Dienstleistungen Eingang in den Haushalt finden, neigen die Frauen dazu, mehr Zeit auf ihre häuslichen Pflichten zu verwenden.«

Nach einer britischen Untersuchung von 1951 bringt eine Arbeiterfrau in einer Londoner Vorstadt durchschnittlich 71 Stunden in der Woche mit Hausarbeit zu, wobei der höchste Zeitanteil in Verbindung mit den Mahlzeiten steht, nämlich ein Viertel der täglichen Hausarbeitszeit. Diese Zahl ist etwas überhöht, da in der Gruppe »Beschäftigung mit Mahlzeiten« auch die Zeit des Essens – neben der eigentlichen Zubereitung – enthalten ist; ebenso wird die Zeit für die persönliche Körperpflege unter »Hausarbeit« mitgezählt. Beides würde bei einer gleichen

Erhebung über den Arbeitstag eines Mannes oder einer Büroangestellten nicht einbegriffen sein. Trotzdem läßt sich von der Hausfrauenarbeit noch immer sagen, daß sie viel zeitraubender ist als fast jede andere Arbeit, selbst wenn sie gemächlicher abläuft. Der Bericht sagt deshalb auch: »Stellt die auf ihr Heim beschränkte Frau Vergleiche an, dann verspricht ihr das strenge Büro- und Fabrikleben die Flucht in eine der Hausfrau weitgehend versagte Außenwelt und den Kontakt mit dieser, was für sie den ganzen Zauber und das Geheimnis des Unerreichbaren besitzt.«

Nehmen wir es also als Tatsache hin, daß eine Hausfrau mit Kindern im Durchschnitt wenigstens 60 Stunden in der Woche, und oft mehr, mit den verschiedensten Hausarbeiten verbringt. Die Frage bleibt jedoch, ob dieser ganze Arbeitsaufwand wirklich notwendig ist, oder ob nicht bei besserer Planung seitens des einzelnen oder der Gesellschaft die Zahl der Stunden wesentlich und ohne Schaden für den Haushalt herabgesetzt werden könnte.

Obwohl sie es beklagen, sind die meisten Hausfrauen im Grunde stolz darauf, daß »die Arbeit einer Frau nie getan ist«. Aber die meiste Arbeit ist »nie getan«, wenn man ihr nicht an irgendeiner Stelle einen Endpunkt setzt. Auch der Büroangestellte, der seinen Schreibtisch verläßt, der Krämer, der seinen Laden schließt, der Arbeiter, der sein Werkzeug am Ende eines Achtstundentages aus der Hand legt – sie alle sind in der Regel mit ihrer Arbeit nicht fertig. Sie brechen die Arbeit ab und verschieben sie auf den nächsten Tag. Eine solche Disziplin ist natürlich viel leichter einzuhalten, wenn Heim und Arbeitsplatz getrennt sind und man die unbeendete Arbeit nicht ständig vor Augen hat. Das Verlangen nach einem Achtstundentag wurde erst nach der industriellen Revolution laut und hätte nicht aufkommen können, solange Werkstatt und Heim eine Einheit bildeten. Er gilt noch heute nicht für Selbständige, Künstler, Ärzte und viele Ein-Mann-Betriebe.

Die Hausfrau, deren Heim zugleich ihre Werkstatt ist, befindet sich in dieser wie in mancher anderen Hinsicht noch in der vorindustriellen Zeit. Die Lage wird jedoch heute dadurch erschwert, daß die Hausfrau in einer Welt lebt, in der die meiste andere Arbeit in Acht-Stunden-Schichten und in 5 bis 5 $\frac{1}{2}$ Tagen wöchentlich getan wird, worauf die Freizeitgestaltung entsprechend abgestellt ist. Kein Wunder daher, daß die Hausfrauen sich benachteiligt fühlen, zumal ihre Arbeitsspitzen zum Teil in die Zeit fallen, zu der andere Leute mit geregelter Arbeitszeit ihre Freizeit genießen.

Die modernen arbeitsparenden Einrichtungen und Geräte haben eher dazu beigetragen, die Qualität der Hausarbeit zu heben, als die darauf verwandte Zeit zu verkürzen. Diese Tatsache scheint die Ansicht zu stützen, daß das Problem der »Haushaltsplackerei« zumindest teilweise ein psychologisches Problem ist. Hausarbeit kann fast unbegrenzt ausgedehnt werden, und es gibt genügend Grund, um die Vermutung zu rechtfertigen, daß Hausfrauen sie oft genug unbewußt ausdehnen, um ein inneres Gefühl der Leere durch den augenfälligen Beweis, daß sie vollbeschäftigt und unentbehrlich sind, zu beschwichtigen.

Dritte Periode des Erwachsenenlebens

Psychologisch wie wirtschaftlich erhebt sich die äußerst wichtige Frage: Was geschieht, wenn die Frauen in ihren vierziger Jahren den Zeitpunkt erreichen, der für die meisten von ihnen den »Ruhestand« nach der Zeit der aktiven Mutterschaft bedeutet? Zu dieser Zeit werden ihre Kinder soweit herangewachsen sein, daß sie nicht länger die volle Aufmerksamkeit der Mutter benötigen; vielfach werden sie auch das Haus verlassen haben. Vielleicht haben nur die an Statistik interessierten Menschen einen Widerspruch darin bemerkt, daß die Frau – die gerade heute ihre Jugend und Gesundheit länger denn je zu bewahren weiß – gleichzeitig daran denken sollte, sich soviel früher »zur Ruhe zu setzen«.

Dieser Zustand verringerter Betätigung wird von den Frauen selbst im allgemeinen nicht als Ruhestand empfunden. Es gibt keinen schroffen Abbruch der Gewohnheiten, kein Aufhören der Beschäftigung, nur ein allgemeines Nachlassen des Arbeitsdrucks, eine kaum wahrnehmbare Gewichtsverlagerung von einer häuslichen Beschäftigung auf eine andere – weniger Stopfen und Kochen als bisher, aber mehr Strickarbeiten.

Dennoch durchleben viele Frauen ein Stadium heftiger Gemütskrisen, wenn sie den Zeitpunkt erreichen, da ihre Kinder unabhängig geworden sind. Nach langen Ehejahren, in denen sich ihre Männer daran gewöhnen mußten, ein wenig im Hintergrund zu stehen, taugen sie nicht mehr dazu, plötzlich der Mittelpunkt der weiblichen Fürsorge und Aufopferung zu sein. Margaret Mead hat ein düsteres Bild dieser Situation gezeichnet[2]. »Eines Tages, wenn sie noch immer eine junge Frau ist, wird sie sich an einem Frühstückstisch finden mit nur einem Gesicht gegenüber, dem ihres Mannes, und sie wird allein sein, ganz allein in ihrem eigenen Heim. Sie ist ohne eine Aufgabe; ihre Hauptrechtfertigung, die Arbeit, für die sie ›alles aufgab‹, ist nicht mehr vorhanden, und doch hat sie noch zwei, vielleicht drei Mahlzeiten täglich zuzubereiten, die Haustür zu öffnen und die Wohnung zu säubern. Aber das Essen ist oft nur für zwei zu richten, und die Fußböden haben es nicht nötig, so oft geputzt zu werden, weil keine Kinderfüße mehr darüber laufen. Sie ist nicht gänzlich ohne Arbeit, aber sie ist ausrangiert, auf den Boden hinaufbefördert; man hat sie auf einen jener Abstellplätze abgeschoben, mit denen große Organisationen, deren Mitarbeiter wohlerworbene Rechte haben, gegenüber einem Angestellten – falls er für die Pensionierung noch zu jung ist – die Tatsache zu verbergen suchen, daß er eigentlich in den Ruhestand gehört.«

Unter solchen Umständen werden nicht wenige Frauen von einem Gefühl der Leere und der Zwecklosigkeit befallen, auf das sie je nach Temperament und Anlage verschieden reagieren. Ob sie nun nörgelig und mißvergnügt werden, ob sie einen Nervenzusammenbruch bekommen, oder ob sie ein Ventil finden im Bridge oder Golfspiel, im Besuchemachen und Einkaufen, ob sie ihre Tatkraft örtlicher karitativer Tätigkeit, oder in seltenen Fällen der Politik oder künstlerischem Schaffen widmen –, der eigentliche Grund dieser und anderer Veränderungen ist, daß sie in der Mitte ihres Lebens, im Vollbesitz ihrer Leistungsfähigkeit, am Ende ihrer selbstgewählten »Laufbahn« angelangt sind.

Neuer Anfang mit 40 Jahren

Viele Frauen halten sich für zu alt, um mit 40 Jahren neu anzufangen. Verschiedene gesellschaftliche Einflüsse wirken der Vorstellung entgegen, man könnte in diesem Lebensabschnitt einen neuen Beruf beginnen. Voran steht das Fehlen passender Gelegenheiten oder der Mangel an einer entsprechenden Berufsausbildung, sowie an Möglichkeiten für die »Nachschulung von Müttern a. D.«, wie Margaret Cole es genannt

2 Margaret Mead, *Male und Female*, London und New York 1949, S. 332–8.

hat. Ferner ist da – besonders in kleineren Orten – der Druck gesellschaftlicher Vorurteile, unter dem die arbeitende Frau und ihre Familie
an Ansehen verlieren. Schließlich ist im Denken der Frauen selbst noch
immer das traditionelle Vorurteil lebendig, das sie glauben läßt, sie seien
viel älter und viel weniger leistungsfähig, als sie es in Wirklichkeit sind.

In Fällen persönlicher oder nationaler Not werden aber alle diese Erwägungen gewöhnlich gegenstandslos. Der Verlust ihrer Männer, Wirtschaftskrisen, der Druck fehlender Arbeitskräfte oder politische Um-
wälzungen haben zahllose verheiratete Frauen mittleren Alters, mit
oder ohne frühere Ausbildung, zum Ernährer ihrer Familie gemacht,
und zwar zu einer Zeit, die wir die dritte Periode des Erwachsenenle-
bens genannt haben.

Frauen, die vor langer Zeit ihren Beruf aufgegeben hatten, fühlten
sich unter dem Druck des Krieges gedrängt, ihre frühere Berufserfahrung dem Vaterland zur Verfügung zu stellen. Andere, die nie eine Berufsausbildung genossen hatten, waren trotzdem davon überzeugt, daß
ihre Energie und ihre Intelligenz bei den Kriegsanstrengungen von
Nutzen sein könnten. Unter den vielen Tausenden von Flüchtlingen,
die die Naziverfolgung über die ganze Welt verstreute, waren es gewöhnlich die Frauen, die mit den neuen Verhältnissen besser fertig
wurden als die Männer. Manche Frauen von über 40 Jahren aus dem
Mittelstand, die nie zuvor in ihrem Leben außerhäuslich gearbeitet hatten, erlernten ein neues Handwerk oder Gewerbe und erhielten unverdrossen nicht nur sich selbst, sondern auch ihre Männer, die ohne ihren
Beruf und die gewohnte Umgebung entwurzelt waren und nicht so
leicht unter veränderten Bedingungen wieder Fuß fassen konnten.

Die Arbeitsmarktstatistik zeigt, daß der Anteil der Witwen und geschiedenen Frauen an den Arbeitskräften beträchtlich höher ist als der
der verheirateten erwerbstätigen Frauen. Allein diese Tatsache beweist
hinreichend, daß – ganz abgesehen von nationalen Notständen – viele
Frauen später unter Druck von Ereignissen, die außerhalb ihrer Einwirkung liegen und im Gegensatz zu ihren Erwartungen stehen, ihren Lebensunterhalt selbst verdienen müssen.

Aus all diesen Beispielen ist ersichtlich, daß die Rückkehr verheirateter Frauen auf den Arbeitsmarkt in ihrem späteren Leben unter außer-
gewöhnlichen Umständen möglich war. Häufig ist die Frau dabei erfolgreich gewesen, wenngleich sie nur auf gut Glück improvisierte.

Wenn es im Notfall geht, warum bereiten wir uns nicht darauf vor? – so möchte man fragen. Warum müssen wir warten, bis das Schicksal uns unversehens ereilt?

Diese und ähnliche praktische Überlegungen haben in den letzten Jahren bei der jüngeren Frauengeneration zunehmend an Bedeutung gewonnen – selbst wenn die Mehrheit immer noch dazu neigt, eher an den augenblicklichen Nutzen zu denken, als auf lange Sicht zu planen.

Immerhin sind ein paar wichtige neue Faktoren in Erscheinung getreten. Unter diesen stehen an allererster Stelle 1. die Knappheit an hochqualifizierten Fachkräften in allen Industrieländern, vor allem in den Dienstleistungsberufen, und 2. die Tatsache, daß der Erwerb von beruflichen Qualifikationen einen unmittelbaren Nutzen erbringt in Form von höheren Einkommen, gehobenem Sozialstatus und besseren Aufstiegschancen.

Infolgedessen – und weil der Glaube an ›gleiche Bildungschancen‹ allgemein wächst – unterziehen sich immer mehr junge Frauen einer abgeschlossenen Berufs- oder Fachausbildung, gleich ob sie damit den Gedanken an eine Berufsausübung verbinden oder nicht.

Ihre Ausbildung gibt ihnen nicht nur eine bessere Chance, in späteren Jahren, sofern sie wollen, eine angemessene und interessante Stellung zu finden (auch wenn diese Folgen nicht vorbedacht sein mögen), sie drängt auch viele von ihnen, ihre Kenntnisse und Fähigkeiten nicht verkümmern zu lassen.

So ist es charakteristisch für das letzte Jahrzehnt gewesen, daß eine ständig wachsende Zahl verheirateter Frauen von vierzig Jahren und darüber in das Erwerbsleben zurückkehrt, vor allem auch in gehobene Berufe. Diese Entwicklung wird wahrscheinlich weitergehen und noch anwachsen, da immer mehr Generationen beruflich ausgebildeter Frauen ein vorgeschrittenes Alter erreichen und traditionelle Vorurteile – die schon dahinschwinden – am Ende vergehen.

Ziele auf lange Sicht
Zusammenfassung und Schlußfolgerungen

Aus den vorhergehenden Kapiteln wird klar ersichtlich, daß die zunehmende Erwerbstätigkeit der Frau in allen fortgeschrittenen westlichen Ländern eine Entwicklung ist, die sich über viele Jahre hin erstreckt und nicht bloß ein vorübergehender Notbehelf, der sich aus den Kriegsereignissen oder aus anderen unglücklichen Umständen ergeben hätte. Aber abgesehen von den gelegentlichen Angleichungen ist eine grundlegende Neuordnung unserer Gesellschaft, die diese Entwicklung für alle Betroffenen erst nutzbar machen würde, nicht erfolgt.

Wirtschaftliche Konsequenzen aus der zunehmenden weiblichen Erwerbstätigkeit

Als Folge der bevölkerungspolitischen, technischen und wirtschaftlichen Entwicklungen ist ein relativer Mangel an Arbeitskräften in den Industrieländern zu einem chronischen Zustand geworden. Die allmähliche Zunahme der Arbeitskräfte, die sich in der Vergangenheit hauptsächlich aus dem Wachstum der Bevölkerung ergab, hat sich während der letzten Jahrzehnte verlangsamt, weil der Anteil der jungen Leute am Arbeitsmarkt durch ausgedehnte Erziehungs- und Ausbildungsperioden abnimmt, während der Anteil der alten Leute an der Gesamtbevölkerung im Steigen begriffen ist. Es liegt mehr und mehr an den Frauen, in der Industrie, im Geschäftsleben und in den akademischen Berufen in die Bresche zu springen, ebenso wie in dem ständig wachsenden Verwaltungsapparat, der das Räderwerk unserer komplizierten modernen Gesellschaft in Gang zu halten hat.

Diese langfristige Entwicklung, die ihren Ausgang von der Beschäftigung der, vom Standpunkt der Familie gesehen, »überschüssigen« Frauen nahm, hat mit den Jahren an Triebkraft gewonnen und jetzt den Punkt erreicht, wo praktisch alle unverheirateten Frauen entweder berufstätig sind oder sich für einen Beruf ausbilden lassen. Eine weitere Zunahme der weiblichen Berufstätigen kann daher nur aus den Reihen der verheirateten Frauen kommen und kommt tatsächlich auch schon seit geraumer Zeit dort her. Ermöglicht wurde dies dadurch, daß die Familie kleiner geworden ist und die häuslichen Tätigkeiten sich vermindert haben.

Der Lebensstandard eines Landes hängt in hohem Maße von dem Anteil der Erwerbstätigen an der Gesamtbevölkerung ab, oder anders ausgedrückt, von dem Verhältnis der produktiven zu der konsumptiven Bevölkerung. Es würde daher offensichtlich im allgemeinen Interesse liegen, einen besseren Gebrauch von dem weiblichen Arbeitskräftepotential zu machen – immer vorausgesetzt, daß dies ohne ernstlichen Schaden für andere menschliche Werte geschehen kann. Wir können uns den Ausfall einer so großen Zahl von möglicherweise produktiven Arbeitskräften einfach nicht leisten.

Die Tatsache, daß es auch heute noch in einigen Ländern viele Tausende von Männern gibt, die arbeitswillig sind, aber keine Arbeit finden können, entkräftet unsere Behauptung nicht. Der soziale Mißstand, für den die Massenarbeitslosigkeit ein Symptom ist, rührt nicht von einem Mißverhältnis zwischen einer gegebenen Arbeitsmenge und einem Überschuß an verfügbaren Arbeitskräften her. Es handelt sich hier nicht um einen Fehler in der Struktur, sondern in der Organisation der Gesellschaft, wenn sie es zuläßt, daß der wichtigste Aktivposten jeder Gemeinschaft – das produktive Leistungsvermögen ihrer Mitglieder – ungenutzt bleibt. Die verheerenden Folgen der Massenarbeitslosigkeit, wie wir sie in der Vergangenheit erlebt haben und heute in einigen Teilen der Welt wieder miterleben, widerlegen das wirtschaftliche Argument nicht, daß die Wohlfahrt einer Gesellschaft davon abhängt, daß sie ihre werktätige Bevölkerung mit dem denkbar besten Nutzen einsetzt, und daß der Lebensstandard, dessen sich die Gemeinschaft als Ganzes erfreuen kann, um so höher ist, je mehr Menschen am Produktionsprozeß beteiligt sind; im Gegenteil, sie geben ihm noch mehr Beweiskraft.

Das Bedürfnis der Gesellschaft, alle verfügbaren Arbeitskraftreserven – ob männlich oder weiblich – bis zum letzten auszuschöpfen, trifft zusammen mit der Unterbeschäftigung der Frau. Die Verbindung dieser zwei Gegebenheiten verlangt nach einer Revision der althergebrachten, doch immer noch weitverbreiteten Ansicht, für die Frau sei die Ehe ein Beruf. Der Ausdruck »Unterbeschäftigung der Frau« bedarf einer Einschränkung: Natürlich sind nicht alle Frauen ständig unterbeschäftigt. Viele Hausfrauen werden sicherlich beteuern – und zwar mit Recht

– daß die Betreuung eines Haushalts mit Kindern unter den gegenwärtigen Verhältnissen sehr wohl eine Vollbeschäftigung ist. Das läßt sich nicht bestreiten. Sieht man es jedoch im Blick auf die gesamte Lebensdauer, dann ist die Zeit der Vollbeschäftigung im Haushalt verhältnismäßig kurz. Wie wir bereits sahen, haben viele Frauen selber das Gefühl, ihre Kräfte zu vergeuden, und dies ist weitgehend der Grund für die gegenwärtige Unzufriedenheit vieler Hausfrauen. Auch wenn die meisten Frauen nicht über die Konsequenzen ihrer beträchtlich erhöhten Lebens- und Gesundheitserwartung nachdenken, ist es so.

Nur etwa ein Drittel aller Arbeitskräfte sind Frauen, obwohl sie mehr als die Hälfte der Bevölkerung bilden. Wenn gut geschätzt ein Viertel der verheirateten Frauen aktive Mutterpflichten hat oder im eigenen Haushalt ebenso produktiv tätig ist wie in früheren Zeiten, während ein Drittel von ihnen eine Erwerbsarbeit angenommen hat, so bleibt immer noch eine große Reserve an Frauen meist mittlerer Jahrgänge, und zwar etwa 4 von 10 verheirateten Frauen, deren Arbeitskraft gegenwärtig nicht von Nutzen für die Gesellschaft ist.

Wenn dieser Anteil am Erwerbsleben (wie er hier für die USA, Frankreich, England und Schweden belegt ist) beträchtlich vergrößert werden könnte, dann wären ohne Zweifel die Menschen allgemein sowohl wirtschaftlich besser gestellt, als auch sozial und psychologisch mehr im Gleichgewicht.

Es muß etwas falsch sein an einer Gesellschaftsordnung, in der die Männer vor Überarbeitung und Sorgen eines frühen Todes durch Herzinfarkt sterben, während ihre Frauen und Witwen sich zusammenschließen und dagegen Einspruch erheben, daß es für sie keine Arbeitsmöglichkeiten gibt.

Eine kleine Rechnung, die von vorhandenen statistischen Unterlagen ausgeht, wird schnell verdeutlichen, welche großen Wirkungen mit vergleichsweise geringen Anstrengungen erzielt werden könnten. Angenommen, das durchschnittliche Heiratsalter – etwas höher angesetzt, als es sich aus den neuesten Statistiken ergibt – ist 25, und das Ruhestandsalter 65 Jahre, was bei der allgemein längeren Lebensdauer und besseren Gesundheit angemessen erscheint, dann hat die Durchschnittsfrau, wenn sie heiratet, 40 Jahre vor sich, in denen sie voll arbeitsfähig ist. Während dieser 40 Jahre sind 2/3 aller verheirateten Frauen *nicht* erwerbstätig. Demnach entfallen im Durchschnitt auf jede verheiratete Frau 13 Arbeitsjahre gegenüber 26 Ehejahren, in denen sie nicht außerhäuslich arbeitet.

Wenn sich die letztere Periode um weitere 6 Jahre verkürzen ließe, wäre das Ergebnis erstaunlich. Die verheiratete Frau hätte immer noch durchschnittlich 20 Jahre Zeit, um ihre Kinder großzuziehen, was reichlich genug erscheint. Gleichzeitig würde der Anteil der verheirateten erwerbstätigen Frauen von 33 auf 50 v. H. der erwerbstätigen Frauen insgesamt anwachsen, wodurch in Großbritannien 3 Millionen und in den Vereinigten Staaten 8,5 Millionen Menschen zusätzlich dem Arbeitsmarkt zugeführt würden. Die erwerbstätige Bevölkerung würde tatsächlich in jedem Lande, in dem der Stand der industriellen und sozialen Entwicklung ungefähr dem dieser beiden entspricht, um etwa 12,5 v. H. anwachsen.

ERWERBS- UND NICHT-ERWERBSTÄTIGE IN GROSSBRITANNIEN, 1951

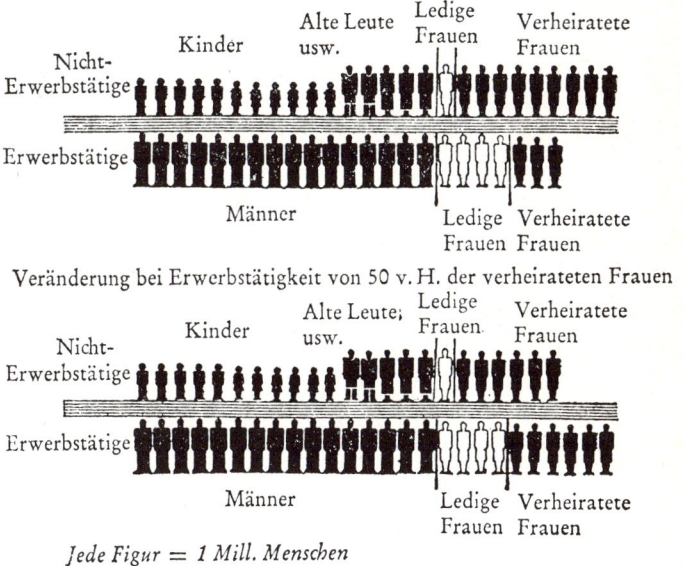

Veränderung bei Erwerbstätigkeit von 50 v. H. der verheirateten Frauen

Jede Figur = 1 Mill. Menschen

Wir hätten in unserer Berechnung noch weitergehen und unterstellen können, daß die verheirateten Frauen ihren Kindern durchschnittlich 15 oder sogar nur 10 anstelle von 20 Jahren widmen können. Die entsprechend größere Zunahme der Erwerbstätigen und die damit verbundene Steigerung der Produktions- und Dienstleistungen wäre gewaltig und würde eine beträchtliche Hebung des Lebensstandards ermöglichen. Wenn wir von dieser Annahme absehen, so deshalb, weil es weder durchführbar noch wünschenswert erscheint, daß Mütter von sehr kleinen Kindern außerhalb ihres Heims arbeiten. Wenn jedoch einige dieser Mütter außerhäuslich eine Stellung annähmen, dann würden die dadurch bewirkte zusätzliche Produktion und die vermehrten Dienstleistungen das gleichfalls wachsende Bedürfnis nach Waschanstalten, Tageskrippen, Kinder-Fertigkleidung (an Stelle der selbstgenähten) usw. mehr als aufwiegen. Gleichzeitig hätten die Frauen mehr Gelegenheit, sich in den Berufen zu spezialisieren, an denen sie interessiert sind und für die sie sich besonders eignen – sei es Kochen, Unterrichten, die Leitung eines Geschäftes oder das Dirigieren eines Orchesters.

Psychologische Auswirkungen zunehmender weiblicher Erwerbstätigkeit

Die soziologischen und psychologischen Auswirkungen einer stärkeren Beteiligung der Frau am Wirtschaftsleben würden nicht weniger weittragend sein als die damit einhergehenden materiellen Veränderungen; sie könnten sehr wohl das gesamte geistige Klima unserer Gesellschaft beeinflussen.

Wenn die Entwicklung in Richtung außerhäuslicher Erwerbstätigkeit der verheirateten Frau in manchen ihrer Ergebnisse auch revolutionär erscheinen mag, so ist sie doch nur unter veränderten Verhältnissen die Wiederherstellung einer gerechteren Arbeitsteilung zwischen den Geschlechtern, wie sie vor Beginn der Industrialisierung bestand. Wenn die Frauen daher heute ihren Haushalt verlassen und einen neuen Weg zur Arbeit einschlagen, dann wird sie in gewissem Sinne eben dieser Weg wieder »nach Hause« in die gebührende Stellung innerhalb der Gemeinschaft führen.

Diese »Rückkehr der verlorenen Tochter« ist durchaus zu begrüßen und liegt nicht nur im Interesse der Frau, sondern der Gemeinschaft als Ganzes. Denn der Ausschluß der Frauen von den meisten wirtschaftlichen und wissenschaftlichen Berufen und von vielen sozialen und kulturellen Betätigungen ist ein Faktor, der zu dem Mangel an sozialer Integrierung und zu der sich daraus ergebenden Isolierung des Individuums, die für die heutige Gesellschaft so charakteristisch sind, beigetragen hat. Es ist gut möglich, daß die Nicht-Beteiligung der Frau, wie A. M. Rose in einer Erörterung der Probleme der Massengesellschaft[3] vermutet, zu den Gefühlen der Unsicherheit und gegenseitigen Entfremdung, die in unserer modernen Gesellschaft so weitverbreitet sind, in hohem Maße beiträgt. Nachdem die Frau, wie Prof. Rose sagt, ihrer ehemaligen Aufgabe als Gefährtin ihres Mannes beim Broterwerb und als Haupterzieherin einer großen Kinderschar verlustig gegangen ist, »macht es ihr die Gesellschaft nicht zur Pflicht, sich Ersatzaufgaben zu suchen. Sie kann sich in einer bezahlten Arbeit oder im sozialen Wohlfahrtswesen versuchen, aber gewöhnlich sagt ihr niemand, daß sie es tun muß. Und so ist die moderne Ehefrau, sobald ihr jüngstes Kind zur Schule geht, zum Teil ohne Aufgaben, was bedeutet, daß sie sich wahrscheinlich nach dem eigentlichen Sinn ihres Lebens fragt und eine unklare, aber bohrende Unzufriedenheit empfindet. Da sie nur rein äußerlich mit anderen Menschen Berührungspunkte hat und sich über ihre Aufgabe in der Gesellschaft nicht klar ist, ist sie ein Glied einer Masse, nicht aber einer gestalteten (d. h. integrierten) Gesellschaft«.

Die Teilnahme am Leben und an der Arbeit der Gemeinschaft bewirkt das Gefühl, zu etwas nütze zu sein, das für ein erfülltes Dasein so wesentlich ist. Dies ist besonders in einer Gesellschaft wie der unsrigen der Fall, wo die Verpflichtung, einen positiven Beitrag zu den gesellschaftlichen Bestrebungen zu leisten, ein allgemein anerkanntes Ethos geworden ist, und wo dieser Beitrag mit beruflichen Maßstäben und an greifbaren Erfolgen gemessen wird. »Unsere Definitionen der Arbeit«, schreibt David Riesman[4], »bedeuten auch, daß die Hausfrau, die, sozial gesehen, ein Arbeitsprodukt erzeugt, ihre Arbeit weder in Stunden noch in Dollar ausgedrückt in der Volkszählungsstatistik oder in der Vorstellung der Menschen klar umrissen und errechnet finden kann.

---

3 A. M. Rose, *Social Problems in the Mass Society*, veröffentlicht in *The Antioch Review*, September 1950.
  4 A. a. O., Seite 300.

Und weil ihre Arbeit nicht als Arbeit gilt, ist sie am Ende des Tages erschöpft, ohne zu wissen, ob sie ein Recht dazu hat, wodurch zum Schaden noch der Spott hinzugefügt wird.«

In Zukunft wird es ebenso unmöglich sein, Frauen reiferen Alters von der praktischen Anwendung jener Ideologie auszuschließen, die von jedermann einen sozialen Beitrag im Sinne der anerkannten Definition der Arbeit verlangt, wie es unmöglich war, sie von den Auswirkungen der demokratischen Ideen gleichen Rechts und gleicher Chancen auszuschließen.

Ein unbewußter Anpassungsprozeß an diese neue Lage geht bereits im Denken vieler Frauen vor sich. Um noch einmal David Riesman zu zitieren: ». . . Frauen des Mittelstandes und der gehobenen Schichten sind nicht mehr als Wohltäterinnen willkommen; die Sozialarbeiter haben . . . dieses Tätigkeitsfeld in Berufe aufgeteilt . . . Dilettanten können den Kranken nicht mehr helfen, sofern sie nicht bereit sind, den geprüften Krankenschwestern als Hilfskräfte bei der Ausübung ihres Berufes zu dienen und für sie alle schmutzige Arbeit zu tun. Sie können anderen nicht helfen, sich zu vergnügen, denn auch die mit der organisierten Geselligkeit und Freizeitgestaltung zusammenhängenden Tätigkeiten sind zu Berufen geworden. Wenn sie auch Politik und Rassenfragen in der Weiblichen Wählerliga *(League of Woman Voters)* und im *YMCA (CVJM)* erörtern, so können sie dies nur im Rahmen eines der fertigen und wirklich ausgezeichneten Programme tun, die ihnen von einer Zentralstelle geliefert werden . . . Auf diese Lage reagieren die Frauen, indem sie entweder wieder in Gleichgültigkeit versinken oder daraus wie ihre Schwestern aus der Arbeiterklasse den Schluß ziehen, daß sie nur durch einen Beruf, durch einen kulturell umrissenen Beruf ihre Befreiung erlangen werden«[5].

Es ist ein schon oft wiederholter Gemeinplatz, daß die moderne Massengesellschaft unter dem Verlust des Gemeinschaftsgefühls leidet, das in der Vergangenheit die Menschen miteinander verband, ihre gemeinsamen Ziele zum Ausdruck brachte und ihnen die Sicherheit eines festen Standortes in einem organischen Ganzen bot. Es ist nicht unmöglich, daß dieser Verlust dadurch wieder ausgeglichen werden kann und wird, daß die Menschen sich mehr an dem Arbeitsleben der Gesellschaft betei-

5 A. a. O., Seite 322.

ligen und dadurch den Sinn für ein gemeinsames Ziel wiedererlangen. Durch seinen Beruf erwachsen dem Menschen neue Bindungen und neue Treueverhältnisse, die die mehr unmittelbaren Berührungen in den kleinen Gemeinschaften der Vergangenheit ersetzen und sich als der Mörtel erweisen mögen, der die Menschen von neuem zu einem organischen Ganzen verbindet.

Die Hausfrauen im allgemeinen leiden heute unter der gesellschaftlichen Isolierung und dem Gefühl der Nutzlosigkeit, mehr als jede andere Gruppe der Gesellschaft, vielleicht mit der Ausnahme der alten Leute. Im Gegensatz zu diesen jedoch können sie nicht auf ein erfülltes Leben zurückblicken, und in der Regel haben sie keine Gelegenheit gehabt, außerhalb ihrer Familie Verbindungen anzuknüpfen, die ihnen das Gefühl der Zusammengehörigkeit geben könnten.

Wenn für die verheiratete Frau die Wiederaufnahme ihrer unterbrochenen Berufstätigkeit in reiferen Lebensjahren eher zur Regel als zu einer Ausnahme würde, dann würden auch die Aussichten und die Stellung aller Frauen – ob jung oder alt, verheiratet oder ledig – eine Wendung zum Besseren erfahren.

Die Jüngeren würden von dem psychologischen Druck und den Spannungen befreit, die wir in einem früheren Kapitel erörtert haben. Sie wären endlich in der Lage, ihrem Leben auf weite Sicht einen festen Plan zugrunde zu legen und das zu ernten, was in Jahren der Ausbildung und des Studiums gesät wurde.

Schließlich – und das wäre keinesfalls das unwichtigste Ergebnis – würden viele Ursachen von ehelichem Unglück und Reibungen beseitigt, wenn die außerhäuslichen Kontakte und geistigen Anregungen wie auch das Verdienen des Lebensunterhalts nicht praktisch das Monopol eines der Ehegatten darstellten, und wenn zwischen Mann und Frau in ihren Interessen innerhalb wie auch außerhalb ihres gemeinsamen Heims ein größeres Gleichgewicht hergestellt werden könnte.

Die Gleichberechtigung der Frau schreitet langsam voran und ist reich an inneren Konflikten. Die traditionellen Normen der Lebensführung existieren nicht mehr und sind noch nicht durch neue ersetzt worden. Die Frau kann heute nicht mehr sicher sein, was man von ihr erwartet. Es gibt nicht mehr eine anerkannte weibliche Rolle, nach der man leben kann, sondern eine Anzahl widersprechender Modelle, die nur schwer nebeneinander bestehen. Bei einer Reihe von Stichproben-

173

Befragungen ist z. B. zutage getreten, daß überraschend viele Frauen aus höheren Berufsgruppen und aus dem Geschäftsleben von Zweifeln an ihrer echten Weiblichkeit gepeinigt werden. Aber der Frau, die ihr Leben in der herkömmlichen Weise zu Hause verbringt, geht es nicht besser: auch sie möchte gern wissen, ob sie die richtige Wahl getroffen hat, und ob sie nicht verborgene Talente vernachlässigt oder ihre Energien vergeudet.

Dieser Zustand weit verbreiteter innerer Konflikte und Unsicherheiten wird jedoch im Laufe der gesellschaftlichen Entwicklung überwunden werden. Diese hat, zusammen mit dem technischen Fortschritt, den Weg »zurück an den Herd« versperrt. Es scheint daher im wesentlichen für die weitere Entwicklung nur ein Weg offen zu sein, und man tut gut daran, diesen Tatsachen ins Auge zu sehen und das Beste aus ihnen zu machen.

Neubelebung des Familienlebens

Man könnte einwenden, daß der Gewinn an Produktivität von geringem Nutzen ist, verglichen mit dem Verlust an Freizeit, deren sich zu erfreuen die Frau heute das Vorrecht hat. Viele Menschen glauben auch, daß manche unantastbaren Werte verlorengehen, wenn das Familienleben sich nicht in einer Atmosphäre der Muße abspielen kann. Ist aber die Voraussetzung, von der dieses Argument ausgeht, richtig? Würde die Berufstätigkeit der verheirateten Frau für die Familie wirklich den Verlust der Muße bedeuten?

Befassen wir uns näher mit diesem Argument und kehren wir zu unserer Annahme zurück, daß die verheiratete Frau ihrer Familie durchschnittlich 20 statt der bisherigen 26 Jahre widmen und im Anschluß an diese Periode außerhalb des Hauses eine Arbeit übernehmen könnte. Der Zuwachs an Arbeitskräften, der daraus resultiert, würde die Gemeinschaft in die Lage versetzen, an Gütern und Dienstleistungen 12,5 vH mehr zu produzieren, oder dieselbe Menge in 12,5 vH weniger Zeit herzustellen. Das würde je Arbeitswoche für alle Männer und Frauen eine Verkürzung der Arbeitszeit von 48 auf 42 oder von 40 auf 35 Stunden bedeuten.

Diese Möglichkeiten sind auf lange Sicht vorhanden. Sie werden jedoch nie erörtert. Bis jetzt scheinen sich alle Länder damit zu begnügen, der Entwicklung ihren Lauf zu lassen, die Zahl der Arbeitskräfte zu vermehren, wenn die Frauen auf gebotene finanzielle Vorteile reagieren, und – gewöhnlich zu wenig und zu spät – *ad hoc*-Regelungen zu treffen, um eine gewisse Anpassung an die Situation zu erreichen.

Obgleich man, wie wir oben sagten, wählen könnte zwischen einem Mehr an Produktion (und der Zuwachs an weiblichen Arbeitskräften ist bis jetzt hauptsächlich dafür benutzt worden) und einem Weniger an Arbeitszeit, kann es keinen Zweifel geben, daß die Frauen, wenn sie in dieser Frage von oft sehr persönlicher Bedeutung etwas zu sagen hätten, für eine Verkürzung der langen Zeit eintreten würden, die der moderne Mann fern von seinem Heim und seinen privaten Interessen zubringt.

Selbst bei der hier angeregten stärkeren Berufstätigkeit verheirateter Frauen bliebe ihnen wie bisher die Hauptverantwortung für das Aufziehen der Kinder.

Man kann leicht eine Zeittafel aufstellen und damit nachweisen, daß die von uns angenommenen 20 Jahre für das Aufziehen der heutigen Durchschnitts-Kinderzahl völlig ausreichen. Geht man davon aus, daß die Kinder bis zum Schulalter die ganztägige Betreuung durch die Mutter brauchen und bis zum Alter von 15 Jahren ihre halbtägige Anwesenheit, so ist eine Periode von 20 Jahren eine großzügig geschätzte Zeit, um 2 bis 3 Kinder, wie sie die Familie heute im Durchschnitt hat, aufzuziehen.

Diese Berechnung mag nicht für jede einzelne Familie zutreffen, aber als Denkschema ist sie ebenso realistisch wie Statistiken. Abweichungen von der Regel in der einen Richtung werden durch eine Zahl von Abweichungen in der entgegengesetzten Richtung ausgeglichen. Denn den Familien, die mehr Kinder haben oder sie in größerem Abstand bekommen als der Durchschnitt, stehen solche gegenüber, die weniger Kinder haben oder kinderlos bleiben.

Wenn die Berufstätigkeit der verheirateten Frau im Anschluß an die dem Aufziehen der Kinder gewidmeten Jahre zu einer weitverbreiteten Gewohnheit wird, dann würde die damit mögliche Arbeitszeitverkürzung eine Veränderung des häuslichen und familiären Lebens mit sich bringen, die nur erwünscht sein kann. Sowohl die Frau als auch der Mann würden mehr Zeit und Energie übrig haben, sich um ihr Heim zu kümmern – was eine schöpferische Verbindung von Arbeit und Muße sein kann, wenn man weder zu viel noch zu wenig Zeit dafür hat. Ein Sechsstundentag für Mann und Frau dürfte dann nicht unerreichbar sein und entspräche mehr oder weniger der Zeit, die die Kinder in der Schule verbringen. Dies würde eine vollständige Erneuerung des Familienlebens ermöglichen. Aber schon eine Verkürzung des Arbeitstages um eine Stunde würde dazu verhelfen, die Väter ins Haus zurückzubringen. Gegenwärtig ist die Beteiligung des Mannes am Leben seiner Familie zumeist auf das Wochenende und im übrigen darauf beschränkt, daß er den Bericht seiner Frau über das, was sich während seiner Abwesenheit zugetragen hat, entgegennimmt. Diese Art der »Anteilnahme« mag vielleicht für das Verhältnis eines Chefs zu seinen Mitarbeitern angemessen sein; sie reicht aber gewiß nicht aus, um eine Familie für alle ihre Mitglieder zu einer lebendigen Gemeinschaft werden zu lassen.

Es erscheint uns in so hohem Maße wünschenswert, aus Ehemännern und Vätern vollwertige Partner in den Angelegenheiten ihrer Familie – statt bloße Abendbesucher (»visiteurs du soir«) – zu machen, daß wir mit dem Ziel einer generellen Arbeitszeitverkürzung, die ganztägige Beschäftigung der verheirateten Frau einer Teilzeittätigkeit vorziehen möchten – obgleich während einer Übergangsperiode die Teilzeitarbeit möglicherweise leichter *getan* werden kann (leichter zu *finden* ist sie gewiß nicht).

In einer Erörterung ähnlicher Probleme, nämlich daß es wünschenswert wäre, wenn die Männer an dem Leben ihrer Familie größeren Anteil nähmen und die Frauen sich an dem außerhäuslichen Berufsleben beteiligten, regt ein amerikanischer Autor, Ashley Montague[6], eine radikale Verbesserung unseres Arbeitssystems an. Er legt einen Plan vor, nach dem alle ledigen Personen beiderlei Geschlechts 8 Stunden, alle verheirateten Männer und Frauen hingegen nur 4 Stunden pro Tag arbeiten sollten. An Stelle der üblichen Arbeitsteilung zwischen den Geschlechtern befürwortet er eine Differenzierung der Arbeitszeit (aber nicht der Arbeitsarten) nach dem Familienstand. Dies würde, meint er, dazu verhelfen, durch die Schaffung völliger Gleichheit zwischen Mann und Frau ein harmonisches Verhältnis der Ehegatten zueinander herzustellen: gleicher Anteil an der beruflichen wie an der häuslichen Arbeit,

---

6 Ashley Montague, *The Natural Superiority of Women*, New York 1953.

und gleiche Pflichten beim Aufziehen der Kinder, wobei beide genügend Zeit hätten, sich dem Heim, der Familie und anderen gemeinsamen Interessen zu widmen.

So wünschenswert diese Ziele auch sind, erscheint es uns doch äußerst unrealistische, einen Zustand zu schaffen, wo auf Junggesellen Prämien stehen, und zu erwarten, daß Arbeitgeber statt einer vollen Kraft zwei Halbtagskräfte beschäftigen oder die personelle Organisation des Betriebes einer jeden Veränderung im Familienstand ihrer Mitarbeiter anpassen; ganz zu schweigen von den Arbeitgebern selbst oder den vielen Menschen in freien Berufen wie Ärzten, Rechtsanwälten, Architekten usw. und den unabhängigen Geschäftsleuten, deren Arbeit ganz an ihre Person gebunden ist und weder auf die Hälfte reduziert noch zur Hälfte auf eine andere Person übertragen werden kann.

Im Gegensatz dazu bringt unsere Anregung, die Zahl der Erwerbstätigen durch Einbeziehung verheirateter Frauen, die entweder kinderlos sind oder keine kleinen Kinder mehr betreuen müssen, zu erhöhen, keine größeren Veränderungen des Arbeitsgefüges mit sich. Der Vorschlag beruht hauptsächlich auf einer veränderten Einstellung der Frauen selbst und auf der Schaffung von besseren Möglichkeiten, den Umfang der Hausarbeit zu verringern. Beide Bedingungen sind bereits auf dem Wege zu ihrer Erfüllung, und alles, was wir brauchen, ist eine allmähliche Beschleunigung dieser Entwicklung und ihre Ausdehnung auf einen größeren Teil der Bevölkerung.

Es ist möglich, daß sich ein Interessenkonflikt zwischen beiden Geschlechtern ergibt, wenn man eine Verringerung der durchschnittlichen Arbeitszeit pro Woche zu planen beginnt. Die Kürzung der täglichen Arbeitszeit mag für jene Frauen verlockend sein, die gern zu Hause sind, wenn ihre Kinder aus der Schule kommen; eine Verringerung der Arbeitstage mag dagegen den Männern, die an sportlichen Veranstaltungen interessiert sind, und auch den Gewerkschaften vorteilhafter erscheinen. Tatsächlich könnte eine Erhebung interessant sein, die die Vorteile eines kürzeren Arbeitstages – die sich in geringerer täglicher Ermüdung und vermehrter Teilnahme am Familienleben ausdrücken – der kürzeren Arbeitswoche – die sich im besseren Erholungseffekt eines »verlängerten Wochenendes« ausdrückt – gegenüberstellt. Der Reiz wird offensichtlich viel größer für solche Arbeitskräfte sein, die wie in

London und anderen Großstädten viel Zeit auf die Fahrt vom und zum Arbeitsplatz verwenden müssen.

Die mit der Sozialpolitik befaßten Stellen sind in wachsendem Maße zu der Einsicht gekommen, daß die berufstätigen Männer und Frauen nicht isolierte Einzelwesen, sondern Mitglieder von Familien sind, und daß man dieser Tatsache nicht nur im Heim, sondern auch bei der Organisation der Arbeit und der Freizeitgestaltung Rechnung tragen sollte. Das Problem besteht darin, wie man das Interesse der Wirtschaft an steigender Produktivität und das soziale Streben nach Zufriedenheit unter den Werktätigen und ihren Familien am besten ins Gleichgewicht bringt.

Die Richtung, in der sich die wohlerwogene amtliche Politik bewegt, kommt sowohl in Schweden als auch in Großbritannien am deutlichsten in den Berichten der Königlichen Kommissionen für Bevölkerungsfragen zum Ausdruck. Ihr Ausgangspunkt war bemerkenswerterweise nicht die Besorgnis um die Stellung der Frau, sondern um die Mittel und Wege zum Schutz der Interessen der Familie. Nichtsdestoweniger kamen beide zu einer entschiedenen Befürwortung der Berufstätigkeit verheirateter Frauen.

Die schwedische Kommission von 1955 beschuldigte die Arbeitgeber des »sozialen Mißbrauchs ihrer Macht«, wenn sie es verheirateten Frauen erschwerten, eine Stellung zu finden. Es wurde vorgeschlagen, ein Gesetz zu schaffen für den Fall, daß sich die Verhältnisse auf dem Arbeitsmarkt innerhalb eines angemessenen Zeitraums in dieser Hinsicht nicht änderten. Im Jahre 1938 legte die Königliche Kommission den Entwurf eines im folgenden Jahr verkündeten Gesetzes vor, nach dem »Berufstätige nicht wegen einer Heirat, einer Schwangerschaft oder der Geburt eines Kindes entlassen werden dürfen[7]«.

Die britische Königliche Kommission für Bevölkerungsfragen *(Royal Commission on Population)* [8] äußerte ihre Ansicht zu diesem Problem wie folgt: »Es wäre ganz allgemein für die Frau, die Familie und die Gemeinschaft von Schaden, versuchte man, den Beitrag, den die Frau zum Kultur- und Wirtschaftsleben der Nation beisteuern kann, einzuschränken. Es ist richtig, daß Mutterschaft und berufliche Vollbeschäftigung oft in Konflikt geraten. Dieser Konflikt ergibt sich zum Teil aus

---

7 Siehe auch Alva Myrdal, *Nation and Family,* London 1945, S. 415.
8 *Royal Commission on Population Report,* Cmd. 7695, 1949.

der biologischen Funktion der Frau, wird zum Teil aber auch künstlich erzeugt, und das Fortbestehen dieses künstlichen Elements führt dazu, den Stand der Mutterschaft zu einer untergeordneten Alternative gegenüber der außerhäuslichen Erwerbstätigkeit und der Teilnahme am öffentlichen Leben werden zu lassen. Wir begrüßen daher die Beseitigung des Eheverbotes in Berufen wie im Lehramt und dem öffentlichen Dienst, und wir sind der Meinung, man sollte sich um eine Regelung bemühen, die es den Frauen erleichtert, ihre Mutterschaft und die Betreuung des Haushalts mit Tätigkeiten außerhalb des Hauses zu verbinden[9].«

Man könnte hinzufügen, daß die erforderlichen Maßnahmen sich nicht auf eine technische und soziale Reorganisation beschränken. Was diese betrifft, so können Mittel für eine Verbesserung gefunden werden, und wir haben einige von ihnen erwähnt. Von gleicher Wichtigkeit jedoch ist ein Wandel in der gesellschaftlichen Einstellung. Dies ist ein Prozeß, der unvermeidlich langsamer vonstatten geht und nicht durch rein administrative Maßnahmen bewirkt werden kann.

Ein solcher Wandel in der Einstellung kann Folgen haben, von denen einige gegen tiefverwurzelte, gesellschaftliche Traditionen und wohlerworbene Rechte verstoßen mögen und die darum bei vielen Menschen – bei Frauen nicht weniger als bei Männern – unpopulär sein werden.

Um nur ein Beispiel zu nennen: Hat sich erst einmal der Gedanke durchgesetzt, daß es gleichermaßen die Pflicht von Männern und Frauen ist, einen positiven Beitrag zur Volkswirtschaft zu leisten, so ist schwerlich einzusehen, wieso ein Mann weiterhin seine geschiedene Frau bis zum Ende ihres Lebens unterhalten soll, wenn sie in der Lage ist, für sich selbst aufzukommen. Oder – während es bisher für eine Frau üblich ist, ihre Stellung aufzugeben, wenn der Beruf ihres Mannes einen Wechsel des Wohnsitzes erfordert –, es sind Situationen denkbar, in denen es sich für einen Mann günstiger erweist, seine Stellung zu wechseln, damit die Frau die ihre behalten kann. Gegenwärtig besteht ein starkes Vorurteil gebenüber einer solchen »Vertauschung der Rollen«; es kann nur allmählich beseitigt werden, indem Menschen bei gegebener Gelegenheit ein Exempel statuieren.

9 A. a. O., Seite 160.

Die Befürchtung weitreichender Rückwirkungen, von denen manche vielleicht unvorhersehbar sind, darf jedoch nicht gesellschaftlichen Reformen im Wege stehen, die im heutigen Stadium der technischen und wirtschaftlichen Entwicklung längst überfällig sind und für die Gemeinschaft von allgemeinem Nutzen sein würden.

Der soziale Fortschritt dringt immer nur ungleichmäßig auf den verschiedenen Gebieten menschlicher Betätigung vor. In der Regel aber hat er sich immer etwa so vollzogen, daß neue wissenschaftliche Erfindungen zu technischen Fortschritten führten, denen wiederum soziale Angleichungen und Reorganisationen folgten; Veränderungen der allgemeinen Einstellung und Meinung bilden gewöhnlich den Schluß. Es besteht kein Grund zu der Annahme, auf dem Gebiet der Beschäftigung von Frauen, die heute durch die neuesten technischen Entwicklungen erleichtert und notwendig geworden ist, könne der Phasenablauf anders vor sich gehen – oder es werde Vorurteilen erlaubt sein, den Weg zum sozialen Fortschritt zu versperren.

So langsam die notwendige geistige Anpassung auch vor sich geht, sie muß sich schließlich vollziehen, und es gibt gewisse Symptome, die deutlich zeigen, daß solche Veränderungen in der sozialen Einstellung im Vordringen begriffen sind. Obwohl es zur Zeit beispielsweise keine Ideologie gibt, die verlangt, daß kinderlose verheiratete Frauen einen Beruf ergreifen (die Kriegszeit ausgenommen, wo dies in allen Ländern üblich war und in manchen zur Pflicht erhoben wurde), gibt es doch selbst in den mittleren und oberen Schichten keine Vorurteile mehr dagegen.

Dies steht in betontem Gegensatz zu den Ansichten und Gepflogenheiten früherer Generationen, und es weist auf die Richtung hin, in der die Entwicklung sich vollzieht. Die Ansichten und Vorstellungen werden mehr und mehr mit den technischen und gesellschaftlichen Entwicklungen in Einklang gebracht und wirken in Richtung einer stärkeren Beteiligung der verheirateten Frauen an den wirtschaftlichen, politischen, administrativen und kulturellen Tätigkeitsbereichen der Gesellschaft.

TEXT 14

Simone de Beauvoir
Das andere Geschlecht.
Sitte und Sexus der Frau. Schlußfolgerungen

»Nein, die Frau ist nicht unsere Schwester. In unserer Bequemlichkeit und Verderbtheit haben wir aus ihr ein besonderes, unbekanntes Wesen gemacht, das keine weitere Waffe als ihr Geschlecht besitzt. Das bedeutet nicht nur einen ständigen Krieg, sondern auch eine Waffe in einem unguten Krieg, – sie betet an oder haßt, sie ist aber kein aufrichtiger Kamerad, sie ist ein Wesen, das zu Tausenden Korpsgeist, Freimaurergeist besitzt – mit dem ewigen Mißtrauen einer kleinen Sklavin.«

Auch viele Männer würden diese Worte von Jules Laforgue unterschreiben. Viele meinen, zwischen den beiden Geschlechtern gebe es immer Zank und Kabalen und sie brächten es nie zu einer Brüderlichkeit. Tatsache ist, daß heute weder Männer noch Frauen sich gegenseitig zufriedenstellen. Es handelt sich jedoch um die Frage, ob ein ursprünglicher Fluch sie dazu verdammt, sich gegenseitig zu zerreißen, oder ob die Konflikte, die sie gegeneinander einstellen, nur einen vorübergehenden Augenblick in der Menschheitsgeschichte darstellen.

Wie wir gesehen haben, zwingt trotz aller Legenden kein physiologisches Schicksal dem Mann oder der Frau als solchen eine ewige Feindschaft auf. Selbst die berühmte Gottesanbeterin verschlingt ihr Männchen nur aus Nahrungsmangel und im Interesse der Gattung: Dieser unterliegen alle Individuen von oben bis unten in der Stufenleiter der Tiere. Im übrigen ist die Menschheit etwas anderes als eine Gattung, sie ist ein geschichtliches Werden. Sie bestimmt sich durch die Art, wie sie mit ihrer natürlichen Faktizität fertig wird. Selbst mit dem bösesten Willen der Welt läßt sich zwischen Mann und Weib keine Rivalität eigentlich physiologischer Ordnung feststellen. Ihre Feindschaft läßt sich daher auch eher auf das Zwischengebiet zwischen Biologie und Physiologie, nämlich die Psychoanalyse, verlegen. Die Frau, so heißt es, beneidet den Mann um seinen Penis und möchte ihn kastrieren. Aber der kindliche Wunsch nach dem Penis wird im Leben der erwachsenen Frau nur bedeutungsvoll, wenn sie ihr Frauentum als eine Verstümmelung empfindet. Dann wünscht sie sich das männliche Organ anzueignen, insoweit es alle Privilegien des Mannseins verkörpert. Man nimmt gern an, daß ihr Traum von der Kastration eine symbolische Bedeutung besitzt: Sie will dem Mann seine Transzendenz rauben, so denkt man. Ihr Wunsch ist, wie wir gesehen haben, viel doppelsinniger: Auf widerspruchsvolle Weise will sie diese Transzendenz *haben,* was voraussetzt, daß sie sie gleichzeitig achtet und leugnet, daß sie sich gleichzeitig auf sie werfen und sie für sich behalten will. Das heißt, das Drama spielt sich nicht auf einer sexuellen Ebene ab. Im übrigen ist uns die Sexualität nie als schicksalsbestimmend erschienen, so, als liefere sie den Schlüssel menschlichen Verhaltens, sondern als der Ausdruck der Totalität einer Situation, zu deren Bestimmung sie beiträgt. Der Kampf der Geschlechter leitet sich nicht unmittelbar aus der Anatomie von Mann und Frau ab. Wenn man ihn heranzieht, nimmt man in Wirklichkeit für ausgemacht an, daß sich im überzeitlichen Himmel der Ideen ein Kampf zwischen unbestimmten Wesenheiten, dem Ewigweiblichen und dem Ewigmännlichen, abspielt. Und man übersieht, daß dieser titanische Kampf auf Erden je nach den verschiedenen historischen Augenblicken zwei ganz verschiedene Formen annimmt.

Die Frau, die in der Immanenz eingeschlossen ist, versucht, auch den Mann in dieses Gefängnis hineinzuziehen. Auf diese Weise fällt dieses mit der Welt zusammen und sie leidet nicht mehr darunter, daß sie in ihm eingeschlossen ist: Die Mutter, die Gattin, die Liebende sind Kerkermeisterinnen. Die Gesellschaft, die von Männern in Rechtsordnungen gebracht wurde, erklärt die Frau für minderwertig. Sie kann diese Minderwertigkeit nur beseitigen, wenn sie die männliche Überlegenheit zerstört. Sie sucht den Mann zu verstümmeln, zu beherrschen, sie widerspricht ihm, leugnet seine Wirklichkeit und seine Werte. Doch dadurch verteidigt sie sich nur. Weder eine unveränderliche Wesenheit noch eine schuldhafte Wahl haben sie zur Immanenz, zur Minderwertigkeit bestimmt. Sie sind ihr auferlegt worden. Jede Unterdrückung schafft einen Kriegszustand. Unser Fall hier bildet keine Ausnahme. Der Existierende, den man als unwesentlich betrachtet, muß unfehlbar seine Selbstherrlichkeit wiederherstellen wollen.

Heute nimmt der Kampf eine andere Gestalt an. Statt den Mann in ihrem Gefängnis mit einschließen zu wollen, versucht die Frau, aus diesem herauszukommen. Sie sucht nicht mehr, ihn in die Region der Immanenz hineinzuziehen, sondern selbst in das Licht der Transzendenz emporzutauchen. Nunmehr schafft die Haltung der Männer einen neuen Konflikt: Nur widerwillig *entläßt* der Mann die Frau. Er möchte gern das eigenherrliche Subjekt, der absolut Überlegene, der Wesentliche bleiben. Er weigert sich, seine Gefährtin konkret für ebenbürtig zu halten. Sie beantwortet sein Mißtrauen mit einer aggressiven Haltung. Es handelt sich nicht mehr um einen Krieg zwischen Individuen, die jedes in seiner Sphäre eingeschlossen sind: Eine ganze Kaste stellt Ansprüche, geht zum Angriff über und wird von der privilegierten Kaste in Schach gehalten. Es sind zwei Transzendenzen, die aufeinanderprallen. Statt sich gegenseitig anzuerkennen, will jede Freiheit die andere beherrschen.

Dieser Unterschied in der Haltung macht sich auf der sexuellen wie auf der geistigen Ebene bemerkbar. Indem sich die *feminine* Frau zur passiven Beute macht, versucht sie, auch den Mann zu ihrer körperlichen Passivität zu nötigen. Sie verlegt sich darauf, ihm Fallen zu stellen, ihn durch die Begierde in Fesseln zu schlagen, die sie dadurch erregt, daß sie sich gefügig zu einer Sache macht. Die *emanzipierte* Frau dagegen möchte aktiv zupacken und verweigert die Passivität, die der Mann ihr auferlegen will. Ebenso sprechen Elise und ihre Nacheiferinnen der männlichen Tätigkeit ihren Wert ab. Sie stellen den Körper über den Geist, die Zufälligkeit über die Freiheit, ihre routinierte Weisheit über die schöpferische Kühnheit. Die *moderne* Frau akzeptiert jedoch die männlichen Werte, sie ist darauf aus, analog wie der Mann zu denken, zu handeln, zu arbeiten, schöpferisch tätig zu sein. Statt daß sie die Männer herunterzuziehen sucht, betont sie, daß sie ihnen gleichkommt. In dem Maße, wie sich dieser ihr Widerspruch in konkreten Verhaltensweisen ausdrückt, ist er berechtigt. Und man muß hierbei die Anmaßung der Männer tadeln. Zu ihrer Entschuldigung muß man jedoch sagen, daß die Frauen gern auf verschiedene Karten setzen. Eine Mabel Dodge wollte Lawrence durch den Charme ihrer Weiblichkeit knechten, um ihn dann geistig zu beherrschen. Um durch ihren Erfolg zu beweisen, daß sie so viel wie ein Mann wert sind, bemühen sich viele Frauen darum, sich sexuell eine männliche Stütze zu sichern. Sie spielen auf zwei Tischen, sie verlangen gleichzeitig alte Rücksichtnahme und neue Wertschätzung, sie setzen auf ihre alte Magie und auf ihre jungen Rechte. Es ist verständlich, daß der Mann sich ärgerlich zur Wehr setzt.

Aber auch er ist zweideutig, wenn er verlangt, daß die Frau sich loyal am Spiel beteiligt, während er ihr aus Mißtrauen, aus Feindseligkeit die nötigsten Trümpfe verweigert. In Wirklichkeit vermag der Kampf zwischen ihnen keine klare Gestalt anzunehmen, da die Frau ihrem Wesen nach selbst undurchsichtig ist. Sie stellt sich nicht gegen den Mann als Subjekt, sondern als ein Objekt, das paradoxerweise subjektive Eigenschaften besitzt. Sie faßt sich gleichzeitig als *sich selbst* und als *andere* auf, was einen Widerspruch bedeutet, dessen Folgen Verwirrung stiften. Wenn sie sich gleichzeitig aus ihrer Schwäche und ihrer Stärke eine Waffen macht, handelt es sich nicht um eine überlegte Berechnung: Spontan sucht sie sich auf dem Wege, der ihr auferlegt ist, der Passivität, zu helfen, während sie gleichzeitig aktiv ihre Selbstherrlichkeit fordert. Und sicherlich ist dieses Verfahren ein *unguter Krieg,* aber es wird ihr durch die zweideutige Situation auferlegt, die man ihr zugewiesen hat. Wenn der Mann indessen sie als eine Freiheit behandelt, entrüstet er sich, daß sie für ihn eine Falle bleibt. Wenn er ihr schmeichelt und sie als seine Beute beglückt, ärgert er sich über ihre autonomen Ansprüche. Er mag tun, was er will, er kommt sich genarrt vor und fühlt sich verletzt.

Die Auseinandersetzung wird so lange dauern, als Mann und Frau sich nicht als ihresgleichen anerkennen, d. h. solange sich das Frauentum als solches weiter fortsetzt. Wer von beiden ist am meisten darauf aus, es zu retten? Die Frau, die sich von ihm frei macht, will trotzdem ihre Vorrechte wahren. Und der Mann verlangt, daß sie dann auch ihre Grenzen auf sich nimmt. »Es ist leichter, ein Geschlecht anzuklagen, als das andere zu entschuldigen«, sagt Montaigne. Tadel und Lob zu verteilen führt zu nichts. Der Circulus vitiosus ist hier tatsächlich so schwierig aufzuheben, weil bei beiden Geschlechtern jedes gleichzeitig das Opfer des andern und seiner selbst ist. Zwischen zwei Gegnern, die sich in ihrer reinen Freiheit gegenüberstehen, ließe sich leicht eine Einigung erzielen: Um so mehr, als dieser Kampf keinem etwas nützt. Aber das Komplizierte dieser ganzen Angelegenheit rührt davon her, daß jede Seite der Komplice ihrer Gegenseite ist. Die Frau verfolgt einen Traum der Selbstaufgabe, der Mann einen Traum der Entfremdung. Das Unauthentische bringt nichts ein: Jeder hält sich wegen des Unglücks, das er sich zugezogen hat, an den anderen, weil es so am bequemsten für ihn ist. Mann und Frau hassen jeweils beim andern den offensichtlichen Mißerfolg ihres eigenen bösen Willens und ihrer eigenen Feigheit.

Wir haben gesehen, warum die Männer von vornherein die Frauen geknechtet haben. Die Entwertung des Frauentums war eine notwendige Etappe in der Evolution der Menschheit. Sie hätte aber eine Zusammenarbeit der beiden Geschlechter nach sich ziehen können. Die Unterdrückung erklärt sich aus der Tendenz des Existierenden, sich zu entfliehen und sich in dem andern zu entfremden, den er zu diesem Zweck unterdrückt. Heute findet sich diese Tendenz in jedem einzelnen Mann wieder: Die allermeisten geben ihr auch nach. Der Ehemann will sich bei seiner Gattin, der Liebhaber bei seiner Geliebten eine Statue errichten. Er verfolgt in ihr den Mythos seines Mannestums, seiner Selbstherrlichkeit, seiner unmittelbaren Realität. »Mein Mann geht nie ins Kino«, sagt die Frau, und die unbestimmte Meinung des Mannes wird so für alle Ewigkeit festgelegt. Aber er ist selbst der Sklave seines Double: Was für eine Arbeit ist es doch, ein Bild aufzustellen, in dem er immer in Gefahr ist! Es beruht trotz allem auf der launenhaften Freiheit der Frauen: Man muß sie sich immer geneigt machen. Der Mann wird von der Sorge aufgezehrt, sich männlich, wichtig, überlegen zu erweisen. Er spielt Komödie, damit ihm eine ebensolche vorgespielt wird. Dabei ist er aggressiv, beunruhigt. Er ist auf die Frauen nicht gut zu sprechen, weil er Angst vor ihnen hat, und Angst hat er vor ihnen, weil er Angst vor der Persönlichkeit hat, mit der er sich identifiziert. Wieviel Zeit und Kraft vergeudet er allein damit, Komplexe zu entwirren, zu sublimieren, zu transponieren, von Frauen zu sprechen, sie zu verführen, zu fürchten! Man würde ihn befreien, wenn man sie frei machte! Aber das ist es gerade eben, was er fürchtet. Und er hält hartnäckig an Täuschungen fest, welche die Frau in ihren Ketten festhalten sollen.

Daß sie getäuscht wird, darüber sind sich sehr viele Männer im klaren. »Welches Unglück, ein Weib zu sein! Und doch liegt das größte Unglück darin, daß das Weib es nicht faßt«, sagt Kierkegaard. Schon seit langem hat man sich bemüht, dieses Unglück zu verschleiern. Man hat zum Beispiel die Vormundschaft abgeschafft: Man hat der Frau *Beschützer* gegeben, und wenn diese die Rechte der früheren Vormünder erhalten haben, geschah es in ihrem eigenen Interesse. Wenn man ihr das Arbeiten verbietet, verteidigt man sie gegen sich selbst, sichert man ihr Glück. Wir haben gesehen, mit welchen poetischen Schleiern man die monotone Arbeit – Haushalt, Mutterschaft – verhüllte, die ihr zufällt. Als Ausgleich für ihre Freiheit hat man sie mit den trügerischen Schätzen ihres *Frauentums* beglückt. Balzac hat dieses Manöver ganz gut charakterisiert, wenn er dem Mann geraten hat, sie als Sklavin zu behandeln und ihr gleichzeitig einzureden, daß sie eine Königin sei. Weniger zynisch bemühen sich viele Männer, sich selbst einzureden, daß sie wirklich bevorzugt ist. Es gibt amerikanische Soziologen, die heute in allem Ernst die Theorie vom *low-class gain,* d. h. von den *Vorteilen der niederen Klassen,* lehren. Auch in Frankreich hat man oft – wenn auch auf weniger wissenschaftliche Weise – verkündet, daß die Arbeiter in einer glücklichen Lage seien, daß sie nicht zu *repräsentieren* brauchten, und mehr noch die Landstreicher, die sich in Lumpen kleiden und auf dem Trottoir schlafen können, Vergnügungen, die dem Grafen de Beaumont und den armen Herren de Wendel versagt sind. Ähnlich den sorglosen Wanzenträgern, die fröhlich ihr Ungeziefer kratzen, ähnlich den vergnügten Negern, die unter Peitschenhieben lachen, und jenen fröhlichen Arabern in Tunis, die mit einem Lächeln auf den Lippen ihre verhungerten Kinder begraben, genießt die Frau jenes unvergleichliche Vorrecht, die Verantwortungslosigkeit. Ohne Mühen, ohne Last, ohne Sorgen hat sie offenbar *das bessere Teil erwählt.* Verwirrend ist nur, daß sie, die in einer verbohrten Perversität – die zweifellos mit der Erbsünde zusammenhängt – Jahrhunderte hindurch und über Länder hinweg das bessere Teil erwählt haben, in einem fort ihren Wohltätern zurufen: Es ist zu viel! Ich bin mit eurem Anteil zufrieden! Aber die herrlichen Kapitalisten, die edelmütigen Kolonisatoren, die großartigen Männer bleiben hartnäckig dabei: »Behaltet euer besseres Teil, behaltet es!«

In der Tat finden die Männer in ihrer Gefährtin einen besseren Komplicen, als der Unterdrücker beispielsweise im Opfer seiner Unterdrückung findet. Daher halten sie sich böswillig zu der Erklärung berechtigt, sie habe das Schicksal *gewollt,* das sie ihr auferlegt haben. Wie wir gesehen haben, hat es in Wirklichkeit ihre ganze Erziehung darauf abgesehen, ihr die Wege der Auflehnung und des Abenteuers zu versperren. Die ganze Gesellschaft – bei ihren verehrlichen Eltern angefangen – lügt sie an, wenn sie den hohen Wert der Liebe, der Ergebenheit, der Selbsthingabe predigen und ihr dabei verheimlichen, daß weder der Geliebte noch der Ehemann noch die Kinder geneigt sind, eine solch erdrückende Last zu ertragen. Sie akzeptieren fröhlich diese Lügen, weil sie sie dazu anhalten, ihrer Bequemlichkeit nachzugehen. Und darin liegt das schlimmste Verbrechen, das gegen sie begangen wird. Von Kindheit an und ihr ganzes Leben lang verwöhnt, verdirbt man sie, indem man ihr als ihre Berufung jene Selbstaufgabe hinstellt, die jeden Existierenden versucht, der sich vor seiner Freiheit ängstigt. Wenn man das Kind zur Faulheit verleitet, indem man es den ganzen Tag belustigt, ohne ihm Gelegenheit zu ernsthaftem Lernen zu geben, ohne ihm dessen Nützlichkeit darzutun, wird man ihm, wenn es herangewachsen ist, nicht sagen können, es habe sich für die Unfähigkeit und Ignoranz entschieden: So erzieht man aber die Frau, ohne sie je die Notwendigkeit zu lehren, selbst ihre Existenz auf sich zu nehmen. Sie läßt sich gern dahin treiben, daß sie mit der Protektion, der Liebe, der Hilfe, der Leitung anderer rechnet. Sie läßt sich von der Hoffnung faszinieren, sie könne, ohne etwas zu *tun*, ihr Wesen realisieren. Sie handelt verkehrt, wenn sie der Versuchung nachgibt. Dem Mann steht es jedoch in keiner Weise an, ihr Vorwürfe zu machen, da er selbst sie in Versuchung geführt hat. Wenn ein Konflikt zwischen ihnen ausbricht, macht jedes die andere Partei für die Situation verantwortlich. *Sie* wirft ihm vor, er habe sie geschaffen: Man hat mich nicht gelehrt, vernünftig zu überlegen, meinen Lebensunterhalt selbst zu verdienen . . . *Er* wirft ihr vor, die Situation akzeptiert zu haben: Du verstehst nichts, du bist unfähig . . . Jedes Geschlecht glaubt sich zu rechtfertigen, wenn es die Offensive ergreift: Doch die Fehler des einen entschuldigen die Gegenseite nicht.

Die zahllosen Konflikte, die Mann und Frau miteinander ausfechten, rühren davon her, daß keines der beiden alle Folgen dieser Situation auf sich nimmt, die der eine vorschlägt und die andere erleidet. Dieser unbestimmte Begriff der *Gleichheit in der Ungleichheit,* dessen sich der eine bedient, um seinen Despotismus, und die andere, um ihre Feigheit zu bemänteln, besteht die Probe der Erfahrung nicht. In ihrem Austausch beansprucht die Frau für sich die abstrakte Gleichheit, die man ihr zugebilligt hat, und der Mann die konkrete Ungleichheit, die er feststellt. Daher kommt es, daß eine endlose Debatte über die Zweideutigkeit der Worte *geben* und *nehmen* alle Liebesverbindungen durchzieht: Sie beklagt sich darüber, daß sie ihm alles gebe, er protestiert, daß sie ihm alles nehme. Die Frau muß verstehen lernen, daß der Austausch – nach einem Grundgesetz der Volkswirtschaft – sich nach dem Wert regelt, den die angebotene Ware für den Käufer und nicht für den Verkäufer besitzt. Sie ist betrogen worden, wenn ihr eingeredet worden ist, sie besitze einen unendlichen Preis. In Wirklichkeit ist sie für den Mann nur eine

Zerstreuung, ein Vergnügen, eine Gesellschaft, ein unwesentliches Gut. Er ist der Sinn, die Rechtfertigung ihrer eigenen Existenz. Der Austausch vollzieht sich also nicht zwischen zwei Objekten derselben Qualität. Diese Ungleichheit kommt ganz besonders in der Tatsache zum Ausdruck, daß die Zeit, die sie miteinander verbringen – und die fälschlicherweise dieselbe Zeit zu sein scheint –, für die beiden Partner nicht den gleichen Wert besitzt. Während des Abends, den der Liebhaber mit seiner Geliebten verbringt, könnte er eine für seine Laufbahn nützliche Arbeit ausführen, Freunde besuchen, Beziehungen pflegen, sich zerstreuen. Für einen Mann, der ganz normal der Gesellschaft angehört, ist die Zeit ein positiver Reichtum, nämlich Geld, Ansehen, Vergnügen. Für die müßige Frau dagegen, die sich langweilt, ist sie eine Last, die sie einfach loswerden will. Sowie es ihr gelingt, die Zeit totzuschlagen, hat sie einen Gewinn: Die Gegenwart des Mannes ist für sie der reine Gewinn. In zahlreichen Fällen ist der sexuelle Gewinn, den er aus ihr zieht, das, was den Mann am offenkundigsten an einer Liebesverbindung interessiert: Notfalls kann er sich damit begnügen, gerade so viel Zeit bei seiner Geliebten zu verbringen, als zur Vollziehung des Liebesaktes notwendig ist. Sie aber wünscht – von Ausnahmen abgesehen – die ganze überschüssige Zeit zu *vertun*, mit der sie nichts anzufangen weiß: Und – wie der Kaufmann, der nur Kartoffeln verkauft, wenn man ihm auch seine *Kohlrüben abnimmt* – sie gibt ihren Körper nur her, wenn der Liebhaber obendrein Stunden der Unterhaltung und des Ausgehens mit in Kauf *nimmt*. Es kann sich ein Gleichgewicht einstellen, wenn die Kosten dieses Koppelgeschäfts dem Mann nicht zu hoch erscheinen: Das hängt selbstverständlich von der Intensität seines Begehrens und der Wichtigkeit ab, die in seinen Augen die Beschäftigungen besitzen, die er opfert. Wenn die Frau aber zuviel Zeit verlangt – anbietet –, fällt sie ihm recht lästig gleich dem Fluß, der sein Bett verläßt, und der Mann will lieber nichts von ihr haben, als daß er zuviel von ihr bekommt. Sie mäßigt also ihre Forderungen. Aber oft stellt sich der Ausgleich auf Kosten einer doppelten Spannung ein: Sie ist der Meinung, daß der Mann sie zu billig *hat*. Er denkt, daß er sie zu teuer bezahlt. Selbstverständlich ist diese Aufstellung etwas humoristisch gemeint. Abgesehen jedoch von Fällen eifersüchtiger und ausschließlicher Leidenschaft, bei welcher der Mann die Frau in ihrer Gesamtheit begehrt, ist dieser Konflikt in der Zärtlichkeit, dem Begehren, der Liebe selbst begründet. Der Mann hat immer mit seiner Zeit *etwas vor*. Sie dagegen will ihre Zeit immer loswerden. Und er betrachtet die Stunden, die sie ihm widmet, nicht als Geschenk, sondern als eine Last. Im allgemeinen ist er bereit, diese zu ertragen, weil er wohl weiß, daß er der gewinnende Teil ist; er hat ein *schlechtes Gewissen.* Und wenn er einigen guten Willen besitzt, versucht er die Ungleichheit der Lage großmütig auszugleichen. Er macht sich indessen ein Verdienst daraus, wenn er Erbarmen mit ihr hat, und beim ersten Zusammenstoß behandelt er die Frau als Undankbare und gerät in Zorn: »Ich bin eben zu gut!« Sie kommt sich als Bettlerin vor, dabei ist sie vom hohen Wert ihrer Geschenke überzeugt und fühlt sich dadurch gedemütigt. So erklärt sich die Grausamkeit, deren die Frau oft fähig ist. Sie hat ein *gutes Gewissen,* weil sie auf der benachteiligten Seite steht. Sie fühlt sich zu keinerlei Schonung gegenüber der privilegierten Klasse verpflichtet, sie denkt nur an ihre Verteidigung. Sie ist sogar sehr glücklich, wenn sie Gelegenheit erhält, dem Liebhaber ihren Trotz zu zeigen, der sie nicht zu beglücken verstanden hat: Da er nicht genug gibt, macht es ihr ein grausames Vergnügen, ihm alles wieder zu nehmen. Dann entdeckt der Mann verletzt den gesamten Wert der Liebesverbindung, die er in jedem einzelnen Augenblick geringschätzte: Er ist zu allen Versprechungen bereit, was nicht hindert, daß er sich von neuem ausgebeutet vorkommt, wenn er diese halten soll. Er wirft seiner Geliebten vor, daß sie ihn erpreßt: Sie macht ihm seinen Geiz zum Vorwurf. Alle beide fühlen sich verletzt. Auch hier wiederum ist es müßig, Entschuldigung und Tadel zu verteilen: In einer Atmosphäre der Ungerechtigkeit läßt sich nie Gerechtigkeit schaffen. Ein Kolonialbeamter hat keinerlei Möglichkeit, sich den Eingeborenen gegenüber anständig aufzuführen, ebensowenig ein General gegenüber seinen Soldaten. Die einzige Lösung ist eben die, kein Kolonist und kein Heerführer zu werden. Aber ein Mann kann sich nicht hindern, ein Mann zu sein. So wird er also schuldig wider Willen und von einem Fehler bedrückt, den er selbst gar nicht begangen hat. So wird sie wider Willen zum Opfer und zur Megäre. Manchmal lehnt er sich auf, wird grausam, aber dann macht er sich zum Komplicen der Ungerechtigkeit, und der Fehler wird dann wirklich sein eigener. Manchmal läßt er sich durch die Ansprüche seines Opfers an die Wand drücken, aufzehren: Doch kommt er sich dann genarrt vor. Oft bleibt er bei einem Kompromiß stehen, der ihn schmälert, bei dem ihm gleichzeitig nicht wohl ist. Einem Mann, der guten Willens ist, geht die Situation der Frau näher als der Frau selbst: In einem gewissen Sinne kommt man immer besser weg, wenn man sich auf die Seite der Besiegten stellt. Aber auch wenn sie ihrerseits guten Willens, wenn sie unfähig ist, sich selbst zu genügen, wenn es ihr widerstrebt, den Mann durch die Last ihres Schicksals zu erdrücken, gerät sie in eine heillose Verwirrung. Man findet im täglichen Leben haufenweise solche Fälle, die zu keiner befriedigenden Lösung führen, weil sie durch unbefriedigende Voraussetzungen bestimmt sind: Ein Mann, der sich genötigt sieht, materiell und moralisch eine Frau weiterzuunterhalten, die er nicht mehr liebt, fühlt sich als Opfer. Wenn er aber die Frau ohne Hilfsmittel aufgäbe, die ihr ganzes Leben für ihn eingesetzt hat, würde sie genau so ungerechterweise zum Opfer. Das Übel rührt nicht von einer persönlichen Verderbtheit her – der böse Wille beginnt dann, wenn jedes die Schuld beim andern sucht –, es rührt von einer Situation her, gegen die das Verhältnis des einzelnen machtlos ist. Die Frauen sind *klettenhaft,* sie fallen einem zur Last und leiden dabei selbst darunter. Sie haben eben das Schicksal eines Schmarotzers, der sein Leben einem fremden Organismus entzieht. Man soll ihnen einen autonomen Organismus geben, damit sie sich gegen die Welt wehren und ihr ihren Unterhalt abtrotzen können, dann wird ihre Abhängigkeit – auch die des Mannes – verschwinden. Alle beide werden sich dann zweifellos wohler fühlen.

Eine Welt, in der Mann und Frau gleich sind, kann man sich leicht vorstellen. Denn es ist genau die Welt, welche die sowjetische Revolution *versprochen* hatte: Die Frauen würden genau wie die Männer erzogen und geformt, sie arbeiteten unter den gleichen Bedingungen und um den gleichen Lohn. Daß manche überschwere Berufe ihnen versagt bleiben, widerspricht diesem Plan nicht: Selbst unter den Männern sucht man mehr und mehr eine berufliche Anpassung zu erzielen. Ihre körperlichen und intellektuellen Fähigkeiten beschränken ihre Auswahlmöglichkeiten. Jedenfalls soll jede geschlechtliche und kastenmäßige Grenze wegfallen. Die sexuelle Freiheit würde von den Sitten gestattet, aber der Geschlechtsakt würde nicht mehr als ein *Dienst* angesehen werden, der sich bezahlt macht. Die Frau würde *genötigt* sein, sich einen anderen Lebensunterhalt zu sichern. Die Ehe würde auf einer freien Vereinbarung beruhen, welche die Gatten aufkündigen könnten, sobald sie wollten. Die Mutterschaft wäre frei, d. h. man würde die Geburten-Beschränkung und die Abtreibung gestatten und dafür allen Müttern und ihren Kindern genau dieselben Rechte geben, ob sie verheiratet sind oder nicht. Schwangerschaftsurlaub würde von der Kollektivität bezahlt werden, welche die Betreuung der Kinder übernähme. Das soll nicht heißen, daß man sie den Eltern *entziehen,* sondern daß man sie ihnen nicht *ausliefern* würde.

Genügt es aber, die Gesetze, Institutionen, Sitten, Meinungen und das ganze Sozialgefüge zu ändern, damit Mann und Frau wirklich einander gleich werden? »Die Frau bleibt immer Frau«, sagen die Skeptiker. Und andere Hellseher prophezeien, wenn man ihnen ihr Frauentum nehme, verwandelten sie sich nicht in Männer, sondern würden zu Ungeheuern werden. Das hieße behaupten, die heutige Frau sei eine Schöpfung der Natur. Es muß nochmals darauf hingewiesen werden, daß es in der menschlichen Gesellschaft nichts Natürliches gibt und die Frau unter anderm ein Zivilisationsprodukt ist. Das Eingreifen des andern in ihr Schicksal ist von Anfang an erfolgt: Wenn diese Einwirkung anders gelenkt würde, käme sie zu einem ganz anderen Ergebnis. Die Frau wird weder durch ihre Hormone noch durch geheimnisvolle Instinkte bestimmt, sondern durch die Art und Weise, wie sie durch das Bewußtsein Fremder ihren Körper und ihre Beziehung zur Welt erfaßt. Der Abgrund, der das junge Mädchen vom jungen Mann trennt, ist von den ersten Tagen ihrer Kindheit an ganz bewußt geschaffen worden. Später kann man nicht mehr verhindern, daß die Frau das ist, wozu man sie *gemacht hat,* sie wird diese Vergangenheit immer hinter sich herschleppen. Wenn man deren Gewicht ermißt, begreift man sehr wohl, daß ihr Schicksal nicht für alle Ewigkeit festgelegt ist. Gewiß darf man nicht glauben, daß es genügt, ihre wirtschaftliche Lage zu ändern, damit die Frau sich wandelt: Dieser Faktor ist und bleibt der Hauptfaktor ihrer Evolution. Aber solange er nicht die moralischen, sozialen, kulturellen und andere Folgerungen nach sich gezogen hat, die er ankündigt und fordert, kann die neue Frau nicht in Erscheinung treten. Zur gegenwärtigen Stunde sind diese noch nirgends verwirklicht worden, weder in der UdSSR, in Frankreich noch in den USA. Und deshalb wird die heutige Frau zwischen Vergangenheit und Zunkunft hin- und hergezerrt. Sie erscheint meist als eine *echte Frau* in Männerkleidung und fühlt sich dabei in ihrem Frauenkörper ebensowenig wohl wie in ihrer Männerkleidung. Sie muß sich häuten und ihre eigenen Kleider zurechtschneidern. Sie kann nur dank einer kollektiven Evolution dahin gelangen. Kein einzelner Erzieher kann heute ein *weibliches Menschenwesen* gestalten, das genaue Analogon des *männlichen Menschenwesens*. Wenn das Mädchen als Junge erzogen wird, kommt es sich als ein Ausnahmewesen vor und erleidet damit eine neue Art der Sonderung. Stendhal hat dies wohl verstanden, wenn er sagt: »Man muß den ganzen Wald mit einem Mal pflanzen.« Wenn wir aber dagegen eine Gesellschaft annähmen, in der die Gleichheit der Geschlechter konkret verwirklicht würde, könnte sich diese Gleichheit von neuem in jedem Individuum bejahen.

Wenn das junge Mädchen von zartestem Kindesalter an mit dem gleichen Anspruch und der gleichen Anerkennung, mit der gleichen Strenge und der gleichen Freiheit wie ihre Brüder erzogen würde, wenn sie an denselben Studien, denselben Spielen teilnähme, wenn ihr dieselbe Zukunft offenstände, wenn sie von Männern und Frauen umgeben wäre, die ihr unbedingt gleichwertig erschienen, dann würden sich der *Kastrations-Komplex* und der *Ödipus-Komplex* von Grund auf ändern. Wenn die Mutter mit derselben Berechtigung wie der Vater die materielle und moralische Verantwortung für das Paar übernähme, würde sie dasselbe bleibende Ansehen genießen. Das Mädchen würde um sich herum eine mann-weibliche und keine männliche Welt empfinden. Mag sie sich auch gefühlsmäßig mehr zum Vater hingezogen fühlen – was nicht einmal sicher ist –, dann würde ihre Liebe zu ihm vom Willen zur Nacheiferung und nicht vom Gefühl der Ohnmacht gefärbt werden: Sie würde sich nicht nach der Passivität hin orientieren. Wenn sie die Erlaubnis hätte, ihren Wert in der Arbeit und im Sport, in einem aktiven Wettbewerb mit den Jungen zu beweisen, dann würde das Fehlen des Penis – das durch die Aussichten des Kindes kompensiert würde – keinen *Minderwertigkeits-Komplex* herbeiführen können. Entsprechend hätte der Junge von sich aus keinen *Überlegenheits-Komplex* mehr, wenn man ihm keinen solchen einflüsterte und er die Frauen ebenso einschätzte wie die Männer. Das junge Mädchen würde dann also im Narzißmus und im Traum keinen sterilen Ausgleich suchen, es würde sich nicht als gegeben hinnehmen, es würde sich für das interessieren, was es *tut,* es würde sich rückhaltlos in seinen Unternehmungen einsetzen. Ich habe schon gesagt, wie viel leichter ihr ihre Pubertät fiele, wenn sie diese wie der Junge in Richtung auf eine freie Zukunft als Erwachsene überschritte. Die Menstruation schreckt sie nur deshalb so sehr, weil sie einen brutalen Rückfall in ihre Weiblichkeit darstellt. Sie würde auch viel ruhiger ihre junge Erotik durchleben, wenn sie nicht Verwirrung und Abscheu vor ihrem gesamten Schicksal empfände. Eine zusammenhängende geschlechtliche Aufklärung würde ihr wesentlich helfen, diese Krise zu überwinden. Und dank der gemeinsamen Jugenderziehung würde das erhabene Mysterium vom Mann als solchem nicht mehr entstehen können: Es würde durch den täglichen Umgang und den freien Wettbewerb zerstört werden. Die Einwände, die gegen dieses System vorgebracht werden, enthalten immer die Scheu vor dem geschlechtlichen Tabu: Es ist jedoch müßig, wenn man beim Kind die Neugier und das Vergnügen verhindern will. Man schafft so schließlich nur Verdrängungen, Zwangsvorstellungen und Neurosen. Die übertriebene Empfindlichkeit, die homosexuelle Glut, die platonischen Leidenschaften des jungen Mädchens mit ihrem ganzen Gefolge von Albernheit und Zerstreuung sind viel verhängnisvoller als einige kindliche Spielereien und einige eingehendere Erfahrungen. Es käme dem jungen Mädchen vor allem zugute, wenn es im Mann keinen Halbgott – sondern nur einen Kameraden, einen Freund, einen Partner – suchte und so nicht davon abgehalten würde, selbst ihre Existenz auf sich zu nehmen. Die Erotik, die Liebe gewännen den Charakter einer freien Überschreitung und nicht den einer Selbstaufgabe. Sie könnte sie als eine Beziehung zwischen Gleichgestellten erleben. Selbstverständlich kann keine Rede davon sein, mit einem Federstrich all die Schwierigkeiten aus der Welt zu schaffen, die das Kind zu überwinden hat, um erwachsen zu werden. Die intelligenteste, die toleranteste Erziehung kann sie nicht davor bewahren, auf eigene Kosten ihre Erfahrungen zu machen. Man kann nur verlangen, daß ihr nicht unnötig viel Schwierigkeiten in den Weg gelegt werden. Wenn man *verdorbene* kleine Mädchen nicht mehr mit glühendem Eisen brandmarkt, bedeutet dies schon einen Fortschritt. Die Psychoanalyse hat die Eltern etwas aufgeklärt. Und doch sind die heutigen Bedingungen, unter denen sich die sexuelle Gestaltung und Einführung der Frau vollzieht, derart jämmerlich, daß kein einziger der Einwände Geltung haben kann, die gegen die Idee einer gründlichen Wandlung gemacht werden. Es geht nicht darum, in ihr die Zufälligkeiten und das Elend der menschlichen Seinsbedingungen aus der Welt zu schaffen, wohl aber darum, ihr die Mittel zu ihrer Überschreitung an die Hand zu geben.

Die Frau ist nicht das Opfer eines geheimnisvollen, unabwendbaren Schicksals. Die Besonderheiten, die ihr eigentümlich sind, werden durch die Sinngebung bedeutungsvoll, die ihr anhaftet. Sie lassen sich überwinden, sowie man sie unter neuen Gesichtspunkten erfaßt. So haben wir gesehen, daß die Frau in ihrer erotischen Erfahrung die Herrschaft des Mannes erleidet – oft auch verabscheut: Man darf nicht daraus schließen, daß ihre Ovarien sie zu einem ewigen Leben auf den Knien verurteilen. Die männliche Aggressivität erscheint nur als ein lehnsherrliches Privileg inmitten eines Systems, das in seiner Gesamtheit darauf abzielt, die männliche Überlegenheit zu sichern. Und die Frau *empfindet* sich im Liebesakt nur so tief passiv, weil sie sich in ihrem Denken für passiv *hält*. Wenn viele moderne Frauen auch ihre Menschenwürde beanspruchen, fassen sie ihr erotisches Leben doch noch von einer Sklavinnentradition her auf: Es erscheint ihnen daher erniedrigend, unter dem Mann zu liegen, von ihm perforiert zu werden, und so verkrampfen sie sich in der Frigidität. Wenn die Wirklichkeit jedoch anders wäre, würde der Sinn, den die Liebesgebärden und -stellungen symbolisch ausdrücken, es auch sein: Eine Frau, die ihren Liebhaber bezahlt, beherrscht, kann zum Beispiel stolz auf ihr Nichtstun sein und meinen, sie knechte den Mann, der sich aktiv verausgabt. Und es gibt bereits jetzt eine Menge von sexuell ausgeglichenen Paaren, bei denen die Begriffe von Sieg und Niederlage der Vorstellung von einem Ausgleich gewichen sind. In Wirklichkeit ist der Mann wie die Frau ein Körper, somit eine Passivität, ein Spielzeug seiner Hormone und der Gattung, eine unruhige Beute seines Begehrens. Und sie ist wie er inmitten des leiblichen Fiebers Einwilligung, freiwilliges Geschenk, Aktivität. Sie erleben, jedes auf seine Weise, die seltsame Zwiespältigkeit der zum Leib gewordenen Existenz. In jenen Kämpfen, in denen sie glaubten, einander die Stirne zu bieten, kämpft jedes gegen sich selbst, verlegt es in seinen Partner den Teil seiner selbst, den es verschmäht. Statt die Zwiespältigkeit seiner Lage zu erleben, bemüht sich jedes, auf das andere seine Niedrigkeit abzuladen und sich selbst seine Ehre vorzubehalten. Wenn jedoch alle beide sie in hellsichtiger Bescheidenheit, dem Korrelat eines authentischen Stolzes, auf sich nähmen, würden sie sich als ihresgleichen erkennen und das erotische Drama in Freundschaft erleben. Die Tatsache des Menschseins ist unendlich viel wichtiger als alle Besonderheiten, die Menschenwesen auszeichnen. Niemals kann das Gegebene eine Überlegenheit verschaffen: Die *Virtus* nach der Bezeichnung der Antike bestimmt sich nach der Höhe dessen, *was von uns abhängt.* In beiden Geschlechtern spielt sich dasselbe Drama von Körper und Geist, von Endlichkeit und Transzendenz ab. An beiden nagt die Zeit, beiden lauert der Tod auf, sie sind beide gleich aufeinander angewiesen. Und ihre Freiheit kann zu gleichem Ruhm führen. Wenn sie sie zu kosten verständen, fühlten sie sich nicht mehr versucht, sich um trügerische Vorrechte zu streiten. Und dann könnte die Brüderlichkeit zwischen ihnen entstehen.

Man wird mir einwenden, daß alle diese Betrachtungen sehr utopisch sind, da, *um die Frau neu zu schaffen,* die Gesellschaft bereits *wirklich* aus ihr eine Ebenbürtige des Mannes gemacht haben müßte. Die Konservativen haben nie verhehlt, bei jeder passenden Gelegenheit auf diesen Circulus vitiosus hinzuweisen: Und doch dreht sich die Geschichte nicht im Kreis. Zweifellos bleibt eine Kaste, die man in einem Zustand der Unterlegenheit erhält, inferior: Aber die Freiheit kann diesen Kreis durchbrechen. Man lasse die Neger wählen, und sie zeigen sich der Wahl würdig. Man gebe der Frau Verantwortung, und sie weiß sie auf sich zu nehmen. Tatsache ist, daß man von den Unterdrückern von sich aus keine großmütige Regung erwarten darf. Aber bald schafft die Auflehnung der Unterdrückten, bald die Evolution der privilegierten Kaste selbst neue Situationen. So sind die Männer in ihrem eigenen Interesse zu einer teilweisen Emanzipierung der Frauen gekommen: Diese brauchen ihren Aufstieg nur fortzusetzen, und die Erfolge, die sie errungen haben, ermutigen sie dazu. Es scheint ziemlich sicher, daß sie binnen längerer oder kürzerer Zeit eine vollkommene wirtschaftliche und soziale Gleichheit erlangen, was eine innere Umwandlung nach sich ziehen wird.

Wenn eine solche Welt auch möglich ist – so wenden manche ein –, wünschenswert ist sie jedenfalls nicht. Wenn die Frau dem Mann *gleichkommt,* wird das Leben seinen Anreiz verlieren. Auch dieses Argument ist nicht neu: Alle die, welche ein Interesse daran haben, die Gegenwart ewig dauern zu lassen, vergießen immer Tränen über die wundervolle Vergangenheit, die untergeht, ohne der jungen Zukunft ein Lächeln zu gönnen. Allerdings hat man durch die Unterdrückung des Sklavenhandels die Riesenplantagen vernichtet, die so großartig mit Azaleen und Kamelien geschmückt waren, hat man die ganze zarte Zivilisation des amerikanischen Südens ruiniert. Die alten Spitzentücher haben in der Rumpelkammer der Zeit zu den – ach so reinen – Stimmen der Kastraten der Sixtinischen Kapelle gefunden, und ein gewisser *weiblicher Charme* droht auch zu Staub zu zerfallen. Ich gebe zu, daß man ein Barbar sein müßte, wollte man nicht die seltenen Blumen, die gehäkelten Spitzen, den Kristallklang einer Eunuchenstimme, den weiblichen Charme schätzen. Wenn die *reizende Frau* sich in ihrem Glanz exhibiert, ist sie ein viel begeisternderes Objekt als »die idiotischen Gemälde, Supraporten, Dekorationen, Tafeln von Gauklern, Schilder und Volksbilderbogen«, die Rimbaud begeisterten. Wenn die Frau sich mit den modernsten Kunstwerken in den allerneuesten Techniken schmückt, taucht sie wieder aus grauer Vorzeit auf, auf Theben, Minos und Chichén Itzá. Sie wird auch zum Totem, der im tiefsten afrikanischen Busch aufgepflanzt steht. Sie ist ein Hubschrauber und sie ist ein Vogel. Und das ist das allergrößte Wunder: Unter ihren gefärbten Haaren wird das Rauschen der Blätter zu einem Gedanken, und Worte ertönen aus ihrem Busen. Die Männer strecken ihre süchtigen Hände nach dem Wunder aus. Aber beim Anfassen verflüchtigt es sich: Wenn die Gattin, die Geliebte ihren Mund auftut, sprechen sie wie alle Welt. Ihre Worte sind genau das wert, was sie gelten; ihr Busen auch. Sollte ein so flüchtiges – und so seltenes – Mirakel es verdienen, daß es eine Situation verewigt, die für beide Geschlechter verhängnisvoll ist? Man kann die Schönheit der Blumen, den Charme der Frauen schätzen, sie sogar richtig einschätzen. Wenn ihr Wert mit Blut oder mit Unglück bezahlt werden soll, muß man sie opfern können.

Tatsache ist, daß dieses Opfer den Männern besonders schwer fällt. Nur wenige unter ihnen wünschen im Grunde ihres Herzens, daß die Frau sich weiter vollendet. Ihre Verächter sehen nicht ein, was sie dabei gewinnen könnten, ihre Verehrer sehen zu sehr, was sie dabei verlieren. Allerdings bedroht die gegenwärtige Evolution nicht allein den weiblichen Charme: Dadurch, daß die Frau sich daranmacht, für sich zu existieren, gibt sie die Funktion des Double und der Mittlerin auf, die ihr einen bevorzugten Platz im männlichen Universum sichert. Für den Mann, der zwischen dem Schweigen der Natur und der anspruchsvollen Gegenwart anderer Freiheiten gefangen sitzt, erscheint ein Wesen, das seinesgleichen und passiv zugleich ist, als ein großer Schatz. Die Gestalt, unter der er seine Genossin wahrnimmt, kann zwar mythisch sein, die Erfahrungen, deren Quelle oder Vorwand sie ist, sind darum nicht weniger wirklich: Etwas Köstlicheres, Intimeres, Brennenderes gibt es für ihn nicht. Daß die weibliche Abhängigkeit, ihre Unterlegenheit, das Unglück der Frau ihnen ihren besonderen Charakter verleihen, läßt sich nicht leugnen. Sicherlich wird die Autonomie der Frau, wenn sie den Männern viel Verdruß erspart, ihnen auch manche Bequemlichkeit rauben. Sicherlich wird eine gewisse Art Liebesabenteuer in der Welt von morgen verlorengehen: Das bedeutet aber nicht, daß Liebe, Glück, Poesie, Traum aus ihr verbannt werden. Hüten wir uns, daß unsere mangelnde Phantasie nicht gleich die Zukunft entvölkert. Sie ist für uns nur eine Abstraktion. Jedes von uns vermißt in ihr irgendwie, was es bisher war. Aber die Menschheit von morgen wird sie in ihrem Körper und in ihrer Freiheit erleben, sie wird ihre Gegenwart, und sie wird ihr lieber sein. Zwischen den Geschlechtern werden neue körperliche und seelische Beziehungen entstehen, die wir uns nicht vorstellen können: Schon sind zwischen Männern und Frauen Freundschaften, Rivalitäten, Komplicen- und Kameradschaften keuscher und sexueller Art entstanden, die frühere Jahrhunderte nicht gefunden hätten. Unter anderm scheint mir nichts zweifelhafter als das Schlagwort, das der neuen Welt Gleichförmigkeit und somit Langeweile voraussagt. Ich kann nicht finden, daß in der jetzigen Welt die Langeweile fehlt, noch daß jemals Freiheit Gleichförmigkeit erzeugt. Zunächst einmal werden zwischen Mann und Frau immer gewisse Unterschiede bestehen bleiben. Da ihre Erotik, also ihre sexuelle Welt, ihre eigene Gestalt besitzt, wird sie unweigerlich bei der Frau eine eigene Sinnlichkeit, ein eigenes Empfindungsvermögen zur Folge haben: Ihre Beziehungen zu ihrem Körper, zum Körper des Mannes, zum Kind werden niemals mit denen übereinstimmen, die der Mann zu seinem Körper, zum Körper der Frau und zum Kind unterhält. Denen, die so viel von der *Gleichheit in der Verschiedenheit* reden, würde es schwer fallen, mir nicht zuzugeben, daß Unterschiede in der Gleichheit bestehen können. Andererseits erzeugen gerade Institutionen Eintönigkeit: Jung und hübsch, sind die Sklavinnen des Serails immer die gleichen in den Armen des Sultans. Das Christentum hat der Erotik ihren Schmelz als Sünde und Roman verliehen, da es dem Weibchen eine Seele geschenkt hat. Mag man der Frau ihre souveräne Eigenart wieder zurückgeben, man nimmt dabei den Liebesumarmungen nichts von ihrem pathetischen Reiz. Die Behauptung ist absurd, die Orgie, das Laster, die Leidenschaft hörten auf, wenn Mann und Frau sich völlig ähnlich würden. Die Widersprüche, die Körper und Geist, Augenblick und Zeit, die den Taumel der Immanenz und die Lockung der Transzendenz, die das Absolute der Lust und das Nichts des Vergessens einander entgegensetzen, werden nie aufgehoben werden. In der Sexualität werden sich immer die Spannungen, der Schmerz, die Freude, die Niederlage und der Triumph der Existenz verkörpern. Wer die Frau befreit, lehnt es ab, sie auf die Beziehungen, die sie zum Mann unterhält, zu beschränken, leugnet sie aber nicht. Mag sie sich auf sich selbst stellen, sie hört damit durchaus nicht auf, *auch* für ihn zu existieren. Bei ihrer gegenseitigen Anerkennung als Subjekt bleibt jedes dennoch für den Partner ein *Anderes*. Die Gegenseitigkeit ihrer Beziehungen schaltet die Wunder Begehren, Besitz, Liebe, Traum, Abenteuer nicht aus, welche die Aufteilung der Menschenwesen in zwei getrennte Kategorien nach sich zieht. Und die Worte Schenken, Erobern, Sichvereinigen, die uns erregen, werden ihren Sinn behalten. Im Gegenteil, wenn die Versklavung der einen Hälfte der Menschheit und das ganze verlogene System, das damit zusammenhängt, abgeschafft ist, dann wird die *Unterteilung* der Menschheit ihren eigentlichen Sinn verdeutlichen, und das Menschenpaar wird seine wahre Gestalt finden.

»Das unmittelbare, natürliche, notwendige Verhältnis des Menschen zum Menschen ist das *Verhältnis* des *Mannes* zum *Weibe*«, hat Marx gesagt. »Aus dem Charakter dieses Verhältnisses folgt, inwieweit der *Mensch* als *Gattungswesen*, als *Mensch* sich geworden ist und erfaßt hat; das Verhältnis des Mannes zum Weib ist das *natürlichste* Verhältnis des Menschen zum Menschen. In ihm zeigt sich also, inwieweit das *natürliche* Verhalten des Menschen *menschlich oder* inwieweit das *menschliche* Wesen ihm zum *natürlichen* Wesen, inwieweit seine *menschliche Natur* ihm zur *Natur* geworden ist.«

Besser könnte man es nicht ausdrücken. Der Mann hat zur Aufgabe, in der gegebenen Welt dem Reich der Freiheit zum Sieg zu verhelfen. Damit dieser höchste Sieg errungen wird, ist es unter anderm notwendig, daß Mann und Frau jenseits ihrer natürlichen Differenzierungen rückhaltlos geschwisterlich zueinander finden.

Anordnung über die Aus- und Weiterbildung von Frauen für technische Berufe und ihre Vorbereitung für den Einsatz in leitenden Tätigkeiten vom 7. Juli 1966 (Gesetzblatt der DDR)

Der umfassende Aufbau des Sozialismus, die erfolgreiche Durchführung der zweiten Etappe des neuen ökonomischen Systems der Planung und Leitung und die Meisterung der wissenschaftlich-technischen Revolution erfordern, die Aus- und Weiterbildung der Werktätigen als eine wichtige Voraussetzung für die weitere technisch-ökonomische Entwicklung der Wirtschaftszweige und Betriebe sorgfältig perspektivisch zu planen und vorzubereiten.

Im Kommuniqué des ZK der SED »Die Frauen – der Frieden und der Sozialismus« wird als Hauptanliegen die Entwicklung und Förderung aller Fähigkeiten der Frauen und Mädchen gefordert. Daher ist ihrer Aus- und Weiterbildung zu Facharbeitern in technischen Berufen und ihrer Vorbereitung für den Einsatz in mittleren und leitenden Funktionen besondere Aufmerksamkeit zu widmen.

Zur Sicherung einer zielgerichteten Qualifizierung der Frauen wird im Einvernehmen mit den zentralen Staatsorganen und dem Bundesvorstand des FDGB folgendes angeordnet:

§ 1
Die »Grundsätze und Empfehlungen für die Aus- und Weiterbildung von Frauen für technische Berufe und ihre Vorbereitung für den Einsatz in leitenden Tätigkeiten« (s. Anlagen 1 und 2) sind für alle Staats- und Wirtschaftsorgane verbindlich.

§ 2
Die Leiter der Staats- und Wirtschaftsorgane sowie die Leiter der Betriebe und Einrichtungen sind verpflichtet, zur Durchsetzung der Grundsätze in ihrem Verantwortungsbereich die erforderlichen Maßnahmen zu treffen.

§ 3

Diese Anordnung tritt mit ihrer Verkündung in Kraft.

Anmerkung: In Kraft seit 20. 8. 1966.

Anlage 1 zu vorstehender Anordnung

Grundsätze
*für die Aus- und Weiterbildung von Frauen für technische Berufe
und ihre Vorbereitung für den Einsatz in leitenden Tätigkeiten*

In der Deutschen Demokratischen Republik werden große Anstrengungen unternommen, um die im Programm des VI. Parteitages der SED wissenschaftlich begründete Prognose »Der Sozialismus siegt« zu verwirklichen.

In diesem lebendigen Prozeß des allumfassenden Aufbaus des Sozialismus, der durch das schöpferische Wirken und die Mitverantwortung jedes Bürgers unserer Republik gekennzeichnet ist, kommt der Teilnahme der Frauen und Mädchen eine besondere Bedeutung zu. Es entspricht vollauf dem erreichten Entwicklungsstand unserer Gesellschaft und ihrer gesetzmäßigen Perspektive, wenn gerade jetzt die Anstrengungen verstärkt werden, um die volle Entwicklung der schöpferischen Kräfte und Talente der Frauen zu sichern.

In der Deutschen Demokratischen Republik ist das Recht jeder Frau, sich zu qualifizieren, gesetzlich festgelegt. Ausgehend von der Erkenntnis, daß mit der Erhöhung des Bildungsniveaus der Frauen und Mädchen und ihrer verstärkten Ausbildung zu qualifizierten Facharbeiterinnen, technischen und ökonomischen Kadern sich auch entscheidend ihre Rolle im sozialistischen Produktionsprozeß verändert, die letztlich bestimmend ist für ihre Stellung in der Gesellschaft und in der Familie, widmet unser sozialistischer Staat der allseitigen Bildung der Frau größte Aufmerksamkeit.

Damit wird die in der Deutschen Demokratischen Republik gesetzlich verankerte Gleichberechtigung der Frau auf einer höheren Stufe der gesellschaftlichen Entwicklung verwirklicht. Gleichzeitig werden dadurch wichtige Voraussetzungen zur Entwicklung der neuen sozialistischen Frauenpersönlichkeit geschaffen.

Die Frauen in der Deutschen Demokratischen Republik leisten eine hervorragende Arbeit bei der Festigung und Weiterentwicklung unseres Staates, der ihnen die volle Gleichberechtigung allseitig sichert; sie stehen in vorderster Reihe beim umfassenden Aufbau des Sozialismus.

Fast die Hälfte der Beschäftigten in unserer Volkswirtschaft sind Frauen. Viele von ihnen haben sich beruflich qualifiziert, sich höhere fachliche Kenntnisse und Fertigkeiten angeeignet, um in der Volkswirtschaft noch bessere Leistungen zu vollbringen. Während zum Beispiel in Westdeutschland der Anteil der Facharbeiterinnen von 1951 bis 1961 von 11,3 Prozent aller beschäftigten Frauen auf 6,3 Prozent zurückging, und der Anteil der ungelernten sich vergrößerte, ist in der Deutschen Demokratischen Republik ein kontinuierliches Ansteigen des Anteils der Frauen zu verzeichnen, die in der Volkswirtschaft als Facharbeiterinnen tätig sind.

Im Jahre 1964 waren im Bereich der zentralgeleiteten Industrie 18,1 Prozent aller beschäftigten Frauen Facharbeiterinnen. Das Tempo dieser Entwicklung aber reicht noch nicht aus. Die wissenschaftlich-technische Revolution setzt neue Maßstäbe für die Entwicklung der Produktivkräfte.

Es kommt darauf an, den Wirkungsgrad der Arbeit durch die Hebung des Qualifikationsniveaus der Werktätigen wesentlich zu erhöhen. Insbesondere die Frauen, die gegenwärtig noch vielfach einfache Arbeit in der Volkswirtschaft – vornehmlich einfache Tätigkeiten in technischen Berufen – ausüben, sind planmäßig zu qualifizieren.

Die Durchsetzung der technischen Revolution, insbesondere die komplexe sozialistische Rationalisierung, gibt der Frau durch die Entwicklung vieler neuer und interessanter Arbeitsplätze eine gesicherte berufliche Perspektive, verlangt aber auch eine hohe berufliche Qualifikation als Voraussetzung für die gleichberechtigte und schöpferische Mitwirkung bei der Durchsetzung des wissenschaftlich-technischen Fortschritts.

Das Qualifikationsniveau der in technischen Berufen beschäftigten Frauen ist deshalb konsequent zu erhöhen. Insbesondere sind mehr Frauen zu Facharbeiterinnen auszubilden, für die Übernahme leitender Tätigkeiten vorzubereiten und einzusetzen. Die steigende Teilnahme von Frauen an den verschiedenen Qualifizierungsmaßnahmen beweist, daß die Frauen bereit sind, sich zu qualifizieren. Während sich 1961 etwa jede 10. in der Industrie beschäftigte Frau in der Qualifizierung befand, war es 1964 bereits jede 5. Jetzt kommt es darauf an, diese steigende Qualifizierungsbereitschaft durch die Schaffung materieller und moralischer Voraussetzungen und Anerkennungen sowie durch die zweckmäßige Organisation der Frauenqualifizierung entsprechend den besonderen Bedingungen der werktätigen Frauen in den Betrieben aktiv zu unterstützen und in die erforderliche Richtung zu lenken.

Ausgehend von den Erfahrungen der fortgeschrittensten sozialistischen Industriebetriebe ist eine umfassende Initiative zur Qualifizierung der Frauen in technischen Berufen und leitenden Funktionen zu entwickeln.

Die verantwortlichen Leiter in den Staats- und Wirtschaftsorganen, in den Betrieben und Verwaltungen haben die berufliche Qualifizierung der Frauen, besonders in technischen Berufen, als eine Aufgabe anzusehen, die von hoher gesellschaftlicher Bedeutung ist und für die planmäßige Durchführung der technischen Revolution, insbesondere der komplexen sozialistischen Rationalisierung, eine unbedingte Notwendigkeit darstellt. Dementsprechend haben sie sich der Erfüllung dieser Aufgaben besonders konzentriert zuzuwenden und zielstrebig alle noch bestehenden ideologischen, organisatorischen und anderen Hemmnisse zu beseitigen.

Wenn in den nachfolgenden Grundsätzen und Empfehlungen schwerpunktmäßig die Qualifizierung von Frauen und Mädchen im System der Aus- und Weiterbildung der Werktätigen dargelegt wird, so hat das seinen Grund in der Tatsache, daß gegenwärtig die im Arbeitsprozeß stehenden Frauen vielfach in den niederen Lohngruppen beschäftigt sind und eine berufliche Qualifikation besitzen, die den perspektivischen Anforderungen nicht genügt. Es gilt, in den nächsten Jahren große Anstrengungen zu unternehmen, um diesen Tatbestand zu verändern. Dabei muß darauf hingewiesen werden, daß nach wie vor der Hauptweg zur Ausbildung von Mädchen zu Facharbeiterinnen insbesondere in technischen Berufen über die Berufsausbildung führt.

Der Weiterentwicklung der Frauenqualifizierung, insbesondere der verstärkten Ausbildung von Facharbeiterinnen in technischen Berufen und der Vorbereitung von Frauen auf die Übernahme leitender Funktionen, dienen folgende Grundsätze:

1.

Die Hauptaufgabe der Frauenqualifizierung besteht gegenwärtig darin, das Qualifikationsniveau der in der Volkswirtschaft, insbesondere in den führenden Wirtschaftszweigen, tätigen Frauen wesentlich zu erhöhen, d. h., mehr Frauen als Facharbeiterinnen in technischen Berufen auszubilden, sie für die Ausübung leitender Tätigkeiten in der Wirtschaft vorzubereiten und einzusetzen.

Das Qualifikationsniveau der in der Produktion beschäftigten Frauen ist gemäß ihrem Anteil an der Gesamtbeschäftigtenzahl und der erforderlichen Qualifikationsstruktur im jeweiligen Bereich schrittweise zu erhöhen; ihr Anteil bei der Ausübung leitender Tätigkeiten ist entsprechend zu verstärken. Dabei sollten vor allem in Leitungsbereichen, in denen vorwiegend Frauen arbeiten, auch Frauen als Leiter vorbereitet und eingesetzt werden.

Die wirtschaftsleitenden Organe haben über die Perspektivplanung, unter Beachtung der gegebenen Möglichkeiten und Erfordernisse, auf die Entwicklung des Qualifikationsniveaus und des Einsatzes der Frauen in technischen Berufen und in leitenden Tätigkeiten Einfluß zu nehmen.

Die Direktoren bzw. Leiter der sozialistischen Betriebe legen vor den übergeordneten Organen jährlich Rechenschaft über die Entwicklung der Qualifikationsstruktur und den Einsatz der Frauen in leitenden Tätigkeiten ab.

2.

Für die Ausbildung zur Facharbeiterin sollten besonders Produktionsarbeiterinnen gewonnen werden, die im Zusammenhang mit der Rationalisierung neue Arbeitsplätze erhalten, die langjährige Berufserfahrung und den 8-Klassen-Abschluß haben.

Die verstärkte Ausbildung von Facharbeiterinnen in technischen Berufen schafft günstige Voraussetzungen, mehr Frauen für ein Studium an den Fach- und Hochschulen, insbesondere in technischen und ökonomischen Fachrichtungen, zu gewinnen und damit bessere Voraussetzungen für ihren Einsatz in leitenden Tätigkeiten.

Für leitende Tätigkeiten sind besonders berufs- und lebenserfahrene Frauen, Diplom-Ingenieure, Techniker und junge Facharbeiterinnen, die vorbildliche Arbeitsergebnisse aufweisen, im Kollektiv der Kollegen

geachtet und anerkannt werden oder als Volksvertreter bzw. in anderen
gesellschaftlichen Funktionen gute Arbeit leisten, vorzusehen und mit
Hilfe des Betriebes schrittweise auf ihren Einsatz vorzubereiten.

3.

In den Betrieben sind durch perspektivisch angelegte Arbeitsplatzanaly-
sen die Arbeitsplätze für den Einsatz von Frauen in der materiellen Pro-
duktion zu ermitteln und in einem Arbeitsplatzkatalog, der ständig zu
ergänzen ist, durch den Betriebsleiter verbindlich festzulegen. Den
Frauen sind vorzugsweise solche Arbeitsplätze zu empfehlen, die infolge
der sozialistischen Rationalisierung, der Einführung neuer Technik und
Technologien hohe Anforderungen stellen, aber auch der physischen
Konstitution der Frau entsprechende Arbeitsaufgaben aufweisen.

Dabei sind nicht nur die sich zwangsläufig als geeignet erweisenden
Arbeitsplätze zu erfassen, sondern es ist auch festzulegen, welche Arbeitsplätze durch zielstrebige Veränderung den Frauen bis zu einem bestimmten Zeitpunkt zugänglich zu machen sind.

Um den Arbeitsplatzkatalog auch für die Bildungswerbung und für
die Werbung von nichtberufstätigen Frauen wirksam zu machen, sind
neben der Charakterisierung der Arbeitsanforderungen und -bedin-
gungen auch die Qualifikationsanforderungen, Qualifizierungsbedingungen und -möglichkeiten, die Lohnfragen sowie die beruflichen
Entwicklungsmöglichkeiten darzustellen.

4.

Die Erhöhung des Qualifikationsniveaus der in technischen Berufen tä-
tigen Frauen bzw. ihre Vorbereitung auf die Übernahme leitender Tä-
tigkeiten erfolgt kontinuierlich und ist entsprechend zu planen.

Ausgehend von dem Perspektiv- und Jahresbedarf an Arbeitskräften
nach Qualifikationsgraden und dem bereits vorhandenen Anteil der beschäftigten Frauen nach ihrem Qualifikationsniveau ist unter Beachtung
der realen Möglichkeiten zur Erhöhung der Qualifikationsstruktur der
im Perspektivzeitraum zu beschäftigenden Frauen eine wissenschaftlich
begründete Zielstellung zu erarbeiten und im Plan der Arbeitskräfte
auszuweisen. Die zu ihrer Verwirklichung erforderlichen Maßnahmen
sind im Plan der Erwachsenenqualifizierung exakt festzulegen. Dabei
sind die betrieblichen und territorialen Möglichkeiten weitgehend zu
nutzen.

5.

Auf der Grundlage des im Arbeitskräfteplan festgelegten Bedarfs ist eine systematische, bedarfsgerechte und langfristige Werbung der Frauen zur Teilnahme an der Qualifizierung durchzuführen. Die jeweiligen Leiter sind verpflichtet, in ihrem Verantwortungsbereich mit jeder Frau mindestens einmal jährlich ein persönliches Gespräch über die Qualifizierung und den beruflichen Einsatz zu führen.

Dabei sind die Frauen über ihre beruflichen Entwicklungsmöglichkeiten und ihre Perspektive so umfassend zu informieren, daß sie sich begründet entscheiden können. Der Arbeitsplatzkatalog ist dafür als Grundlage zu nehmen. *Die im Ergebnis dieser Gespräche getroffenen Festlegungen, Qualifizierungsverträge und Vereinbarungen sind Bestandteil des Kaderprogramms.* Sie sind in die Kaderakte aufzunehmen; ihre Einhaltung ist durch die jeweils verantwortlichen Leiter zu kontrollieren. Darüber hinaus sind die Leiter verpflichtet, in unmittelbarer und ständiger Arbeit mit den Frauen deren Qualifizierungsstreben zu aktivieren und das Vertrauen der Frauen in ihre Leistungsfähigkeit bei der Ausübung technischer Berufe und leitender Tätigkeiten systematisch zu stärken.

Im Frauenförderungsplan des Betriebes sind die in den einzelnen Qualifizierungsgesprächen getroffenen Festlegungen und Vereinbarungen kontrollfähig zusammenzufassen. Die Einhaltung und Erfüllung der Festlegungen und Vereinbarungen sind zum Gegenstand der Rechenschaftslegungen sowie der Massenkontrolle zu machen.

6.

Die im System der Aus- und Weiterbildung der Werktätigen erfolgende Qualifizierung von Frauen zu Facharbeiterinnen ist auf der Grundlage der staatlichen Ausbildungsunterlagen für die Erwachsenenqualifizierung durchzuführen.

Durch die Ausarbeitung betrieblicher Stoffverteilungspläne ist eine praxisverbundene, betrieblich akzentuierte, rationelle und effektive Ausbildung zu sichern, die auf den bereits vorhandenen Kenntnissen, Fertigkeiten und Erfahrungen der Frauen (Vorbildung, Produktions- und Lebenserfahrung u. a.) aufbaut.

Den Frauen ist der gleiche Inhalt zu vermitteln, wie er zur Erreichung der Ausbildungsziele in der Erwachsenenqualifizierung allgemein gefordert wird. Die betrieblichen Stoffverteilungspläne sind vor ihrer Bestätigung in einem sachkundigen Kreis bewährter Leitungskader, dem auch Frauen angehören, zu beraten.

7.

Bei der Ausbildung von Frauen zu Facharbeiterinnen in technischen Berufen ist die Anwendung des Systems der abschnittsweisen Qualifizierung durch eine differenzierte und zweckmäßige Aufgliederung der Abschnitte (z. B. in Lehrgänge oder Stufen) elastischer zu gestalten.

Die weitere Untergliederung ist entsprechend den Anforderungen der betrieblichen Arbeitsteilung, des Profils des betreffenden Ausbildungsberufes sowie unter Beachtung ausbildungsorganisatorischer und pädagogisch-methodischer Erfordernisse vorzunehmen.

Jeder dieser Lehrgänge oder Stufen hat einem typischen beruflichen Einsatzgebiet und damit einem Teilgebiet der Facharbeiterqualifikation zu entsprechen. Er ist in der Regel mit einer Prüfung abzuschließen, die gleichzeitig als Bestandteil der Facharbeiterprüfung zu werten ist.

Wird die Ausbildung unterbrochen, so kann sie auf der Grundlage des bereits erreichten Abschlusses fortgesetzt werden.

8.

Frauen, die für die Übernahme leitender Tätigkeiten vorgesehen sind, werden durch die vertragliche Bindung als Kaderreserve in einem angemessenen, aber eindeutig befristeten Zeitraum schrittweise und systematisch in das neue Verantwortungsgebiet eingearbeitet.

Die Vorbereitung der Frauen auf die Ausübung leitender Tätigkeiten erfolgt durch planmäßige Erfahrungsübermittlung und individuelle Schulung am Arbeitsplatz vorwiegend im Prozeß der Arbeit. Qualifizierte Leiter sind vertraglich als Betreuer zu verpflichten. Sie arbeiten einen Qualifizierungs- und Einarbeitungsplan aus, der vom übergeordneten Leiter zu bestätigen und zu kontrollieren ist.

9.

Neben der systematischen beruflichen Weiterbildung in Lehrgängen ist besonders bei Frauen die Weiterbildung im Prozeß der Arbeit durchzusetzen.

Angefangen von Fachdiskussionen im Arbeitskollektiv und der stän-

digen Information durch den unmittelbar Vorgesetzten, die kameradschaftliche Hilfe der Neuerer und leistungsstarken Arbeitskollegen, bis
zu der Einbeziehung der Frauen in Neuererkollektive und sozialistische
Arbeitsgemeinschaften, der Teilnahme an der Montage und Erprobung
neuer Maschinen und Aggregate, dem Besuch von Messen und Ausstellungen, ist bei der beruflichen Weiterbildung der Frauen die Vielfalt le-
bendiger und intensiver Formen zu nutzen. Dafür tragen die Leiter der
jeweiligen Bereiche die Verantwortung.

10.

*Die pädagogisch-methodische und organisatorische Gestaltung der be-
ruflichen Aus- und Weiterbildung von Frauen für technische Berufe und
leitende Tätigkeiten hat unter Berücksichtigung der besonderen Bedingungen der werktätigen Frau zu erfolgen.*

Es sind solche Lernbedingungen zu schaffen, die es den Frauen neben
der Berufstätigkeit und der Erfüllung familiärer Pflichten ermöglichen,
intensiv und effektiv zu lernen. Zu diesem Zweck sind solche Formen
und Methoden anzuwenden, die den Frauen helfen, rationell zu lernen
und die das individuelle Lernen aktivieren.

*Die praktische Ausbildung ist weitestgehend in den unmittelbaren
Produktionsprozeß ohne Unterbrechung der Arbeitstätigkeit zu verla-
gern.* Durch die individuelle Schulung am Arbeitsplatz, durch Instruk-
teure oder Paten ist bei einem systematischen planmäßigen Wechsel der
Arbeitsplätze den Frauen der erforderliche Umfang an praktischem
Wissen und Können zu vermitteln.

*Die theoretische Ausbildung ist unter Berücksichtigung der Voraus-
setzungen der Frauen, der Eignung der Stoffgebiete und der zur Verfügung stehenden Lehrmaterialien in stärkerem Maße im Selbststudium
außerhalb der Arbeitszeit durchzuführen.* Durch Studienanleitungen
und Anleitungsmaterialien sowie durch regelmäßige Konsultationen ist
der Lernprozeß zu steuern und zu kontrollieren. Durch den ergänzenden systematischen Unterricht in der Studiengruppe bzw. im Klassenverband sind die im Selbststudium erworbenen Kenntnisse und Fertigkeiten zu vertiefen und zu festigen bzw. solche Stoffgebiete zu bearbei-
ten, die für ein Selbststudium ungeeignet sind oder für die nicht in aus-
reichendem Maße qualitativ hochwertige Lehrmaterialien zur Verfügung stehen.

Vereinbarungen über Schulungsort, Zeitpunkt der Lehrveranstaltungen, Dauer der einzelnen Lehrveranstaltungen sind unter Berücksichtigung der konkreten betrieblichen und territorialen Möglichkeiten sowie der individuellen Bedingungen der Schulungsteilnehmer zwischen dem Betrieb und den sich qualifizierenden Frauen zu treffen.

11.

Die Berücksichtigung der besonderen Bedingungen werktätiger Frauen und Mütter bei der Qualifizierung erfordert *neben anderen wichtigen Maßnahmen* zur Minderung der außerberuflichen Belastung, wie z. B. Gestaltung der Versorgung durch die Handels- und Dienstleistungseinrichtungen, die *teilweise Durchführung der beruflichen Aus- und Weiterbildung während der Arbeitszeit.*

Auf der Grundlage der geltenden gesetzlichen Bestimmungen haben die Leiter der zuständigen wirtschaftsleitenden und staatlichen Organe sowie der Betriebe unter Beachtung der Sicherung der planmäßigen Erfüllung der betrieblichen Aufgaben spezielle Regelungen für die teilweise Freistellung von der Arbeit zum Zwecke der Qualifizierung und die für diesen Zeitraum zu gewährende Entlohnung zu treffen. Dabei ist von den vorhandenen betrieblichen Möglichkeiten, den differenzierten Belastungen der Frauen (Größe der Familie, insbesondere Anzahl der Kinder, alleinstehende Mütter, gesellschaftliche Aktivität und Funktionen) und den unterschiedlichen Anforderungen der durchzuführenden Qualifizierungsmaßnahmen auszugehen. Die erforderlichen speziellen Regelungen sind für den jeweiligen Industriezweig nach Möglichkeit einheitlich zu gestalten.

Die wirksame Unterstützung der Frauen wird nicht zuletzt in starkem Maße davon abhängen, inwieweit die Arbeitskollektive sich für die Qualifizierung mit verantwortlich fühlen und durch sozialistische Hilfe, besonders durch die Übernahme von speziellen Verpflichtungen, zur Lösung der Planaufgaben notwendige Freistellungen von der Arbeit ermöglichen.

Empfehlungen
für die Planung, Leitung, Gestaltung und Durchführung
der Aus- und Weiterbildung von Frauen für technische Berufe und ihre
Vorbereitung für den Einsatz in leitenden Tätigkeiten

Zur Verwirklichung der Grundsätze für die Aus- und Weiterbildung
von Frauen für technische Berufe und ihre Vorbereitung für den Einsatz
in mittleren und leitenden Tätigkeiten durch die wirtschaftsleitenden
Organe und Betriebe sind die nachfolgenden Empfehlungen zu beachten, die sich auf folgende Schwerpunkte beziehen:

Planung und Leitung

Organisatorische und inhaltliche Gestaltung

Formen und Methoden

Qualifizierung während der Arbeitszeit

Aufgaben der Betriebe zur Verminderung der außerberuflichen Belastung.

Sie sind eine Verallgemeinerung der besten Erfahrungen, die in den
fortgeschrittensten Betrieben gesammelt wurden, und berücksichtigen
neue Ergebnisse wissenschaftlicher Untersuchungen.

Die Empfehlungen sind entsprechend den spezifischen Bedingungen
des jeweiligen Wirtschaftsbereiches und der Betriebe in allen Bereichen
der Volkswirtschaft anzuwenden, in denen Frauen zu Facharbeiterinnen für technische Berufe ausgebildet und auf die Übernahme mittlerer
und leitender Tätigkeiten vorbereitet werden.

In den Empfehlungen sind Hinweise und Anregungen enthalten, die
in ihrer Bedeutung über die speziellen Probleme der Frauenqualifizierung hinausgehen und *für die gesamte Erwachsenenqualifizierung Gültigkeit haben können.*

Inhaltsverzeichnis

Übersicht über ein geschlossenes System von Aufgaben und Maßnahmen zur Durchführung der Aus- und Weiterbildung von
Frauen

1.
Besondere Aufgaben der bedarfsgerechten Planung
und wissenschaftlichen Leitung der Aus- und Weiterbildung
von Frauen als Facharbeiterinnen für technische Berufe
und ihre Vorbereitung für den Einsatz in leitenden Tätigkeiten

Voraussetzung der wissenschaftlichen Planung und Leitung der Frauenqualifizierung ist, daß neben der gewissenhaften Erfüllung allge-
meingültiger Forderungen für die Planung und Leitung der Aus- und
Weiterbildung der Werktätigen insbesondere folgende Aufgabenkom-
plexe gelöst werden:
– die Ermittlung des Bedarfs an Frauen für technische Berufe, mittlere
  und leitende Tätigkeiten sowie der erforderlichen Maßnahmen zur
  Frauenqualifizierung;
– die Gewinnung der Frauen für die berufliche Qualifizierung und für
  den Einsatz in technischen Berufen und leitenden Tätigkeiten;
– die Verbindung der Arbeitskollektive und Betriebe zu den Frauen,
  die zeitweilig ihre Berufstätigkeit unterbrechen.
Zur Erfüllung dieser Aufgaben ist das einheitliche und konsequente
Handeln aller verantwortlichen Leiter und Funktionäre der Betriebe
und wirtschaftsleitenden Organe erforderlich.

1.1.
Die Ermittlung des Bedarfs an Frauen für technische Berufe
und leitende Tätigkeiten sowie der erforderlichen Maßnahmen
zur Frauenqualifizierung

Ausgehend von der im Zeitraum des Perspektivplanes festgelegten
technisch-ökonomischen Entwicklung, der daraus resultierenden betrieblichen Arbeitsteilung und den vorhandenen und künftigen Arbeitsplätzen sind im Rahmen des Arbeitsstudiums und der Arbeitsge-
staltung durch *Arbeitsplatzanalysen* sowohl die Arbeits- und Qualifikationsanforderungen zu ermitteln als auch die Bedingungen und Mög-

lichkeiten für den Einsatz von Frauen zu prüfen. Insbesondere sind die Rationalisierungsprogramme der Betriebe und VVB zum Ausgangspunkt dieser Arbeiten zu machen.

Die sach- und fachkundige Auswahl und Analyse der Arbeitsplätze, die sich für einen beruflichen Einsatz von Frauen eignen, ist aufgrund der Komplexität der Aufgabenstellung nur durch Gemeinschaftsarbeit rationell und effektiv zu bewältigen. Deshalb ist es zweckmäßig, daß zur Lösung dieser Aufgaben jeweils betriebliche Arbeitsgruppen gebildet werden, denen neben Berufspädagogen vor allem in ausreichender Zahl Fachspezialisten der entsprechenden Produktionsabteilungen bzw. -abschnitte (z. B. Neuerer, Meister, Ingenieure u. a.), Vertreter des Aufgabenbereiches Arbeitsschutz und technische Sicherheit, der Gewerkschaft, nach Möglichkeit auch aus medizinischem Personal und Spezialisten der Arbeitspsychologie angehören. Die für diese Arbeitsgruppe notwendigen Fachspezialisten sollen durch den Leiter des Betriebes zur Mitarbeit berufen werden.

In den Arbeitsplatzanalysen sind, ausgehend von der Gesamtarbeitssituation des betreffenden Arbeitsplatzes bzw. des im Projekt vorgesehenen Aufgabenkomplexes, die Arbeitsbedingungen und Arbeitsanforderungen zu ermitteln und hinsichtlich der Eignung für den Einsatz von Frauen zu prüfen.

Die Arbeitsgruppen sollten aber auch im Hinblick auf die Realisierung der Perspektivpläne aktiven Einfluß auf die künftige Gestaltung der Arbeitsbedingungen und Arbeitsanforderungen nehmen. So sind im Zuge der komplexen sozialistischen Rationalisierung für die Arbeitsplätze, die durch besonders schwere, physisch belastende Arbeitsbedingungen und Arbeitsanforderungen gekennzeichnet sind, im *Plan Neue Technik* bzw. in anderen Planteilen Forderungen für ihre Umgestaltung aufzunehmen. In der Auftragserteilung der Investitionsträger an die Projektierungsbetriebe sind Forderungen für die Schaffung von Arbeitsplätzen aufzunehmen, die sich für den Einsatz von Frauen eignen. Bei der Verteidigung der Projekte ist die Erfüllung dieser Forderungen zu kontrollieren. Gleichzeitig ist aus den Arbeitsbedingungen und Arbeitsanforderungen die erforderliche Qualifikation für den Arbeitsplatz abzuleiten.

Die Erfahrungen der VVB Schiffbau zeigen, daß die Arbeitsplatzanalysen eine wichtige Vorbedingung für eine wissenschaftlich begründete

Planung des Einsatzes der Frauen in technischen Berufen und ihrer Qualifikation sind.

Die Ermittlung des Perspektiv- und Jahresbedarfes für den Einsatz von Frauen in technischen Berufen und als leitende Kader erfolgt auf der Grundlage des durch die Arbeitsplatzanalysen ermittelten möglichen Einsatzes von Frauen. Dieser mögliche Perspektiv- bzw. Jahresbedarf ist unter Beachtung des bereits erreichten Anteils der Frauen an bestimmten Qualifikationsgraden und Berufen im Betrieb und der real möglichen Zuführung von weiblichen Absolventen der Berufsausbildung, von weiblichen Arbeitskräften aus anderen Betrieben bzw. Einrichtungen (durch Rationalisierung freiwerdende Arbeitskräfte u. dgl.) sowie von nichtberufstätigen Frauen aus dem territorialen Einzugsbereich zu präzisieren und in einer wirklich erreichbaren Zielstellung zu fixieren.

Dabei sollte gleichzeitig der *altersspezifische Beschäftigungsgrad* der Frauen (möglichst nach Berufsgruppen), der durch Freistellung für die Qualifizierung von Frauen erforderliche *Zusatzbedarf* sowie der natürliche *Ersatzbedarf* berücksichtigt werden.

Die Verwirklichung der Hauptzielstellung, das Qualifikationsniveau der in technischen Berufen beschäftigten Frauen zu erhöhen, setzt voraus, daß sie *qualifikationsgerecht* eingesetzt werden. Die in den Arbeitsplatzkatalogen festgelegten Arbeitsplätze, die sich für einen beruflichen Einsatz der Frauen eignen, sind zielstrebig durch Facharbeiterinnen zu besetzen. In Leitungsfunktionen der Betriebe und der wirtschaftsleitenden Organe sind verstärkt Frauen einzusetzen.

Dabei sind vor allem im Rahmen der komplexen sozialistischen Rationalisierung alle durch die Schaffung neuer Arbeitsplätze, durch die Veränderung der Arbeitsbedingungen und andere entstehende Möglichkeiten für einen verstärkten Einsatz von Facharbeiterinnen in technischen Berufen und von qualifizierten Frauen in leitenden Tätigkeiten zielstrebig zu nutzen.

Darüber hinaus ist es erforderlich, durch die Umbesetzung der Arbeitsplätze aus Gründen der Fluktuation (Betriebswechsel, Ausscheiden aus dem Arbeitsprozeß aus Gründen des Alters u. dgl.) planmäßig mehr Frauen als Facharbeiterinnen in technische Berufe und in leitende Tätigkeiten einzusetzen.

Durch die Nutzung dieser Möglichkeiten kann in der Volkswirtschaft die Qualifikationsstruktur der in technischen Berufen beschäftigten Frauen schrittweise und zielstrebig verbessert und können mehr Frauen in leitende Tätigkeiten eingesetzt werden.

Der Ausgangspunkt zur Bestimmung der erforderlichen Maßnahmen für die Frauenqualifizierung ist die quantitative und qualitative Planung des Bedarfs an weiblichen Arbeitskräften entsprechend den Anforderungen neuer Techniken, Technologien, Rohstoffe und Materialien, der sozialistischen Arbeitsteilung und Organisation und deren Gegenüberstellung mit den Quellen der Arbeitskräfteversorgung.

Zu diesem Zweck ist es erforderlich, den Zugang von Frauen und Mädchen aus nachstehend aufgeführten Quellen zu erfassen:
– Berufsausbildung; weibliche Absolventen;
– freiwerdende bzw. fluktuierende weibliche Arbeitskräfte aus anderen Betrieben;
– Umsetzungen der im eigenen Betrieb beschäftigten Frauen, die sich eine höhere berufliche Qualifikation aneignen;
– Zuführung von nichtberufstätigen Frauen aus dem territorialen Einzugsbereich.

Die erforderlichen Maßnahmen zur Qualifizierung ergeben sich dann aus der Gegenüberstellung der vorhandenen mit der erforderlichen Qualifikation der bereits im Betrieb beschäftigten Frauen, aus den geplanten Umsetzungen von beschäftigten Frauen in höher bewertete berufliche Tätigkeiten sowie den neu eingestellten Frauen, die über noch keine entsprechende Qualifikation verfügen.

Der so ermittelte Perspektiv- und Jahresbedarf für die Frauenqualifizierung ist in den entsprechenden Planungsunterlagen exakt festzulegen und auszuweisen.

Zur *Entscheidungsvorbereitung* für die Bestätigung der Perspektiv- und Jahrespläne der Erwachsenenqualifizierung durch den Werkleiter bzw. durch den Generaldirektor der VVB sollten folgende Verhältnisse betrachtet und verglichen werden:

– Beschäftigungsanteil der Frauen (AF) in % an den Gesamtbeschäftigten

$$AF \text{ in } \% = \frac{\text{Anzahl der im Betrieb tätigen weiblichen Arbeitskräfte} \cdot 100}{\text{Anzahl der im Betrieb tätigen Arbeitskräfte insgesamt}}$$

– Anteil der Frauen an bestimmten Qualifikationsgraden bzw. Berufen (AFQ) von den insgesamt Beschäftigten in diesen Qualifikationsgraden bzw. Berufen (vor und nach der Erfüllung des Jahres- und Perspektivplanes der Erwachsenenqualifizierung)

$$\text{AFQ in \%} = \frac{\begin{array}{l}\text{Anzahl der weiblichen Arbeitskräfte, die in} \\ \text{bestimmten Qualifikationsgraden bzw.} \\ \text{Berufen tätig sind,} \cdot 100\end{array}}{\begin{array}{l}\text{Anzahl der Arbeitskräfte insgesamt in den entspre-} \\ \text{chenden Qualifikationsgraden bzw. Berufen}\end{array}}$$

Für den Vergleich nach Qualifikationsgraden bzw. Berufen werden folgende Kennziffern empfohlen:

– Anteil der Frauen an mittleren und leitenden Tätigkeiten, im besonderen als
Brigadier, Gruppenleiter und entsprechende Qualifikation,
Meister,
Abteilungsleiter und Bereichsleiter,
höhere Leitungsbereiche;

– Anteil der Frauen an bestimmten Qualifikationsgraden, insbesondere als Facharbeiter,
Meister,
Fachschulkader,
Hochschulkader;

– Anteil der Frauen in technischen Berufen und Fachrichtungen, insbesondere als
Facharbeiter,
Meister,
Fachschulkader,
Hochschulkader.

Diese Aufgaben sind Bestandteil der komplexen Arbeitskräfteplanung und können nur durch die Verantwortlichen für die Ausarbeitung des Arbeitskräfteplanes gelöst werden.

Diese Zahlenwerte bzw. Kennziffern werden zentral nicht erfaßt.

1.2.
Die Gewinnung der Frauen für die berufliche Qualifizierung und den Einsatz in technischen Berufen und leitenden Tätigkeiten

Die Gewinnung und Werbung der Frauen für die berufliche Qualifizierung, insbesondere für den Einsatz in technischen Berufen und leitenden Tätigkeiten, setzt voraus, daß die Frauen mit den Entwicklungslinien der Volkswirtschaft, der Wissenschaft und Technik, speziell mit der Entwicklung im eigenen Betrieb und auf dem eigenen Arbeitsgebiet bekannt gemacht werden. Aus der Kenntnis der Art und des Umfanges der wachsenden Anforderungen entwickeln sich wesentliche *Motive einer steigenden Qualifizierungsbereitschaft* bei den Frauen, die durch sachliche Information und Werbung für eine bestimmte Qualifizierung in eine solche Richtung gelenkt wird, die dem Erfordernis des Betriebes am besten entspricht.

Soziologische Untersuchungen des Instituts für Gesellschaftswissenschaften beim ZK der SED über soziale und ideologische Probleme der Gewinnung von Werktätigen für eine fachliche Qualifizierung bestätigen diesen Sachverhalt.

Das bedeutet, die Aufklärungsarbeit über die konkreten Auswirkungen der technischen Revolution auf einzelne Arbeitsgebiete und Arbeitsaufgaben für die Erhöhung der Qualifikationsbereitschaft zu verstärken.

Für die allgemeine Information über berufliche Entwicklungsmöglichkeiten der im Betrieb Beschäftigten und die Werbung nichtberufstätiger Frauen sind die Ergebnisse der Arbeitsplatzanalysen in einem *Katalog der Arbeitsplätze,* die sich für einen beruflichen Einsatz von Frauen eignen, auf betrieblicher Ebene zusammenzufassen.

(In der Zukunft wird dieser Katalog immer mehr Bestandteil eines einheitlichen Arbeitsplatzkatalogs des Betriebes werden, in dem alle Arbeitsplätze hinsichtlich ihrer Eignungsspezifik charakterisiert sind, d. h., daß auch die Eignung als Schonplatz und für alternde Werktätige ausgewiesen wird.)

Dem übergeordneten Organ (z. B. VVB) obliegt die Anleitung und Kontrolle zur Realisierung dieser Maßnahme.

Den positiven Erfahrungen der VVB Schiffbau, des VEB Stahl- und Walzwerkes Riesa sowie des Elektrochemischen Kombinats Bitterfeld entsprechend sollte der Katalog nach folgenden Gesichtspunkten gestaltet werden:

- Charakterisierung der Arbeitsbedingungen und Arbeitsanforderungen;
- betriebliche und volkswirtschaftliche Bedeutung der entsprechenden Tätigkeit;
- Entlohnung;
- erforderliche Qualifikation für den Arbeitsplatz;
- Möglichkeiten des Erwerbs der erforderlichen Qualifikation und Qualifizierungsbedingungen;
- Möglichkeiten der weiteren beruflichen Entwicklung.

Den Erläuterungen der einzelnen beruflichen Einsatzmöglichkeiten sind in jedem Falle die grundsätzlichen Verpflichtungen voranzustellen, die der Betrieb zur Unterstützung der sich qualifizierenden Frauen eingeht.

Darüber hinaus sind im Zusammenhang mit der generellen *Perspektivorientierung der Betriebsangehörigen* folgende Formen zu nutzen:

- Herausbildung der steigenden Qualifikationsanforderungen in Plandiskussionen und anderen betrieblichen Veranstaltungen, Berichterstattungen über Erfüllung der Jahrespläne, Veranstaltungen zur Erörterung über den *Plan Neue Technik,* über die komplexen Rationalisierungskonzeptionen, über die Erfüllung der Betriebskollektivverträge, insbesondere der Frauenförderungspläne u. dgl. Dabei sind besonders die Fragen der Entwicklung der Frauenbeschäftigung und die sich daraus ergebenden Qualifizierungserfordernisse abzuleiten;
- in den Betriebszeitungen, im Betriebsfunk und anderen Massenkommunikationsmitteln sind spezielle Probleme der notwendigen Erhöhung des Qualifikationsniveaus als Voraussetzung für die Weiterentwicklung der betrieblichen Produktionstechnik, der Technologie und Organisation der Produktion herauszuarbeiten;
- in Vorträgen, Vortragsreihen und Veranstaltungen der Massenorganisationen im Betrieb sowie in Veranstaltungen im Wohngebiet ist eine aktuelle Information über die Entwicklung des Betriebes in Verbindung mit einer zielgerichteten Propaganda zur Erhöhung des Bildungsniveaus zu betreiben.

Die Wirksamkeit dieser Maßnahmen hängt davon ab, inwieweit die Perspektivorientierung einheitlich ist, von der konkreten Entwicklung der gesellschaftlichen Produktion im Gebiet abgeleitet wird und an bereits vorhandene Qualifizierungsmotive anknüpft.

Eine hohe Wirksamkeit setzt also voraus, daß eine *einheitliche Grundkonzeption* bei den Leitern des Betriebes, den Funktionären der Massenorganisationen und anderen verantwortlichen Leitern, z. B. bei den staatlichen Organen des Territoriums, vorhanden ist. Das erfordert, die betrieblichen Vorhaben mit den territorialen Organen unter Einbeziehung der Volkshochschulen abzustimmen.

Die Überwindung des historisch bedingten Rückstandes der Frauen in der Qualifizierung und die sich daraus ergebende zielgerichtete Werbung der Frauen für eine bestimmte berufliche Qualifizierung erfordern, den Frauen eine persönliche berufliche Perspektive zu geben.

Ausgehend von den Arbeitsbedingungen und -anforderungen des künftigen beruflichen Einsatzes und der dazu notwendigen Qualifizierung ist von den jeweils verantwortlichen Leitern des Betriebes, unter Beachtung der individuellen Voraussetzungen der Frauen, eine Auswahl zu treffen und festzulegen, welche Frau in welcher Richtung beruflich qualifiziert wird, um nach dem Abschluß der Qualifizierung eine bestimmte, höher bewertete Tätigkeit auszuüben. Um diese Auswahl treffen zu können, berät sich der Leiter mit den zur Qualifizierung vorgesehenen Frauen unter Einbeziehung ihres Arbeitskollektivs und berücksichtigt dabei bereits geäußerte Wünsche einzelner Kolleginnen.

Diejenigen Frauen, die im Ergebnis dieser persönlichen Gespräche für eine berufliche Qualifizierung vorgesehen werden, sind über den vorgesehenen veränderten beruflichen Einsatz in einem solchen Maße sachlich zu informieren, daß sie sich persönlich dafür entscheiden können. Dazu gehört, daß die erforderliche Qualifizierung erläutert, die individuellen Arbeits- und Lebensbedingungen der betreffenden Frau eingeschätzt und Maßnahmen festgelegt werden, wie das Arbeitskollektiv und der Betrieb die Frau während der Qualifizierung moralisch und materiell unterstützen.

Zu diesen Gesprächen sind Vertreter der Gewerkschaft, insbesondere der Frauenausschüsse, hinzuzuziehen. Gegebenenfalls sind auch Aussprachen mit dem Ehemann zu führen, um eventuelle familiäre Schwierigkeiten sachlich zu beheben. Im Ergebnis der persönlichen Gespräche ist zwischen dem Betrieb und der betreffenden Kollegin ein *Qualifizierungsvertrag* abzuschließen, der folgende Festlegungen enthält:

- vorgesehener beruflicher Einsatz;
- erforderliche Qualifizierung;
- Verpflichtung der Frau zur Teilnahme an der Qualifizierung;
- Verpflichtungen des Betriebes und des Arbeitskollektivs zur allseitigen Unterstützung der Frau während der Qualifizierung.

Dieser Qualifizierungsvertrag, der die Pflichten und Rechte des Betriebes sowie der sich qualifizierenden Frau festlegt, ist von der betreffenden Kollegin, von dem Werk- bzw. Betriebs- oder Bereichsleiter und einem Vertreter der BGL bzw. AGL zu unterzeichnen. Die Qualifizierungsverträge finden ihren Niederschlag in den Frauenförderungsplänen als Bestandteil des Betriebskollektivvertrages. Die Rechenschaftslegungen der Leiter wie auch die Massenkontrollen in den Betrieben und Einrichtungen sollen dazu beitragen, die Erfüllung der Qualifizierungsverträge zu sichern.

1.3.
Die Verbindung des Arbeitskollektivs und Betriebes zu den Frauen, die zeitweilig ihre Berufstätigkeit unterbrechen

Den Betriebsleitungen wird empfohlen, mit den Frauen, die zeitweilig infolge besonderer Verpflichtungen in der Familie ihre Berufstätigkeit befristet unterbrechen, *Vereinbarungen* folgenden Inhalts abzuschließen:

- Wann wird die Tätigkeit voraussichtlich wieder aufgenommen?
- Welche konkreten beruflichen Aufgaben sind bei Wiederaufnahme der Tätigkeit zu lösen?
- Welche Qualifizierungsanforderungen ergeben sich daraus und wann bzw. in welcher Form erfolgt die Qualifizierung?
- Wie erfolgt die Information über wichtige betriebliche Probleme und über die betriebliche Entwicklung?
- Welche Unterstützung gewährt der Betrieb, um die Wiederaufnahme der Tätigkeit zu ermöglichen (z. B. Unterbringung der Kinder u. dgl.)?
- Wer hält von seiten des Betriebes die unmittelbare Verbindung zu der

betreffenden Frau, und an wen kann sie sich mit besonderen Fragen wenden?

Der Abschluß solcher Vereinbarungen fällt in den Zuständigkeitsbereich der jeweils verantwortlichen Leiter.

Zu diesen Schlußfolgerungen führten Untersuchungen in der Filmfabrik Wolfen, die im territorialen Zentrum Halle/Leipzig des wissenschaftlichen Beirates der *Deutschen Akademie der Wissenschaften zu Berlin* »Die Frau in der sozialistischen Gesellschaft« vorlagen und befürwortet wurden.

Die Vereinbarung hat den Zweck, die Verbindung des Betriebes und des Arbeitskollektivs zu der betreffenden Kollegin aufrechtzuerhalten. Dadurch fühlt sie sich weiterhin mit dem Betrieb verbunden, kennt die wichtigsten Probleme des Betriebes und die Entwicklung in ihrem Arbeitsbereich.

Bei Wiederaufnahme der beruflichen Tätigkeit steht sie nicht vor völlig neuen, ihr fremden Bedingungen. Darüber hinaus ergibt sich aus dem engen Kontakt des Betriebes zu der zeitweilig ausgeschiedenen Kollegin die Möglichkeit, die Zeit der Unterbrechung für eine berufliche Qualifizierung zu nutzen.

2.

Besondere Anforderungen an die Gestaltung der beruflichen
Aus- und Weiterbildung von Frauen in technischen Berufen
und ihre Vorbereitung für den Einsatz in leitenden Tätigkeiten

Die Verwirklichung der objektiven Anforderungen, die die gegenwärtige Etappe unserer gesellschaftlichen Entwicklung an die Herausbildung der neuen sozialistischen Frauenpersönlichkeit, insbesondere an die Erhöhung ihres Bildungsniveaus, stellt, hängt in nicht unbedeutendem Maße davon ab, wie es gelingt, die Gestaltung der beruflichen Aus- und Weiterbildung den Bedingungen der Frau anzupassen.

In der Praxis der Bildungseinrichtungen der Betriebe hat sich gezeigt, daß die Gestaltung der Aus- und Weiterbildung nur dann den Anforderungen genügt, wenn sie

– über die betrieblichen Bedürfnisse und die des Zweiges hinaus den gesellschaftlichen Interessen entspricht;

– dem Charakter des betrieblichen Produktionsprozesses Rechnung
  trägt;
– der planmäßigen Erfüllung der betrieblichen Aufgaben dient sowie
– den besonderen Bedingungen der sich qualifizierenden Frauen gerecht wird und qualitativ hohe Bildungs- und Erziehungsergebnisse
  sichert.

Bei der Gestaltung der Aus- und Weiterbildung wurde deutlich, daß
es besonders darauf ankommt, die betrieblichen mit den territorialen
Bedingungen und Möglichkeiten sinnvoll zu koordinieren; ebenso die
Bildungsbestrebungen der wirtschaftsleitenden und staatlichen Organe
mit denen der gesellschaftlichen Organisationen (insbesondere mit der
KDT und Urania) zu koordinieren und zu verflechten.

Die sozialistischen Großbetriebe sollten entsprechend ihren Möglichkeiten auch den werktätigen Frauen der mittleren, kleineren und
örtlich geleiteten Betriebe die berufliche Qualifizierung in ihren Bildungseinrichtungen ermöglichen. Um Voraussetzungen zu schaffen,
die es *allen Frauen* im Territorium gestatten, ihr Bildungsniveau zu erhöhen und vor allem eine hochwertige berufliche Qualifikation zu erwerben, empfiehlt es sich, dem Beispiel der Görlitzer Bildungsstätten
nachzueifern. Dort werden alle Bildungsmaßnahmen der Betriebsaka-
demie, der Volkshochschule und sonstigen Stätten der Erwachsenenbildung im Kreisgebiet aufeinander abgestimmt und in einem *gemeinsamen Bildungsprogramm* ausgewiesen. Die Teilnahme an den einzelnen Lehrgängen ist allen Einwohnern des Kreises möglich.

2.1.
Die berufliche Ausbildung von Frauen in technischen Berufen bis zum Facharbeiter

Zur Entwicklung qualifizierter Facharbeiter ist es erforderlich, den
Frauen ein dynamisches und anwendungsbereites Wissen und Können
zu vermitteln.

Auf der Grundlage von staatlichen Ausbildungsunterlagen sind für
die Erwachsenenqualifizierung die betrieblichen Stoffverteilungspläne
unter Berücksichtigung der speziellen betrieblichen Erfordernisse, der
vorhandenen Kenntnisse und besonders der Berufs- und Lebenserfahrungen der Frauen auszuarbeiten.

Vorhandene Arbeitsplatzanalysen und spezielle Analysen, die im Zusammenhang mit der Erarbeitung von Berufsanalysen angefertigt wurden, sollten zu diesem Zweck genutzt werden.

Bei der Ausarbeitung der Stoffverteilungspläne ist die berufstheoretische, die berufsspezifische mathematisch-naturwissenschaftliche und berufspraktische Ausbildung als Einheit zu betrachten. Einer formalen Anwendung der staatlichen Ausbildungsunterlagen für die Berufsausbildung (besonders in theoretischen Stoffen) in der Erwachsenenqualifizierung ist entgegenzuwirken.

Die Ausarbeitung der Stoffverteilungspläne ist zweckmäßigerweise in enger Zusammenarbeit der Berufspädagogen mit Fachspezialisten der entsprechenden Bereiche der Produktion (z. B. Neuerer, Meister, Ingenieure u. a.) vorzunehmen.

Eine inhaltliche bzw. niveaumäßige Differenzierung in der Ausbildung von männlichen und weiblichen Facharbeitern im Rahmen der Erwachsenenqualifizierung ist unzulässig. Sie widerspricht den Interessen der Frauen, die danach streben, gleichberechtigt als hochgebildete Persönlichkeiten und Fachkräfte am umfassenden Aufbau des Sozialismus teilzunehmen. Erleichterungen für das Lernen werktätiger Frauen sind durch kluge Organisation und zweckmäßige Gestaltung der Ausbildung und durch Maßnahmen zur Minderung der außerberuflichen Belastungen der Frauen zu schaffen.

Untersuchungen über die besonderen Bedingungen der sich qualifizierenden werktätigen Frau führten zu der Erkenntnis, daß es zweckmäßig ist, die abschnittsweise Ausbildung der Frauen bis zum Facharbeiter in Stufen oder Lehrgängen weiter zu untergliedern. Bei der Durchführung der *Stufenausbildung* im VEB Automobilwerk Zwickau und in anderen Betrieben wurden dabei folgende Erfahrungen gewonnen:

– die Ausbildung muß sich in den zeitweilig stark belasteten Tages- und Wochenrhythmus der berufstätigen Frau harmonisch einfügen und durch überschaubare und jeweils real erreichbare Ausbildungsziele stark moralische Anreize bieten;

– die berufliche Ausbildung muß nach einer zeitweiligen Unterbrechung ohne erhebliche Schwierigkeiten fortgeführt werden können. Bei der Wiederaufnahme der Ausbildung wird an das erreichte Niveau angeknüpft;

- Prüfungsballungen zum Abschluß der Facharbeiterausbildung sind zu vermeiden;
- nach Aufnahme einer Tätigkeit in technischen Berufen muß die Frau in möglichst kurzer Zeit die Arbeitsaufgaben ihres Arbeitsplatzes beherrschen;
- bei einer notwendigen Umsetzung der Frauen in andere Arbeitsbereiche ist, ausgehend von dem erreichten Qualifikationsstand, die Ausbildung entsprechend den Anforderungen des neuen Arbeitsbereiches weiterzuführen. Dabei sind gleichzeitig das berufliche Grundwissen und die speziellen beruflichen Kenntnisse zu erweitern und zu vertiefen;
- hat die Frau alle typischen Arbeitsbereiche des Betriebes, die den Inhalt und Umfang eines Facharbeiterberufes charakterisieren, durchlaufen und die Lösung der typischen Arbeitsaufgaben kennengelernt, so ist die Facharbeiterprüfung in dem entsprechenden Beruf abzuschließen.

Im einzelnen gelten für die Gestaltung der jeweiligen Ausbildungsstufen folgende Gesichtspunkte:

- jede Ausbildungsstufe entspricht im Inhalt und Umfang einem typischen beruflichen Einsatzgebiet der Arbeitskräfte im betrieblichen Produktionsprozeß;
- jede Ausbildungsstufe ist als ein in sich abgeschlossener Lehrgang zu gestalten, der zur Ausübung bestimmter Arbeitstätigkeiten im betrieblichen Produktionsprozeß eine abgeschlossene Qualifikation vermittelt und gleichzeitig ein Baustein der Facharbeiterqualifikation ist. Das heißt, sie ist so zu gestalten, daß neben der Befähigung zur Lösung neuer spezieller Arbeitsaufgaben gleichzeitig die beruflichen Grundlagen erweitert und vertieft werden;
- in einem abgegrenzten Produktionsbereich werden solche Arbeitsplätze für die Ausbildung bevorzugt, denen möglichst viele Arbeitsaufgaben komplexer und typisch beruflicher Art zugeordnet sind;
- der Ausbildungsweg der Frauen zur Facharbeiterqualifikation wird unter Berücksichtigung der unterschiedlichen Kompliziertheit berufstypischer Arbeitsaufgaben und der differenzierten Arbeits- und Qualifikationsanforderungen in einer solchen Folge von Stufen angeordnet, daß er mit einem kontinuierlichen Schwierigkeitsanstieg kor-

reliert. Dabei beinhaltet jede Stufe die Vermittlung theoretischer Stoffe und berufspraktische Ausbildung;

- die Anzahl der Stufen bis zur Facharbeiterqualifikation kann von Beruf zu Beruf, aber auch für den gleichen Beruf in verschiedenen Betrieben unterschiedlich sein. Der Inhalt und das Niveau der staatlichen Ausbildungsunterlagen müssen dabei eingehalten werden;
- die einzelnen Stufen sind so zu gestalten, daß ihr zeitlicher Umfang und ihr Abschluß sich in den Organisationsablauf eines Ausbildungsjahres einfügen;
- um eine Konzentration von Prüfungen gegen Ende der Facharbeiterausbildung zu vermeiden, ist jede Stufe mit einer Prüfung abzuschließen, die als Teil der Facharbeiterprüfung zu werten ist.

Die Durchführung der Prüfungen erfolgt auf der Grundlage der *Prüfungsordnung für die sozialistische Berufsbildung vom 26. November 1965*. Dabei sind besonders die *Abschnitte 6 bis 8 des § 5* der Prüfungsordnung zu berücksichtigen.

Anmerkung: Die Prüfungsordnung vom 26. 11. 1965 wurde mit Wirkung vom 1. 9. 1970 außer Kraft gesetzt. Es gilt jetzt die AO vom 31. 7. 1970 über die Facharbeiterprüfung in der sozialistischen Berufsbildung – Prüfungsordnung – (GBl. II Nr. 72 S. 511); Sonderregelungen für Werktätige enthalten die §§ 11 und 12. Zum Erlaß der schriftlichen Prüfungsarbeiten für Frauen über 35 Jahre siehe Reg.-Nr. 6.30.

2.2.
Die Vorbereitung von Frauen für den Einsatz in leitenden Tätigkeiten

Die in der Praxis gesammelten Erfahrungen haben gezeigt, daß die in den Bildungseinrichtungen erhaltene politisch-fachliche Ausbildung (einschließlich der Kenntnis der Theorie der Führung) durch eine schrittweise praktische Vorbereitung und Einarbeitung in die konkret vorgesehene Leitungsaufgabe ergänzt werden muß. Das betrifft die Vorbereitung von Männern als auch von Frauen für den Einsatz in mittleren und leitenden Funktionen in gleicher Weise.

Voraussetzung für die Ausübung leitender Tätigkeiten sind eine den Tätigkeitsmerkmalen des für den Einsatz vorgesehenen Aufgabenbereiches entsprechende fundierte fachliche Qualifikation (z. B. Meister, Ingenieur, Ökonom, Dipl.-Ingenieur usw.) sowie die in der beruflichen und gesellschaftlichen Tätigkeit erworbenen Erfahrungen.

Auf dieser Grundlage erwächst den Betrieben die Pflicht, den Einsatz der Frauen in der vorgesehenen Funktion durch gezielte Schritte, die den betrieblichen Besonderheiten des Aufgabenbereiches Rechnung tragen, vorzubereiten.

Das Grundprinzip der Vorbereitung von Frauen für die Übernahme von mittleren und leitenden Funktionen besteht in der schrittweisen Heranführung und Einführung in die entsprechende Leistungstätigkeit, in einer planmäßigen Überführung von bewährten Stellvertretern in verantwortliche Leitungstätigkeiten und von mittleren Leitungskadern in höhere Leitungstätigkeiten.

Neben der Vermittlung von theoretischen Stoffgebieten in Studiengruppen, Vorträgen u. dgl. geschieht das im wesentlichen durch eine individuelle, gelenkte Erfahrungsvermittlung durch qualifizierte Betreuer im künftigen Leitungsbereich.

Die schrittweise Einführung in die Leitungstätigkeit wird zweckmäßigerweise durch folgende Etappen verwirklicht.

Erste Etappe: Aufnahme der Frauen in die Kaderreserve durch einen entsprechenden Vertrag.

Mit Abschluß des Vertrages beginnt die Vorbereitung für die Übernahme der Leitungsfunktion. Dabei haben sich vor allem folgende Möglichkeiten bewährt:

- Teilnahme an wichtigen Leitungssitzungen und der Ausarbeitung wichtiger Leitungsunterlagen;
- Teilnahme an bestimmten betrieblichen Weiterbildungsveranstaltungen der Leitungskader;
- Information über Grundprobleme und Entwicklungstendenzen im Leitungsbereich.

Zweite Etappe: Direkte Vorbereitung der Frau auf die Übernahme der Leitungstätigkeit.

Um einen Überblick über den gesamten Leitungsbereich und die Zusammenhänge zwischen einzelnen Sachgebieten zu gewinnen, wird die Frau systematisch, auf der Grundlage eines Versetzungsplanes mit solchen Arbeitsaufgaben vertraut gemacht, die sie noch nicht bzw. ungenügend kennt.

Im Anschluß daran übernimmt die Frau abgegrenzte Teilaufgaben des Leitungsbereiches und löst diese unter Anleitung.

Daneben erfolgt die Teilnahme an Lehrgängen zur Vermittlung allgemeiner Kenntnisse zur Ausübung einer Leitungstätigkeit.

Dritte Etappe: Einarbeitung und volle Übernahme der Leitungstätigkeit.

In der letzten Phase der Qualifizierung übernimmt die Frau den gesamten Komplex der Leitungsaufgaben, wobei die Anleitung allmählich eingeschränkt und die volle Verantwortung auf die Frau übertragen wird.

Daneben nimmt sie ständig an der betrieblichen und überbetrieblichen Weiterbildung der Leitungskader teil.

Unter Beachtung dieser allgemeinen Etappen ist für jede Frau, die für einen Einsatz in mittleren und leitenden Tätigkeiten vorgesehen ist, ein Programm für die Einarbeitung in die Leitungstätigkeit zu erarbeiten, in dem der konkrete Verlauf der Vorbereitung inhaltlich und zeitlich festgelegt wird. Erfahrene Leiter sind als Betreuer einzusetzen. Sie sind für die Einhaltung des Programms verantwortlich, haben in bestimmten Phasen selbst die Anleitung in Form der individuellen Schulung durchzuführen und andere Personen, die zeitweilig die Unterweisung übernehmen, anzuleiten.

Der Betreuer ist für die Einschätzung der Ergebnisse der Vorbereitung verantwortlich.

Der Inhalt der Vorbereitungsprogramme ist durch ein Kollektiv bewährter Leitungskader in Verbindung mit der betrieblichen Bildungseinrichtung auszuarbeiten.

Dabei sollte wie folgt vorgegangen werden:

- Ermittlung der sachlichen Anforderungen (insbesondere wichtige und schwierig zu lösende Aufgaben), die sich aus dem für den Einsatz vorgesehenen Aufgabenbereich ergeben.
  (Hierbei sind vorhandene Tätigkeits- bzw. Funktionsanalysen und Funktionspläne zu nutzen);
- Ermittlung der besonderen personellen Anforderungen, insbesondere solcher Persönlichkeitseigenschaften, die für die Ausübung der vorgesehenen Leitungstätigkeit von entscheidender Bedeutung sind;
- Anfertigung und Auswertung von umfassenden Beurteilungen und Einschätzungen der für den Einsatz vorgesehenen Frau;
- Vergleich des aus der Beurteilung und Einschätzung gewonnenen

Persönlichkeitsbildes mit dem aus der Analyse des Aufgabenbereiches erarbeiteten sachlichen und personellen Anforderungsbild und Ableitung der erforderlichen Inhalte für das Vorbereitungsprogramm;

- Bestimmung der Art der theoretischen und praktischen Unterweisungen und Übungen.

Die Vorbereitungsprogramme sind durch den Werkleiter zu bestätigen. Sie sollten zuvor mit den für den Einsatz vorgesehenen Frauen beraten werden.

Es empfiehlt sich, die inhaltliche Gestaltung der Vorbereitung auf folgende Schwerpunkte zu konzentrieren:

- Information über die Perspektiventwicklung im gegebenen Bereich und ihr Zusammenhang mit der gesamten Entwicklung des Betriebes, insbesondere über die Zusammenhänge zwischen ökonomischer und technischer Entwicklung und der Arbeitskräfteentwicklung;
- Information über schwerpunktmäßig zu lösende Aufgaben;
- Information über Besonderheiten des zu leitenden Kollektivs;
- Vertrautmachen mit den neuesten Erkenntnissen und bewährten Formen und Methoden der analytischen Arbeit, der Gestaltung und Sicherung des für die Leitungtätigkeit wichtigen Informationsflusses sowie der Vorbereitung von Entscheidungen und ihrer Realisierung einschließlich notwendiger Kontrollen;
- Vertrautmachen mit dem der vorgesehenen Planstelle entsprechenden Funktionsplan;
- pädagogische und arbeitserzieherische Befähigung zur Anleitung und Mobilisierung sowie zur beruflich-fachlichen und politisch-moralischen Entwicklung unterstellter Mitarbeiter (einschließlich Befähigung zum Führen von Kadergesprächen und zum Beurteilen von Mitarbeitern).

2.3.
Die berufliche Weiterbildung der Frauen

Viele Frauen haben erkannt, daß das einmal erworbene berufliche Wissen und Können nicht für das ganze Berufsleben reicht und einer ständigen Vervollkommnung bzw. Erneuerung bedarf. Da die berufliche Weiterbildung eine besonders aktive Rolle bei der Weiterentwicklung des Produktionsprozesses spielt, ist die Teilnahme der Frauen auch besonders deshalb notwendig, um ihre gleichberechtigte Rolle im Produktionsprozeß weiter zu festigen und auszubauen und die Persönlichkeitsqualitäten des neuen, sozialistischen Frauentyps weiter zu formen.

Durch die berufliche Weiterbildung ist zu sichern, daß die Mitverantwortung der Facharbeiterinnen, insbesondere für die Planung und Leitung der Produktionsprozesse, ständig gefördert wird.

Die beruflichen Weiterbildungsmaßnahmen werden in Übereinstimmung mit den allgemeinen Entwicklungslinien der Produktion aus den konkreten betrieblichen Perspektiv- und Gegenwartsanforderungen, insbesondere den unmittelbar bevorstehenden oder zu erwartenden Ergebnissen der komplexen sozialistischen Rationalisierung und des wissenschaftlich-technischen Fortschritts im Betrieb, abgeleitet und bestimmt.

Dabei gilt es zu sichern, daß im Ergebnis der Weiterbildung sowohl eine unmittelbare Verbesserung der Arbeit bzw. höchste Produktionswirksamkeit sichtbar wird als auch das allgemeine berufliche Wissen als Grundlage der weiteren wissenschaftlich-technischen Entwicklung sowie die geistigen und schöpferischen Fähigkeiten erweitert und vertieft werden.

Die wichtigste Voraussetzung für die maximale Wirksamkeit beruflicher Weiterbildungsmaßnahmen besteht darin, rechtzeitig und im notwendigen zeitlichen Vorlauf aus der Entwicklung der betrieblichen Produktionstechnik, Technologie, Arbeitsorganisation, der Veränderung der Erzeugnisse und der zum Einsatz kommenden neuen Werkstoffe die neuen Arbeitsanforderungen zu erfassen, inhaltlich zu bestimmen und durch die Vermittlung der erforderlichen Qualifikation eine ausreichende Übereinstimmung des Arbeitsvermögens der Werktätigen mit den sich fortwährend verändernden Arbeitsanforderungen zu sichern.

Entsprechend diesen Anforderungen wird die berufliche Weiterbildung mit folgenden Zielstellungen durchgeführt:
– Herstellen der Übereinstimmung des individuellen Arbeitsvermögens mit den bestehenden und sich verändernden Arbeitsanforderungen, die sich insbesondere durch die Einführung neuer Technologien, Maschinen, Werkstoffe u. a. ergeben;

- Übermittlung und Einführung der Erfahrungen der Besten, insbesondere der Ergebnisse der Neuererbewegung und der sozialistischen Gemeinschaftsarbeit;
- Befähigung zur schöpferischen Mitarbeit an der Weiterentwicklung der Technik, Technologie, der Organisation der Arbeit und der Produktion;
- Aktivierung der Teilnahme an der Planung und Leitung des Betriebes und an der Weiterentwicklung der sozialistischen Demokratie;
- Sicherung der Überwindung von Fehlleistungen, die durch unzureichende Qualifikation bedingt sind.

Die Qualität der Programme für die berufliche Weiterbildung hängt in hohem Maße davon ab, wie die Leitung des Betriebes bzw. der VVB Einfluß auf die Ermittlung der erforderlichen Inhalte nimmt. Beispiele aus dem VEB Armaturenwerk »Karl Marx« in Magdeburg und dem VEB Carl Zeiss in Jena zeigen, daß diese Arbeit vor allem durch Fachexperten (Facharbeiter, Ingenieure, Wirtschaftsfunktionäre) in Zusammenarbeit mit Berufspädagogen geleistet werden muß.

Deshalb sollten auch zur Ausarbeitung der Programme für die berufliche Weiterbildung durch den Leiter des Betriebes (bei überbetrieblichen Erfordernissen durch den Generaldirektor der VVB) Expertenkommissionen eingesetzt werden.

Die Arbeit der Kommission beginnt zweckmäßigerweise mit einer Analyse der konkreten Lage, aus der sich die Notwendigkeit von Weiterbildungsmaßnahmen eindeutig ergibt, und wird in folgenden Schritten fortgeführt:

- umfassende Ermittlung des erforderlichen Qualifikationszuwachses (Wissen und Können) entsprechend den bereits eingetretenen oder zu erwartenden Veränderungen der Arbeitsaufgaben u. a.;
- Feststellung der vorhandenen Qualifikation der Frauen, die für die betreffende Weiterbildungsmaßnahme vorgesehen sind;
- Ermittlung der notwendigen Inhalte der Weiterbildung, aus der Gegenüberstellung von erforderlicher und vorhandener Qualifikation.

Bei der Festlegung der Weiterbildungsinhalte ist ein harmonisches Anknüpfen an die durch vorangegangene Aus- bzw. Weiterbildung sowie durch Berufstätigkeit erworbenen Kenntnisse und Fertigkeiten anzustreben.

Der Bedeutung einer ständigen beruflichen Weiterbildung allgemein und insbesondere für Frauen Rechnung tragend, gilt es, eine sehr variable und schnell reaktionsfähige Organisation zu schaffen, die den jeweiligen konkreten betrieblichen Bedürfnissen und dem Weiterbildungsstreben der Betriebsangehörigen sinnvoll entspricht.

In der Praxis hat es sich bewährt, die Weiterbildung sowohl in Form einer ständigen Weiterbildung im Prozeß der Arbeit als auch durch spezielle systematische Bildungsveranstaltungen entsprechend den gegebenen Notwendigkeiten durchzuführen.

Dabei kommt der Weiterbildung im Prozeß der Arbeit, besonders *durch individuelle Erfahrungsvermittlung,* eine besondere Bedeutung zu, da sie den Bedürfnissen der Frauen am besten entspricht.

Diese Form der Weiterbildung trägt den unmittelbaren Erfordernissen der Produktion und der Arbeit Rechnung. Sie ist darauf gerichtet, aufgetretene Mängel, die zur Ausschußproduktion oder Qualitätsminderung führen, durch wirksame Qualifizierung der betreffenden Mitarbeiter zu beseitigen, sie kurzfristig auf neue Arbeitsaufgaben, die sich aus der Entwicklung von Technik und Technologie ergeben, vorzubereiten bzw. die Erfahrungen der Besten zu übermitteln.

Im Unterschied dazu ist die *systematische Weiterbildung durch spezielle Bildungsveranstaltungen,* auf die bei der Weiterbildung der Frauen keineswegs verzichtet werden kann, darauf gerichtet, rechtzeitig und planmäßig den erforderlichen Qualifikationsvorlauf für die notwendig werdenden Veränderungen bzw. Umstellungen in der Produktion und Arbeit zu schaffen.

3.

Empfehlungen zur Durchführung der theoretischen und praktischen Aus- und Weiterbildung und der Vorbereitung von Frauen für den Einsatz in leitenden Tätigkeiten

Die Aus- und Weiterbildung von Frauen für technische Berufe und ihre Vorbereitung für den Einsatz in leitenden Tätigkeiten stellt an die Funktionäre des betrieblichen Bildungswesens, besonders an die Lehrkräfte und Betreuer, hohe Anforderungen. *Sie haben ihre Hauptanstrengungen darauf zu konzentrieren, daß die Aus- und Weiterbildung so organi-*

siert und gestaltet wird, daß sie bei vertretbarem Zeitaufwand möglichst ohne Unterbrechung der Produktionstätigkeit durchgeführt wird, daß das selbständige Lernen aktiviert und die technischen Probleme und komplizierten Fragen in verständlicher und leicht faßlicher Weise vermittelt werden.

Die besten Erfahrungen in der Praxis zeigen, daß in der Frauenqualifizierung dort hervorragende Ergebnisse erzielt werden, wo die leitenden Funktionäre des betrieblichen Bildungswesens, die Lehrkräfte und Betreuer die Frauen in die Organisierung und Gestaltung der Aus- und Weiterbildung mit einbeziehen und wo ein enger Kontakt zwischen den Lehrkräften bzw. Betreuern und den lernenden Frauen besteht.

Bei der pädagogisch-methodischen Gestaltung, insbesondere der Auswahl der Formen und Methoden der Aus- und Weiterbildung, sind folgende Faktoren zu berücksichtigen:

– die stofflich-inhaltlichen Besonderheiten und die konkrete Zielstellung der jeweiligen Ausbildung;
– der für die Aus- und Weiterbildung zur Verfügung stehende Zeitraum;
– die Anzahl und Qualität der nutzbaren Lehr- und Lernmittel;
– spezielle betriebliche Erfordernisse und ökonomische Bedingungen;
– die Anzahl und Qualität der vorhandenen Lehrkräfte und Betreuer;
– die Altersbesonderheiten, die Betriebs- und Lebenserfahrungen sowie das Niveau und die Spezifik der Vorkenntnisse der an der Qualifizierung teilnehmenden Frauen.

Aus der Einschätzung dieser Faktoren lassen sich gleichzeitig wichtige Schlußfolgerungen hinsichtlich noch zu treffender Maßnahmen zur Schaffung der erforderlichen materiellen und personellen Voraussetzungen ableiten.

Insbesondere gilt es aber, bei den Vorbereitungen von folgenden Überlegungen auszugehen:

– Wie kann der Arbeitsprozeß selbst besser für das Lernen genutzt werden, ohne daß dabei die Produktivität der Arbeit gemindert, das Lernen außerhalb der Arbeitszeit aber erleichtert wird?
– Wie kann das Lernen außerhalb der Arbeitszeit rationeller und effektiver gestaltet werden, um mit wenig Zeitaufwand maximale Lernergebnisse zu erreichen?

3.1.
Zu einigen pädagogischen Besonderheiten der
theoretischen Ausbildung

Bei der theoretischen Ausbildung der Frauen, die seit längerer Zeit keinen systematischen Unterricht erhielten, ist es notwendig, sie schrittweise an den Lernprozeß heranzuführen und dabei jegliche Überforderung zu vermeiden.

Deshalb ist zu Beginn der Ausbildung die *systematische Stoffdarbietung im Klassenverband* bzw. in Gruppen und die systematische Unterweisung am Arbeitsplatz zu bevorzugen.

Daneben sind die Frauen zugleich an das Selbststudium, zunächst im Sinne eines ergänzenden bzw. begleitenden Studiums heranzuführen und mit der zweckmäßigsten Methodik und Technik der geistigen Arbeit bei gleichzeitiger Überwindung veralteter Lernmethoden vertraut zu machen.

Haben sich die Frauen in die Lernarbeit eingewöhnt und erforderliche Lernfertigkeiten erworben, ist die systematische Stofferarbeitung im Klassenverband bzw. in der Gruppe allmählich zu verringern und *verstärkt* das *Selbststudium* mit nachfolgenden Konsultationen bzw. Seminaren anzuwenden.

Zu diesem Zweck sollten den Teilnehmern Lern- bzw. Studienaufträge erteilt werden und mit Hilfe von Lehr- und Lernmitteln sowie Lern- und Studienanleitungen die Aneignung des Lehrstoffes im Selbststudium erleichtert werden.

Die Erfolge des Selbststudiums sind in starkem Maße davon abhängig, inwieweit in ausreichender Zahl qualitativ hochwertige Lehr- und Lernmaterialien (programmierte Lehrmaterialien, Studienanleitungen, Lehrbücher u. a.) zur Verfügung stehen.

Die Betriebe sollten durch die Gewinnung und Beauftragung von Fachspezialisten zur Ausarbeitung aktueller Lehr- und Lernmaterialien dazu beitragen, immer bessere Voraussetzungen für ein planmäßiges Selbststudium zu schaffen.

Mit der stärkeren Betonung des Selbststudiums ergeben sich im Unterschied zu den an den Unterrichtsraum gebundenen Lehrveranstaltungen eine Reihe günstiger Voraussetzungen.

Vor allem werden jene organisatorischen Schwierigkeiten gemindert, die immer dann auftreten, wenn die Teilnehmer aus mehreren Betrieben bzw. Betriebsteilen zur Schulung zusammengefaßt werden und die einzelnen Teilnehmer an unterschiedliche Arbeitszeiten, insbesondere bei Schichtarbeit, gebunden sind. Aber auch für die Frauen selbst werden hierin in doppelter Weise günstige Momente zu sehen sein. Erstens wird es den Frauen ermöglicht, das Selbststudium so in die außerberufliche Zeit einzuordnen, daß der Rhythmus, der zur Bewältigung verbleibender familiärer Verpflichtungen (z. B. Betreuung der Kinder u. ä.) erforderlich ist, nicht wesentlich gestört wird.

Zweitens wird damit einem allgemein sich entwickelnden Zug der neuen sozialistischen Persönlichkeit entsprochen, indem mit der Erziehung zum selbständigen Lernen wichtige Grundlagen für die im weiteren Berufsleben immer bedeutsamer werdende kontinuierliche, individuelle Weiterbildung gelegt werden.

Diesen Forderungen an die theoretische Ausbildung Rechnung tragend, haben sich zur Erreichung der jeweiligen Ausbildungsziele insbesondere folgende Formen und ihre Kombination als geeignet erwiesen:

– Selbststudium mit mündlichen Anleitungen und Auswertungen zur Ergänzung der Unterweisung am Arbeitsplatz außerhalb der Arbeitszeit. Diese Kombination eignet sich besonders für Ausbildungsziele der ersten Ausbildungsabschnitte und zur Erreichung spezieller Weiterbildungsziele;

– Selbststudium, verbunden mit mündlichen und schriftlichen Anleitungen sowie mit entsprechenden Konsultationen und Seminaren außerhalb der Arbeitszeit als Hauptform des Wissenserwerbs.
Diese Form des Wissenserwerbs sollte vorzugsweise ab zweitem Ausbildungsabschnitt und bei speziellen Weiterbildungsmaßnahmen Anwendung finden;

– Selbststudium außerhalb der Arbeitszeit, verbunden mit systematischem Unterricht bei teilweiser Freistellung von der Arbeit.
Diese Form kann nach Maßgabe der Notwendigkeit bei allen Ausbildungsabschnitten und Weiterbildungsmaßnahmen zur Anwendung kommen;

– geschlossene Lehrgänge in Form von Tages- oder Abendkursen während oder außerhalb der Arbeitszeit zur systematischen Stoffvermittlung, verbunden mit Selbststudium und Hausaufgaben.
Diese Form ist besonders vorteilhaft bei Ausbildungszielen, die der

Vorbereitung zur Aufnahme einer Tätigkeit im Betrieb dienen. Darüber hinaus eignet sie sich selbstverständlich auch bei speziellen Weiterbildungsmaßnahmen.

3.2.
Zu einigen pädagogischen Besonderheiten der praktischen Ausbildung

Bei der praktischen Aus- und Weiterbildung ist es zweckmäßig, folgendes methodisches Vorgehen zugrunde zu legen, wobei je nach der Spezifik und Eigenart der zu erlernenden Tätigkeit bestimmte zeitliche Proportionen zwischen den einzelnen Schritten einzuhalten sind.

Erster Schritt: Vorbereitung der Teilnehmer auf die Unterweisung mit dem Ziel,
- sie auf die zu erwartenden praktischen Aufgaben bzw. Tätigkeiten einzustimmen und die Lernbereitschaft zu wecken;
- den für den Erfolg der Unterweisung notwendigen Kontakt zwischen Qualifizierungsteilnehmern und dem vom Betrieb mit der Unterweisung Beauftragten herzustellen;
- einen anschaulichen Überblick über die zu erlernenden Tätigkeiten zu vermitteln.

Zweiter Schritt: Demonstration und theoretische Erläuterung der zu erlernenden Tätigkeiten mit dem Ziel,
- die Eigenart der zu erlernenden Tätigkeit, insbesondere die zu ihrer Ausführung notwendigen Fähigkeiten und Fertigkeiten, kennenzulernen und ihre Bedeutung im Zusammenhang mit anderen Arbeitsaufgaben und Tätigkeiten zu begreifen;
- die zur Anwendung kommenden naturwissenschaftlich-technischen und technologischen Gesetzmäßigkeiten zu erkennen und das Interesse für die selbständige weiterführende theoretische Durchdringung der Tätigkeit durch Selbststudium zu wecken;
- das für den Erfolg Wesentliche hervorzuheben und zu betonen.

Der Umfang der theoretischen Darstellung richtet sich dabei nach den durch den Lerngegenstand sachlich bedingten Erfordernissen, den Vorkenntnissen der Teilnehmer und der durch die Ausbildung angestrebten Qualifikationsstufe.

Dritter Schritt: Ausführen der Tätigkeit durch die Qualifikationsteilnehmer unter Aufsicht und Anleitung mit dem Ziel,
– sich von Anbeginn die zweckmäßigste und rationellste Ausführung – unter Vermeidung jeglicher Fehlhandlungen – anzueignen;
– durch häufige Erfolgsinformation bzw. -bestätigung der Ausführung des Qualifikationsteilnehmers seine Leistungszuversicht zu steigern.

Den Teilnehmern ist dabei klar, eindeutig und verständlich zu erkennen zu geben, welche ihrer Schritte richtig oder falsch, gut oder schlecht, zweckmäßig oder zweckwidrig waren.

Durch eingeschobene Kontrolle oder auf andere Weise ist zu prüfen, inwieweit die Tätigkeit bzw. Teilverrichtungen beherrscht und die theoretischen Probleme begriffen wurden bzw. welche Hilfen noch erforderlich sind.

Vierter Schritt: Verselbständigung in der Tätigkeitsausführung durch allmählichen Abbau der Aufsicht und Anleitung mit dem Ziel,
– den Teilnehmern das Gefühl der Sicherheit und völligen Beherrschung der Tätigkeit zu geben;
– die Teilnehmer zur wirksamen Selbsthilfe bei auftretenden Schwierigkeiten zu befähigen.

Die Unterweisung am Arbeitsplatz kann grundsätzlich in Form der Einzel- oder Gruppenschulung durchgeführt werden.

Die Entscheidung über die zur Anwendung gelangende Form richtet sich dabei nach der Spezifik der Arbeitsplätze, nach der Technologie, der Organisation der Produktion und der Arbeit und hängt schließlich von der Anzahl der Schulungsteilnehmer ab.

Sind mehrere Schulungsteilnehmer vorhanden und der Arbeitsprozeß gestattet es, daß ein Unterweiser (Instrukteur oder Pate) mehrere Schulungsteilnehmer am Arbeitsplatz unterweist, so sollte diese Form bevorzugt werden, da sie geeignet ist, die Effektivität der Aus- bzw. Weiterbildung zu heben.

Auf keinen Fall darf aber die Anwendung der Gruppenschulung dazu führen, daß die Führung durch den Unterweiser in der Phase der Demonstration und theoretischen Erläuterung der zu erlernenden Tätigkeit sowie die Ausführung und Übung der Tätigkeit unter Anleitung darunter leidet.

Schließlich sind auch Kombinationen zwischen der Einzel- und

Gruppenschulung möglich. So kann zum Beispiel ein Teil der theoretischen Unterweisung am Arbeitsplatz in größeren Gruppen durchgeführt werden, während das Ausführen der Tätigkeit unter Anleitung und Aufsicht als Einzelschulung am Arbeitsplatz erfolgt.

3.3.
Spezielle Formen und Methoden der Vorbereitung von Frauen für den Einsatz in leitenden Tätigkeiten

Die qualitative Eigenart und Spezifik der Leitungstätigkeit erfordert eine auf die Besonderheiten dieser beruflichen Tätigkeit abgestimmte Vorbereitung. Die Art und Weise der Vorbereitung ist hierbei von entscheidender Bedeutung. Sie hat sowohl Einfluß auf die Herausbildung der Fähigkeiten, die zur selbständigen, schöpferischen Leitung sachlich-fachlicher Art erforderlich sind, als auch auf die Befähigung zur Menschenführung, die für die tägliche Zusammenarbeit mit den einzelnen unterstellten Mitarbeitern und besonders für die Leitung eines Arbeitskollektivs notwendig ist.

Entsprechend diesen besonderen Anforderungen sollten bei der Vorbereitung für den Einsatz in leitenden Tätigkeiten folgende Formen und Methoden Anwendung finden:

Die systematische Stoffdarbietung durch den Vortrag mit dem Ziel,
– die Teilnehmer im Mithören und rationellen Mitschreiben zu üben;
– sie zu befähigen, Gehörtes selbständig und kritisch zu verarbeiten.

Die schöpferische Diskussion über Probleme und die Wege ihrer Lösung mit dem Ziel,
– die Teilnehmer zur logischen Gedankenführung, eindeutigen Darlegung und konkreten Stellungnahme zu befähigen, damit sie durch ihren Beitrag Aussprachen bzw. Diskussionen entwickeln und fördern;
– zu lernen, die Standpunkte der einzelnen Teilnehmer anzuhören und zu achten sowie die Bereitschaft zu entwickeln, die richtigeren und besseren Argumente sachlich anzuerkennen und das eigene Verhalten entsprechend zu regulieren.

Die komplexe Wissensanwendung und -vertiefung durch die Anwendung der Fallmethode mit dem Ziel,
– die Teilnehmer zur komplexen Betrachtung von Leitungsproblemen zu befähigen;

– sie in der Beurteilung von praktischen Fällen und Ereignissen sowie im Fassen von wichtigen Entschlüssen und Treffen von Entscheidungen zu üben und ihnen dadurch das Gefühl der Sicherheit zu geben.

Die Übung des richtigen Verhaltens durch die Anwendung der Methode des Rollenspiels mit dem Ziel,
– die dynamische Anpassung und Reaktion auf das Verhalten eines Mitarbeiters in aktuellen, typischen Situationen zu erlernen;
– das Selbstbewußtsein zu entwickeln und das Gefühl der Sicherheit im Auftreten als Leiter zu stärken.

Neben der Anwendung dieser Formen und Methoden in speziellen Lehrveranstaltungen kommt der *Vorbereitung im Prozeß der Arbeit durch die gelenkte Erfahrungsvermittlung* hervorragende Bedeutung zu. Hierfür sind besonders geeignet:
– die Betrauung mit Sonder- und Spezialaufgaben; ·
– der Einsatz in Stellvertreterpositionen;
– der planmäßige Arbeitsplatzwechsel bzw. Arbeitsplatzringtausch;
– die Anleitung und Beratung durch den Vorgesetzten;
– die planmäßige Einbeziehung in verantwortungsvolle Arbeit und Teilnahme an Dienstbesprechungen und Unterweisungen der Funktionäre, die auf der für den Einsatz vorgesehenen Führungsebene arbeiten;
– der Einsatz als Assistent für einen befristeten Zeitraum im zukünftigen Leitungsbereich;
– die befristete Delegierung in einen anderen möglichst artverwandten Betrieb mit speziellem Studienauftrag.

Die Entscheidung über die anzuwendenden Formen und Methoden ist abhängig von der Art und Spezifik der zu vermittelnden Erfahrungen sowie den Voraussetzungen der anzuleitenden Frau.

3.4.
Spezielle Hinweise zur Durchführung von Weiterbildungsmaßnahmen

Über die zur theoretischen und praktischen Ausbildung gegebenen Anregungen hinausgehend sollten für die Weiterbildung folgende Möglichkeiten genutzt werden:

- die Demonstration und Erläuterung neuer Arbeitsverfahren, Arbeitsmittel und Werkstoffe durch Mitarbeiter der WTZ und Neuerer am Arbeitsplatz bzw. einem Produktionsabschnitt;
- die Exkursion bzw. zeitweilige Delegierung in andere Betriebsabteilungen, Betriebe oder wissenschaftliche Einrichtungen;
- den Erfahrungsaustausch im Arbeitskollektiv, auf Neuererberatungen und in den Gewerkschaftsgruppen;
- die Auswertung von Produktionsergebnissen und die Beratung von Planvorhaben;
- die Teilnahme an der Montage und Erprobung neuer Maschinen und Aggregate;
- der Besuch von Messen und Ausstellungen;
- die Einbeziehung und ständige Mitarbeit in Forschungsgruppen und Neuererkollektiven;
- Lehrgänge und Kurse des Betriebes oder der VVB mit und ohne obligatorischem Selbststudium;
- Vorträge zu speziellen Fachproblemen.

Die beiden letzten Formen sind besonders geeignet für jene Mütter und Frauen, die aus den verschiedensten Gründen vorübergehend aus dem Arbeitsprozeß ausgeschieden sind und diese Zeit zur Vorbereitung auf die erneute Aufnahme der Tätigkeit, gegebenenfalls auch mit einer höheren Qualifikation, nutzen wollen. Die Frauen und Mütter bleiben dadurch gleichzeitig eng mit dem Betrieb verbunden und werden über die Entwicklung des Produktionsprozesses während ihrer Abwesenheit fortlaufend informiert.

4.

Empfehlungen für die Regelung der zeitweiligen Freistellung von der Arbeit sowie für besondere Maßnahmen zur Minderung der außerberuflichen Belastung der Frau

Die zeitweilige Freistellung von der Arbeit zum Zwecke der beruflichen Qualifizierung ist eine echte Hilfe für die berufstätigen Frauen und Mütter. Sie kann von den Betrieben bei gleichzeitiger Sicherung der Erfüllung der betrieblichen Aufgaben und im ökonomisch vertretbaren Umfang im Rahmen der gesetzlichen Bestimmungen gewährt werden.

In dem Maße, wie sich die Arbeitskollektive für die Qualifizierung ihrer Mitglieder mitverantwortlich fühlen und durch sozialistische Hilfe, besonders durch die Übernahme von Verpflichtungen zur Lösung der durch Freistellung gefährdeten Planaufgaben beitragen, werden sich die Möglichkeiten der Freistellung von der Arbeit zum Zwecke der Qualifizierung für werktätige Frauen erhöhen. Um die Möglichkeiten der Freistellung effektiv zu nutzen, ist es erforderlich, die Freistellung entsprechend der konkreten Belastung der einzelnen Frau zu gewähren.

4.1.
Ermittlung der unterschiedlichen Belastung der sich qualifizierenden Frauen

In gemeinsamer Beratung der verantwortlichen Leiter in den Betrieben mit den Frauenausschüssen, den Gewerkschaftsgruppen und in persönlichen Gesprächen mit den für die Qualifizierung vorgesehenen Frauen erfolgt die Ermittlung der differenzierten Belastung der Frauen, in deren Ergebnis konkrete Entscheidungen über den Umfang der Freistellung zum Zwecke der Aus- und Weiterbildung zu treffen sind.

Die Erfahrungen der Praxis zeigen, daß es zweckmäßig ist, dabei schwerpunktmäßig folgende Faktoren einzuschätzen:
– Umfang der Aufgaben bei der Erledigung der familiären Pflichten, insbesondere bei der Betreuung und Erziehung der Kinder.
Dazu gehören:
Anzahl und Alter der Kinder;
alleinstehende Mütter (z. B. auch bei längerer Abwesenheit des Ehegatten aus beruflichen Gründen bzw. zur Ableistung des Ehrendienstes in der Nationalen Volksarmee);
Betreuung weiterer pflegebedürftiger Familienangehöriger;
Unterbringungsmöglichkeiten der Kinder in Kinderkrippen, Kindergärten, Tagesschulen.
– Möglichkeiten der Nutzung von Versorgungs- und Dienstleistungseinrichtungen am Wohn- und Arbeitsort.
Dazu gehören:
Aufbau und Kapazitäten des zentralen Handelsnetzes mit entsprechenden Versorgungseinrichtungen auf allen Gebieten;

Arbeitsweise und bedarfsgerechter Aufbau der Dienstleistungseinrichtungen; Versorgung und Betreuung am Arbeitsplatz.

– Zeit- und Kraftaufwand bei der Ausübung gesellschaftlicher Funktionen im Wohngebiet und Betrieb.

Dazu gehören:

Gesellschaftliche Tätigkeit im Wohngebiet und Betrieb, wie z. B. Schöffentätigkeit, Abgeordnetentätigkeit, Tätigkeit in der Arbeiter-und-Bauern-Inspektion, Mitarbeit im Elternbeirat, in der Hausgemeinschaftsleitung, in Verkaufsstellenausschüssen, Tätigkeit als Haus- oder Straßenvertrauensmann, Propagandist, Mitglied von Leitungen in Parteien und Massenorganisationen usw.

(Dabei sollte sorgfältig überprüft werden, inwieweit für die Zeit der Qualifizierung eine gewisse Entlastung von bestimmten Funktionen erfolgen kann.)

– Anfallende Wegezeiten beim Hin- und Rückgang zur Arbeitsstelle.

Dazu gehören:

Wegezeiten, die durch große Entfernungen zwischen Wohnsitz und Arbeitsort entstehen;

Wegezeiten, die durch ungünstige Verkehrsverbindungen entstehen.

– Unterschiedliche Anforderungen hinsichtlich des Lernaufwandes, der sich aus dem Umfang und dem mit der Aus- oder Weiterbildungsmaßnahme angestrebten Qualifizierungsziel ergibt.

Dazu gehören:

Umfang und Schwierigkeit der theoretischen Stoffgebiete;

Umfang der im Selbststudium zu bewältigenden Lernarbeit;

Niveau der Aus- und Weiterbildungsmaßnahme (z. B. Ausbildung für den Arbeitsplatz, Facharbeiterausbildung, Ausbildung zum Meister).

4.2.
Möglichkeiten der Durchführung der Aus- und Weiterbildung von Frauen während der Arbeitszeit

In Auswertung und Verallgemeinerung der vielfältigen guten Erfahrungen der Betriebe im Bereich der sozialistischen Industrie werden nachfolgend Grundvarianten empfohlen, die vorwiegend für die Vermittlung berufstheoretischer und allgemeinbildender Lehrstoffe geeignet sind.

Die Entscheidung über die Anwendung einer dieser Formen ist jeweils in Abhängigkeit von der betriebsspezifischen Situation und Möglichkeit zu treffen. Bei der Entscheidungsvorbereitung sollten die Frauen selbst sowie die Frauenausschüsse und Gewerkschaftsgruppen konsultiert werden.

Die berufspraktische Ausbildung wird größtenteils im Prozeß der Arbeit durchgeführt.

Frauenklassen oder Frauenstudiengruppen

Um die Qualifizierung von Frauen teilweise während der Arbeitszeit durchzuführen, werden Frauenklassen bzw. -studiengruppen gebildet, deren Angehörige annähernd die gleichen Vergünstigungen in Form der Freistellung von der Arbeit erhalten. Diese Klassen bzw. Studiengruppen beginnen im Rahmen der getroffenen Festlegungen mit dem berufstheoretischen Unterricht während der Arbeitszeit und setzen ihn nach der Arbeitszeit fort. Dabei kann die Dauer des theoretischen Unterrichts, der sich aus Stunden während und nach der Arbeitszeit zusammensetzt, zweckmäßig variiert werden.

Gemischte Klassen oder Studiengruppen

In Klassen oder Studiengruppen, bei denen die oben genannten Voraussetzungen nur für einige Teilnehmerinnen zutreffen, wird der Unterricht außerhalb der Arbeitszeit durchgeführt. Den Frauen, denen eine teilweise Freistellung von der Arbeit zuerkannt wurde, wird diese an unterrichtsfreien Tagen gewährt. So wird z. B. im VEB Büromaschinenwerk Sömmerda in den Fällen, in denen der Unterricht in den gemischten Klassen ausschließlich nach der Arbeitszeit durchgeführt werden muß, den Frauen ein entsprechender Anteil der Unterrichtszeit durch Freistellung erstattet.

Durchführung von Unterrichtstagen

Durch das Zusammenziehen von Unterrichtseinheiten zu Unterrichtstagen ergibt sich die Möglichkeit, an einem oder mehreren günstigen Tagen in der Woche den Unterricht bzw. das Studium durchzuführen. Zum Beispiel wird im VEB Carl Zeiss Jena bei der Ausbildung von Facharbeiterinnen vorrangig der berufstheoretische Unterricht im Wechsel mit der Produktionstätigkeit an bestimmten Wochentagen ganztägig erteilt.

Diese Form hat sich auch in Betrieben mit Schichtarbeit bewährt. Dabei braucht nicht unbedingt ein fester Wochenrhythmus eingehalten zu werden; je nach Umfang und Inhalt sowie Gesamtzeit des Lehrgangs werden diese Unterrichtstage jede zweite bzw. dritte Woche angesetzt.

Externats- bzw. Internatslehrgänge

Die Frauen werden für die gesamte Zeit oder für einzelne Etappen der Ausbildung mit dazwischenliegenden Zeiten für das Selbststudium und dazugehörigen Konsultationen und Seminaren von der Arbeit freigestellt. Diese Form hat sich bei solchen Lehrgängen (z. B. Meisterlehrgänge, Speziallehrgänge u. a.) als notwendig erwiesen, die eine *überbetriebliche Zusammenfassung* der Schulungsteilnehmer erfordern.

4.3.
Besondere Maßnahmen für die Minderung der außerberuflichen Belastung werktätiger Frauen, die sich in der Qualifizierung befinden

Die sozialistischen Betriebe haben eine große Verantwortung für die Erleichterung der Lebensbedingungen der werktätigen Frauen. Die Unterstützung wird nur optimal wirksam, wenn *alle Möglichkeiten* genutzt und sinnvoll miteinander verbunden werden.

Den Betrieben obliegt deshalb die Pflicht, in Zusammenarbeit mit den territorialen Organen, dem Handel und den Dienstleistungsbetrieben effektive Möglichkeiten der Versorgung, der Nutzung von Dienstleistungen sowie der Erziehung und Betreuung der Kinder in Kinderkrippen, Kindergärten, Tagesschulen u. a. zu schaffen.

In Durchführung des Staatsratserlasses über die »Aufgaben und Arbeitsweise der örtlichen Volksvertretungen und ihrer Organe unter den Bedingungen des neuen ökonomischen Systems der Planung und Leitung der Volkswirtschaft« sollten auf territorialer Ebene soziale Maßnahmen zur wirksamen Unterstützung der berufstätigen Frauen in Zusammenarbeit der Betriebe mit den örtlichen Organen eingeleitet werden.

Durch *Komplexvereinbarungen* sind Festlegungen zu treffen, wie die in Betrieben und Wohngebieten vorhandenen Einrichtungen des Handels und der Dienstleistungen unter vorrangiger Berücksichtigung der

Frauen, die an Qualifizierungsmaßnahmen teilnehmen, zu nutzen sind. Das gleiche gilt für die Hilfe bei der Betreuung und Erziehung der Kinder durch die Bereitstellung von Kinderkrippen- und Kindergartenplätzen und durch vorbildliche Erziehung in den Oberschulen, insbesondere in den Tagesschulen und Horten.

III. Feminismus

Wer sich heute mit der Geschichte der Frauenbewegung und ihrer Wiederbelebung beschäftigt, kommt um eine Auseinandersetzung mit dem Feminismus nicht mehr herum. Feministinnen wollen, über die marxistische Klassenanalyse hinausgehend, den Standpunkt der Frauen in einer von Männern geprägten Gesellschaft bestimmen. Es reicht ihnen nicht, die Unterdrückung der Frau ausschließlich anhand ökonomischer Interpretationen zu untersuchen. Ein solches Erklärungsmuster (wie etwa von Friedrich Engels entwickelt) würde besagen, daß Unterdrückung von Menschen immer auf ihren Platz in der gesellschaftlichen Produktion zurückzuführen ist. Gibt es Besitzer von Produktionsmitteln auf der einen Seite, Nur-Besitzer von Arbeitskraft, die für erstere arbeiten, auf der anderen, so ist die Klasse der Nicht-Besitzer der besitzenden Klassen ökonomisch, d. h. in ihrem ganzen Lebensschicksal, ausgeliefert. Gibt es innerhalb der Geschlechter eine Arbeitsteilung, in der der Mann die produktiven Tätigkeiten ausübt und so auch das Familieneinkommen verdient, während die Frau in der Familie die Werte bewahrt und seine sowie die Arbeitskraft der Kinder aufbaut, ergibt sich zwangsläufig eine Unterordnung der Frau unter den Mann. Wer bezahlt, bestimmt auch, ganz gleich, wie viele Stunden beide täglich mit nützlicher Tätigkeit verbringen. Unterordnung der einen Klasse unter die andere, des einen Geschlechts unter das andere, bringt zwangsläufig Macht auf der einen, Ohnmacht auf der anderen Seite hervor. Frauen können sich daraus nur befreien, wenn sie im gesellschaftlichen Leben dieselbe Position wie die Männer einnehmen, d. h. erwerbstätig werden. (Dabei kommt ihnen das Verlangen der industriellen Wirtschaft nach Frauenarbeit objektiv entgegen, wodurch die Frau selbst Mitglied der arbeitenden Klasse wird.) Die Klasse der abhängigen Werktätigen schließlich kann die Herrschaft nur abschütteln, indem sie eine Aufhebung der Klassen überhaupt durchsetzt.

Merkwürdigerweise reicht den Feministinnen, deren Wiege seit Mitte der sechziger Jahre in den USA steht, diese Erklärung nicht. Sie sehen primär in den biologischen Unterschieden von Mann und Frau die Ursache der Tyrannei des Mannes über die Frau. Beeindruckend für viele Frauen, die heute engagiert über ihre Situation nachdenken und den

Wunsch verspüren, etwas daran zu ändern, ist der Feminismus wohl deshalb, weil er ansetzt an der sexuellen Unterdrückung der Frau – jene Unterlegenheit, die sie am direktesten und am alltäglichsten verspürt. Die von Kate Millet (nach Simone de Beauvoir und Betty Friedan) wieder aufgegriffene Diskussion um den von Freud gesetzten großen Unterschied zwischen Klitoris und Penis besticht in der Tat durch ihren Witz, Scharfsinn und hier angebrachte Polemik (Text 16). Doch die daraus folgende Militanz, den Kampf gegen die Männer aufzunehmen, scheint einem Rückfall auf die »Wesentheoretiker« gleichzukommen, allerdings mit umgekehrtem Vorzeichen. Das, was bisher als schwach, unvollkommen und zurückgeblieben galt, sei jetzt stark, schön und vollkommen. So zielen die Appelle mancher feministischer Frauengruppen nicht nur dahin, den weiblichen Körper kennenzulernen und damit in Einklang zu leben, sondern gipfeln in der Aufforderung, mit bestimmten Geräten den Muttermund zu bespiegeln und sich daran zu freuen. Wie kann dies anders verstanden werden als Verdrehung des bisher üblichen Peniskults, den jeder vernünftige Mensch als abgrundtief albern und überflüssig empfinden muß?

Ein konsequenter Ableger dieser Richtung ist die Propagierung lesbischer Beziehungen als endgültige Stufe weiblicher Selbsterfüllung. Diese Gruppen empfinden sich sogar als »radikale feministische Avantgarde«, weil sie »erstens Geschlechterrollen schon durchbrochen haben, ehe es überhaupt eine Feministinnenbewegung gab; zweitens überhaupt keinen Bedarf an Männern haben. (Irgendwie sind sie schon die Revolution.)« (Text 19)

So notwendig es ist, mit aller Schärfe der Diskriminierung von Minderheiten (*auch* von Homosexuellen) entgegenzuwirken, so unsinnig erscheint die oben skizzierte Position, weil hier Geschlechterunterschiede ausweglos betoniert werden und eine mögliche Veränderung der Geschlechtsdiskriminierung voll aus dem Blickwinkel gerät.

Wenn auch von den gemäßigteren Feministinnen allgemein eine marxistische Position nicht abgelehnt wird, sondern eine Synthese damit zum »Radikalfeminismus« angestrebt wird (mit dem Ziel, eine ökonomische *und* sexuelle Klassengesellschaft zu stürzen), treibt diese Richtung zum Teil skurrile Blüten.

Der Text von Mariarosa dalla Costa: »Die Macht der Frauen und der Umsturz der Gesellschaft« (Text 18) kann als Paradebeispiel hierfür gelten. Er wurde hereingenommen, weil er Standardlektüre einiger westdeutscher und Westberliner Frauengruppen ist. Kurz umrissen ist ihre Position folgende: Frauen, die in den Haushalten, wo sie unbezahlte Arbeit leisten, schon genug isoliert sind, sollen auf keinen Fall auf die »Scheinalternative« der Erwerbsarbeit hereinfallen. Sie sollen »den Mythos der Befreiung durch Arbeit« strikt ablehnen und den »Kampf gegen die Arbeit« schlechthin aufnehmen. »Denn wir haben genug gearbeitet. Wir haben Millionen Tonnen von Baumwolle geerntet, Millionen von Tellern abgewaschen; Millionen von Fußböden geschrubbt, Millionen von Schreibmaschinenseiten getippt, Millionen von Radiodrähten montiert, Millionen von Windeln mit der Hand oder der Maschine gewaschen. Jedesmal wenn man uns den Zugang zu einer traditionellen Hochburg der Männer geöffnet hat, hat man uns eine neue Ebene der Ausbeutung eröffnet.« (57) » . . .Die Herausforderung der Frauenbewegung liegt darin, Kampfformen zu finden, die, während sie die Frau vom Haus befreien, auf der einen Seite eine doppelte Knechtschaft der Frau vermeiden und auf der anderen Seite eine weitere Stufe der Kontrolle und Disziplinierung durch das Kapital verhindern. Dies ist für die Frauenbewegung letztlich die Trennungslinie zwischen Reformismus und revolutionärer Politik . . . Und hier beginnt unser Kampf« (58), während der Text hier endet.

Die innerhalb des Feminismus differenzierteste Position leistet sich Simone de Beauvoir, die sich heute selbst als Feministin bezeichnet (Text 20). Sie ist der Meinung, daß die soziale Revolution nicht genügen wird, die Probleme der Frauen zu lösen. Während sie früher glaubte, der Klassenkampf müsse dem Kampf der Geschlechter vorausgehen, ist sie jetzt der Meinung, daß beide gleichzeitig geführt werden müssen.

Daß Sozialismus und Frauenbefreiung nicht identisch sind, sondern ersterer lediglich solide Voraussetzung für die Emanzipation der Frau ist, wird kein Marxist je bestreiten. Allerdings wurde das Problem weiblicher Sexualität in sozialistischen Staaten bisher meist nur im Schatten vorgeordneter Probleme wie Ausbildung von Frauen, Versorgung der Kinder, Arbeitsplatzgestaltung usw. abgehandelt. 1972 antwortete die DDR-Bürgerin Inge Lange, Vorsitzende der Frauenkommission beim ZK der SED, noch auf die Frage: »Was ist die sozialistische Antwort auf Germaine Greer's ›Der weibliche Eunuch‹?« – »Bebel in der 61. Auflage!«

Nicht im Widerspruch dazu, sondern als wohltuende Ergänzung ist der Roman der DDR-Schriftstellerin »Leben und Abenteuer der Trobadora Beatriz« zu sehen, in dem weibliches Selbstbewußtsein, Emanzipation und Sexualität mit erfrischender Offenheit und Intelligenz dargestellt werden. Obwohl von der westlichen Presse als solche bezeichnet, empfindet sich Irmtraud Morgner nicht als Feministin. Vielmehr sieht sie sich als Kommunistin, weil ihr der Begriff »Feministin« den Verdacht nahelegt, »die Menschwerdung der Frau könne nur Frauensache sein« (Text 21). Wie Simone de Beauvoir findet sie, daß Frauen sich sowohl für den Klassenkampf als auch für die Klärung rollenspezifischer Probleme einsetzen sollen, aber mit dem Nahziel der ökonomischen Veränderung. Als Beleg führt sie an, daß die Frauen in der DDR unter sozialistischen Produktionsbedingungen innerhalb der Arbeitswelt schon eine neue Atmosphäre des Zusammenlebens schaffen konnten. Darin sieht sie aber weitere, bisher noch nicht ausgeschöpfte Chancen für die Frau. Denn erst in einem Leben von Männern und Frauen, das sich sozial kaum noch unterscheidet, könne eine von *beiden* Geschlechtern entwickelte Kulturtradition entstehen.

TEXT 16

Kate Millet

Freud und der Einfluß der Psychoanalyse

Die drei hervorragendsten Kennzeichen der weiblichen Persönlichkeit sind nach Freud Passivität, Masochismus und Narzißmus. Auch hier liegt Freuds Verdienst in einer exemplarisch klaren Beschreibung. Die Stellung der Frau in einem Patriarchat ist derart beschaffen, daß man von ihr Passivität und Leiden erwartet und sie als sexueller Gegenstand betrachtet wird. Es besteht kein Zweifel, daß sie in mehr oder minder erfolgreichem Maß in diese Rolle hineingezwungen worden ist. Dies jedoch lag außerhalb von Freuds Interessengebiet. Auch war ihm nicht daran gelegen, gesellschaftliche Prozesse oder Bedingungen zu beschreiben. Statt dessen glaubte er, daß jene komplexe Konstruktion, die wir »Weiblichkeit« nennen, größtenteils organisch bedingt, d. h. mit dem weiblichen Geschlecht identisch oder doch klar und eng mit ihm verbunden sei. Deshalb ging er daran, »Weiblichkeit« als konstitutionelle Passivität, Masochismus und Narzißmus zu definieren, und beschrieb diese Merkmale als Norm einer allgemeinen, durchaus gesunden Entwicklung. Die feminine Haupteigenschaft, zum Beispiel die Passivität, wird demnach »mit dem Aufgeben der klitoridischen Masturbation« und dem Erscheinen mütterlichen Begehrens in der Ödipus-Phase erreicht, wobei diese Weiblichkeit *»vorwiegend mit Hilfe passiver Triebregungen vollzogen wird.«* [1]

Nach Freud sind Masochismus und Passivität nicht nur beide feminin, sondern dynamisch miteinander verbunden: Masochismus umfaßt »alle passiven Haltungen gegenüber dem sexuellen Leben und Objekt«.[2] Deshalb ist er bei Frauen normal, bei Männern anomal. Freud sagt weiter, man mache bei masochistischen Gefühlen die Entdeckung, »daß sie die Person in eine für die Weiblichkeit charakteristische Situation versetzen, in ein Kastriertwerden, Koitiertwerden oder Gebären«.[3] Masochismus ist weiblich; Weiblichkeit ist masochistisch. Es ist über-

1 »Die Weiblichkeit«, S. 137. (Von der Autorin hervorgehoben.)
2 »Das ökonomische Problem des Masochismus« (1924), Bd. 13, S. 371–383.
3 Ibid. S. 374.

aus klug, Masochismus und Leiden als spezifisch weiblich zu beschreiben. Dies drückt nicht nur die männliche Einstellung gegenüber weiblichen Funktionen aus (sie sind schmerzhaft, erniedrigend usw.), es rechtfertigt auch jede vorstellbare Dominierung oder Demütigung, die der Frau damit als »natürlich« auferlegt werden kann. Denkt man diesen Gedanken logisch zu Ende, dann ist schlechte Behandlung für Frauen nicht nur gut, sondern genau das, was sie wollen; die *Geschichte der O* ist eine extreme Folgerung aus einer solchen Annahme. Man könnte keine bessere Rechtfertigung dafür finden, ein Opfer weiterhin zu quälen. Als zusätzliche Attraktion ist die Grausamkeit außerdem noch erotisch, denn sie entspricht angeblich der Natur beider Partner. Aufgrund dieser Theorie eines angeborenen weiblichen Masochismus findet beinahe jede Grausamkeit gegen Frauen eine Entschuldigung. Freud wäre wohl entsetzt gewesen, hätte er über die Möglichkeiten nachgedacht, die aus solcher Charakterisierung für Frauen oder jede andere benachteiligte Gruppe erwachsen.

Von den drei verschiedenen Arten von Masochismus, die Freud beschreibt – dem »erogenen«, »moralischen« und »femininen« – verbindet er den femininen mit der »Schmerzlust« des erogenen. Dabei muß er zugeben, daß dieses Phänomen selbst bei Frauen schwer zu erklären sei. Er spricht vom Unerforschlichen, vom Unerklärbaren – eine bevorzugte Technik, wenn er über Frauen diskutiert; er verbeißt sich mit aufreizender Hartnäckigkeit in Vorstellungen wie die »geheimnisvolle Verbindung mit Masochismus« und berichtet über einen Hunger nach Schmerz, der unverständlich bleibt, »wenn man sich nicht zu einigen Annahmen über ganz dunkle Verhältnisse entschließt«.[4]

Freud ist sich nicht nur sicher, daß dem Masochisten der Schmerz Lust bringt, sondern auch, daß der Koitus für die Frau schmerzhaft sei. Dies scheint sein einziger Beweis dafür zu sein, daß Frauen beim heterosexuellen Geschlechtsverkehr Lust empfinden.[5] In nahezu allen ande-

4 Ibid. S. 373.

5 Freud beschreibt die »Lust am Schmerz« als Ausdruck der Weiblichkeit, eine Einstellung, die »biologisch und konstitutionell begründet« ist. (Ibid.) Weiterhin, daß dieser Schmerz in der Natur der weiblichen Sexualerfahrung liegt: ». . . daß die Sexualerregung als Nebenwirkung bei einer großen Reihe innerer Vorgänge entsteht, sobald die Intensität dieser Vorgänge nur gewisse quantitative Grenzen übersteigen hat . . . Demnach müßte auch die Schmerz- und Unlusterregung diese Folgen haben.« Ibid. S. 375. Selbst wenn Masochismus bei Männern vorkommt, hat Freud diese Erscheinungsform des Masochismus den femininen genannt. Ibid. S. 374.

ren Punkten stimmt Freud mit Acton, einem Arzt aus dem 19. Jahrhundert, überein, dessen berühmter Ausspruch oft als typisch für die viktorianische Haltung zitiert wird: der Gedanke an sexuelle Lust bei Frauen sei eine »niederträchtige Verleumdung«. Freud hatte versucht, dies in wissenschaftlicher Sprache auszudrücken, indem er von einem »allgemeinen weiblichen Abwehrstreben«[6] redete. Die Vorstellung, daß die Rolle der Frau im Koitus passiv und daher masochistisch sei und ihre einzige Lust im Ertragen von Schmerzen bestehe, kann wohl kaum als Quelle weiterer Weisheiten dienen, obwohl es im Hinblick auf den Geschlechtsverkehr eine vielsagende Projektion männlicher Haltung der Frau gegenüber ist.

Freud scheint nicht nur zu glauben, daß Masochismus »weiblich« sei, sondern auch, daß er die Position der Frau in der Ehe genau beschreibe. Er bezeichnet diese Situation auch als »Hörigkeit« – ein Wort, das angesichts der gesetzlichen Lage der Frauen nicht ohne Ironie ist. Trotz seiner bewegenden Beschreibung der Deflorationsbräuche, die die verwundbare jungfräuliche Braut »abhängig und hilflos« machen, scheint er nichts gegen das System oder seine Riten einzuwenden zu haben. In dieser Lage reagiert die Frau, ganz wie erwartet, mit »Hörigkeit und Dankbarkeit«, obwohl sie enttäuscht ist und körperliche Schmerzen leidet, zusätzlich zum Kummer über ihre erste »Kastration«, und obwohl sie weiß, daß ihr Wert nun noch mehr gesunken ist, weil sie keine Jungfrau mehr ist. All das ist gut und schön, solange sie ihre Position nicht vergißt und mit Feindseligkeit reagiert oder gar aus ihrer Rolle zu fallen versucht. Dies wäre eine Reaktion, die Freud als den Wunsch interpretiert, den Mann aus Rache »kastrieren zu wollen«. Wie bei Frauen, die einen »Männlichkeitskomplex« haben oder »maskulinen Protest« an den Tag legen, richtet sich die Freudsche Theorie auch hier gegen die Gefahr durch aufrührerische Frauen. Sie werden als »emanzipiert« oder intellektuell hingestellt; ihr Penisneid hat ihr Wissen um ihre Minderwertigkeit überstiegen, und neue erzieherische Privilegien haben sie von ihrer »instinktiven« Natur abgebracht. Alle Gewalten der Psychoanalyse werden aufgeboten, um die Frau zu zwingen, sich ihrer Position »anzupassen«, d. h. sie zu akzeptieren und sich unterzuord-

6 »Das Tabu der Virginität«, Bd. 12, S. 171–172.

nen, denn die Sicherheit der Gesellschaft und die Haltbarkeit der traditionellen Ehe hängen davon ab, daß sie dieses Schicksal auf sich nimmt.

Nachdem er sich solchermaßen überzeugt hatte, daß Masochismus vom genetischen Standpunkt aus weiblich sei und sich auf die unabänderliche konstitutionelle und psychologische Natur gründe, rät Freud seinen Studenten folgendes: »Wenn Sie aber dem Masochismus, wie so häufig, bei Männern begegnen, was bleibt Ihnen übrig, als zu sagen, diese Männer zeigen sehr deutlich weibliche Züge?«[7] Von solcher Warte aus sind diese Männer zu einem gewissen Grad neurotisch. Trotz der Hypothese, daß wir alle mehr oder weniger bisexuell seien, fühlt man eine gewisse Angst davor, daß Männer weibliche Züge haben, so wie maskuline Züge bei Frauen unstatthaft und Beweis des Penisneides sind. Es ist bemerkenswert, wie sehr die Freudsche Theorie das eigene Postulat der Bisexualität ignoriert oder deren Symptome als Rückfälle betrachtet.

Nachdem er Passivität und Masochismus definiert hat, wendet sich Freud der dritten weiblichen Kategorie zu – dem Narzißmus. Er trennt ihn in zwei Gruppen. Die erste ist die feminine Form, die er, obwohl sie für Frauen natürlich sei, trotzdem als »Perversion« bezeichtet.[8] Es ist die Liebe der Frau zu sich selbst und zu ihrem eigenen Körper, wobei sie diesen Körper ebenso behandelt, wie ein Mann dies tun würde. Der männliche Narzißmus, auch anaklitisch genannt, ist von höherem Rang und scheint mehr eine Bewunderung anderer als der eigenen Person zu sein. In diesem männlichen Narzißmus ist der Vorgang, eine idealisierte Frau zu überschätzen, indem der Mann seine besten Züge in sie hineinprojiziert. Narzißtische Männer bessern den Gegenstand ihrer Liebe auf; narzißtische Frauen bestehen auf einer niedrigeren Form der Liebe und wachsen nie bis zur Ebene der »Objektliebe« heran.[9] All dies ist

7 »Die Weiblichkeit«, S. 123.

8 »Einführung in den Narzißmus« (1914), Bd. 10, S. 138 und S. 155. Freud bemerkt, daß man dieselben Tendenzen auch bei Homosexuellen und Megalomanen beobachtet hat; bei Frauen erwartet man sie.

9 »Die volle Objektliebe nach dem Anlehnungstypus ist eigentlich für den Mann charakteristisch. Sie zeigt die auffällige Sexualüberschätzung, welche wohl dem ursprünglichen Narzißmus des Kindes entstammt und somit einer Übertragung desselben auf das Sexualobjekt entspricht« (d. h. auf die Geliebte, die die mütterliche Figur ersetzt). Ibid. S. 154. »Anders gestaltet sich die Entwicklung bei dem häufigsten, wahrscheinlich reinsten und echtesten Typus des Weibes . . . welche der Gestaltung einer ordentlichen, mit Sexualüberschätzung ausgestatteten Objektliebe ungünstig ist . . . Es stellt sich besonders im Falle der Ent-

zum großen Teil eine Überarbeitung von Weiningers Bemerkungen über Frauen und der Idealisierung von Frauen in der Literatur, wofür besonders Dantes Beatrice als Beispiel dienen kann. Trotz dem an und für sich niedrigen Wert der Frau schafft der Mann etwas wirklich Großes, wenn er die Frau in eine Idee verwandelt und Gedichte darauf macht. Aber die große Mehrheit der Frauen, die auf keinem Postament leben, bemerkt Freud, treibt die Männer psychologisch dazu, sie zu Prostitution und brutaler Sexualität herabzuwürdigen, und so kommen wir zur »häufigsten Form der Erniedrigung im erotischen Leben«.

Narzißmus ist hiernach nicht nur konstitutionsmäßig weiblich, er kommt auch durch den Penisneid zustande: »An der körperlichen Eitelkeit des Weibes ist noch die Wirkung des Penisneides mitbeteiligt, daß sie ihre Reize als späte Entschädigung für die ursprüngliche sexuelle Minderwertigkeit um so höher einschätzen muß.«[10] So ist auch die weibliche Schönheit nur ein weiteres Symptom für Penismangel. Man beginnt Freuds Position schon fast zu bemitleiden. Geht dieser Narzißmus weit genug, kann es vorkommen, daß die Frau sich zu sehr mit sich selbst beschäftigt und Männer aus ihrer Liebe vollkommen ausschließt. Freuds Einstellung diesem Thema gegenüber ist sowohl resigniert (es ist ihre Natur) als auch didaktisch (Frauen müssen ihre Eitelkeit kontrollieren).

Durch seine Überzeugung, daß diese drei Züge der Weiblichkeit tatsächlich konstitutionell und biologisch bestimmt sind, macht Freud es möglich, sie als Vorschriften zu behandeln. Seine Schüler glaubten, die Überzeugung um jeden Preis durchsetzen zu müssen. Dadurch wird ein Zustand aufrechterhalten, der nur aus unterdrückenden gesellschaftlichen Bedingungen entsteht. Zuerst beobachtet man eine passive und in ihrem Leiden abgestumpfte Gruppe, die in triviale Eitelkeit gezwängt wird, um ihren Herren zu gefallen. Dann, nachdem die Auswirkungen der langen Unterwerfung festgestellt sind, beschließt man, daß diese Charakteristiken unvermeidlich seien, und bezeichnet sie als Gesund-

---

wicklung zur Schönheit eine Selbstgenügsamkeit des Weibes her . . . Solche Frauen lieben, strenggenommen, nur sich selbst mit ähnlicher Intensität, wie der Mann sie liebt. Ihr Bedürfnis geht auch nicht dahin, zu lieben, sondern geliebt zu werden.« Ibid. S. 155. Frauen geben diese Art des Narzißmus auf, indem sie aus ihren Kindern Liebesobjekte machen. Es ist besonders interessant, daß diese Formulierung das Problem persönlicher Eitelkeit oder des Egotismus in Männern vollkommen vermeidet.

10 »Die Weiblichkeit«, S. 142.

heit, Realismus und Reife. Dieser Vorgang ist eigentlich eine ziemlich offene Art von sozialem Darwinismus. Als Behandlungsart benachteiligter Gruppen ist er kaum neu, aber noch selten wurde er so erfolgreich angewandt wie im Freudianismus und seinem Verhältnis zu den Frauen.

Shulamith Firestone

Die Dialektik der Geschlechter –
Klassenkampf oder sexuelle Revolution?

Die Spaltung in geschlechtsspezifische Klassen – die Klasse der Männer und die Klasse der Frauen – ist so tief verwurzelt, daß sie nicht mehr zu erkennen ist. Oder sie erscheint lediglich als oberflächliche Ungleichheit, die mit ein paar Reformen – vielleicht der vollständigen Eingliederung der Frauen in den Arbeitsprozeß – aufgehoben werden kann. Doch die spontane Reaktion einfacher Männer, Frauen und Kinder kommt der Wahrheit am nächsten: »Das? *Das* kann man doch nicht ändern. Ihr müßt übergeschnappt sein!« Genau *das* ist es, *davon* sprechen wir. Die spontane Reaktion – die Befürchtung, daß die Feministinnen, wenn auch vielleicht noch unbewußt, die biologische Grundvoraussetzung der bestehenden Gesellschaft verändern wollen – ist ehrlich. So tiefgreifende Veränderungen lassen sich nicht einfach in traditionelle Denkkategorien einordnen, beispielsweise als »Politik« abstempeln. Das heißt jedoch nicht, daß diese Begriffe nicht zutreffen, aber sie sind viel zu eng. Der radikale Feminismus sprengt ihre Grenzen. Gäbe es ein anderes, umfassenderes Wort als *Revolution,* wir würden es benutzen.

Allerdings wäre es heller Wahnsinn gewesen, die grundlegendsten biologischen Voraussetzungen in Frage zu stellen, bevor ein bestimmter Entwicklungsstand erreicht war und die Technologie ihren heutigen Stand erreicht hatte. Warum hätte eine Frau ihren kostbaren Platz auf dem Viehwagen aufgeben sollen, um ihn gegen einen blutigen Kampf einzutauschen, den zu gewinnen sie nicht einmal hoffen durfte? Doch heute bestehen in einigen Ländern zum erstenmal die Voraussetzungen einer feministischen Revolution – die Umstände zwingen uns sogar, diese Revolution zu *fordern.*

Die ersten Frauen entkommen dem Massaker. Zitternd und schwankend fangen sie an, einander zu finden. Ihr erster Schritt ist eine sorgfältige, gemeinsame Bestandsaufnahme mit dem Ziel, das zerbrochene Bewußtsein neu zu sensibilisieren. Und das ist qualvoll: Ganz gleich, wie viele Ebenen des Bewußtseins erreicht werden, das *Problem* reicht immer noch tiefer. Es ist überall. Die Teilung in *Yin* und *Yang* durchdringt alle Kulturen, die Geschichte, die Ökonomie, sogar die Natur; moderne westliche Versionen der geschlechtsbezogenen Diskriminierung sind lediglich ein neuer Aufguß. Die eigene Sensibilität für den Sexismus[1] zu schärfen, führt zu Problemen, die noch krasser sind als die der militanten Schwarzen mit ihren neuen Erkenntnissen über den Rassismus: Feministinnen müssen nicht nur die gesamte *westliche* Kultur in Frage stellen, sondern die Kultur selbst, mehr noch: sogar die Natur. Verzweifelt geben viele Frauen auf: das wollen sie nicht, dann lieber gar nichts wissen. Andere machen weiter, stärken und vergrößern die Bewegung, ihre quälende Feinfühligkeit für jede Art von Unterdrückung der Frauen kennt nur ein Ziel: die Unterdrückung endlich abzuschaffen.

Doch bevor wir darangehen können, eine Situation zu verändern, müssen wir erkennen, wie sie entstanden ist, wodurch sie erzeugt wurde und welche Institutionen sie heute aufrechterhalten. Nach Engels »(müssen wir) den historischen Ablauf der Ereignisse, aus denen dieser Widerspruch entstanden ist, überprüfen, um in den Bedingungen, die dadurch geschaffen wurden, Möglichkeiten für die Beendigung des Konflikts zu finden«.[2] Für die feministische Revolution werden wir eine Analyse der Dynamik des Kampfes der Geschlechter entwickeln müssen, die genauso gründlich ist wie die Analyse des Klassenwiderspruchs von Marx und Engels für die ökonomische Revolution. Sogar eine noch vollständigere. Denn wir haben es mit einem weit größeren Problem zu tun, mit einer Unterdrückung, die über jede Geschichtsschreibung hinaus geht, denn sie reicht sogar bis in das Tierreich.

Für diese Analyse können wir eine Menge von Marx und Engels lernen: nicht das, was sie über Frauen geschrieben haben (von der Lage der Frauen als einer unterdrückten Klasse wußten sie nahezu nichts, erkannten sie nur dort, wo sie mit der ökonomischen Unterdrückung zusammenfiel), aber ihre analytische *Methode* kann uns weiterhelfen.

Marx und Engels sind ihren sozialistischen Vorläufern so weit überlegen, weil sie eine Methode der Analyse entwickelt hatten, die zugleich *dialektisch* und *materialistisch* war. Sie waren, seit Jahrhunderten, die

---

1 Alle Formen geschlechtsbedingter Unterdrückung und Diskriminierung.
2 Engels, Friedrich, der Übergang des Sozialismus von der Utopie zur Wissenschaft, in: Marx/Engels, Werke, Bd. 19, Berlin 1973, S. 198.

ersten, die Geschichte dialektisch verstanden hatten, die Welt als einen Ablauf, einen natürlichen Wechsel von Aktion und Reaktion begriffen, von Gegensätzen, die voneinander abhängig sind und ineinander übergreifen. Weil es ihnen gelungen ist, die Geschichte als Film und nicht als irgendeinen zufälligen Schnappschuß zu erkennen, war es ihnen möglich, die Sackgasse der stagnierenden »metaphysischen« Geschichtsbetrachtung zu vermeiden, in der so viele andere große Köpfe gelandet waren. Ihre Auffassung, daß Geschichte das dynamische Zusammenspiel historischer Kräfte ist, verbanden sie mit dem materialistischen Ansatz, das heißt, sie machten zum erstenmal den Versuch, historische und gesellschaftliche Veränderungen auf eine reale Basis zu bringen und die Entwicklung der ökonomischen Klassengesellschaft auf ihre organischen Ursachen zurückzuführen. Da sie die Mechanismen der Geschichte gründlich durchschaut hatten, hofften sie, der Menschheit zu zeigen, wie sie zu beherrschen seien.

Sozialistischen Denkern vor Marx und Engels, wie Fourier und Owen, gelang es nur, die bestehende soziale Ungleichheit moralisierend zu beklagen und eine ideale Welt zu entwerfen, in der es Klassenherrschaft und Ausbeutung nicht mehr geben würde. Genauso gingen die frühen feministischen Theoretikerinnen vor, in deren Utopia männliche Privilegien und Ausbeutung – einzig und allein durch die Kraft des guten Willens – hinfällig sein sollten. In beiden Fällen lebten diese Vorstellungen in einem gesellschaftlichen Vakuum, waren rein visionär, weil die frühen Denker nicht richtig erkannt hatten, wie gesellschaftliche Ungleichheit entstanden ist, sich reproduziert oder abgeschafft werden kann. Marx und Engels versuchten aber, die Geschichte wissenschaftlich zu verstehen. Sie führten den Klassenkampf auf seine wahren ökonomischen Ursachen zurück und entwarfen eine ökonomische Lösung, die auf bereits bestehenden ökonomischen Bedingungen beruhte: die Inbesitznahme der Produktionsmittel durch das Proletariat würde zum Kommunismus führen, in dem Staatsmacht überflüssig wird, weil sie nicht mehr benötigt wird, um die Arbeiterklasse im Interesse der besitzenden Klasse zu unterdrücken. In der klassenlosen Gesellschaft sollte der Gegensatz zwischen den Interessen des Individuums und denen der Gesellschaft aufgehoben werden.

Aber die Lehre des historischen Materialismus, zwar ein brillanter Fortschritt gegenüber früheren historischen Analysen, bot keine vollkommene Lösung, wie die Entwicklung bestätigen sollte. Selbst wenn Marx und Engels ihre Theorie in der Realität verankert hatten, bezogen sie sich doch lediglich auf einen Teilaspekt der Realität. Das zeigt Engels' ausschließlich ökonomische Definition des historischen Materialismus:

»Die materialistische Anschauung der Geschichte geht von dem Satz aus, daß die Produktion und nächst der Produktion der Austausch ihrer Produkte, die Grundlage aller Gesellschaftsordnung ist; daß in jeder geschichtlich auftretenden Gesellschaft die Verteilung der Produkte, und mit ihr die soziale Gliederung in Klassen oder Stände, sich danach richtet, was und wie produziert und wie das Produzierte ausgetauscht wird.«[3]

Er sagt außerdem:

»daß *alle* bisherige Geschichte, mit Ausnahme der Urzustände, die Geschichte von Klassenkämpfen war, daß diese einander bekämpfenden Klassen der Gesellschaft jedesmal Erzeugnisse sind der Produktions- und Verkehrsverhältnisse, mit einem Wort, der *ökonomischen* Verhältnisse ihrer Epoche; daß also die jedesmalige ökonomische Struktur der Gesellschaft die reale Grundlage bildet, aus der der gesamte Überbau der rechtlichen und politischen Einrichtungen sowie der religiösen, philosophischen und sonstigen Vorstellungsweise eines jeden geschichtlichen Zeitabschnitts in letzter Instanz zu erklären sind.«[4]

Es wäre falsch zu versuchen, die Unterdrückung der Frauen anhand dieser ausschließlich ökonomischen Interpretation zu erklären. Die Klassenanalyse ist eine großartige Leistung, doch sie hat ihre Grenzen: Oberflächlich scheint sie richtig zu sein, sie geht aber nicht tief genug. Der historischen Dialektik fehlt der gesamte geschlechtsbezogene Unterbau, den Engels zeitweise dunkel ahnt, doch weil er die Geschlechter nur durch einen ökonomischen Filter zu sehen vermag und alles auf diese Perspektive reduziert, ist es ihm nicht möglich, den wahren Sachverhalt zu erkennen.

Natürlich hat Engels erkannt, daß die ursprüngliche Arbeitsteilung zwischen Mann und Frau zum Zeck der Aufzucht der Kinder bestand; in der Familie war der Mann der Kapitalist, Produktionsmittel war die Frau, die Kinder waren das Produkt und die Reproduktion der Art ein bedeutender Wirtschaftszweig.

3 Engels, Friedrich, Anti-Dühring, in: Werke, Bd. 20, S. 248.
4 Engels, Die Entwicklung . . ., a. a. O., S. 208.

Seine bruchstückhaften Erkenntnisse von der Unterdrückung der Frauen als Klasse haben Engels jedoch zuviel Ehre eingetragen. In Wirklichkeit erkannte er eine geschichtsbezogene Klassengesellschaft nur dann, wenn dadurch seine ökonomische Theorie verdeutlicht wurde. Auf diesem Gebiet hat Engels also keine Lorbeeren geerntet. Doch Marx war schlimmer: Wir werden uns zunehmend der Tatsache bewußt, daß Marx Vorurteile gegenüber Frauen hatte (ein gesellschaftliches Vorurteil, das von Freud ebenso wie überhaupt von allen Männern des Bildungsbürgertums geteilt wurde), die gefährlich werden, wenn wir versuchen wollten, den Feminismus in einen orthodoxen marxistischen Rahmen zu pressen – weil wir damit die nur zufälligen Erkenntnisse von Marx und Engels über eine Klasse, die durch das Geschlecht gekennzeichnet ist, zum Dogma erheben würden. Wir müssen statt dessen den historischen Materialismus erweitern, um den orthodoxen Marxismus mit einschließen zu können, genauso wie die physikalische Relativitätstheorie die Physik Newtons nicht außer Kraft setzte, sondern sie einkreiste und dadurch ihre Gültigkeit auf einen kleineren Bereich begrenzte. Denn eine ökonomische Diagnose, die ausschließlich auf dem Besitz der Produktionsmittel, selbst der Reproduktionsmittel beruht, erklärt nicht alles. Es gibt eine Ebene der Realität, die nicht direkt aus der Ökonomie abzuleiten ist.

Die Annahme, daß unter der ökonomischen Grundstruktur die Realität psychosexueller Natur ist, wird oft von denjenigen, die den Geschichtsansatz des dialektischen Materialismus akzeptieren, als ahistorisch verworfen, weil dieser Ansatz uns wieder dahin zurückzuführen scheint, wo Marx angefangen hat: sich durch einen Nebel utopischer Hypothesen und philosophischer Systeme zu tasten, die richtig oder falsch sein können (man weiß es nicht), Systeme, die reale historische Entwicklung anhand vorgefaßter Denkmodelle erklären. Dagegen versucht der historische Materialismus, »Wissen« durch »Sein« zu erklären, und nicht umgekehrt.

Doch es besteht eine, bis jetzt noch niemals angewandte, dritte Alternative: wir können den Versuch machen, eine materialistische Geschichtsbetrachtung zu entwickeln, deren Ausgangspunkt das Geschlecht selbst ist.

Die frühen feministischen Theorien haben für eine materialistische Betrachtungsweise der Geschlechter dieselbe Bedeutung gehabt, wie

Fourier und Owen für die materialistische Betrachtung der Klassen. Über kurz oder lang erwies sich jede feministische Theorie als genauso unwirksam wie alle frühen feministischen Versuche, den Sexismus abzuschaffen. Und das war zu erwarten. Das Problem hat so gewaltige Ausmaße, daß zunächst nur die Oberfläche gestreift, die schreiendsten Ungleichheiten erfaßt werden konnten.

Simone de Beauvoir ist die einzige, die einer endgültigen Analyse nahekam, sie vielleicht sogar geleistet hat. In ihrer umfassenden Untersuchung »Das andere Geschlecht«, die erst 1949 erschienen ist, also zu einem Zeitpunkt, als alle Welt vom Tode des Feminismus überzeugt war, wird zum erstenmal der Versuch unternommen, den Feminismus mit seinen historischen Grundlagen zu verknüpfen. De Beauvoir ist die Theoretikerin, die am gründlichsten vorgeht, sich am weitesten vorwagt und den Feminismus mit den besten Erkenntnissen unserer Kultur in Zusammenhang bringt.

Es könnte sein, daß dieser Verdienst gleichzeitig ihr einziger Fehlschlag ist: Sie ist fast zu scharfsinnig, zu allwissend. Schwach ist – darüber kann man sich natürlich streiten – ihre rigide existenzialistische Interpretation des Feminismus (man fragt sich, wieviel Sartre damit zu tun hatte). Und das angesichts der Tatsache, daß jedes kulturelle System, auch der Existenzialismus, vom Dualismus der Geschlechter bestimmt ist. Sie schreibt:[5]

»Wir haben schon gesagt, daß der Mensch sich niemals denkt, ohne das *Andere* zu denken; er begreift die Welt unter dem Zeichen der Dualität, *die zunächst keinen geschlechtlichen Charakter hat.* Es folgt aber ganz natürlich, daß die Frau, da sie von dem Manne, der sich als das Selbst setzt, verschieden ist, in die Kategorie des Anderen eingereiht wird; das Andere schließt die Frau ein.«

Vielleicht ist sie über ihr Ziel hinausgeschossen: Warum erst eine tiefgehende Kategorie wie das »Anderssein« zur endgültigen Erklärung erheben – und dann sorgfältig die biologischen und historischen Umstände darlegen, die die Klasse der Frauen erst in diese Kategorie gedrängt haben, wenn man niemals ernsthaft die viel einfachere und wahrscheinlichere Möglichkeit erwogen hat, daß dieser grundlegende Dualismus gerade aus den Geschlechtsunterschieden entstanden ist? Vorge-

---

5 Beauvoir, Simone de, Das andere Geschlecht, Reinbek 1968, S. 76.

gebene Begriffe wie »Anderssein«, »Transzendenz«, »Immanenz«, aufzubauen, die dann der Geschichte übergestülpt werden, ist wohl kaum notwendig. Marx und Engels haben schon entdeckt, daß diese philosophischen Kategorien erst aus der Geschichte entstanden sind.

Bevor wir Kategorien dieser Art voraussetzen, wollen wir zuerst versuchen, eine Analyse zu entwicklen, in der die Biologie selbst – die Fortpflanzung – der Ursprung des Dualismus ist. Die naheliegende Annahme des Laien, daß die Geschlechterteilung »natürlich« ist, könnte sehr begründet sein. Es besteht kein Grund, sofort darüber hinwegzugehen. Anders als die ökonomische Klasse entsprang die geschlechtsbedingte Klasse direkt einer biologischen Realität: Männer und Frauen sind verschieden, nicht gleich. Zwar bedingt dieser Unterschied nicht, wie de Beauvoir betont, die Entwicklung einer Klassengesellschaft, die Herrschaft einer Gruppe über die andere, wohl aber die *Funktion* dieser Unterschiede für die Reproduktion. In der biologischen Familie besteht eine tiefverwurzelte, ungleiche Machtverteilung. Das Bedürfnis nach Macht, das zur Entstehung von Klassen führt, entsteht aus der psychosexuellen Entwicklung jedes Individuums auf der Grundlage dieser elementaren Unausgewogenheit – und nicht, wie Freud, Norman O. Brown und andere annahmen, aus irgendeinem unvermeidbaren Konflikt zwischen Leben und Tod, Eros und Thanatos.

Die biologische Familie, die grundlegende, reproduktive Einheit von Mann/Frau/Kind, wird in jeder bekannten Gesellschaft von folgenden elementaren, wenn nicht sogar unveränderbaren Tatsachen bestimmt:

1. Die Frauen waren vor der Erfindung der Geburtenkontrolle fortwährend der Gnade ihrer Biologie ausgeliefert: Menstruation, Wechseljahre und Frauenkrankheiten, ständige qualvolle Geburten, Stillen, Säuglingspflege. Dies alles machte sie von Männern abhängig (gleichgültig ob von Bruder, Vater, Ehemann, Geliebten oder Klan, Regierung, Gemeinschaft), damit sie physisch überleben konnten.

2. Kinder brauchen mehr Zeit zum Heranwachsen als Tiere, sie sind dadurch hilflos und (wenigstens für eine kurze Zeit) abhängig von Erwachsenen, um physisch zu überleben.

3. Eine Mutter-Kind-Beziehung hat es in jeder Gesellschaft in irgendeiner Form gegeben, in Vergangenheit und Gegenwart. Dadurch wurde die Psychologie jeder erwachsenen Frau und jedes Kindes geformt.

4. Der natürliche reproduktive Unterschied zwischen den Geschlechtern führte unmittelbar zur ersten Arbeitsteilung in der Urgesellschaft und lieferte gleichzeitig das Paradebeispiel für die Kaste (Diskriminierung aufgrund biologischer Merkmale).

Diese biologisch bedingten Faktoren der menschlichen Familie können auch mit Hilfe anthropologischer Spitzfindigkeiten nicht übertüncht werden. Allen, die jemals Tiere bei der Paarung, der Geburt und der Aufzucht der Jungen beobachtet haben, muß es schwerfallen, an eine gesellschaftliche Relativitätstheorie zu glauben. Ganz gleich, wie viele Stämme sich in Ozeanien finden lassen, in denen ein Zusammenhang zwischen dem Vater und der Fruchtbarkeit unbekannt ist, egal, wie viele Matriarchate, wie viele Fälle von Rollenverkehrung, männlichen Hausfrauen, sogar unverkennbaren Wehenschmerzen angeführt werden können, diese Tatsachen beweisen nur das eine: die erstaunliche *Flexibilität* der menschlichen Natur. Denn die Natur des Menschen läßt sich *an etwas* anpassen, sie wird bestimmt durch die Bedingungen ihrer Umwelt. Und die biologische Familie, so wie wir sie beschrieben haben, hat es überall und zu jeder Zeit gegeben. Selbst in den Matriarchaten, in denen die Fruchtbarkeit der Frauen verehrt wurde und die Rolle des Vaters unwichtig oder unbekannt war, gab es eine Abhängigkeit des Kindes und der Frau vom Mann – wenn auch vielleicht nicht vom genetischen Vater. Obwohl es richtig ist, daß die Kernfamilie eine neue Errungenschaft ist, in der lediglich die psychologischen Strafgesetze der biologischen Familie verschärft werden, und obwohl es stimmt, daß es – quer durch die Geschichte – viele Varianten der biologischen Familie gegeben hat, existiert in jeder einzelnen Familie die beschriebene, biologisch bedingte Ordnung und verursacht spezifische psychosexuelle Störungen in der Persönlichkeit des Menschen. Doch das Zugeständnis, daß die Ungleichheit der Machtverhältnisse zwischen den Geschlechtern biologische Ursachen hat, bedeutet nicht, daß wir auf verlorenem Posten kämpfen: Wir sind keine Tiere mehr. Und die Natur ist nicht mehr allmächtig. Wie Simone de Beauvoir selbst zugeben muß:

»Die Theorie des historischen Materialismus hat sehr wichtige Wahrheiten an den Tag gebracht. Die Menschheit ist nicht eine tierische Gattung, sondern eine historische Wirklichkeit. Die menschliche Gesellschaft ist eine Antiphysis: sie erduldet nicht passiv die Gegenwart der Natur, sondern eignet sie sich an. Diese Aneignung ist nicht ein subjektiver, im Innern vollzogener Vorgang, sondern wirkt sich objektiv in der Praxis aus.«[6]

Das heißt also, daß der »natürliche« Wert kein »menschlicher« Wert sein muß. Der Mensch hat begonnen, über die Natur hinauszuwachsen: Wir können die Beibehaltung der diskriminierenden, geschlechtsbedingten Klassengesellschaft nicht länger damit rechtfertigen, daß ihre Ursprünge in der Natur selbst zu suchen sind. Es sieht in der Tat so aus, als ob wir uns schon aus rein pragmatischen Gründen davon befreien *müssen*.

Sobald wir begriffen haben, daß Männer, obschon sie in zunehmendem Maß fähig wären, sich selbst von den biologischen Bedingungen, in denen ihre Tyrannei über Frauen und Kinder wurzelt, zu befreien, überhaupt keine Veranlassung haben, diese Tyrannei aufzugeben, wird das Problem politisch und schreit geradezu nach mehr als nur einer ausführlichen historischen Analyse. In Hinblick auf die ökonomische Revolution sagte Engels:

»Es ist also das Gesetz der Arbeitsteilung, das der Klassenteilung zugrunde liegt. (Dabei gilt es allerdings festzuhalten, daß die Arbeitsteilung selbst das Produkt einer grundlegenden biologischen Teilung ist, S. F.) Aber das hindert nicht, daß diese Einteilung in Klassen nicht durch Gewalt und Raub, List und Betrug durchgesetzt worden und daß die herrschende Klasse, einmal im Sattel, nie verfehlt hat, ihre Herrschaft auf Kosten der arbeitenden Klasse zu befestigen und die gesellschaftliche Leitung umzuwandeln in gesteigerte Ausbeutung der Massen.«[7]

Obgleich also die geschlechtsspezifische Klassengesellschaft auf wesentlichen biologischen Grundlagen beruhen könnte, bedeutet dies nun nicht automatisch, daß Frauen und Kinder befreit sein werden, sobald erst einmal die biologische Basis ihrer Unterdrückung aufgehoben sein wird. Im Gegenteil, die neue Technologie, besonders die Geburtenkontrolle, kann gegen sie gerichtet werden, um das festgefügte Ausbeutungssystem zu verstärken.

Deswegen brauchen wir eine Revolution, die von der ausgebeuteten Klasse (den Frauen) getragen wird: denn genauso wie die vorübergehende Diktatur des Proletariats, die Inbesitznahme der Produktions-

6 Ebd., S. 62.
7 Engels, Die Entwicklung . . ., a. a. O., S. 225.

mittel, die Abschaffung der ökonomischen Klassen sichert, wird die Inbesitznahme der Kontrolle der Reproduktion durch die Frauen die Vernichtung der geschlechtsspezifischen Klassengesellschaft gewährleisten. Frauen müssen nicht nur wieder in den Besitz der uneingeschränkten Eigentumsrechte über den eigenen Körper gelangen, sondern auch vorübergehend die Kontrolle über die Fruchtbarkeit des Menschen übernehmen, also über die neue Bevölkerungsbiologie wie auch über alle sozialen Institutionen, die mit Geburt und Erziehung der Kinder zu tun haben. Und genau wie am Ende einer sozialistischen Revolution nicht nur die Abschaffung von ökonomischen Klassen*privilegien,* sondern die Aufhebung der *Klassenunterschiede* selbst steht, so muß die feministische Revolution, im Gegensatz zur ersten feministischen Bewegung, nicht einfach auf die Beseitigung männlicher *Privilegien,* sondern der Geschlechts*unterschiede* selbst zielen: genitale Unterschiede zwischen den Geschlechtern hätten dann keine gesellschaftliche Bedeutung mehr. (Das bedeutet die Rückkehr zu einer ungehinderten *Pansexualität* – Freuds »polymorphe Perversion«, – und würde dann wahrscheinlich die Hetero-Homo-Bisexualität ersetzen.) Die Reproduktion der Art allein durch ein Geschlecht zugunsten beider Geschlechter würde durch künstliche Fortpflanzung ersetzt werden (oder zumindest eine freie Entscheidung für oder gegen diese Möglichkeit erlauben): Kinder würden gleichermaßen für beide Geschlechter geboren werden, oder unabhängig von beiden, wie immer man es sehen möchte; die Abhängigkeit des Kindes von der Mutter (und umgekehrt) würde einer wesentlich verkürzten Abhängigkeit von einer kleineren Gruppe ganz allgemein weichen, und jede noch bestehende Ungleichheit gegenüber Erwachsenen in bezug auf physische Stärke würde gesellschaftlich ausgeglichen werden. Die Arbeitsteilung hätte ein Ende durch die Abschaffung der Arbeit überhaupt (durch die Kybernetik). Die Tyrannei der biologischen Familie wäre zerschlagen.

Und mit ihr die Psychologie der Macht: Genau wie Engels es für eine konsequente sozialistische Revolution gefordert hatte: » . . . das Bestehen nicht bloß dieser oder jener bestimmten herrschenden Klasse, sondern einer herrschenden Klasse überhaupt, also des Klassenunterschieds selbst, wird zum hoffnungslosen Anachronismus werden.«[8]

8 Ebd., S. 225.

Daß der Sozialismus niemals auch nur annähernd dieses proklamierte Ziel erreicht hat, liegt nicht einfach an erfüllten oder fehlgeschlagenen ökonomischen Voraussetzungen, sondern ist das Ergebnis der unzureichenden marxistischen Analyse selbst, die nicht tief genug ging, bis an die psychosexuellen Wurzeln der Entstehung von Klassen. Marx war etwas Wichtigerem als er ahnte auf der Spur, als er erkannte, daß in der Familie alle Antagonismen embryohaft vorhanden sind, die sich dann, in größeren Dimensionen, in Gesellschaft und Staat entwickeln. Denn solange eine Revolution nicht die Basis jeder gesellschaftlichen Ordnung aufhebt, die biologische Familie, dieses Bindeglied, durch das die Psychologie der Macht immer wieder heimlich eingeschmuggelt wird, solange wird dieser Bandwurm von Ausbeutung nicht vernichtet werden können. Wir brauchen also eine sexuelle Revolution, die sehr viel breiter ist als die sozialistische Revolution, die nur ein Teil von ihr sein wird, um die Klassengesellschaft wirklich zu entwurzeln.

Ich habe also versucht, die Analyse der Entstehung von Klassen näher an ihre Wurzel – die biologische Verschiedenheit der Geschlechter – heranzuführen. Wir verwerfen nicht die Erkenntnisse der Sozialisten. Im Gegenteil, der radikale Feminismus erweitert ihre Analyse, verleiht ihr eine fundiertere Basis objektiver Bedingungen und kann dadurch viele ungeklärte Widersprüche erklären. Erster Schritt in diese Richtung und gleichzeitiger Ansatzpunkt für unsere eigene Analyse wird die Erweiterung der Definition des historischen Materialismus von Engels sein. Es folgt eine Neufassung derselben Definition, die schon einmal zitiert wurde und der nun die biologischen Unterschiede zwischen den Geschlechtern zum Zweck der Reproduktion als Entstehungsursache der Klassen zugrunde liegen:

Die materialistische Anschauung der Geschichte geht von dem Satz aus, daß die Dialektik der Geschlechter die Grundlage aller Gesellschaftsordnung ist: Die Gliederung der Gesellschaft in zwei biologisch unterschiedene Klassen, und die Kämpfe dieser Klassen gegeneinander; die Veränderungen in den Bedingungen von Ehe, Fortpflanzung und Kinderaufzucht; und die erste Arbeitsteilung auf der Grundlage der Geschlechter, die sich dann zu dem ökonomischen und kulturellen Klassensystem weiterentwickelt, sind die Triebkräfte aller historischen Ereignisse.

Damit haben wir einen gesellschaftlichen und ökonomischen Überbau, der nicht nur einfach auf die Entstehung von ökonomischen Klassen zurückgeht, sondern noch weiter zurück, bis zur Teilung in Geschlechter:

. . . daß alle bisherige Geschichte (den Satz »mit Ausnahme der Urzustände« können wir jetzt streichen) die Geschichte von Klassenkämpfen war, daß diese einander bekämpfenden Klassen der Gesellschaft jedesmal Erzeugnisse sind der Organisationsformen der biologischen Familieneinheit für die Reproduktion der Gattung, als auch der Produktions- und Verkehrsverhältnisse, also der ausschließlich ökonomischen Verhältnisse ihrer Epoche; daß also die jedesmalige Organisation der Geschlechter mit dem Ziel der Fortpflanzung die reale Grundlage bildet, aus der der gesamte Überbau der ökonomischen, rechtlichen und politischen Einrichtungen sowie der religiösen, philosophischen und sonstigen Vorstellungsweisen eines jeden geschichtlichen Zeitabschnitts in letzter Instanz zu erklären sind.

Und jetzt hat Engels' Darstellung der Ergebnisse des materialistischen Geschichtsansatzes an Realität gewonnen:

»Der Umkreis der die Menschen umgebenden Lebensbedingungen, der die Menschen bis jetzt beherrschte, tritt jetzt unter die Herrschaft und Kontrolle der Menschen, die zum ersten Male bewußte, wirkliche Herren der Natur, weil und indem sie Herren ihrer eignen Vergesellschaftung werden.«[9]

In den folgenden Kapiteln *werden wir* von dieser Definition des historischen Materialismus ausgehen. Wir werden die kulturellen Institutionen untersuchen, in denen die biologische Familie reproduziert und verstärkt wird (ganz besonders ihr Bollwerk, die Kernfamilie), wir werden ihre Folgeerscheinungen analysieren, die Psychologie der Macht, den aggressiven männlichen Chauvinismus, der sich inzwischen so weit entwickelt hat, daß er uns vernichten kann. Wir werden das dann in eine feministische Analyse der Freudschen Lehre integrieren; denn Freuds verzerrte, kulturell bedingte Sichtweise (das gilt auch für Marx und Engels) macht seine Beobachtungen nicht restlos ungültig. Freuds Erkenntnisse sind für die Entwicklung eines neuen, dialektischen Materialismus in Wirklichkeit sogar von noch größerer Bedeutung als die Erkenntnisse der sozialistischen Theoretiker. Wir werden versuchen, das

9 Ebd., S. 226.

Beste von Marx und Engels (ihren materialistischen Geschichtsansatz) mit dem Besten von Freud (sein Wissen über die weibliche und männliche Psyche und die Mechanismen, die sie formen) zu verbinden, und eine politische und persönliche Lösung anstreben, die dennoch auf realen Bedingungen beruht. Wir werden sehen, daß Freud die dynamischen Kräfte der Psychologie genau in ihrem unmittelbar gesellschaftlichen Zusammenhang erkannt hat, doch da die wesentlichen Strukturen dieses gesellschaftlichen Kontextes – in Abstufungen – die Grundlage der gesamten Menschheit bilden, erschienen sie nichts Geringeres zu sein als eine absolute, existenzielle Grundbedingung, und als wäre es unsinnig, sie in Frage zu stellen. Freud und viele seiner Anhänger sahen sich gezwungen, vorgeformte Begriffe, wie den Todestrieb, zu verwenden, um die Ursachen dieser universellen psychologischen Bedürfnisse erklären zu können. Das wiederum machte das Leiden der Menschheit unbezwingbar und unheilbar – und genau deswegen ist die Lösung, die Freud anbietet (die psychoanalytische Therapie), ein Widerspruch in sich selbst, so schwach im Vergleich zu seiner übrigen Arbeit, ein Fehlschlag in der Praxis, der die politisch und gesellschaftlich sensiblen Menschen dazu gebracht hat, nicht nur seine therapeutische Lösung, sondern auch seine bedeutendsten Entdeckungen abzulehnen.

Der alte und der neue Feminismus

Die Frauenbefreiungsbewegung [10])

Grob gesehen, gibt es in der Bewegung zur Zeit hauptsächlich drei Richtungen, die in sich wieder unterteilt sind. Wir werden sie kurz zusammenfassen und dabei bedenken müssen, daß in dieser Aufbauperiode die politische Linie und die Mitgliedschaft jeder einzelnen Gruppe einem ständigen Wechsel unterworfen ist.

1. Konservativer Feminismus: Diese Gruppierung, die inzwischen

10 Der Terminus »Befreiung« wird im Gegensatz zu »Emanzipation« verwendet, um auszudrücken, daß es nicht um die Gleichberechtigung der beiden Geschlechter geht, sondern um die Überwindung aller geschlechtsspezifischen Rollen und Klassifikationen. Trotzdem ist mir auch diese Bezeichnung zu schwerfällig, zu sehr nach dem Geschmack linker Rhetorik. Und sie verschweigt schamhaft jede Verwandtschaft mit dem Feminismus. Deshalb spreche ich lieber vom »radikalen Feminismus«.

Myriaden ähnlich gelagerter Organisationen hervorgebracht hat, kann vielleicht am besten durch ihre Pionierorganisation (die in ihrem harten Kern feministischer ist als allgemein für möglich gehalten wird) beschrieben werden: NOW, die »National Organisation of Women« (Nationale Frauenorganisation), wurde von Betty Friedan 1965 gegründet, nachdem die Veröffentlichung ihres Buches »*Der Weiblichkeitswahn*« so nachhaltig eingeschlagen hatte. NOW konzentriert sich mehr auf die oberflächlichen Symptome des Sexismus – auf gesetzlich verankerte Ungerechtigkeit, Diskriminierung im Beruf und ähnliches (viele Mitglieder sind berufstätig, Karrierefrauen, die es »geschafft« haben, deshalb wird der Organisation von jungen Befreiungsgruppen »Karrierismus« vorgeworfen). Politisch gesehen gleicht sie ziemlich genau der Frauenrechtsbewegung der Jahrhundertwende. Ihr Hauptziel ist weniger die Befreiung von den Geschlechterrollen (auch die Familie wird nicht angetastet), sondern die Betonung liegt auf der Gleichstellung mit den Männern in legaler, ökonomischer und anderer Hinsicht innerhalb des bestehenden Systems. Wie damals die NAWSA, konzentriert sich NOW auf bestimmte Einzelziele, die um jeden Preis – selbst um den der Preisgabe politischer Prinzipien – verfolgt werden. Und genau wie der NAWSA ist es ihr gelungen, viele Mitglieder zu werben, die mit Hilfe traditioneller bürokratischer Methoden organisiert sind.

Doch auch die junge Bewegung hat bereits erkannt, daß diese Position, selbst im Hinblick auf sofortige politische Gewinne, nicht zu halten ist. Das Scheitern der letzten konservativen Bewegung beweist, daß es sich hier mehr um ein Überbleibsel des alten Feminismus handelt, als um ein Vorbild für die neue Bewegung. Die vielen Frauen, die sich ihr mangels besserer Alternativen angeschlossen hatten, bewegten sich schnell in eine radikal-feministische Richtung und zwangen dadurch NOW, einen zunehmend radikalen Standpunkt zu vertreten: So hat NOW zunächst nie gewagt, die ersatzlose Streichung des Abtreibungsparagraphen auf die Liste der Forderungen zu setzen, aus Furcht, die nur reformwilligen Mitglieder zu vergraulen. Inzwischen gehört die Streichung des Paragraphen zu den zentralen Forderungen der Organisation.[11]

11 Schwangerschaftsabbruch ist in den Vereinigten Staaten seit Januar 1973 bis zum 6. Monat erlaubt. Damit sind die Forderungen der amerikanischen Frauenbewegung in diesem Punkt erfüllt worden (A. d. Ü.).

2. *Die »Politischen«:* Die »Politischen« der zeitgenössischen Frauenbewegung sind in erster Linie der Linken verpflichtet (»der Bewegung«), und nicht der eigentlichen Frauenbewegung. Genau wie die »Politischen« der »Progressiven Ära« ordnen sie den Feminismus nur in der Nähe der »richtigen« radikalen Politik ein und sehen darin keine eigenständige radikale Bewegung. Für sie gelten immer noch männliche Ziele – z. B. Kriegsdienstverweigerung – als universell, und Frauenziele, wie die Abtreibung, als Nebenproblem. Innerhalb dieser bestehenden Gruppierung gibt es noch unterschiedliche Richtungen, die auf folgenden Nenner gebracht werden können:

a) *Die weiblichen Hilfstruppen der Linken;* jede größere linke Fraktion (und selbst einige Gewerkschaften) hat inzwischen, nach längerem Sträuben, eine eigene Frauenbefreiungslobby, die gegen den männlichen Chauvinismus in den eigenen Reihen agitiert und für eine größere Entscheidungsgewalt der Frauen eintritt. Die politischen Frauen aus diesen Gruppen sind trotzdem reformistisch, weil ihr Hauptziel die Verbesserung ihrer eigenen Situation innerhalb der begrenzten Arena linker Politik ist. Andere Frauen gehören bestenfalls zu den zuverlässigsten Wählerinnen der Linken, ausgesprochene Frauenfragen haben für sie lediglich einen brauchbaren »Durchlauferhitzer«-Effekt, um die Frauen dann dem »großen Kampf« einzuverleiben. Ihre Einstellung zu Frauen ist gönnerhaft-missionarisch, sie hat einen »Organisations«-Anspruch. Zur Illustration ein paar (weibliche) Black Panther Zitate aus der Untergrundzeitschrift *»The Movement«,* die möglicherweise der weißen Linken wegen ihrer Unverblümtheit unbequem sind; dennoch sind sie typisch für die weiße revolutionäre Rhetorik zu diesem Thema:

»Es ist sehr wichtig, daß die Frauen, die revolutionäre Prinzipien bereits begriffen haben, also *schon weiter* sind, zu ihnen gehen, es ihnen erklären und mit ihnen kämpfen müssen. Wir müssen erkennen, daß Frauen politisch zurück sind und daß wir mit ihnen gemeinsam kämpfen müssen.«

Über die unabhängige Frauenbewegung:

»Sie verlieren den *Hauptkampf* aus den Augen. Besondere Frauenorganisationen sind möglich, aber gefährlich: sie können sich zu sehr auf die eigenen Probleme beschränken, und zu kleinen bürgerlichen Cliquen werden, die ausschließlich über *Kinder* reden oder zu reinen *Mekkergruppen* werden.« (Kursiv von mir.)

Hier verleugnen also Schwarze (auch noch Frauen) die eigenen Prinzipien der Black-Power-Bewegung, sobald sie Anwendung auf eine andere Gruppe finden sollen: Es geht um das Recht der Unterdrückten, sich zusammenzuschließen und die eigene Unterdrückung *selbst zu erkennen und zu definieren.* Es ist wirklich traurig, daß die Black-Power-Bewegung, die den Frauen durch die deutlichen Parallelen soviel über die eigenen politischen Bedürfnisse beigebracht hat, diese Parallelen in umgekehrter Form am allerwenigsten begreift. Basisgruppen, die auf Grund der eigenen Unterdrückung entstehen, das Ende von autoritärer Führung und Machtintrigen, die Notwendigkeit einer breiten Massenbasis anstelle blutiger Auseinandersetzungen, kurz: die wichtigsten Grundsätze radikaler Politik sollen auf Frauen plötzlich nicht zutreffen. Hier wird auf übelste Weise mit zweierlei Maß gemessen.

Die Frauenbefreiungsgruppen, die immer noch versuchen, innerhalb der Linken zu arbeiten, stehen auf verlorenem Posten. Ihre Politik wird von oben diktiert, ihre Analysen und Strategien werden genau von der Klasse bestimmt, gegen deren unrechtmäßige Herrschaft sie sich wehren müssen. Und deshalb erreichen sie kaum mehr als eine Verstärkung der Spannung, die die abgekämpfte Linke ohnehin schon zu vernichten droht. Sollte es ihnen dennoch gelingen, stark zu werden, speist man sie entweder mit leeren Versprechungen ab, oder die linke Gruppe zerfällt unmerklich und organisiert sich ohne sie neu. Am Ende steht häufig eine gewaltsame Loslösung, die sie zwingt, sich schließlich doch der unabhängigen Frauenbewegung anzuschließen.

b) Die Liberalen. Diese Gruppen arbeiten getrennt, aber immer noch unter der Schirmherrschaft von Männern, haben keine klare Linie und kranken an einer Art Haßliebe. Sie sind unentschlossen. Ihre offensichtliche Imitation der traditionellen (männlichen) linken Rhetorik, egal ob sie zur Durchsetzung bestimmter Ziele geeignet ist oder nicht, wird kompensiert durch ein sentimentales Gerede von den »unterdrückten Schwestern«. Männern gegenüber verhalten sie sich loyal, daher neigt ihre Politik zur Zwiespältigkeit: Wenn sie schon nicht länger mit Sicherheit behaupten können, daß der Kapitalismus die direkte Ursache für die Ausbeutung der Frauen ist, gehen sie doch nicht so weit, auch nur anzudeuten, daß *Männer* irgend etwas damit zu schaffen haben könnten. Männer sind Brüder. Frauen sind Schwestern. Wenn überhaupt ein Gegner benannt werden muß, warum sich gleich so festlegen? Warum nicht *das System* verantwortlich machen?

c) »Politische« Feministinnen. Möglicherweise ist diese Richtung kennzeichnend für die meisten anonymen Gruppen der Frauenbefreiungsbewegung in den Staaten: eine Position, zu der viele von denen kommen, die den goldenen Mittelweg beschreiten wollten. Es handelt sich hier durchweg um einen zutiefst konservativen Feminismus, der links angehaucht ist (oder, genauer, linke Politik, die feministisch angehaucht ist). Sie machen zwar das Zugeständnis, daß Frauen sich erst einmal um die eigene Unterdrückung, so wie sie erlebt wird, kümmern müssen, und daß dies auch am besten in unabhängigen Gruppen geschehen sollte, auch, daß *Frauen*gruppen sich zuallererst auf Frauenfragen konzentrieren sollten. Trotzdem scheuen sie nach wie vor keine Anstrengung, diese Aktivitäten der vorrangigen linken Analyse unterzuordnen, sie der Rangliste wichtiger politischer Programme einzufügen, auf der dann – das ist wohl klar – Damen niemals den Vortritt haben werden.

Diese scheinbar unvereinbaren Tendenzen innerhalb eines Spektrums können auf einen gemeinsamen Nenner reduziert werden: Feminismus kommt in der politischen Rangfolge immer erst an zweiter Stelle. Feminismus muß frisiert werden, damit er in bereits bestehende (von Männern geschaffene) politische Systeme paßt. Die ständige Furcht, daß der Feminismus, sobald man nicht genau aufpaßt, abrutschen, sich von der Revolution absondern könnte, verrät die Befürchtung der »Politischen«, daß der Feminismus letztlich doch kein eigenes legitimes Ziel ist, dessen Durchsetzung eine Revolution *verlangt.* Genau das ist der Punkt: Die »politischen« Frauen sind gar nicht in der Lage, eine überzeugende Politik zu entwickeln, weil sie sich ihrer spezifischen Unterdrückung *als Frauen* niemals ernsthaft gestellt haben. Ihre Unfähigkeit, eine eigene feministische, linke Analyse zu bringen, ihre Sucht, die eigenen Ziele ständig an irgendeinem »Hauptkampf« zu orientieren, statt sie als eigenständig revolutionär, als den Ausgangspunkt der Revolution zu begreifen, ist der direkte Ausfluß des immer noch vorhandenen Gefühls der eigenen Minderwertigkeit als Frauen. Die Unfähigkeit, eigene Bedürfnisse als vorrangig zu akzeptieren, die Abhängigkeit von männlicher Zustimmung, die den eigenen politischen Anspruch legitimieren soll, macht es ihnen unmöglich, sich von diesen Organisationen notfalls zu trennen. Die Folge ist eine Verpflichtung auf einen schalen linken Reformkurs, Einfallslosigkeit und letzten Endes politische Unfruchtbarkeit.

Doch bereits der Kontrast des radikalen Feminismus, der militanteren Richtung innerhalb der Frauenbefreiungsbewegung, hat die »Politischen« sowie die konservativen Feministinnen zunehmend in die Defensive und letzten Endes in eine wachsende Radikalität gedrängt. Die Kubanischen Frauen und die Frauen der Nationalen Vietnamesischen Befreiungsfront waren die ersten Vorbilder. Ihre Freiheit wurde zum Idol. Zur Zeit herrscht eine abwartende Haltung vor. Im vergangenen Jahr wurden rein feministische Ziele niemals ohne die Pflichtverbeugung vor den Schwarzen, den Arbeitern, den Studenten vorgebracht. Dafür reden die Vertreter der Linken in diesem Jahr wichtigtuerisch und pompös von der Abschaffung der Kernfamilie. Denn unsere linken Genossen haben schnell geschaltet und sind auf die Bewegung aufgesprungen, um zu sehen, was sie für sich rausschlagen können. Rausgekommen ist dann eine Revolution gegen die Monogamie von so unverkennbar männlicher Handschrift, daß die Feministinnen nur bitter auflachen konnten. Immerhin ist der SDS (Students for a Democratic Society), der sich noch vor wenigen Jahren einen Dreck um die dämliche Frauenbewegung gekümmert hat, dazu übergegangen, den Frauen, damit sie nicht weglaufen, eine schillerndere Rolle zuzubilligen, etwa den ersten Platz auf dem Steckbrief der zehn Personen, die das FBI am intensivsten sucht. Das sind die ersten Anzeichen für eine offizielle Anerkennung der Linken, daß Frauen eine wichtige unterdrückte Gruppe mit eigenen Ansprüchen sind, eine Art hohles Verständnis für die Notwendigkeit einer unabhängigen feministischen Bewegung, in gewisser Weise sogar die Berücksichtigung der Ziele und Forderungen der Frauenbewegung, wie Abtreibung oder Ganztagsschulen, und: eine wachsende Scheinheiligkeit. Und wieder, genau wie bei den frühen Anfängen von Black Power, die Schlichtungsversuche, das gleiche nervöse, liberale Gelächter, das gleiche Unvermögen, nachzuvollziehen, was es heißt, eine Frau zu sein, bemäntelt mit einem Wir-geben-uns-ja-Mühe-seid-doch-mal-ein-bißchen-nett-zu-uns-Grinsen.

3. Radikaler Feminismus: Die beiden gerade beschriebenen Richtungen erzeugen gewöhnlich eine dritte, die radikal-feministische: Die Frauen dieser Richtung sind entweder desillusionierte gemäßigte Feministinnen aus NOW (National Organisation of Women), desillusionierte Linke aus der Frauenbefreiungsbewegung und Frauen, die auf genau diese Alternative gewartet haben, für die weder der konservative bürokratische Feminismus noch das aufgewärmte »linke Dogma« große Anziehungskraft hatte.

Die heutige radikal-feministische Richtung steht in direkter Nachfolge der radikal feministischen Linie der alten Bewegung, besonders der von Stanton und Anthony und der militanten Congressional Union, die später als Frauenpartei bekannt wurde. Feministische Ziele sind nur vorrangige Ziele für *Frauen,* sie sind der Mittelpunkt jeder umfassenderen revolutionären Analyse überhaupt. Der bestehenden linken Analyse wird die Anerkennung verweigert, nicht weil sie zu radikal ist, sondern *weil sie nicht radikal genug ist:* Für radikale Feministinnen ist die augenblickliche linke Analyse überholt und oberflächlich, weil diese Analyse die Struktur der ökonomischen Klassengesellschaft nicht auf seine Ursprünge in der sexuellen Klassengesellschaft, die Vorbild ist für alle ausbeuterischen Gesellschaftsordnungen, zurückführt, auf jenen Bandwurm also, den jede wahre Revolution erst einmal vernichten muß. In den nächsten Kapiteln werde ich die Theorie des radikalen Feminismus und seine Beziehung zu anderen radikalen Theorien darstellen, um klarzustellen, warum nur der Feminismus die vielen ungelösten Probleme der linken Analyse erfolgreich angehen und zum ersten Mal eine umfassende revolutionäre Lösung anbieten kann.

Zunächst können wir feststellen, daß die radikale feministische Bewegung so viele politische Vorteile hat, wie sie keine andere Bewegung für sich in Anspruch nehmen kann, ein revolutionäres Potential, das größer und qualitativ anders ist als alle vorausgegangenen:

1. Das Kräfteverhältnis: Im Gegensatz zu Minderheiten (ein historischer Zufall) oder dem Proletariat (eine ökonomische Entwicklung) waren Frauen immer eine unterdrückte Mehrheit (51 Prozent), eine Klasse, die sich gleichmäßig durch alle anderen Klassen zog. Black Power, die Bewegung in den Vereinigten Staaten, mit der sie noch am ehesten zu vergleichen ist, würde – selbst wenn sie auf der Stelle jeden Schwarzen im Lande mobilisieren könnte – nur über 15 Prozent der Bevölkerung verfügen. In der Tat, alle unterdrückten Minderheiten *zusammen* (von inneren Auseinandersetzungen mal großzügig abgesehen) könnten keine Mehrheit stellen, es sei denn, man würde die Frauen dazu rechnen. Daß Frauen mit Männern leben, hat auch Vorteile, obwohl dies in mancher Hinsicht ihr schwächster Punkt ist, zum Beispiel ist die Isoliertheit der Frauen untereinander der Grund für das Nichtvorhandensein oder die Schwäche der Frauenbefreiungsbewegung der Vergangenheit gewesen: Aber eine Revolution in jedem Schlafzimmer muß einfach den Status quo erschüttern. Und wenn die eigene Frau rebelliert, reicht es nicht, sich in die Vororte abzusetzen. Der Feminismus wird, wenn er seine Ziele wirklich erreicht haben wird, alle wichtigen Strukturen unserer Gesellschaft zerschlagen.

2. *Persönliche Politik.* Die feministische Bewegung ist bis jetzt die einzige, die den persönlichen und den politischen Bereich wirksam verbindet. Der Feminismus hat ein neues Bezugssystem entwickelt, einen neuen politischen Stil, der mit der Zeit das Persönliche – immer schon eine weibliche Domäne – mit der Politik der »Außenwelt« in Einklang bringen wird und damit dieser Welt ihre Emotionen und – im wahrsten Sinn des Wortes – ihre Sinne wiedergeben kann.

Die Trennung zwischen Gefühl und Verstand hat die etablierte Bewegung daran gehindert, eine Massenbasis zu errichten: Auf der einen Seite stehen die orthodoxen Linken, abstrakte studentische Intellektuelle ohne Bezug zur Wirklichkeit, oder die als Aktivisten getarnten militanten *Machismo*-Typen,[12] die sich an ihren eigenen Aktionen berauschen und keinen Gedanken an deren politische Wirkung verschwenden. Auf der anderen Seite haben wir die Woodstock Generation, die Revolte der Jugend, die Blumen- und Drogengeneration der Hippies, Yippies, Crazies, Motherfuckers und so weiter, die allesamt, obwohl sie begriffen haben, daß die alte Masche mit Flugblättern und Pamphleten nicht mehr zieht und auch die marxistische Analyse nicht mehr gefragt ist und daß es um mehr geht als um den Kampf des Proletariats, das wohl kaum die amerikanische Avantgarde sein kann, keine eigene historische Analyse als Ersatz entwickelt. Sie sind tatsächlich unpolitisch. Die Bewegung ist also gescheitert, entweder in eine Ecke abgedrängt, zerschlissen und auf Grund ihrer rigiden veralteten Analyse nicht mehr arbeitsfähig, oder es fehlt ihr dort, wo es ihr gelungen ist, die Massen zu mobilisieren, eine zuverlässige historische und politische Basis. Sie ist

12 Der »Machismo« ist die lateinamerikanische Variante des Männlichkeitskultes.

also eher »ausgeflippt« als revolutionär. Die feministische Bewegung ist der dringend benötigte Zusammenhalt.

3. Das Ende der Psychologie der Macht. Die meisten revolutionären Bewegungen sind unfähig, das, was sie predigen, auch selbst zu praktizieren. Ausgeprägter Personenkult, Fraktionsbildung, Individualismus und Kontroversen sind eher die Regel als die Ausnahme. Die Frauenbewegung hat in dieser Beziehung in ihrer kurzen Geschichte bereits ein etwas positiveres Register aufzuweisen als die meisten anderen Bewegungen. Denn zu den wichtigsten formulierten Zielen gehört die innere Demokratie, ein Ziel, das oft (geradezu absurd) zeitraubend verfolgt wird.

Das heißt nicht, daß es erfolgreich abgeschlossen ist. Es gibt bei weitem mehr Lippenbekenntnisse als Erfolge. Oft genug werden dieselben alten Machtspiele, zumeist mit neuen und komplex feministischen Regeln, heuchlerisch durchgespielt. Es wäre wirklich zuviel erwartet, daß jede, die heute lebt und mit den tiefverwurzelten geschlechtsspezifischen Klassen- und Familienstrukturen belastet ist, die Psychologie der Macht sofort und erfolgreich abschütteln könnte. Es stimmt zwar, daß Frauen niemals eine dominante Rolle (Macht über andere) hatten, aber es gibt viele Frauen, die – da sie sich ein Leben lang mit dem Mann identifiziert haben – jetzt in der etwas merkwürdigen Situation sind, gleichzeitig nicht nur ihre unterwürfige Natur, sondern auch ihre dominante Natur ablegen zu müssen, sie müssen also die Kerze an beiden Enden anstecken.

Aber wenn es einer revolutionären Bewegung überhaupt gelingen kann, egalitäre Strukturen durchzusetzen, dann wird es der radikale Feminismus sein. Die Infragestellung der wesentlichsten Beziehungen zwischen den Geschlechtern und zwischen Eltern und Kindern bedeutet, daß das psychologische Grundmuster von Herrschaft und Unterordnung aus den Angeln gehoben wird. Weil diese Psychologie der Macht politisch überprüft wird, ist die feministische Bewegung die erste, die auf eine materialistische Weise an dieses Problem herangegangen ist.

Mariarosa dalla Costa
Die Produktivität der Passivität

Die unbezahlte Sklaverei als Grundlage für die Produktivität der Lohnsklaverei

Bezüglich der Bestimmung der Lohnarbeit ist immer wieder behauptet worden, daß die Frau bei der Hausarbeit nicht produktiv sei. Tatsächlich trifft genau das Gegenteil zu, wenn man an die enorme Menge gesellschaftlicher Dienstleistungen denkt, die die kapitalistische Organisation in private Tätigkeit umwandelt, indem sie sie der Hausfrau aufbürdet. Die Hausarbeit ist keineswegs spezifische Frauenarbeit. Keine Frau verwirklicht sich mehr oder ermüdet weniger als ein Mann beim Waschen oder Saubermachen. Dies sind gesellschaftliche Dienstleistungen, insofern sie der Reproduktion der Arbeitskraft dienen. Und das Kapital hat eben durch die ihm eigentümliche Familienstruktur den Mann von solchen Funktionen »befreit«, um ihn vollständig »frei« zu machen für die *direkte* Ausbeutung – nämlich frei, genug zu verdienen, damit die Frau ihn als Arbeitskraft reproduzieren kann.[1] Das Kapital hat Lohnarbeiter in dem Maß geschaffen, in dem es ihm gelungen ist, diese Dienstleistungen der Frau im Haushalt aufzuladen, und durch diesen Prozeß kontrolliert es, wie viele weibliche Arbeitskräfte dem Arbeitsmarkt einverleibt werden. In Italien sind die Frauen immer noch im Haushalt unentbehrlich, und das Kapital ist auf diesen Typus von Familie noch angewiesen. Auf dem gegenwärtigen Entwicklungsstand in Europa allgemein und in Italien im besonderen bevorzugt das Kapital noch immer, Millionen von Männern aus den unterentwickelten Gebieten zu importieren, die Frauen aber im Haushalt zu belassen.[2] Und die Frauen

---

1 Die Arbeitskraft »ist eine seltsame Ware, denn sie ist kein Ding. Die Fähigkeit, zu arbeiten, liegt nur in dem menschlichen Wesen, dessen Leben im Produktionsprozeß verbraucht wird . . . *Die Beschreibung dieser grundlegenden Produktion und Reproduktion ist die Beschreibung der Arbeit der Frau.*«

2 Dem steht jedoch die Tendenz entgegen, Frauen in der Produktion einzusetzen, aber in bestimmten besonderen Bereichen. Unterschiedliche Bedürfnisse des Kapitals innerhalb desselben geographischen Bereichs haben unterschiedliche und sogar entgegengesetzte Pro-

sind im Haushalt nützlich, nicht nur weil sie die Hausarbeiten *ohne Lohn und ohne zu streiken* verrichten, sondern weil sie die Familienmitglieder, die durch die Wirtschaftskrisen periodisch arbeitslos werden, immer wieder im Haushalt aufnehmen. Die Familie, dieser mütterliche Schoß, immer bereit zu helfen und zu schützen im Augenblick der Not, war für lange Zeit die beste Garantie, daß die Arbeitslosen sich nicht unmittelbar in Millionen rebellischer outsiders verwandelten. Die Parteien der Arbeiterklasse haben sorgfältig vermieden, das Problem der Hausarbeit anzurühren, getreu ihrer Einschätzung, daß die Frau – sogar noch in der Fabrik – ein niedrigeres Lebewesen sei. Die Aufwerfung dieses Problems käme tatsächlich einer globalen Infragestellung der Grundlagen der Gewerkschaften gleich, die sich (a) nur mit der Fabrik, (b) nur mit dem meßbaren und »bezahlten« Arbeitstag, (c) nur mit dem Teil des Lohns, der bezahlt wird, und nicht mit dem, der durch die Inflation aufgezehrt wird, befassen. Die Frau ist von den Parteien der Arbeiterklasse immer wieder gedrängt worden, ihre Befreiung auf ein hypothetisches Morgen zu vertagen, das von den Eroberungen abhängig ist, die die Männer – in ihren Kampfzielen von eben diesen Parteien beschränkt – für »sich« erringen.

In Wirklichkeit hat jede Phase des Klassenkampfs die Unterordnung und Ausbeutung der Frau nur auf einer höheren Stufe verfestigt. Der Vorschlag einer Rente für Hausfrauen[3] – und warum dann nicht auch ein Gehalt für Hausfrauen? – stellt nur die Absichten dieser Parteien

paganda und Politik hervorgebracht. Wo in der Vergangenheit die Stabilität der Familie auf einer relativ einheitlichen Mythologie beruhte (entsprechend einer einheitlichen und offiziell unwidersprochenen Politik und Propaganda), stehen heute unterschiedliche Bereiche des Kapitals im Widerspruch zueinander und untergraben die Vorstellung von der Familie als stabiler, unveränderlicher und »natürlicher« Einheit. Ein klassisches Beispiel dafür ist die Vielfalt der Meinungen und der bevölkerungspolitischen Tendenzen bezüglich der Geburtenkontrolle. Die britische Regierung hat kürzlich die finanziellen Mittel dafür verdoppelt. Wir müssen prüfen, inwiefern diese neue Politik mit der rassistischen Einwanderungspolitik, das heißt mit der Manipulierung der Zahl erwachsener Arbeitskräfte zusammenhängt; und mit der wachsenden Aushöhlung der Arbeitsmoral, die in Bewegungen der arbeitslosen und mittellosen Mütter mündet: als die Kontrolle von Geburten, die die Reinheit des Kapitals mit revolutionären Kindern verschmutzen könnte.

3 Diese Politik vertritt – under anderen – die Kommunistische Partei Italiens, die einige Jahre lang einen Gesetzentwurf vertreten hat, der eine Rente für Hausfrauen über 55 Jahre vorsah. Natürlich blieb es bei Worten. Harte Zeiten . . . 1971 konnte der Minister Piccoli vorsichtig die Möglichkeit anständigerer Arbeitslosenunterstützung andeuten. 1972 ist das tägliche Brot noch enger mit der Arbeit verbunden – genau im Sinn von Nixon und Andreotti.

bloß, die Rolle der Frauen als Hausfrauen und die der Männer (und Frauen) als Lohnsklaven weiterhin zu institutionalisieren.

Niemand von uns glaubt daran, daß sich die Emanzipation, die Befreiung, durch die Arbeit vollzieht. Arbeit bleibt immer Arbeit – sei es im Haus oder außerhalb. Die Autonomie des Lohnarbeiters besteht darin, ein »freies Individuum« für das Kapital zu sein; dies gilt für die Frauen nicht weniger als für die Männer. Wer behauptet, daß die Befreiung der Frau der Arbeiterklasse darin liegt, eine Arbeit außerhalb des Hauses zu finden, erfaßt nur einen Teil des Problems, aber nicht seine Lösung. Die Sklaverei des Fließbands ist keine Befreiung von der Sklaverei des Spülbeckens. Wer dies leugnet, leugnet auch die Sklaverei des Fließbands und beweist damit noch einmal, daß man, wenn man die Ausbeutung der Frauen nicht begreift, auch die Ausbeutung des Mannes nicht wirklich begreifen kann. Aber diese Frage ist so entscheidend für die Frauenbewegung, daß wir sie noch getrennt behandeln. An dieser Stelle müssen wir zunächst festhalten, daß – weil innerhalb einer kapitalistisch organisierten Welt den produzierenden Frauen kein Lohn gezahlt wird – die Gestalt des Kapitalisten hinter der des Ehemannes verschwindet. Dieser erscheint als der ausschließliche Adressat der häuslichen Dienstleistungen, und dies gibt der Hausarbeit einen doppeldeutigen, sklavenhaften Charakter. Der Ehemann und die Kinder werden durch ihre Liebesbeziehung, durch ihre Liebeserpressung, die ersten kleinen Vorgesetzten, die unmittelbaren Kontrolleure dieser Arbeit.

Der Ehemann liest gewöhnlich die Zeitung und wartet, daß das Essen fertig sei, auch wenn seine Frau wie er zur Arbeit geht und mit ihm nach Hause kommt. Es ist klar, daß die besondere Form der Ausbeutung, die die Hausarbeit darstellt, eine besondere Form des Kampfes erfordert, nämlich des Frauenkampfes, *innerhalb der Familie.*

Wenn wir uns im übrigen nicht vollständig klar machen, daß genau diese Familie die hauptsächliche Stütze der kapitalistischen Organisation der Arbeit ist, wenn wir den Fehler begehen, sie als ein Überbauphänomen zu betrachten, das sich entsprechend den verschiedenen Phasen des Fabrikkampfes verändert, dann hinkt die Revolution auch in Zukunft auf einem Bein weiter und verewigt und verschärft einen *grundlegenden Widerspruch innerhalb des Klassenkampfs, einen Widerspruch, der funktional zur kapitalistischen Entwicklung ist!* Wir würden

den Irrtum verewigen, uns in unserer Eigenschaft als Hausfrauen als Produzenten von Gebrauchswerten zu betrachten, uns in unserer Eigenschaft als Hausfrauen außerhalb der Arbeiterklasse zu sehen. Solange die Hausfrauen als außerhalb der Arbeiterklasse stehend gesehen werden, ist der Klassenkampf in jedem Augenblick und in jedem Punkt blockiert, zum Scheitern verurteilt und unfähig, den ganzen Reichtum seiner praktischen Ziele zu entfalten. Wir können diesen Punkt hier nicht weiter verfolgen. Die Hausarbeit als verschleierte Form der produktiven Arbeit aufzuzeigen und zu verurteilen, wirft indes bezüglich der Kampfziele und der Kampfformen eine Reihe von Fragen auf.

Die Vergesellschaftung des Kampfes der isolierten Arbeiter

Die Forderung, die sich daraus unmittelbar ergäbe, nämlich: »Zahlt uns einen »Lohn«,[4] liefe in Italien – angesichts der gegebenen Kräfteverhältnisse – tatsächlich Gefahr, so ausgelegt zu werden, als ob wir die Situation der Hausfrau institutionalisieren und damit verfestigen wollten, und könnte damit kaum als mobilisierendes Ziel wirken.

Das Problem bleibt also, Kampfformen zu erproben, die die Hausfrauen nicht friedlich zu Hause lassen, allenfalls bereit, an einer Demonstration teilzunehmen in Erwartung eines Lohns, der doch nicht reichen würde; sondern vielmehr solche Kampfformen, die sofort die gesamte

---

4 Heute wird die Forderung nach Lohn für die Hausarbeit immer stärker und mit immer weniger Opposition in der Frauenbewegung Italiens und anderer Länder aufgestellt. Seit der ersten Fassung dieses Textes (Juni 1971) vertiefte sich die Diskussion darüber, und viele Unsicherheiten, die von der relativen Neuheit des Themas herrührten, wurden überwunden. Aber vor allem der Druck der Bedürfnisse der proletarischen Frauen hat nicht nur die Forderungen in der Bewegung radikalisiert, sondern er hat uns auch mehr Kraft und Vertrauen gegeben, sie voranzutreiben. Vor einem Jahr, zu Anfang der Bewegung in Italien, gab es noch Leute, die glaubten, der Staat könnte die Rebellion der Frauen gegen die Hausarbeit leicht mit einer monatlichen Unterstützung von 70 bis 80 DM ersticken, wie er es schon mit jenen »Verdammten dieser Erde« getan hat, die von ihm als Rentenempfänger abhingen.

Heute sind diese Unsicherheiten weitgehend verschwunden. Und es ist auf jeden Fall klar, daß die Forderung nach Lohn für die Hausarbeit lediglich eine Grundlage ist, ein Ausgangspunkt, dessen Verdienst im wesentlichen die Verbindung von Unterdrückung, Unterordnung und Isolierung der Frau mit deren materieller Grundlage ist: mit der Ausbeutung der Frau. Heute ist die wichtigste Funktion der Forderung nach Lohn für die Hausarbeit vielleicht dies: gleichzeitig einen Hinweis für den Kampf und eine Richtung für die Organisierung zu geben, in der Unterdrückung und Ausbeutung, Kasten- und Klassensituation unlösbar verbunden sind. Die praktische, kontinuierliche Umsetzung dieser Perspektive ist die Aufgabe, der die Bewegung in Italien und anderswo gegenübersteht.

Struktur der Hausarbeit in Frage stellen, durch die wir diese Arbeit unmittelbar verweigern, uns als Hausfrauen verweigern und das Haus als Ghetto unserer Existenz verweigern; denn, das Problem ist nicht so sehr und nicht ausschließlich, diese ganze Arbeit hinzuschmeißen, sondern die gesamte Hausfrauenrolle zu zerstören. Der Ausgangspunkt ist *nicht*, wie sich *die Hausarbeit effizienter gestalten* läßt, sondern wie wir zu Trägern des Kampfes werden können; also nicht eine höhere Produktivität der Hausarbeit, *sondern Verstärkung der umstürzlerischen Kraft des Kampfes.*

Das Verhältnis von Zeit-für-Hausarbeit und Zeit-frei-von-Hausarbeit muß sofort umgestürzt werden: es ist nicht nötig, Bettücher und Gardinen zu bügeln, glänzende Fußböden zu haben, jeden Tag Staub zu wischen. Und doch tun das noch sehr viele Frauen. Offensichtlich nicht, weil sie dumm sind, sondern weil sie nur in jenen Arbeiten ihre Identität verwirklichen können, seit die kapitalistische Produktion sie faktisch vom Prozeß der gesellschaftlich organisierten Produktion abgeschnitten hat.

Aber der Ausschluß aus diesem Prozeß bedeutet noch nicht automatisch den Ausschluß aus dem gesellschaftlich organisierten Kampf – einem Kampf, der Verkürzung der Zeit für die Hausarbeit erfordert, der aber gleichzeitig der Frau eine Alternative zu der Identität bietet, die sie vorher nur auf der Ebene des häuslichen Ghettos gefunden hat. Im gesellschaftlich geführten Kampf entdeckt und übt die Frau eine Macht aus, die ihr tatsächlich eine neue Identität gibt – *eine Identität, die nur in einer neuen Stufe gesellschaftlicher Macht bestehen kann.*

Diese Möglichkeit eines Kampfes auf gesellschaftlicher Ebene entsteht eben aus dem gesellschaftlich produktiven Charakter der Tätigkeit der Frau im Haus. Und es sind nicht nur oder nicht in erster Linie die Dienstleistungen im Hause, die die Rolle der Frau gesellschaftlich produktiv machen, obwohl gegenwärtig diese Leistungen faktisch mit der Frauenrolle gleichgesetzt werden. Das Kapital kann technologisch die Bedingungen dieser Arbeit verbessern. Aber das Kapital ist gegenwärtig – zumindest in Italien – nicht bereit, die Stellung der Hausfrau als Dreh- und Angelpunkt der Kleinfamilie aufzugeben. Deshalb sollten wir nicht auf die Automatisierung der Hausarbeit warten, weil sie nie eintreten wird; weil die Erhaltung der Kleinfamilie mit der Automatisierung dieser Dienstleistungen unvereinbar ist. Um sie wirklich zu automatisieren, muß das Kapital die Familie in ihrer heutigen Form zerstören, d. h. es muß vergesellschaften, um automatisieren zu können.

Aber wir wissen nur zu gut, was kapitalistische Vergesellschaftung ist – jedenfalls immer das Gegenteil der Pariser Kommune.

Ein neuer Sprung in der kapitalistischen Organisation, wie wir ihn bereits in den USA oder allgemein in den kapitalistisch fortgeschrittenen Ländern beobachten können, würde folgende Entwicklung nehmen: Zerstörung der vorkapitalistischen Isolierung der Produktion im Haushalt, indem an deren Stelle eine Familie gesetzt wird, die unmittelbarer die kapitalistische Gleichheit und die Herrschaft des Kapitals durch die kooperative Arbeit widerspiegelt; Überwindung also der »Unvollkommenheit« der kapitalistischen Entwicklung des Haushalts, der noch die vorkapitalistische »unfreie« Frau zum Dreh- und Angelpunkt hat, und Errichtung einer neuen Familienstruktur, die besser ihrer Funktion der Reproduktion der Arbeitskraft entspricht.

Um zu dem zurückzukehren, was wir oben gesagt haben: die Frauen, die Hausfrauen, die sich mit ihrem Haushalt identifizieren, neigen zu einer Art Perfektionierung ihrer Arbeit. Wir alle kennen den Spruch nur zu gut: in einem Haushalt gibt's, wenn man will, immer was zu tun.

Sie sehen nicht über ihre eigenen vier Wände hinaus, weil die Lage der Hausfrauen als vorkapitalistische Arbeitsweise und folglich die »Weiblichkeit« selbst, die man ihnen übergestülpt hat, ihnen die Welt, die andern, die ganze Arbeitsorganisation, als etwas Verschwommenes und im Grunde Unbekanntes und nicht Erlebtes erscheinen läßt, das ihnen nur wie ein Schatten hinter dem Rücken des Ehemannes erscheint, der jeden Tag das Haus verläßt und mit diesem Etwas zusammentrifft.

Wenn wir sagen, die Frauen müssen dieses Verhältnis von Zeit-für-Hausarbeit und Zeit-frei-von-Hausarbeit umstürzen und anfangen, das Haus zu verlassen, meinen wir damit, daß ihr Ausgangspunkt die Entschlossenheit, die Hausfrauenrolle zu zerstören, sein muß, damit sie anfangen, mit anderen Frauen zusammenzukommen – nicht als Nachbarinnen und Freundinnen, sondern als Arbeitsgenossinnen und vereint im Kampf gegen die Arbeit, indem sie diese Art von privatistischer Frauenrivalität zerstören und die Solidarität der Frauen aufbauen: keine Solidarität zur Verteidigung des Status quo, sondern Solidarität für den Angriff, für die Organisation des Kampfes.

Gemeinsame Solidarität gegen die gemeinsame Arbeit. Ebenso müssen die Frauen aufhören, ihren Männern und Kindern als Hausfrau und Mutter zu begegnen, d. h. wenn diese zum Mittag- und Abendessen nach Hause kommen.

Jeder Kampfplatz außerhalb des Hauses bietet der Frau eine Chance zum Angriff, eben weil die gesamte kapitalistische Organisation den Haushalt voraussetzt: Fabrikversammlungen, Zusammenkünfte im Stadtviertel und Schülerversammlungen sind alle in gleicher Weise geeignet für den Kampf der Frauen: Zusammentreffen und Zusammenstoß – wenn man will – von Frauen und Männern, aber als Individuen und nicht als Mutter und Vater, Sohn und Tochter, mit allen Möglichkeiten, die Widersprüche, die Unterdrückungen und die Frustrationen, die das Kapital innerhalb der Familie aufgehäuft hat, zur Entladung zu bringen.

Neue Ziele des Klassenkampfs

Wenn die Frauen in einer Fabrikversammlung die Abschaffung der Nachtschicht fordern, weil man nachts außer schlafen auch lieben will – und es ist nicht dasselbe, tagsüber zu lieben, wenn die Frauen arbeiten müssen –, so heißt das, daß sie ihr eigenes, autonomes, subjektives Fraueninteresse gegen die Organisation der Arbeit setzen und sich weigern, die unbefriedigten Mütter für ihre Männer und Kinder zu sein.

Aber bei einem solchen Zusammentreffen oder Zusammenstoß, bei dem die Frauen ihr spezifisches Fraueninteresse zum Ausdruck bringen, ist dieses Interesse, nicht wie man behauptet hat, von dem Klasseninteresse getrennt und diesem fremd. Zu lange haben die politischen Parteien, besonders der Linken, und die Gewerkschaften den Bereich des Klassenkampfs bestimmt und eingeengt. Lieben und die Nachtarbeit verweigern, um die Möglichkeit zu haben, sich zu lieben, ist ein *Klasseninteresse*. Überhaupt einmal zu untersuchen, warum gerade die Frauen und nicht die Männer diese Frage aufwerfen, bedeutet, neues Licht auf die ganze Geschichte der Arbeiterklasse zu werfen.

Die eigenen Söhne und Töchter auf einer Schülerversammlung zu treffen, heißt, sie als Individuen, die inmitten anderer Individuen sprechen, zu entdecken, und das heißt auch, ihnen als Individuum gegenüberzutreten. Viele Frauen haben eine Abtreibung und sehr viele eine Geburt hinter sich. Es läßt sich nicht einsehen, weshalb sie in einer Versammlung von Medizinstudenten ihren Standpunkt nicht zunächst als

Frauen anstatt als Studentinnen zum Ausdruck bringen sollen. Wir beziehen uns nicht zufällig auf die Medizinische Fakultät: in den Hörsälen und in den Kliniken können wir ein weiteres Mal die Klassenausbeutung beobachten: nicht nur daß Patienten 3. Klasse als Versuchskaninchen herhalten, sondern insbesondere die Frauen sind die ersten Objekte der Experimente und der sexuellen Verachtung, des Sadismus und des Standesdünkels der Ärzte.

Zusammenfassend läßt sich sagen, daß gerade diese Explosion der Frauenbewegung als spezifischer Ausdruck der Fraueninteressen wesentlich ist; Interessen, die bisher durch die kapitalistische Organisation der Familie kastriert wurden und die bis in jeden Winkel der Gesellschaft, der auf der Unterdrückung dieser Interessen beruht, getragen werden müssen, eben weil die Klassenausbeutung insgesamt die Ausbeutung der Frau als spezifische Vermittlungsinstanz zur Voraussetzung hat.

Und als Frauenbewegung müssen wir jeden einzelnen Bereich, wo diese besondere Ausbeutung stattfindet, ausfindig machen, d. h. wir müssen die ganze Besonderheit des Fraueninteresses in den Kampf hineintragen.

Jede Gelegenheit ist dafür gut: Hausfrauen von Familien, die aus ihrer Wohnung rausgeschmissen werden sollen, können geltend machen, daß ihre Hausarbeit die nicht bezahlten Monatsmieten mehr als wettgemacht hat. (Am Stadtrand von Mailand haben schon viele Familien diese Kampfform ausprobiert.)

Elektrische Haushaltsgeräte sind eine prima Sache; aber so viele von ihnen herzustellen, kostet die Arbeiter Zeit und Anstrengung. Daß von jedem einzelnen Lohn sie alle gekauft werden müssen, ist eine Belastung und setzt voraus, daß jede Hausfrau für sich allein diese Geräte bedienen muß. Dies bedeutet, daß sie auf einer höheren Ebene der Mechanisierung ans Haus gekettet ist. Glück für beide, den Arbeiter und seine Frau!

Es geht nicht darum, Kantinen zu haben. Erinnern wir uns, daß das Kapital erst FIAT und dann die Kantinen macht.

Deshalb läuft die Forderung nach einer Kantine für jeden Stadtteil – losgelöst von einem umfassenden Kampf gegen die Organisation der Arbeit, gegen die Arbeitszeit – Gefahr, den Anstoß zu einem neuen Sprung zu geben, der auf der Ebene des Stadtteils gerade die Frauen irgendeiner verlockenden Arbeit unterwirft mit der Aussicht, mittags in der Kantine ein Scheißessen zu bekommen.

Es sei klargestellt, daß wir weder diese Kantine noch derartige Spielplätze und Kindergärten wollen.[5] Wir wollen zwar auch Kantinen, Kindergärten, Waschmaschinen und automatische Geschirrspüler; aber wir wollen auch zu wenigen essen können, wenn wir dazu Lust haben, und wir wollen Zeit haben, mit den Kindern, Alten und Kranken zusammensein zu können, wann und wo wir wollen. »Zeit zu haben« bedeutet, weniger zu arbeiten, und Zeit zu haben, um mit den Männern mehr zusammenzusein, bedeutet, daß auch sie weniger arbeiten müssen. Und Zeit zu haben, um mit den Kindern, Alten und Kranken zusammenzusein, heißt nicht, einen kurzen Besuch in den Garagen machen zu können, wo man Kinder, Kranke oder Alte abstellt und die sich Kindergärten, Pflegestätten oder Altersheime nennen; sondern dies heißt, daß wir, die wir als erste ausgeschlossen wurden, die Initiative zum Kampf ergreifen, damit alle diese ebenso Ausgeschlossenen – Kinder, Alte und Kranke – an dem gesellschaftlichen Reichtum teilhaben und wieder mit uns und wir alle zusammen wieder mit den Männern zusammen sind und zwar auf selbständige, unabhängige Weise, wie wir es für uns selbst wollen; denn ihr Ausschluß vom Prozeß der gesellschaftlichen, direkt produktiven Arbeit, vom gesellschaftlichen Leben, ist ebenso wie der unsrige ein Ergebnis der kapitalistischen Organisation.

Verweigerung der Arbeit

Deshalb müssen wir die Hausarbeit als Frauenarbeit, als uns aufgezwungene Arbeit, verweigern, als Arbeit, die die Frauen niemals erfun-

---

5 Es hat einige Mißverständnisse über das gegeben, was wir zu den Kantinen gesagt haben. Eine ähnliche Verwirrung ist in den Diskussionen in Italien und anderen Ländern über den Lohn für Hausarbeit deutlich geworden. Wie wir schon sagten, ist Hausarbeit ebenso wie Fabrikarbeit institutionalisiert, und unser letztes Ziel ist die Zerstörung dieser beiden Institutionen. Aber abgesehen von der besonderen Forderung, über die wir reden, besteht ein Mißverständnis darüber, was überhaupt eine Forderung ist. Sie ist ein Ziel, das nicht nur ein Ding, sondern – wie das Kapital selbst in jedem Augenblick – im wesentlichen eine Etappe des Antagonismus der gesellschaftlichen Verhältnisse ist. Ob die Kantine oder die Löhne, die wir gewinnen, Sieg oder Niederlage bedeuten werden, hängt von der Stärke unseres Kampfes ab. Von dieser Stärke hängt es ab, ob das Ziel für das Kapital eine Gelegenheit gibt, in noch rationellerer Weise das Kommando über unsere Arbeit zu organisieren, oder eine Gelegenheit für uns, dieses sein Kommando zu schwächen. Was für eine Form das Ziel annimmt, wenn wir es erreichen, seien es nun Löhne, Kantinen oder freie Geburtenkontrolle – das wird sich in den Kämpfen zeigen, wird tatsächlich von ihnen hervorgebracht und zeigt den Grad der Macht an, die wir in dem Kampf erreicht haben.

den haben, die niemals bezahlt worden ist, die man uns unter unsinnigen Arbeitszeiten von 12 oder 13 Stunden täglich aufgezwungen hat, um uns ja den ganzen Tag an das Haus zu fesseln.

Wir müssen das Haus verlassen; wir müssen den Haushalt verweigern, weil wir uns mit den anderen Frauen vereinigen wollen, um gegen alles anzukämpfen, was die Anwesenheit der Frauen im Hause zur Voraussetzung hat, um uns selbst mit den Kämpfen all derer, die in Ghettos sind, zusammenzuschließen, sei es nun das Ghetto eines Kindergartens, einer Schule, eines Krankenhauses, eines Altersheims oder eines Slums. Bereits das Verlassen des Hauses ist eine Form des Kampfes, weil die gesellschaftlichen Dienstleistungen, die wir erbringen, nicht länger unter diesen Bedingungen ausgeführt und folglich alle die, die außer Haus arbeiten, fordern würden, daß die Last, die bis jetzt von uns getragen wird, genau dahin geworfen wird, wo sie hingehört – auf die Schultern des Kapitals. Diese Veränderung der Kampfbedingungen wird um so heftiger sein, je heftiger, entschlossener und massenhafter diese Verweigerung der Hausarbeit seitens der Frauen ist.

Die Arbeiterfamilie ist am schwierigsten aufzubrechen, da sie die Stütze des Arbeiters als Arbeiter und deshalb die Stütze des Kapitals ist. Von dieser Familie hängt die Versorgung der Arbeiterklasse ab, das Überleben der Arbeiterklasse – *aber auf Kosten der Frau, gegen die Klasse selbst.* Die Frau ist innerhalb dieser Familie die Sklavin eines Lohnsklaven und ihre Versklavung sichert die Sklaverei des von ihr abhängigen Mannes. Wie die Gewerkschaft schützt die Familie den Arbeiter, aber gewährleistet gleichzeitig, daß weder er *noch sie* jemals etwas anderes als Arbeiter sein werden. Und das ist der Grund, warum der Kampf der Frauen der Arbeiterklasse gegen die Familie entscheidend ist.

Das Haus zu verlassen, ist, wie wir gesagt haben, eine Form des Kampfes. Sich mit anderen Frauen, die im Haushalt arbeiten, inner- und außerhalb des Hauses zu treffen, gibt uns die Möglichkeit, andere Kampfgelegenheiten zu erobern. In dem Maß, in dem unser Kampf ein Kampf gegen die Arbeit wird, ist er Teil des Kampfes, den die Arbeiterklasse gegen die kapitalistische Arbeit führt. Aber in dem Maß, in dem die Ausbeutung der Frauen durch die Hausarbeit ihre eigene besondere Geschichte – eine Geschichte, die an das Überleben der Kleinfamilie gebunden ist – gehabt hat und hat, fügt die besondere Richtung dieses

Kampfes, der über die Vernichtung der Kleinfamilie, wie sie von der kapitalistischen Gesellschaftsordnung eingeführt worden ist, führen muß, dem Klassenkampf eine neue Dimension hinzu.

Die Produktivität der Passivität

Die Rolle der Frau in der Familie ist indes nicht nur die, gesellschaftliche Dienstleistungen zu erbringen, für die sie keinen Lohn erhält. Die Einsperrung der Frau in eine dem Mann untergeordnete Hilfsfunktion in der Kleinfamilie hat – wie bereits eingangs gesagt – die Verstümmelung ihrer physischen Integrität zur Voraussetzung gehabt. Man hat sie – in Italien mit kräftiger Unterstützung der katholischen Kirche, die die Frau immer als ein niedrigeres Lebewesen definiert hat – zuerst zur vorehelichen Enthaltsamkeit gezwungen und nach der Heirat zur Unterdrückung ihrer Sexualität: einzig dazu bestimmt und verpflichtet, Kinder zu kriegen. So hat man eine Rolle der Frau als »tapfere Mutter und glückliche Ehefrau« geschaffen, deren sexuelle Identität ganz in Sublimation aufgeht und deren wesentliche Funktion darin besteht, Abladeplatz der Gefühlsäußerungen anderer, Puffer für die familiären Widersprüche zu sein. Was als Frigidität der Frau eingestuft worden ist, muß als Aufzwingung einer passiven Rezeptivität – auch in sexueller Hinsicht – neu bestimmt werden.

Nun ist es gerade diese Passivität der Frau in der Familie, die »produktiv« wird. An erster Stelle, weil sie so zum Abladeplatz aller Unterdrückungen wird, die die Männer außerhalb des Hauses erleiden, und gleichzeitig das Objekt, gegen das der Mann seine Machtgelüste, die die Herrschaft der kapitalistischen Organisation der Arbeit in ihm weckt, auslassen kann; und die Frau wird in diesem Sinn produktiv für die kapitalistische Organisation, da sie als Sicherheitsventil für die gesellschaftlichen Spannungen dient. Zweitens wird die Frau produktiv, insofern die vollständige Verleugnung ihrer persönlichen Autonomie sie zwingt, ihre Frustration in eine Reihe unablässiger Bedürfnisse zu sublimieren, die sich immer auf das Haus als Ort ihrer Befriedigung konzentrieren, – eine Art von Konsumzwang, der ihrem zwanghaften Perfektionismus in der Hausarbeit genau entspricht. Selbstverständlich steht es uns nicht zu, andere Frauen darüber aufzuklären, was sie sich ins Haus stellen sollen. Keiner kann die Bedürfnisse eines andern bestimmen. Aber unser Interesse ist, den Kampf zu organisieren, durch den diese Sublimationen hinfällig werden.

Tote Arbeit und die Agonie der Sexualität

Wir gebrauchen das Wort »Sublimation« absichtlich. Die Frustration, die das Ergebnis der monotonen und repetitiven häuslichen Dienstleistungen ist, und die Frustration, die aus der sexuellen Passivität entsteht, sind nur theoretisch voneinander trennbar. Die sexuelle Kreativität und die Kreativität in der Arbeit sind beides Bereiche, wo das menschliche Bedürfnis verlangt, daß wir – wie Marx sagt – unseren natürlichen und erworbenen Fähigkeiten als »einander ablösenden Betätigungsweisen« frei nachgehen können.[6] Für die Frauen (und damit auch für die Männer) sind die natürlichen und die erworbenen Fähigkeiten gleichzeitig unterdrückt. Die passive Rezeptivität der Frau in der Sexualität bringt das Perfektionismusbedürfnis der Frau in der Hausarbeit hervor und kann die Monotonie des Fließbands heilsam erscheinen lassen. Die Banalität des größten Teils der Hausarbeit und die Disziplin, die sie erfordert, um jeden Tag, jede Woche, jedes Jahr (und sonntags doppelt) dieselbe Arbeit zu tun, zerstört die Möglichkeiten einer ungehemmten Sexualität. Unsere Kindheit ist die Vorbereitung auf das Opfer: man bringt uns bei, von einem aseptischen Sex auf weißer als weißen Bettüchern Glück zu erwarten, die Sexualität und gleichzeitig jede andere kreative Tätigkeit aufzuopfern.

Bisher hat die Frauenbewegung, besonders durch die Zerstörung des Mythos vom vaginalen Orgasmus, den physischen Mechanismus denunziert, der es ermöglicht hat, daß die sexuellen Möglichkeiten und Fähigkeiten der Frau ausschließlich durch den Mann bestimmt und eingeengt wurden. Nunmehr können wir anfangen, die Sexualität wieder in Beziehung zu setzen zu den anderen Seiten der Kreativität und zu erkennen, wie die Sexualität immer eingeschränkt sein wird, solange (a)

---

6 Karl Marx, Das Kapital, Bd. I, Berlin 1962, S. 512: »Sie (die große Industrie) macht es zu einer Frage von Leben oder Tod, die Ungeheuerlichkeit einer elenden, für das wechselnde Exploitationsbedürfnis des Kapitals in Reserve gehaltenen, disponiblen Arbeiterbevölkerung zu ersetzen durch die absolute Disponibilität des Menschen für wechselnde Arbeitserfordernisse; das Teilindividuum, den bloßen Träger einer gesellschaftlichen Detailfunktion, durch das total entwickelte Individuum, für welches verschiedene gesellschaftliche Funktionen einander ablösende Betätigungsweisen sind.«

unsere Arbeit uns und unsere individuellen Fähigkeiten verstümmelt und solange (b) die Personen, mit denen wir sexuelle Beziehungen haben, uns beherrschen und selber durch ihre Arbeit verstümmelt werden. Den vaginalen Mythos zu zerstören, heißt, Autonomie der Frauen gegenüber Unterordnung und Sublimation zu fordern. Aber es handelt sich nicht nur um Klitoris gegen Vagina, sondern um beide gegen den Uterus. Entweder ist die Vagina vor allem Durchgang zur Reproduktion der Arbeitskraft, verkauft als eine Ware – die kapitalistische Funktion des Uterus –, oder aber sie ist Teil unserer natürlichen Fähigkeiten, unserer gesellschaftlichen Ausstattung. Die Sexualität ist die höchste aller gesellschaftlichen Ausdrucksweisen, die höchste Form menschlicher Kommunikation. In diesem Sinn ist sie die Auflösung der Autonomie. Die Arbeiterklasse organisiert als Klasse ihre Aufhebung als Klasse; innerhalb der Arbeiterklasse organisieren wir uns autonom, um die Grundlagen für die Überwindung der Autonomie zu schaffen.

Der »politische« Angriff gegen die Frauen

Während wir unseren eigenen Weg, uns im Kampf zu organisieren, entdecken, müssen wir uns mit jenen auseinandersetzen, die nur allzu begierig darauf warten, die Frauen anzugreifen, auch wenn sie zu einer Bewegung werden. Sie behaupten, daß die Frau dadurch, daß sie sich aus der Kritik an ihrem Verschlissenwerden durch die Arbeit und durch den Konsum eine neue Bestimmung gibt, verantwortlich ist für die fehlende Klasseneinheit. Zählen wir einen Teil der Sünden auf, derer sie angeklagt wird. Es wird behauptet:

1) Die Frau will einen größeren Teil vom Lohn des Ehemannes, um z. B. Kleider für sich und die Kinder zu kaufen, und geht dabei nicht von dem aus, was er für nötig hält, sondern von dem, was sie glaubt, für sich und die Kinder haben zu müssen. Er arbeitet hart, um das Geld herbeizuschaffen. Sie verlangt nur eine andere Verteilung ihres fehlenden Reichtums, anstatt seinen Kampf für größeren Reichtum, mehr Lohn, zu unterstützen.

2) Sie rivalisiert mit den anderen Frauen, um attraktiver zu sein, um mehr Sachen als jene zu haben, ebenso wie ihr Haushalt sauberer und ordentlicher sein muß als der ihrer Nachbarinnen. Sie verbündet sich nicht – wie sie sollte – mit ihnen auf Klassenebene.

3) Sie vergräbt sich in ihrem Haushalt und ist unfähig, den Kampf des

Ehemanns in der Fabrik zu verstehen. Sie geht schließlich so weit, sich zu beklagen, wenn er streikt, anstatt ihn zu unterstützen. Sie wählt die Konservativen.

Dies sind einige der Gründe, weshalb sie als reaktionär oder bestenfalls als zurückgeblieben selbst von einigen der Männer beurteilt wird, die in den Fabrikkämpfen eine führende Rolle spielen und als politische Militante am ehesten fähig sein müßten, das Wesen der gesellschaftlichen Unterdrückung zu verstehen. Für sie ist es ein Leichtes, die Frauen dessentwegen zu verurteilen, was sie im Einklang mit der in der Gesellschaft herrschenden Ideologie als Zurückgebliebenheit betrachten. Aber sie fügen nicht hinzu, daß sie von der Unterordnung der Frauen, die sie vom Augenblick ihrer Geburt an versorgten, profitiert haben. Einige machen sich nicht einmal klar, daß sie versorgt worden sind; denn so selbstverständlich ist es ihnen geworden, daß Mütter, Schwestern und Töchter »ihre« Männer bedienen. Für uns ist es andererseits sehr schwierig, die angestammte männliche Arroganz von ihren Kämpfen zu trennen, die immer streng »politisch«, nur auf den Vorteil der Klasse bedacht zu sein scheinen.

Sehen wir uns diese Sache etwas näher an.

1. Frauen als Konsumenten

Die Frauen machen das Haus nicht zum Mittelpunkt des Konsums. Der Kosumtionsprozeß ist integraler Bestandteil der Produktion der Arbeitskraft, und wenn die Frauen sich weigern würden, einzukaufen, d. h. »Geld auszugeben«, wäre dies ein Streik. Nachdem wir dies gesagt haben, müssen wir jedoch hinzufügen, daß die Frauen häufig durch Kaufen von Sachen die gesellschaftlichen Beziehungen, von denen sie durch ihre Abtrennung von der gesellschaftlich organisierten Arbeit ausgeschlossen sind, zu kompensieren versuchen. Ob dies überflüssig ist oder nicht, hängt vom Standpunkt und vom Geschlecht des Urteilenden ab: Die Intellektuellen kaufen Bücher, aber keiner hält diesen Konsum für überflüssig. Unabhängig von der Qualität des Inhalts stellt das Buch in dieser Gesellschaft aufgrund einer Tradition, die älter ist als der Kapitalismus, einen männlichen Wert dar.

Wir haben bereits gesagt, daß die Frauen Sachen für das Haus kaufen, weil das Haus die einzige Bestätigung ihrer Existenz ist. Aber die Vorstellung, daß Einschränkung des Konsums auf gewisse Weise eine Befreiung ist, ist so alt wie der Kapitalismus selbst und stammt von den Kapitalisten, die den Arbeitern immer die Schuld an ihrer Lage geben. Jahrelang wurden die Schwarzen in Harlem von wohlmeinenden Liberalen ermahnt, daß das Farbigenproblem gelöst wäre, wenn sie nur aufhören würden, Cadillacs zu fahren. Bis die Gewalt ihres Kampfes (die die einzig angemessene Antwort war) einen Maßstab der gesellschaftlichen Macht setzte, war dieser Cadillac eines der wenigen Mittel, ihr Machtpotential zu zeigen. Dies und nicht der Sinn für Sparsamkeit erregte das Mißfallen der Liberalen.

Auf jeden Fall wäre nichts von dem, was wir kaufen, für uns notwendig, wenn wir frei wären. Weder das Essen, das sie für uns vergiften, noch die Kleider, welche die Klassen-, Geschlechts- und Generationsunterschiede bestimmen, noch die Häuser, in die sie uns einsperren. Auf jeden Fall ist unser wirkliches Problem, daß wir niemals genug und nicht, daß wir zuviel haben. Der Druck, den die Frauen auf die Männer ausüben, ist eine *Verteidigung des Lohns und nicht ein Angriff*. Gerade weil die Frauen die Sklavinnen der Arbeiter sind, teilen die Männer den Lohn zwischen ihren eigenen und den allgemeinen Familienausgaben auf. Wenn die Frauen keine Forderungen stellen würden, würde der allgemeine Lebensstandard der Familie wegen der ständigen Inflation sinken, und die Frauen hätten selbstverständlich als erste die Last davon zu tragen. Wenn also die Frau keine Forderungen stellte, hätte die Familie zusätzlich zu den bisher aufgezählten Punkten auch noch die Funktion für das Kapital, daß sie den Fall im Preis der Arbeitskraft, bzw. den Fall des Reallohns, auffinge. Dies ist deshalb die unmittelbarste Weise, wie die Frauen materiell den Lebensstandard ihrer Klasse verteidigen können. Und wenn sie zu politischen Versammlungen gehen, brauchen sie sogar noch mehr Geld!

2. Frauen als Rivalinnen

Hinsichtlich der »Rivalität« der Frauen gilt ein Mechanismus, den Frantz Fanon für die Dritte Welt beschrieben hat und der allgemein auf die Klasse angewandt werden könnte, wenn dies der vorherrschende Rassismus nicht verhinderte. Die Kolonisierten, sagt er, bekämpfen sich gegenseitig, wenn sie sich nicht gegen ihre Unterdrücker organisieren. Der Druck für einen höheren Lohn kann sich zuweilen in der Form von »Rivalität« äußern, aber nichtsdestoweniger garantiert er, wie wir gesagt haben, den Lebensstandard der Arbeiterklasse. Anders verhält es sich mit der sexuellen Rivalität der Frauen, die ihre Wurzeln in der ökonomischen und gesellschaftlichen Abhängigkeit der Frauen von den Männern hat. In dem Maß, in dem die Frauen für die Männer leben, sich für die Männer kleiden, werden sie von den Männern durch diese Rivalität manipuliert[7].

Was die Rivalität bezüglich des Haushalts anbetrifft, so werden die Frauen von ihrer frühesten Jugend an gedrillt, auf ein »ordentliches und sauberes« Haus stolz und versessen zu sein. Aber die Männer können nicht ewig das Privileg genießen, eine persönliche Magd zu haben, und gleichzeitig fortfahren, sich über die Auswirkungen dieser »persönlichen Knechtschaft« zu beklagen. Wenn sie sich weiter beklagen, müssen wir daraus schließen, daß ihr Angriff auf unsere Rivalität in Wirklichkeit eine Verteidigung unserer Knechtschaft ist. Sollte die Ansicht Frantz Fanons, daß der Konflikt unter den Kolonisierten ein Ausdruck

---

7 Man hat beobachtet, daß viele der Bolschewiken nach 1917 weibliche Partner im enteigneten Adel fanden. Wenn die Macht weiterhin in den Händen der Männer bleibt, sowohl auf der Ebene des Staats wie auf der Ebene der individuellen Beziehungen, so bleiben die Frauen weiterhin »(der) Raub und (die) Magd der gemeinschaftlichen Wollust« (Karl Marx, Ökonomisch-philosophische Manuskripte, in MEW, 1. Ergänzungsband, S. 535).

Schon 1921 kann man in den »Beschlüsse(n) des 3. Kongresses der Kommunistischen Internationale« im Teil I der »Arbeit unter Frauen« lesen: »Der Dritte Kongreß der Komintern bestätigt den Grundsatz des revolutionären Marxismus, daß es keine ›besondere Frauenfrage‹ und keine ›besondere Frauenbewegung‹ gibt, und daß jede Art von Bündnis zwischen Arbeiterinnen und bürgerlichem Feminismus ebenso wie jede Unterstützung der sozialen Kompromißler und Opportunisten durch Arbeiterinnen zur Unterhöhlung der Kräfte des Proletariats führt . . . Um der Versklavung der Frauen ein Ende zu machen, ist es notwendig, die neue kommunistische Organisation der Gesellschaft zu errichten.«

Wie man sieht, war dies eine Theorie von Männern, aber ihre Praxis war geradezu »neutralisierend«. Zitieren wir einen der Gründungsväter. Auf der ersten Nationalen Konferenz kommunistischer Frauen der Kommunistischen Partei Italiens am 26. März 1922 »wies Genosse Gramsci darauf hin, daß eine besondere Aktion unter den Hausfrauen organisiert werden müßte, die die große Mehrheit der Proletarierinnen darstellen, und daß sie mit der Schaffung besonderer Organisationen in gewisser Weise mit unserer Bewegung verbunden werden müßten. Die Hausfrauen können wegen der Art ihrer Arbeit den Handwerkern verglichen werden, aber sie werden kaum Kommunisten sein. Trotzdem werden sie vom Kommunismus angezogen, da sie Gefährtinnen der Arbeiter sind und in gewisser Weise an deren Leben teilnehmen. Unsere Propaganda kann also auf diese Hausfrauen einen Einfluß haben; sie kann dazu dienen, sie, wenn schon nicht in unsere Organisationen einzubeziehen, so doch zu neutralisieren, damit sie den möglichen Kämpfen der Arbeiter nicht im Weg stehen« (aus Compagna, Zeitschrift der KPI für Arbeit unter den Frauen, 1. Jahrgang, Nr. 3, 2. April 1922, S. 2).

des niedrigen Organisationsstandes ist, nicht richtig sein, dann wäre der Antagonismus ein Zeichen natürlicher Unfähigkeit.

Wenn wir das Haus ein Ghetto nennen, können wir es ebenso richtig als Kolonie bezeichnen, die von der Metropole durch lokale Hierarchien regiert wird. Die Lösung für die Rivalität der Kolonisierten untereinander liegt im autonomen Kampf. Die Frauen haben viel größere Hindernisse als die Rivalität überwunden, um sich zur Unterstützung der kämpfenden Männer zu vereinigen. Die Frauen wären weniger erfolgreich, wo es galt, Kampfmomente dadurch zu vertiefen und umzuwandeln, daß sie daraus Gelegenheiten machten, ihre eigenen Forderungen aufzustellen. Der autonome Kampf kehrt die Frage um; es geht nicht mehr darum: »werden die Frauen sich vereinigen zur Unterstützung der Männer?« sondern darum: »werden die Männer sich vereinigen zur Unterstützung der Frauen?«

3. Frauen als Spalter

Was hat bisher die politische Betätigung der Frauen verhindert? Warum können sie manchmal sogar gegen Streiks gebraucht werden? Warum ist – mit anderen Worten – die Arbeiterklasse nicht geeinigt? Von Anfang an haben wir die zentrale Bedeutung der Ausschließung der Frauen von der vergesellschafteten Produktion hervorgehoben. Dies ist ein objektives Merkmal der kapitalistischen Organisation: vergesellschaftete Arbeit in der Fabrik und im Büro, isolierte Arbeit im Haushalt. Dies spiegelt sich subjektiv in der Form wider, in der Fabrikarbeiter getrennt von der gesellschaftlichen Umwelt organisiert sind. Was muß man auf gesellschaftlicher Ebene tun? Was müssen die Frauen tun? Die Männer unterstützen, ihre Anhängsel sein im Haus *und* im Kampf oder gar Hilfstruppen der Gewerkschaft bilden? Diese Spaltung und diese Art von Spaltung bilden die Geschichte der Arbeiterklasse. In jeder Phase des Kampfes werden die Teile der Klasse, die dem Produktionszyklus am entferntesten stehen, gegen jene eingesetzt, die in dessen Zentrum stehen, und zwar so lange, wie die letzteren die ersteren ignorieren. Das ist die Geschichte der Gewerkschaften, z. B. in den USA, wenn die schwarzen Arbeiter als Streikbrecher gebraucht wurden – was, nebenbei gesagt, nicht so häufig war, wie man den Amerikanern einzureden versucht hat. Schwarze wie Frauen sind als Streikbrecher sofort identifizierbar, und Berichte über Streikbrecherei verstärken Vorurteile, die aus objektiven Spaltungen herrühren: der Weiße am Fließband und der Schwarze, der um ihn herum ausfegt; oder der Mann am Fließband und die Frau, die um ihn herum ausfegt, wenn er nach Hause kommt.

Wenn die Männer die Arbeit verweigern, halten sie sich selbst für Militante und, wenn wir die Arbeit verweigern, halten sie uns für Nörglerinnen. Wenn einige von uns konservativ wählen, weil wir vom politischen Kampf ausgeschlossen sind, glauben sie, daß wir zurückgeblieben seien, während sie für Parteien gestimmt haben, die uns nie für etwas anderes als Ballast gehalten und sie (und uns alle) langfristig verraten und verkauft haben.

Die Produktivität der Disziplin

Der dritte Aspekt der Rolle der Frau in der Familie liegt darin, daß die Frau – aufgrund der bereits besprochenen Ursachen der Verstümmelung ihrer Person – zur Hauptträgerin der Repression und Disziplinierung aller Familienmitglieder auf ideologischer und psychologischer Ebene wird. Unter der Tyrannei des Ehemanns, des Haushalts kann die Frau in der Tyrannei leben, »tapfere Mutter und glückliche Ehefrau« sein zu wollen, während ihre ganze Existenz diesem Ideal widerspricht. Diejenigen, die tyrannisiert werden und keine Macht haben, reproduzieren in den neuen Generationen während der ersten Lebensjahre fügsame Arbeiter und kleine Tyrannen, wie es auch die Lehrerin in der Schule tut. (In dieser Hinsicht ist die Frau Komplizin ihres Mannes: nicht zufällig gibt es Eltern-Lehrer-Verbände.) Die Frau, verantwortlich für die Reproduktion der Arbeitskraft, diszipliniert einerseits die Kinder, die morgen Arbeiter sein werden, andererseits diszipliniert sie den Ehemann, der heute arbeiten soll und von dessen Lohn die Erhaltung der ganzen Familie abhängt.

Wir haben hier nur versucht, die Produktivität der Frau in ihrer Funktion als Hausfrau zu betrachten, ohne die psychologischen Implikationen im Detail zu untersuchen. Diese Produktivität beruht auf der Gesamtheit der Funktionen, die die Frau erfüllt (d. h. zusätzlich zur Hausarbeit, die sie unentgeltlich auf sich nimmt). Als vorrangiges Problem betrachten wir deshalb die Notwendigkeit, diese Rolle zu zerbrechen, die die Frauen getrennt hält, voneinander, von ihren Männern und Kindern, jede in ihrer Familie wie die Seidenraupe im Kokon, die sich durch ihre Arbeit selbst zur Gefangenen macht, um zu sterben und die Seide dem Kapital zu lassen. All dies abzulehnen, bedeutet für die Hausfrauen, sich auch als Teil der Klasse zu erkennen, als der am meisten degradierte, weil nicht bezahlte.

Die Stellung der Hausfrauen in dem allgemeinen Kampf der Frauen ist entscheidend, da damit die Hauptstütze der gegenwärtigen kapitalistischen Organisation, nämlich die Familie, untergraben wird.

Jedes Ziel, das darauf gerichtet ist, im Gegensatz zur Rolle der Hausfrau als Anhängsel von allem und allen die Individualität der Frau wiederherzustellen, ist es wert, aufgestellt zu werden, als ein Ziel, das die Möglichkeit dieser Rolle zerstört.

Aus den gleichen Gründen müssen alle Ziele mit größtem Nachdruck verfolgt werden, die dazu dienen, der Frau den gesamten Umfang ihrer elementaren physischen Funktionen zurückzugeben, in erster Linie die sexuelle, die ihr zuerst zusammen mit der produktiven Kreativität geraubt worden ist.

Nicht zufällig hat die Forschung zur Empfängnisverhütung sich mit beträchtlicher Verspätung entwickelt. Nicht zufällig ist die Abtreibung fast auf der ganzen Welt verboten oder höchstens aus medizinischen Gründen gestattet.

Diese Dinge in Angriff zu nehmen, ist kein billiger Reformismus. Ihre Handhabung durch das Kapital verewigt die Klassendiskriminierung und besonders die Diskriminierung der Frau. Weshalb werden die proletarischen Frauen, die Frauen der Dritten Welt, als Versuchskaninchen für diese Forschungen gebraucht? Warum wird das Problem der Empfängnisverhütung immer als Problem der Frau behandelt? Den Kampf zu beginnen, um die Herrschaft des Kapitals in diesen Bereichen zu zerstören, entspricht dem Klasseninteresse und dem spezifischen Interesse der Frauen. Diese Kämpfe zu verbinden mit dem Kampf gegen die Mutterschaft, verstanden als ausschließliche Verantwortung der Frauen, gegen die Hausarbeit, verstanden als Frauenarbeit, letztlich gegen alle Modelle, die das Kapital selbst als Beispiele der Frauenemanzipation anbietet und die nichts anderes sind als Zerrbilder der Männerrolle, – das ist Kampf gegen die Teilung und Organisation der Arbeit.

Frauen und der Kampf gegen die Arbeit

Fassen wir zusammen: die Rolle der Hausfrau, hinter deren Isolierung sich gesellschaftliche Arbeit verbirgt, muß zerstört werden. Aber unsere Alternativen sind streng begrenzt. Bisher ist der Mythos von der Unfähigkeit der Frau, der seinen Ursprung in der im Haushalt isolierten Frau hat, die von dem Lohn eines anderen abhängig und deshalb nach dem Bewußtsein eines andern geformt ist, nur durch eine Alternative aufgebrochen worden: die Frau, die sich einen eigenen Lohn verschafft und damit die ökonomische Abhängigkeit durchbricht und eigene, unabhängige Erfahrungen mit der äußeren Welt macht, indem sie gesellschaftliche Arbeit unter vergesellschafteten Bedingungen leistet, sei es in der Fabik oder im Büro; und hier begann sie mit ihren eigenen Formen gesellschaftlichen Protests neben den traditionellen Formen des Klassenkampfs. *Das Aufkommen der Frauenbewegung ist eine Ablehnung dieser Alternative.*

Das Kapital bemächtigt sich des gleichen Drucks, der die Frauenbewegung geschaffen hat – die Ablehnung ihrer traditionellen Stellung durch Millionen von Frauen – um die Arbeitskraft mit einer zunehmenden Zahl von Frauen neu zusammenzusetzen. Die Frauenbewegung kann sich nur in Opposition zu dieser Alternative entwickeln. Schon durch ihre bloße Existenz bringt die Frauenbewegung zum Ausdruck – und sie muß dies in immer differenzierteren Aktionen –, daß die Frauen den Mythos der Befreiung durch die Arbeit ablehnen.

Denn wir haben schon genug gearbeitet. Wir haben Millionen Tonnen von Baumwolle geerntet, Millionen von Tellern abgewaschen, Millionen von Fußböden geschrubbt, Millionen von Schreibmaschinenseiten getippt, Millionen von Radiodrähten montiert, Millionen von Windeln mit der Hand oder der Maschine gewaschen. Jedesmal wenn man uns den Zugang zu einer traditionellen Hochburg der Männer »geöffnet« hat, hat man uns eine neue Ebene der Ausbeutung eröffnet. Wir müssen noch einmal – so groß die Unterschiede auch sind – die Parallele zwischen der Unterentwicklung der Dritten Welt und der Unterentwicklung in der Metropole, richtiger: den Küchen der Metropole, ziehen. Die kapitalistische Planung bietet der Dritten Welt an, »sich zu entwickeln«; was bedeutet, neben der gegenwärtigen Hölle auch noch die Hölle der industriellen Konterrevolution zu erleiden. Den Frauen in der Metropole ist dieselbe »Hilfe« angeboten worden. Aber alle von uns, die aus der Notwendigkeit zu überleben oder für die sogenannten persönlichen Ausgaben oder für ökonomische Unabhängigkeit das Haus verlassen haben, um zu arbeiten, haben die übrigen gewarnt: die Inflation hat uns an diese elenden Schreibmaschinensilos oder an das Fließband gekettet, und in all dem gibt es keine Rettung. Wir müssen die Entwicklung ablehnen, die sie uns bieten. Aber der Kampf der Frau, die außerhalb arbeitet, wird nicht in die Isolierung des Hauses zurückführen, so verlockend das Haus an manchem Montagmorgen auch erscheinen mag. Ebensowenig wird der Kampf der Hausfrau darauf abzielen, daß sie das häusliche Gefängnis damit vertauscht, an den Schreibmaschinentisch oder ans Fließband gefesselt zu werden, wie verlockend auch die Arbeit außerhalb des Haushalts gegenüber der Einsamkeit in den eigenen vier Wänden erscheinen mag.

Die Frauen müssen ihre eigenen Möglichkeiten vollständig entdekken, die weder darin bestehen, Strümpfe zu stopfen noch Kapitän von Ozeandampfern zu werden. Oder richtiger: wir können diese Dinge auch machen, aber ihre heutige Funktion unterliegt ganz und gar den Bedingungen des Kapitals.

Die Herausforderung der Frauenbewegung liegt darin, Kampfformen zu finden, die, während sie die Frau vom Haus befreien, auf der einen Seite eine doppelte Knechtschaft der Frau vermeiden und auf der anderen Seite eine weitere Stufe der Kontrolle und Disziplinierung durch das Kapital verhindern. Dies ist für die Frauenbewegung letztlich die Trennungslinie zwischen Reformismus und revolutionärer Politik.

Es scheint, daß es wenig geniale Frauen gegeben hat. Es konnte sie auch nicht geben, da dem Genius derer, die aus dem gesellschaftlichen Prozeß ausgeschlossen sind, ein Gegenstand der Betätigung fehlt. Jetzt gibt es ihn – den Kampf selbst.

Freud hat gesagt, daß jede Frau von ihrer Geburt an unter einem Penisneid leidet. Er hat versäumt hinzuzufügen, daß diese Art von Neid mit dem Augenblick beginnt, wo sie wahrnimmt, daß einen Penis zu haben, in gewisser Hinsicht bedeutet, Macht zu haben. Erst recht nicht berücksichtigt hat er das Faktum, daß die traditionelle Macht des Penis in eine neue geschichtliche Phase trat, als die Trennung zwischen Mann und Frau zu einer Trennung durch das Kapital wurde.

Und hier beginnt unser Kampf.

Anne Koedt

Lesbische Bewegung und Feminismus

Die weibliche Homosexualität entwickelt sich zu einem zunehmend wichtigeren Problem. Manche glauben, daß die Frauen sich als Ergebnis ihres offensichtlichen Bedürfnisses nach Emanzipation sehr rasch »entweiblichen«, und daß diese »psychische Vermännlichung« moderner Frauen zur Frigidität beiträgt . . . Manche Sexologen fürchten, daß diese »Entweiblichungstendenz« das sexuelle Glück moderner Frauen ernsthaft beeinträchtigen könnte. Sie behaupten, daß dies mit großer Wahrscheinlichkeit die Empfänglichkeit vieler für eine homosexuelle Art zu denken und zu leben beeinflussen wird.
Frank S. Caprio, M. D., »Variations in Sexual Behaviour«

Feminismus ist die Theorie; Lesbisch-sein die Praxis.
Ti-Grace Atkinson gewidmet

Wenn Gertrude Stein Freunde eingeladen hatte, unterhielt sie sich nur mit den Männern und überließ Alice Tokias die Aufgabe, mit den Damen Konversation zu treiben.
Simone de Beauvoir, Das zweite Geschlecht

Nur die Frauen können einander zu einem neuen Selbstbewußtsein verhelfen . . . Wir müssen einander zur Verfügung stehen und uns gegenseitig unterstützen und uns Zuwendung und Liebe entgegenbringen . . .
Radikale Lesbierinnen, »Woman identified Woman«

Ich mag ihre Brüste und verstehe nichts von ihren Beinen.
Jill Johnston

Anti-lesbische Hetze

Die Feministinnen sind »lesbisch« genannt worden, lange bevor sie tatsächlich die Bedeutung davon für ihr persönliches Leben bedacht hatten; die Kränkung traf sie mit zunehmender Regelmäßigkeit, seit sie begonnen hatten, für die Frauenbefreiung zu arbeiten. Ihre Reaktion auf diese Lesbierinnenhetze war gemischt. Auf der einen Seite war klar, daß der Feminismus für Männer bedrohlich war und die Männer deshalb mit allen erdenklichen verbalen Waffen zurückschlugen. Aber die Drohung, die in der Bezeichnung lesbisch lag, berührte reale Ängste: In dem Maße, in dem eine Frau mit einem Mann liiert war, fürchtete sie, als nicht feminin und unweiblich zu gelten und deshalb abgelehnt zu werden. Daneben gab es die noch größere Bedrohung: die Angst vor der Zurückweisung der Männer im allgemeinen.

Da Frauen ihre ökonomische und soziale Sicherheit durch den Ehemann gewinnen, ihren Lebensunterhalt durch den männlichen Arbeitgeber verdienen, ja überhaupt durch die Macht der Männer überleben, ist es keine geringfügige Angelegenheit, den Zorn der Männer zu erregen. Die Frauen wußten dies, lange bevor sie es in feministische Terminologie kleideten. So ist der Wunsch der Frauen, in der Gnade der Männer zu stehen und zu bleiben, nicht einfach mit dem Hinweis auf ihre Eitelkeit oder persönliche Idiosynkrasie abzutun; er ist vielmehr als praktische Reflektion der Wirklichkeit zu werten. Die Hetze gegen die Lesbierinnen hatte für die Feministinnen eine sehr wichtige erzieherische Funktion: sie zeigte sehr deutlich die – in den Köpfen der Männer herrschende – Verbindung zwischen »Unweiblichkeit« und Unabhängigkeit. Unweiblich genannt zu werden, ist noch eine vergleichsweise freundliche Drohung, Anzeichen dafür, daß eine Frau zu »schwanken« beginnt; während die Bezeichnung »Lesbierin« ein deutliches Warnsignal ist – die endgültig letzte Warnung, daß eine Frau die Ebene der Weiblichkeit insgesamt verläßt.

Weibliche Veränderung kann verschiedene Formen annehmen. Eine Frau kann zu selbstbewußt und bestimmt erscheinen; sie ist vielleicht zu klug für ihre Kollegen; sie kann auch wichtige und enge freundschaftliche Beziehungen zu Frauen haben. Frauen werden häufig von vollständig Fremden schon als Lesbierinnen bezeichnet, wenn sie nur zusammen im Café sitzen, offensichtlich in ihre eigene Unterhaltung vertieft und uninteressiert an den Männern um sie herum. (Merkwürdigerweise sind es gerade die offensichtlich »weiblichsten« Frauen, die die Männer besonders mit derartigen Ausdrücken belegen – der Zweck ist eher, die Frauen auf ihren eigentlichen »Platz« zurückzuweisen als irgendwelche tatsächlich lesbischen Beziehungen aufzuspießen.)

Es gab sehr verschiedenartige Gründe, lesbische Beziehungen als eigene Möglichkeit in Erwägung zu ziehen. Für viele Feministinnen hatte immer eine logische, theoretische Verbindung bestanden zwischen der Auflösung der Geschlechterrollentypisierung und der Möglichkeit, andere Frauen zu lieben. Für einige von ihnen wurde dies zur Realität, als sie eine Frau trafen, die sie anzog. Für andere bedeutete lesbisch sein: Freiheit von Beziehungen zu Männern im allgemeinen, Erleichterung von der Aufgabe, nach dem unauffindbaren »besonderen« Exemplar von Mann Ausschau zu halten, das kein männlicher Chauvinist war. Wieder andere Feministinnen bevorzugten eine Liebesbeziehung zu einer Frau, weil sie das Gefühl hatten, daß andere Frauen sie nicht zu der Haltung von Passivität und Unterwürfigkeit anregten, in die sie zuvor immer wieder bei Liebesbeziehungen zu Männern verfallen waren. Und am wichtigsten war vielleicht die Erfahrung der Frauen, daß es andere Frauen gab, die als eigenständige Personen geliebt werden konnten.

Definitionen

Mit zunehmender Zusammenarbeit zwischen den lesbischen und den Frauenbefreiungsbewegungen entwickelte sich zunehmend ein Bewußtsein von lesbischer Sexualität – und damit verbunden entsprechende Meinungsverschiedenheiten und Verwirrung darüber, was es eigentlich heißt, Lesbierin zu sein. Es ist klar, daß mehr damit impliziert ist, als die einfache Wörterbuchdefinition, daß Frauen mit Angehörigen ihres eigenen Geschlechts schlafen. Es gibt Frauen, die unter Lesbierin jemanden verstehen, der *ausschließlich* mit anderen Frauen Geschlechtsbeziehungen hat; eine noch engere Definition als gebräuchlich. Andere lesbische Frauen begreifen darunter sehr viel mehr als eine bloße Definition des Geschlechts des jeweiligen Bettgenossen; für sie bedeutet es »ein ganzes System von Weltanschauung und Lebenshaltung«, sich »vollständig und lebenslang einem Leben mit Frauen zu widmen.«[1] Tatsächlich versuchen manche Lesbierinnen, ihre Bewegung dem radikalen »Avantgarde«-Feminismus gleichzusetzen, da »wir Männer und Geschlechtsrollen schon ablehnten, lange bevor es irgendeine Art von

1 Anon., Vortex, Lawrence, Kansas.

Frauenbefreiungsbewegung gab.« Im Zusammenhang unserer Diskussion hier wird die lesbische Bewegung auf ihre einfachste Form reduziert: »Frauen, die sexuelle Beziehungen zu anderen Frauen haben«, so daß die verschiedenen Argumente über Lebensstil u. ä., die manchmal dieser grundlegenden Definition hinzugefügt werden, getrennt davon behandelt werden können.

Ich glaube, daß als erstes »radikaler Feminismus« definiert werden sollte: Für mich bedeutet der Begriff die Befürwortung der vollständigen Abschaffung der Geschlechtsrollen. Eine radikale Feministin ist dann jemand, der daran glaubt und dafür politisch arbeitet. Dem Konzept des radikalen Feminismus liegt zugrunde, daß Biologie nicht Schicksal bedeutet, und daß männliche und weibliche Rollen gelernt sind – ja mehr noch, daß sie von Männern geschaffene politische Konstruktionen sind, um Macht und überlegenen Status der Männer zu erhalten. Deshalb ist also der Mann nicht kraft seiner biologischen Beschaffenheit der Unterdrücker, sondern kraft der Tatsache, daß er seine *Überlegenheit* auf der Basis dieser biologischen Differenz *zu begründen verstanden* hat.

Wie sieht dann dementsprechend das Verhältnis zwischen lesbischer und radikal feministischer Bewegung aus? Auch wenn wir die reduziertesten Definitionen für beides verwenden, ergibt sich eine hervorstechende Gemeinsamkeit: Die biologische Beschaffenheit bestimmt *nicht* die Geschlechtsrollen. Da Rollen angelernt sind, gibt es nichts angeboren »Männliches« oder »Weibliches« im Verhalten. Über diese grundlegende Voraussetzung hinaus gibt es jedoch bedeutende Differenzen. Der radikale Feminismus umfaßt natürlich lesbische Beziehungen[2] – aber mit eindeutigen Vorbehalten. Viele radikale Feministinnen haben das ganze Konglomerat von angenommenen Implikationen, das manche lesbische Frauen in ihr Lesbierinnendasein hineingelegt haben, rundweg abgelehnt. Zu oft hieß die Anerkennung von lesbischen Beziehungen auch schon: Akzeptieren der Position der lesbischen Bewegung – die jedoch häufig dem radikalen Feminismus zuwiderläuft.

Im folgenden sind einige dieser unterschiedlichen Positionen dargestellt:

2 Der reformistische Feminismus, der nur auf ein »partnerschaftliches Verhältnis zu den Männern« abzielt, will die Beziehungen zwischen Männern und Frauen verbessern, aber nicht auch neue Möglichkeiten für sexuelle Beziehungen zwischen Frauen schaffen.

Die Übereinstimmung, daß nicht »Krankes« an jemandem ist, der Geschlechtsbeziehungen zu einer Person seines eigenen Geschlechts hat, heißt keineswegs, daß das gesamte Verhalten von Lesbierinnen in der Terminologie der Feministinnen »gesund« ist. Eine Lesbierin, die sich wie ein Mann benimmt oder der Homosexuelle, der sich wie eine Frau verhält, ist nicht notwendig kranker als Heterosexuelle, die dieselben Rollen ausagieren; sie sind jedoch nicht gesund. *Alles Rollenverhalten ist krank,* sei es nun, nach den gängigen gesellschaftlichen Termini, »simuliert« oder »authentisch«.

Die Tatsache, daß eine Rollenübertragung stattgefunden hat und eine Rolle nun durch das »falsche« Geschlecht gespielt wird, verändert nicht die Rolle, die gespielt wird. Ein männlicher Homosexueller, der sich schminkt, abfällige Bemerkungen über andere Frauen macht, vollständig von der Anerkennung des Freundes abhängig ist und insgesamt die Unsicherheit und Hilflosigkeit an den Tag legt, die die Symptome der Frauenunterdrückung waren, ist ebensoweit von der Eigenständigkeit als Person, wie sie sein könnte, entfernt wie die Frau, die die gleiche Rolle spielt. Der springende Punkt ist, daß sie in gewisser Weise beide stark eingeengt sind.

Auf der anderen Seite wären zwei Lesbierinnen, die nicht in Nachahmungsrollen zurückfallen, sondern statt dessen die positiven Aspekte von »männlichem« und »weiblichem« Verhalten außerhalb von Rollenfixierungen ausprobieren wollen – wobei sie etwas Neues und Gleichartiges in diesem Prozeß werden – meiner Meinung nach wahrscheinlich »gesund« zu nennen.

Lesbierinnenbewegung als radikale feministische Avantgarde

Einige Lesbierinnen vertreten die Position, daß sie die Avantgarde der Frauenbewegung darstellten, weil sie 1. Geschlechterrollen schon durchbrochen haben, ehe es überhaupt eine Feministinnenbewegung gab, 2. überhaupt keinen Bedarf an Männern haben. (Irgendwie sind sie schon die Revolution.) Im folgenden ein Beispiel für diese Position: »Spüre das Glühen, das ›unsere‹ schwesterliche Gemeinsamkeit ausstrahlt. Wir können dir zeigen, wie man freundlich und liebevoll sein kann, denn wir haben uns nie Konkurrenz gemacht. Erinnere dich, daß WIR vor DIR unzufrieden mit der männlichen Gesellschaft waren und lange vor DIR von der Fülle der Möglichkeiten jedes weiblichen Wesens wußten und sie hoch einschätzten . . . WIR sind es, die dich willkommen hießen, lang unterdrückte und blinde Schwester, wir haben lange gegen männliche Vorherrschaft gekämpft, schließe dich UNS an! Wir haben uns nie durch Schwierigkeiten in unseren Beziehungen schrecken lassen, denn wir haben uns nie durch die Gesellschaft verpfändet gefühlt.«[3]

Einige Punkte werden offensichtlich vernachlässigt bei dieser Art der Argumentation. Einmal scheint eine persönliche Lösung mit einer politischen vermischt zu sein. Geschlechtsrollen und männliche Überheblichkeit werden nicht einfach dadurch verschwinden, daß Frauen zu Lesbierinnen werden. Es wird eine große Menge scharfsinniger politischer Kräfte und kollektiver Energie nötig sein, damit die Frauen den Sexismus beseitigen können. Eine lesbische Beziehung kann einer Frau bestenfalls mehr Glück und Freiheit in ihrem Privatleben ermöglichen (vorausgesetzt, daß keine der beiden Frauen die typischen Rollen spielt). Aber eine radikale Feministin ist nicht jemand, der sich darauf beschränkt, ein gutes, vom Sexismus freies Leben zuhause zu führen; sie ist jemand, der politisch in der Gesellschaft arbeitet, um die Institutionen des Sexismus zu zerstören.

Eine andere Ausnahme, die der Argumentation, daß die »Lesbierin die Avantgarde-Feministin« sei, zugrunde liegt, ist, daß die Lesbierinnen sich schon deshalb, weil sie besonders betroffen sind von einem Aspekt des Sexismus – nämlich von der Norm ausschließlicher Heterosexualität – für radikale Feministinnen halten. Jede Frau, die ihre Rolle tatsächlich ablehnt, indem sie die Mutterschaft zurückweist, den Wunsch hat. Biochemikerin zu werden, oder es einfach ablehnt, für das Ego des Mannes zu sorgen, widersetzt sich dem System der Geschlechterrollen. Das ist ein Akt der Rebellion. Was die weibliche Homosexualität betrifft, so hat dieser Akt der Rebellion den Frauen oft schwerwiegende soziale Ächtung eingetragen. Jedoch ist das nur dann radikal, wenn es verbunden ist mit der Anstrengung, das System als Ganzes zu

3 T. B., letter, Everywoman, March 26, 1971.

zerstören: d. h. das System der Geschlechterrollen zu zerstören im Gegensatz zur einfachen Ablehnung der Männer.

Tatsächlich kann es auch Reformismus innerhalb der lesbischen Bewegung geben; wenn eine Lesbierin sagt, »ich habe nichts gegen Männer, ich möchte nur nichts mit ihnen zu tun haben«, so beschreibt sie in Wirklichkeit eine Anpassung an das sexistische System, obwohl sie, indem sie Lesbierin wurde, einen rebellischen Akt beging, der die Normen des Systems verletzt. Deshalb ist die Behauptung falsch, »Feminismus ist die Theorie, weibliche Homosexualität die Praxis.« Einerseits reicht die Information über das Geschlecht des Liebhabers einer Frau nicht aus, um daraus auf ihren radikalen Feminismus zu schließen, andererseits liegt darin auch die falsche Annahme, daß ein Leben ohne Männer gleichbedeutend ist mit dem Kampf für eine radikale feministische Veränderung.

Die Annahme, daß Lesbierinnen die Männer nicht brauchen, bedarf ebenso einer Klärung. Da wir alle Frauen sind, die in einer männlichen Gesellschaft leben, sind wir in der Regel faktisch von Männern abhängig in vielfacher Hinsicht. Auch wenn wir uns in unseren persönlichen Beziehungen gegen Männer entscheiden. Aus diesem Grund wird eine einzelne Frau niemals völlig befreit sein, solange nicht alle Frauen es sind. Wenn man jedoch die Behauptung in dem Sinn versteht, daß man Männer in *persönlichen Beziehungen* (was einen ungeheuren Fortschritt für eine Frau bedeuten kann, weil man sich tatsächlich auf die *Person*, nicht auf den Mann beziehen sollte) nicht braucht, so muß man dennoch fragen: Ist dadurch die männliche Rolle abgeschafft worden? Und somit ist der wesentliche Punkt wiederum nicht das Geschlecht Deines Bettgenossen, sondern seine Geschlechterrolle.

Homosexuellenbewegung als Bürgerrechtsbewegung

Die organisierte Homosexuellenbewegung versucht, die Freiheit jedes Homosexuellen zu verteidigen, gleichgültig, wie ihr oder sein individueller Stil der Homosexualität auch sein mag. Das bedeutet Verteidigung der Transvestiten, der »Tunten« wie der »Kessen Väter«, sowie des Paares, das eine Heiratsurkunde wünscht, oder des Homosexuellen, der keine bestimmte Rolle bevorzugt. Sie alle sind vereint in einer Sache:

dem Recht, Geschlechtsverkehr mit einer Person des eigenen Geschlechts zu haben (i. e. »Freiheit der sexuellen Wahl«). An der Vielzahl der Spielarten homosexuellen Verhaltens wird deutlich, daß nicht alle Formen der Homosexualität notwendig eine Antipathie gegenüber Geschlechterrollen per se reflektieren.

Außerdem wurde die Entscheidung nicht unbedingt bewußt getroffen. Der Junge, der wie ein Mädchen aufgezogen wurde, das Mädchen, das mehr auf die Männerrolle hin sozialisiert wurde, sie beide haben nicht in ihrer Kindheit die umgekehrten Geschlechterrollen gewählt. Sie wurden mit einer Rolle belastet (wie wir alle) und mußten das Beste daraus machen, in einer Gesellschaft, die eine solche Abweichung verachtet. Merle Miller schrieb in einem Artikel der NY Times (Januar 17, 71), wo er sich selbst als Homosexueller zu erkennen gibt: »Schwul ist gut, schwul ist selbstbewußt. Ja, das glaube ich. Aber wenn ich die Wahl gehabt hätte (aber wer hat die schon), wäre ich lieber richtig herum geworden.« Sein Problem ist nicht, daß er Schwul-sein für krankhaft hält, sondern vielmehr, daß er seine Veranlagung nicht gewählt hat. Und darüber hinaus, wäre er heterosexuell erzogen worden, hätte er weitaus weniger Schwierigkeiten in der Gesellschaft gehabt. Seine Einstellung ist verständlich, wenn man die Grausamkeit und Diskriminierung gegen Homosexuelle betrachtet.

In solchen Fällen kann man Furchtlosigkeit und Rebellion vor allem in der Fähigkeit erkennen, homosexuell zu leben trotz gesellschaftlicher Verachtung.

In dem Versuch, repressive Gesetze zu ändern, Beamten zu wählen, die auf dieses Ziel hinarbeiten, in dem Versuch, gesellschaftliche Einstellungen, die Homosexuelle diskriminieren, zu verändern, fordert die homosexuelle Bewegung ihre Bürgerrechte.

Meiner Ansicht nach ist die Forderung nach Befreiung der Homosexuellen in der Tat eine Bürgerrechtsforderung im Gegensatz zu einer radikalen Forderung, weil sie organisiert ist, um den sekundären Anspruch auf »Freiheit der sexuellen Wahl«. Wohingegen der tatsächliche Ursprung der Anti-Homosexualität der Sexismus ist. D. h., der radikale Homosexuelle muß ein Feminist sein. Diese Verwurzelung homosexueller Unterdrückung im Sexismus wird auch dargestellt in Radicallesbian's »woman identified woman«:

»Zu allererst muß klar sein, daß weibliche ebenso wie männliche

Homosexualität eine Verhaltenskategorie ist, die nur in einer sexistischen Gesellschaft möglich ist – charakterisiert durch rigide Geschlechterrollen und männliche Vorherrschaft . . . In einer Gesellschaft, in der Männer Frauen nicht mehr unterdrücken und Sexualität sich den Gefühlen entsprechend äußern darf, würden die Kategorien Homosexualität und Heterosexualität verschwinden.«

Bisexualität

Eine Position, die manche Lesbierinnen einnehmen, ist, daß Bisexualität eine Schwäche ist. Das wird gewöhnlich ausgedrückt in Bemerkungen wie: »Solange bis alle Heterosexuellen auch schwul sind, müssen wir homosexuell bleiben«, oder: »Weibliche Homosexualität ist mehr als nur Geschlechtsverkehr mit Frauen; es ist ein umfassender Lebensstil und eine vollständige Bindung an Frauen. Bisexualität ist ein Anzeichen dafür, daß man nicht fähig ist, die Männer zu verlassen und frei zu werden. Wir sind Frauen- (nicht Männer) identifizierte Frauen.«

Die erste Position ist augenscheinlich ein taktisches Argument (obwohl sie auch verwendet wurde, um die Diskussion über Bisexualität überhaupt zu beenden, indem man sie endgültig bis ins Goldene Zeitalter verschiebt) und fordert, daß man sich politisch mit denen identifiziert, die am stärksten diskriminiert werden – obwohl man vielleicht in Wirklichkeit Bisexualität für richtig hält.

Wenn man dieses Argument für bare Münze nimmt (was ich nicht tue), ist es politisch gefährlich. Denn letzten Endes wird damit politisch die Ansicht unterstützt, daß das Geschlecht deines Partners eine Rolle spielt. Zwar anerkenne ich, daß die absolute Notwendigkeit für die homosexuelle Bewegung, sich auf die Freiheit der Menschen, mit gleichgeschlechtlichen Partnern zu schlafen, zu konzentrieren (weil dies der Punkt ist, wo Diskriminierung existiert), so muß diese Forderung doch immer gleichzeitig bezogen werden auf eine umfassende radikale Perspektive: daß die Frage nach dem Geschlecht als solche schon unterdrückend ist. Wenn tatsächlich »Freiheit der sexuellen Wahl« die Forderung ist, muß die Lösung logischerweise in Bisexualität bestehen, wo diese Frage unbedeutend wird. Ich meine in der Tat, daß die Ursache dafür, daß Bisexualität bei den meisten Lesbierinnen ein so unbeliebtes

Thema ist, nicht primär in den soeben diskutierten Argumenten liegt, sondern eher in einer zwanghaften Anpassung der Lesbierinnen an eine Art gewaltsame homosexuelle Gegendefinition, die sich in der Bewegung entwickelt hat.

D. h., eine Gegen-Identität – ein »Lebensstil« und eine »Weltanschauung« – wurde um das Faktum der Homosexualität herumgerankt. Diese Identität ist manchmal so stark, daß Bisexualität auch nur zu verteidigen oder zu prognostizieren als Ausrottung der Homosexuellen angesehen wird. Folgendes Beispiel: in einer Antwort auf eine These von Dotson Rader: »wenn Bisexualität in zunehmendem Maße als Norm akzeptiert wird, wird die Position des Homosexuellen qua Homosexueller verschwinden«, äußerte ein Schwuler: »dem Homosexuellen wie dem Juden wird die Wahl zwischen Integration und Gaskammer angeboten.« (A. Gay Manifesto by Carl Wittman)

Es ist nicht die gegenwärtige homosexuelle Gegen-Kultur, die ich in Frage stellen will; ich halte das für eine sehr verständliche Reaktion auf einen unerträglichen Ausschluß der Homosexuellen aus der Gesellschaft. Wenn jede alltägliche Unterstützung und Kommunikation Dir von anderen Menschen versagt, Deine Identität Dir von einer Gesellschaft genommen wird, für die Du nur dann etwas wert bist, wenn Deine Rolle und Deine Biologie »ordentlich« zusammenpassen – wenn Du so abgelehnt wirst, muß natürlich ein neuer Versuch gemacht werden, diese ständige Identitätskrise zu lösen. Da Schwule aufgrund ihrer Homosexualität abgelehnt wurden, ist es auch nicht verwunderlich, daß Homosexualität zum Zentrum der neuen Identität geworden ist.

Der Konflikt mit dem Feminismus kommt eher an dem Punkt, an dem der Versuch gemacht wird, aus dieser Anpassungsleistung eine revolutionäre politische Position zu machen. Ich halte die oft gehörte Klage der Feministinnen »und wieder werden wir danach definiert, mit wem wir schlafen« für richtig. Die Lektion, die aus der feministischen Analyse der Geschlechterrollen gelernt werden kann, ist, daß es über die Rolle des Samenspenders und Kindersäugens hinaus keine Verhaltensmuster gibt, die durch unsere Biologie bestimmt wären.[4]

Auf der Grundlage der Biologie ist die Frau als (ohne den Mann) unvollständig bestimmt worden. Feministinnen haben diese Behauptung

4 Judith Hole and Ellen Levine, Rebirth of Feminism, Chicago: Quadrangle, 1971, S. 76.

zurückgewiesen, und sie müssen ebenso jede neue Definition zurückweisen, die einer Frau Identität aufgrund der Tatsache anbietet, daß sie andere Frauen lieben oder mit ihnen schlafen kann.

Aus diesem Grund stimme ich nicht mit dem Konzept der »woman identified woman« der Radicallesbians überein. Die Frage, zu wem wir Beziehungen haben, sollte nicht die Basis für unsere Identität abgeben. Und hier zeigt sich die Verwirrung des Begriffs; es scheint, daß die biologische mit der politischen Frau verwechselt wird. Ich glaube, die oft gebrauchte feministische Definition von »woman identified woman«, die die Bedeutung hat, daß die Frau sich mit der weiblichen Rolle in der Gesellschaft identifiziert hat, weitaus nützlicher ist – sie bezieht sich auf das spezifisch politische Phänomen der Internalisierung. Wenn es aber darum geht, einen Begriff zu finden, der die Solidarität der Frauen auf der Basis unserer gemeinsamen Unterdrückung beschreibt, verwenden wir den Begriff des Feminismus. Abgesehen von dem, was an weiblicher Biologie übrigbleibt, gewinnt eine autonome Frau ihre Identität aufgrund ihrer eigenen Fortschritte und Fähigkeiten und nicht vermittelt über ihre Liebesbeziehung.

Wenn wir einmal beginnen, Personen als *Personen* zu diskutieren (ein Wort, das nicht nach dem Geschlecht eines Individuums fragt), wird eventuell auch das Wort »Bisexualität« keine Bedeutung mehr haben, da in seinem Gebrauch immer noch der Eifer impliziert ist, einen wissen zu lassen, daß es *beide* Geschlechter gibt. Vielleicht werden wir schließlich wieder zu einem simpleren Wort wie »Sexualität« zurückkehren, worin die einzig bedeutende Information, einfach »sexuelle Beziehung mit Personen« enthalten ist.

Wenn Du nicht mit anderen Frauen schläfst . . .

Falls Du eine Feministin bist, die nicht mit Frauen schläft, kannst Du es riskieren, daß Du irgendeinen der folgenden Vorwürfe gemacht bekommst: »Du unterdrückst mich, wenn Du nicht mit Frauen schläfst«, »Du bist keine radikale Feministin, wenn Du nicht mit Frauen schläfst« oder »Du bist unsolidarisch, wenn Du nicht mit Frauen schläfst.« Ich habe sogar erlebt, daß das Argument einer Frau, das sich auf einen gänzlich anderen Aspekt des Feminismus bezog, von einigen Lesbierinnen abgelehnt wurde, weil sie keine sexuellen Beziehungen zu Frauen hatte. Lassen wir die Motive für derartige Anschuldigungen einen Moment beiseite; hier geschieht etwas Ungeheuerliches, weil versucht wird, auf Frauen wegen ihrer persönlichen Beziehung Druck auszuüben.

Diese Verdrehung des Arguments »das Persönliche ist politisch« – und das muß gesagt werden – wurde nicht von den lesbischen Frauen, die es jetzt vielleicht anwenden, erdacht; in der Frauenbewegung gab es sporadische Wellen von persönlichen Angriffen gegen Frauen – immer unter dem Deckmantel des Radikalismus (und vorwiegend von einer sehr kleinen Minderheit der Frauen). Ich habe erlebt, daß Frauen gesagt wurde, man könne ihnen als Feministinnen nicht trauen, weil sie Miniröcke trugen, weil sie verheiratet waren (in einer Gruppe wurden Quoten festgelegt, damit die Qualität der Gruppe nicht durch »unbefreite Frauen« gemindert würde), oder weil sie Kinder haben wollten. Diese persönliche Ablehnung von Frauen, die kein »befreites Leben« führen, hat, wie vorauszusehen war, dazu geführt, daß Frauen nun auch auf der Basis ihres »unbefreiten« sexuellen Lebens abgelehnt werden.

Der ursprüngliche Sinn des Satzes »das Persönliche ist politisch« war, daß er den Bereich des Privatlebens der Frauen für die politische Analyse zugänglich machte. Vorher wurde die Isolation der Frauen voneinander dadurch vollendet, daß man die Erfahrung einer Frau als »persönlich« klassifizierte. So wurden Frauen davon abgehalten, ihre gemeinsame Lage als Frauen und ihre gemeinsame Unterdrückung durch Männer wahrzunehmen.

Daß die Erfahrungen der Frauen der politischen Analyse zugänglich gemacht wurden, hatte jedoch auch einen Mißbrauch dieses Satzes zur Folge. Obwohl es der Wahrheit entspricht, daß in allen Erfahrungen, die eine Frau als *Frau* macht, politische Implikationen enthalten sind, heißt das doch nicht, daß das Leben einer Frau zum politischen Eigentum der Frauenbewegung gemacht werden kann. Ich empfinde es als Respektlosigkeit anderen Frauen gegenüber, sich einzubilden, daß es das Recht irgendeiner Gruppe (oder eines Individuums) sei, »revolutionäre« Urteile über die Fortschrittlichkeit ihres Lebens zu fällen.

Ein weiterer Punkt: auch die radikalste Feministin ist keine befreite Frau. Wir alle arbeiten uns mühsam aus der traditionellen Weiblichkeit heraus auf neue Formen der Persönlichkeit hin. Eine Frau muß selber entscheiden, was dazu der nächste Schritt ist. Ich meine, daß Frauen der

Bewegung gegenüber keine politische Verpflichtung haben, sich zu verändern; sie sollten es nur dann tun, wenn sie sehen, daß es in ihrem eigenen Interesse liegt. Wenn die Frauenbewegung glaubt, daß der Feminismus im eigenen Interesse der Frauen liegt, dann besteht die Aufgabe darin, das verständlich zu machen durch gemeinsame Einsicht, Analyse und Erfahrung. D. h. Feminismus ist ein Angebot und keine Direktive, und deshalb tritt man nur dann in das Privatleben einer Frau, wenn sie dazu einlädt. Somit muß eine Behauptung wie »Du bist unsolidarisch, wenn Du nicht mit Frauen schläfst« zu allererst mit der Begründung abgelehnt werden, daß sie das Recht, Feminismus zu diskutieren, mit dem Recht, unaufgefordert das Privatleben einer Frau zu diskutieren und politische Urteile darüber zu fällen, durcheinanderbringt.

Nimmt man jedoch das Problem, das in dem oben dargestellten Vorwurf steckt, und löst es aus dem mit Schuldgefühlen beladenen personalen Kontext[5], so sind einige Punkte zu beachten. Es ist etwas Wahres daran, daß einige Frauen unfähig sind, sich sexuell auf Frauen zu beziehen, weil sie sich selbst als Frau hassen (und deshalb alle Frauen hassen). Aber es kann auch noch eine Menge anderer Gründe geben. Es kann sein, daß eine Frau keine Lust hat, mit irgend jemandem zu schlafen – und das ist eine Freiheit, die Frauen noch seltener zugestanden wird als das Recht, mit anderen Frauen zu schlafen. Vielleicht hat sie auch noch keine Frau getroffen, von der sie sich angezogen fühlte. Oder sie ist an einen Mann gebunden, den sie als Person schätzt, ohne daß dies notwendig eine Ablehnung von Frauen bedeutet. Es sollte auch bemerkt werden, daß es auch für Frauen mit einem starken Selbsthaß nicht unbedingt unmöglich ist, eine sexuelle Beziehung zu Frauen aufzunehmen. Es kann sogar sein, daß sie meinen, sich mit der Übernahme der männlichen Rolle in einer lesbischen Beziehung symbolisch von ihrer weiblichen Rolle zu lösen. Solch eine Frau könnte dann zu einer werden, die »mit den Hodensäcken wackelt«, obwohl sie gar keine hat.

Alles in allem, wie schon vorher bemerkt, steckt im Lesbisch-Sein keine Zauberkraft, die den politischen Beweis für hohe feministische Motive erbringen würde. Ob eine Frau andere Frauen wirklich liebt, beurteile ich vielmehr danach, wie weit sie es in ihren Beziehungen fertigbringt, sich von den Geschlechterrollen zu lösen.

5 Was die Motive betrifft – diese Taktik, Schuldgefühle zu erzeugen, dient weniger der Information als der Kontrolle anderer.

Homosexualität mit ihrer offensichtlichen Verachtung für die Gesetze der Biologie, stellt einen Eckpfeiler der sexistischen Ideologie in Frage und macht deshalb die meisten Männer nervös. Gegenwärtig ist die Furcht vor weiblicher Homosexualität viel geringer als die Furcht vor männlicher Homosexualität; wahrscheinlich deshalb, weil sich die Männer immer noch sicher darin sind, daß isolierte Beispiele lesbischer Beziehungen nicht die Mehrheit der Frauen in Versuchung führen werden, ihre vorgeschriebene Frauenrolle aufzugeben; wahrscheinlich auch deshalb, weil lesbische Sexualität von Männern häufig als etwas erotisches angesehen wird (der Witz ist, daß wir in den Augen der Männer Sexualobjekte bleiben, selbst wenn wir Frauen lieben).

Durch die männliche Homosexualität werden Männer (und damit die männliche Gesellschaft) unmittelbarer bedroht. Die Ironie männlicher Vorherrschaft liegt darin, daß sie ein gesellschaftliches System ist, das die Rationalisierungen für seine Existenz aus der Biologie bezieht, aber in Gang gesetzt wird durch den Sozialisationsprozeß. Personen, mit abweichendem Verhalten, die zu ihrem Pech eine andere Sozialisation hinter sich haben, oder die sich anders entschieden haben, sind deshalb eine Bedrohung jener Logik, die behauptet, daß die Biologie Schicksal ist. Wenn also irgendein Mann aus der Reihe tanzt, stellt er damit die Gruppenüberlegenheit aller Männer in Frage. D. h., für einen Mann bedeutet das Verlassen einer »übergeordneten« Gruppe einen Abstieg – er wird »inferior« oder »feminin«. Männliche Homosexuelle rufen bei vielen Männern oft die unausgesprochene Angst hervor, daß sie in Wirklichkeit nicht mächtig und »männlich« genug seien, um ihre Bestimmung zur männlichen Überlegenheit zu erfüllen – und der schwule Mann wird so zum Symbol für totales männliches »Versagen«. Andere Männer spielen eine so robuste Kameraderie aus (à la Mailer), daß »Unzucht treiben« mit einem Kameraden eben nur heißen kann, daß einer von beiden die Frau spielen muß, und bei guter Kameradschaft ist es natürlich unmöglich, einen anderen Mann so zu degradieren.

Um die Angst der Männer vor Homosexualität zu verstehen, müssen wir zuerst verstehen, daß die Männer Angst haben vor dem Verlust ihrer gesellschaftlichen Macht über die Frauen. Um sich diese Macht zu erhalten, müssen die Männer sich beides bewahren: Den Absolutheitsanspruch ihrer Ideologie und die Einheit aller Männer als Gruppe.

Aber man darf nicht vergessen, daß die Homosexualität, obwohl in ihr eine Bedrohung der sexistischen Ideologie impliziert ist, bestenfalls einen geringen Teil des gesamten Kampfes gegen das System der Geschlechterrollen ausmacht. (In der Tat, wenn die homosexuelle Bewegung bei der Forderung auf das Recht des Rollenwechselns innerhalb dieser Gesellschaft stehen bleibt, dann würde sie gegen den Feminismus arbeiten, indem sie ein reformiertes Modell des Systems der Geschlechterrollen unterstützt.) Deshalb kann die lesbische Bewegung nur dann zu einem organischen Teil des umfassenderen feministischen Kampfes werden, wenn sie die radikaleren feministischen Interpretationen akzeptiert.

In diesem Zusammenhang ist die lesbische Bewegung gleichzusetzen mit der Vielzahl anderer Rebellionen, die Frauen gegen ihre vorgeschriebene Rolle gemacht haben – sei es am Arbeitsplatz, gegen die Justiz oder in persönlichen Beziehungen. Alle diese Formen der Rebellion bleiben, wenn sie nicht politisch verstanden und kollektiv erkämpft werden, lediglich private Verbesserungen der Lebensumstände in einer sexistischen Gesellschaft. Der umfassendere politische Gesichtspunkt ist immer noch, daß wir Frauen sind, die in einer männlichen Gesellschaft leben, in der Männer die Macht haben, und wir nicht; daß unsere »weibliche« Rolle nicht mehr ist als ein zweckmäßiges Mittel der männlichen Politik, diese Macht aufrechtzuerhalten; und daß, bis die Frauenbewegung diese uralten politischen Verhältnisse beseitigt hat, wir nicht davon sprechen können, daß wir kollektiv oder individuell frei seien.

Simone de Beauvoir
Ich bezeichne mich selbst als Feministin

Ende 1970 haben einige Mitglieder der Women's Lib-Bewegung mit mir Kontakt aufgenommen. Sie wollten mit mir über den neuen Gesetzentwurf zur Frage der Abtreibung sprechen, der in Kürze der Nationalversammlung vorgelegt werden sollte. Sie hielten ihn für viel zu zahm und wollten gern eine Kampagne zugunsten der Abtreibungsfreiheit einleiten. Um die Öffentlichkeit zu beeindrucken, schlugen sie vor, Frauen, bekannte und unbekannte, sollten erklären, daß sie persönlich abgetrieben hätten. Die Idee schien mir gut. Ich hatte – zwanzig Jahre zuvor – in *Le deuxième Sexe* gegen das Verbot der Abtreibung protestiert und die tragischen Folgen aufgezeigt, die sich daraus ergeben; so war es ganz normal, daß ich das sogenannte *Manifest der 343* unterzeichnete, das im Frühjahr 1971 im *Nouvel Observateur* veröffentlicht wurde. Es ging nicht darum – wie manche Verleumder glauben machen wollten –, in Frankreich die Abtreibung einzuführen oder gar Frauen dazu zu ermutigen, vielmehr wollte man angesichts der Tatsache, daß massenhaft Abtreibungen vorgenommen werden – Schätzungen nach achthunderttausend bis eine Million pro Jahr –, den Frauen zu der Möglichkeit verhelfen, diese Operation unter den besten physischen und moralischen Bedingungen vornehmen zu lassen, was bis heute ein Klassenprivileg ist. Natürlich sind Maßnahmen zur Empfängnisverhütung vorzuziehen. Aber solange diese noch nicht genügend bekannt sind und weithin praktiziert werden – nur 7 Prozent der Französinnen im gebärfähigen Alter machen von ihnen Gebrauch –, bleibt die Abtreibung die einzige Lösung für diejenigen, die ein Kind nicht wollen. Und tatsächlich nehmen die Frauen trotz aller Schwierigkeiten, aller Demütigungen und Gefahren zu dieser Lösung ihre Zuflucht. Man hat den Vorwurf erhoben, das Manifest sei nur von bekannten Frauen unterzeichnet worden. Das ist falsch: sie bilden nur eine kleine Minderheit; die Mehrheit der Unterzeichneten sind Sekretärinnen, Angestellte, Hausfrauen.

Um die Kampagne fortzusetzen, hat die Women's Lib-Bewegung am 20. November, im Zusammenhang mit Demonstrationen für die Befreiung der Frau, die an jenem Tag fast überall in der Welt stattfanden, einen Marsch quer durch Paris veranstaltet, bei dem die Frauen Freiheit der Mutterschaft, der Empfängnisverhütung und der Abtreibung forderten. Ich habe daran teilgenommen. Wir sind von der place de la République bis zur place de la Nation marschiert. Wir nahmen die ganze Straßenbreite ein[1] und trugen Plakate mit entsprechenden Parolen. Militante Typen schwenkten Putzlumpen, Drähte, an denen schmutzige Wäsche hing, Papierpuppen und aufgeblasene Gummipuppen; eine verteilte Petersilie – Symbol der heimlichen Abtreibung –, und einige steckten sich Petersilienbüschel ins Haar. Wir waren etwa viertausend Personen, in der Mehrzahl Frauen, doch auch einige Männer, meist langhaarige und bärtige, marschierten mit. Man ließ Luftballons steigen, sang, skandierte Parolen. »Erwünschtes Kind, geliebtes Kind. Freiheit der Mutterschaft.« Eltern hatten ihre Kinder mitgebracht, und man sah Sechsjährige, die mit den Erwachsenen riefen: »Wir werden nur die Kinder haben, die wir haben wollen.« Es ging, unter einem schönen Winterhimmel, sehr lebendig, sehr heiter und sehr einfallsreich zu. Interessant war, daß die meisten Frauen, die von den Demonstranten unterwegs angesprochen wurden, uns aus vollem Herzen zustimmten und applaudierten. Als wir an der Kirche Saint-Antoine vorbeikamen, stieg gerade eine Braut in weißem Hochzeitskleid die Treppe hinauf. Wir riefen: »Die Braut geht mit uns! Befreit die junge Frau!« Die Vorhut unseres Zuges verließ die Fahrbahn und wollte in die Kirche eindringen. Der Pfarrer sprach einen Augenblick lang mit den militanten jungen Frauen, und dann setzten wir unseren Weg zur place de la Nation fort.

Kurz bevor wir dort anlangten, kamen uns Kriegsdienstverweigerer mit antimilitaristischen Plakaten entgegen. Ihre Demonstration war verboten worden, und einige von ihnen hatten nun die Idee gehabt, sich uns anzuschließen. Darauf fing unser Zug an zu rufen: »Nicht Kinder als Kanonenfutter!« Und: »Debré, du bist gemein, wir zahlen es dir heim!« Und dann sangen wir alle gemeinsam die Internationale. Auf der place de la Nation schwangen Frauen sich auf den Sockel einer der Statuen und verbrannten Lumpen – Symbole der Situation der Frau. Dann wurden wieder Lieder gesungen und Farandoles getanzt: es war ein fröhlicher Tag der Verbrüderung.

. . .

1 Es war eine genehmigte Demonstration.

Wenn ich an Demonstrationen teilgenommen und mich für eine ausgesprochen feministische Aktion engagiert habe, so deshalb, weil sich meine Einstellung zur Lage der Frau verändert, weiterentwickelt hat. Was die Theorie betrifft, sind meine Standpunkte unverändert geblieben. In praktischen und taktischen Fragen aber hat sich meine Haltung gewandelt.

Was die Theorie anlangt, ich habe es schon gesagt[2], würde ich, wenn ich heute *Le deuxième Sexe* schriebe, der Spannung zwischen dem Selbst und dem Anderen eine materialistische statt einer idealistischen Basis geben. Ich würde die Ablehnung und die Unterdrückung des Anderen nicht auf den Antagonismus der verschiedenen Arten des Bewußtseins, sondern auf die ökonomische Basis der ›Knappheit‹ gründen. Ich habe auch schon gesagt, daß der Gedankengang des Buches dadurch nicht verändert würde: alle männlichen Ideologien zielen darauf ab, die Unterdrückung der Frau zu rechtfertigen, und die Frau ist durch die Gesellschaft auf eine Weise konditioniert, daß sie sich damit abfindet.

»Man wird nicht als Frau geboren, man wird erst dazu«: ich stehe auch weiterhin zu dieser Formel, die einen der Leitgedanken in *Le deuxième Sexe* zum Ausdruck bringt. Gewiß bestehen zwischen dem weiblichen und dem männlichen Exemplar des Menschen genetische, endokrine und anatomische Unterschiede: sie sind jedoch nicht so stark, als daß sie das ›Frausein‹ bestimmen könnten, das eindeutig eine von der Kultur geschaffene Konstruktion und nicht eine Naturgegebenheit ist . . . Die immer weiter vorangetriebenen Studien . . . beweisen alle, daß meine These stimmt und nur einer Ergänzung bedarf: »Man wird nicht als Mann geboren, man wird erst dazu.« Auch das Mannsein ist keine von Anfang an bestehende Gegebenheit.

Freud interessiert sich für die Entwicklung der Kinder erst von dem Augenblick an, in dem seiner Meinung nach bei ihnen der Ödipuskomplex entsteht – wenn sie drei oder vier Jahre alt sind. Aber Arbeiten wie die von Bruno Bettelheim zeigen, welche Bedeutung gerade die allerersten Lebensmonate für die Zukunft des Individuums haben. Das bestätigen Experimente, die in Israel von der Hebräischen Universität in Jerusalem durchgeführt wurden. Ein Psychologe und ein Arzt untersuch-

2 In *La Force des choses*.

ten Gruppen von Dreijährigen, von denen die einen in wohlhabenden und kultivierten aschkenasischen Familien und die anderen in armen, schlecht wohnenden und überforderten sephardischen Familien aufwuchsen; die ersteren waren aktiv, phantasievoll, mitteilsam, sie verteidigten ihr Territorium und ihr Spielzeug; die anderen verhielten sich apathisch, verschlossen, waren unfähig zu gemeinsamem Spiel und verteidigten auch nicht ihren Besitz – sie hatten so wenig Bewußtsein von ihrer eigenen Existenz, daß sie auf Fotos zwar ihre Kameraden, nicht jedoch sich selber erkannten. Zwei Jahre lang hat man beiden Gruppen eine intensive Erziehung zuteil werden lassen. Die anfangs gehandikapten Kinder blühten auf und machten Fortschritte; aber die anderen Kinder, die von vornherein im Vorteil gewesen waren, zogen weit mehr Nutzen aus den Bemühungen ihrer Erzieher; nach zwei Jahren war ihr Vorsprung noch deutlicher erkennbar als zu Beginn des Experiments. Zu einer ›Integration‹ kam es nicht: die ›zurückgebliebenen‹ Kinder spielten ausschließlich untereinander. Obwohl sie erst drei Jahre alt waren, war es bereits zu spät, die Chancen anzugleichen. Nach den Arbeiten des amerikanischen Neurologen Benjamin Bloom und auch nach den Erkenntnissen europäischer Wissenschaftler sind die Möglichkeiten der Entwicklung und des Lernens, im Alter von vier Jahren bereits zu 50 Prozent festgelegt: wenn die Kinder bis dahin nicht angeregt worden sind, ihre Fähigkeiten zu entfalten, werden sie in ihrer Entwicklung und ihrer Fähigkeit zu koordinieren nie mehr die gleichen Fortschritte machen. Wenn also die Eltern die Kleinkinder männlichen und weiblichen Geschlechts nicht in der gleichen Weise ›anregen‹, kann dies schon dazu führen, daß bei Mädchen und Jungen im Alter von drei bis vier Jahren erhebliche Unterschiede festzustellen sind.

Eine andere Versuchsreihe führt zu ähnlichen Schlüssen, was die entscheidende Rolle der Erzieher betrifft: die Experimente von Rosenthal und seinen Mitarbeitern. Bei den Untersuchungen über das Verhalten von Albinoratten, die unter seiner Aufsicht an der Harvard University durchgeführt wurden, machte Rosenthal seltsame Beobachtungen[3]: er glaubte zu bemerken, daß die erzielten Ergebnisse von der Ausgangshaltung (bias im Englischen) des Forschenden abhingen, daß der For-

---

3 D. Rosenthal: *Experimental Effects on Behavioral Research.* New York 1966. – D. Rosenthal und L. Jacobson: *Pygmalion in the Class Room.* New York 1968.

scher nämlich fand, was er zu finden erwartete. Um diese Hypothese zu erhärten, teilte er eine Anzahl Ratten willkürlich in zwei Gruppen auf, sagte aber den Mitarbeitern, die für die Experimente zuständig waren, die Ratten in der Gruppe A seien speziell auf das erfolgreiche Durchlaufen von Labyrinthen abgerichtet, die Ratten in der Gruppe B dagegen seien dumm. Die Mitarbeiter erzielten brillante Resultate mit der Gruppe A, aber nur kläglich Ergebnisse mit der Gruppe B: ihre optimistische bzw. pessimistische Ausgangshaltung hatte offenkundig die Art und Weise, wie sie die Experimente durchführten, beeinflußt. Ähnlich stellte nun Rosenthal einige Professoren auf die Probe.[4] Er ließ Studenten einen Test absolvieren und stellte dann zwei Listen zusammen: der durchschnittliche Intelligenzquotient der auf beiden Listen aufgeführten Studenten war der gleiche, doch erklärte Rosenthal, er habe in die erste Liste die begabtesten Studenten und in die zweite die mittelmäßig oder nur schwach begabten eingetragen. Die Professoren unterzogen die Studenten weiteren Tests. Dabei erzielten die auf der ersten Liste aufgeführten Studenten einen außerordentlich hohen Quotienten, die auf der zweiten aufgeführten dagegen nur mittelmäßige Ergebnisse. Jeder Pädagoge weiß, daß man einem Kind, wenn es vorankommen soll, Vertrauen vermitteln muß; wenn man an ihm zweifelt, entmutigt man es, und es versagt. Das Experiment Rosenthals – er hat noch viele andere angestellt, die alle zu den gleichen Schlüssen führten – zeigt auf überzeugende Weise, daß bei jedem Lernprozeß die Haltung des Lehrenden gegenüber dem Lernenden eine entscheidende Rolle spielt: er erhält das Ergebnis, das er erwartet. Nun erwarten die Eltern von einer Tochter – von der Wiege an und erst recht in der Folgezeit – etwas anderes als von einem Jungen. Und diese Erwartung ist nicht etwa ein verborgener Wunsch: sie äußert sich vielmehr in konkreten Verhaltensweisen.

Die Mütter »behandeln und liebkosen die kleinen Jungen anders und tragen sie auch anders auf dem Arm als die kleinen Mädchen«, sagt der amerikanische Psychoanalytiker Robert J. Staller, der sich besonders mit dem männlichen Transsexualismus beschäftigt hat. Er räumt entschlossen auf mit der »überholten Vorstellung, daß Männlichkeit und Weiblichkeit von Anfang an biologische Produkte bei den Menschen

4 D. Rosenthal und K. L. Fole: *The effect of Experimental Bias on the Performance of the Albino Rats.* New York 1967. – D. Rosenthal und R. Lawson: *A Longitudinal Study of Experimental Bias on the Operant Learning of Laboratory Rats.*

sind«; er erinnert »an die zahlreichen Erfahrungen, die gezeigt haben, daß die Wirkungen der Lehrzeit, die mit der Geburt beginnt, zu einem wesentlichen Teil die Identität des Geschlechts bestimmen«. Und er versichert: »Nicht eine angeborene Kraft vermittelt dem Kleinkind das Bewußtsein, daß es männlichen Geschlechts ist und einmal ein Mann sein wird. Die Eltern bringen es ihm bei, und sie könnten ihm ebenso etwas anderes beibringen . . . Die Wahl des Namens, die Farbe und die Eigenart der Kleidung, die Art, wie das Kind auf dem Arm getragen wird, Nähe und Distanz, die Art der Spiele – das alles und vieles mehr beginnt schon beinahe bei der Geburt.«[5]

Vor allem behandelt die Mutter das Geschlechtsteil des kleinen Jungen und des kleinen Mädchens nicht auf die gleiche Weise. Zwar spielen nicht alle Mütter so wohlgefällig mit dem Penis ihres Sohnes, wie es die Ammen Gargantuas oder die Ludwigs XIII. mit dem des ihnen anvertrauten Säuglings taten: aber sie sind stolz darauf, geben ihm kleine Kosenamen und streicheln ihn gelegentlich auch. Nichts dergleichen geschieht beim kleinen Mädchen, dessen Geschlechtsteile eine geheime Sphäre bleiben. Dies allein – und nicht irgendein mysteriöser Instinkt – erklärt die Verschiedenheit bestimmter Verhaltensweisen, die man bei Jungen und Mädchen bereits vom dritten Lebensjahr an beobachten kann. Eine junge Frau, die in einer Kinderkrippe arbeitet, hat mir erzählt, wie erstaunt sie anfangs über diese Verschiedenheit gewesen sei: wenn die Jungen zur Toilette gehen, zeigen sie gern ihr Glied, aber die Mädchen haben schon gelernt, ›das‹ zu verstecken – sie sind schüchtern und verschämt; die Jungen spähen nach ihren Spielkameradinnen, wenn diese sich waschen oder ihr Geschäft verrichten; die Mädchen aber spähen nicht nach den kleinen Jungen. Noch einmal sei es gesagt: es ist ein Unsinn, sich vorzustellen, die Schamhaftigkeit der Mädchen werde gewissermaßen von Hormonen sekretiert. Sie wird vielmehr gelehrt und gelernt – wie in der Folge alle anderen sogenannten spezifisch weiblichen Eigenschaften. Ich habe in *Le deuxième Sexe* zu zeigen versucht, wie sich diese Prägung im einzelnen vollzieht. Schon das Spielzeug, das man den Kindern gibt, zwingt ihnen Rollen auf; das kleine Mädchen betrachtet die Rolle der Mutter als die seine, der Junge die des Vaters. Die

5 Die Zitate stammen aus einem Aufsatz, in dem R. J. Staller das Wesentliche seiner Thesen zusammengefaßt hat. Erschienen in *Nouvelle Revue de Psychanalyse* (1971).

Eltern fördern diese Differenzierung auf allen Gebieten, da eine ihrer größten Ängste darin besteht, einen Homosexuellen als Sohn zu haben oder eine Tochter, »an der ein Junge verlorengegangen ist«.

Bekanntlich erklärt sich für Freud der Unterschied zwischen Mann und Frau ausschließlich aus ihrer unterschiedlichen Anatomie: das kleine Mädchen beneidet die Jungen um ihren Penis und bemüht sich sein ganzes Leben lang, diesen Komplex zu kompensieren. Ich habe in *Le deuxième Sexe* erklärt, daß ich diese Interpretation ablehne. Viele kleine Mädchen wissen gar nichts von der Anatomie der Jungen, und die Entdeckung des Penis löst oft nur Gleichgültigkeit oder sogar Abscheu aus. In *Sexus und Herrschaft* greift Kate Millett diese Diskussion noch einmal auf und fragt, warum das kleine Mädchen a priori finden sollte, daß eine Sache mehr wert sei als die andere, nur weil sie größer ist. Nach Freud würde es darin ein Objekt sehen, das sich besser zur Masturbation eignet als die Klitoris, aber es begreift den Penis gar nicht als Instrument der Selbstbefriedigung. Und weiß das kleine Mädchen überhaupt, daß es eine Klitoris besitzt? Freud kannte die Frau nur aus klinischen Fällen. Seine Patientinnen litten an sexuellen Hemmungen und waren unzufrieden mit ihrer Situation. Er wollte das zweite Faktum durch das erstere erklären. Doch ist es die Gesellschaft, die der Frau eine Unterlegenheit vorhält, die sie ihr aufzwingt. Im übrigen hat Freud am Ende seines Lebens selbst zugegeben, daß er die Frau nie wirklich verstanden hat. Von seiner Zeit und von seinem Milieu her hatte er ein ›machistisches‹ Vorurteil: deshalb betrachtete er die Frau als einen unvollständigen Mann. Diese Vorstellung, die von vielen Psychoanalytikern heute abgelehnt wird, ist von den Schülern Freuds weidlich ausgeschlachtet worden: jeder Frau, die sich nicht mit dem ›ihr gebührenden Platz‹ begnügte, schrieben sie sogleich einen ›Männlichkeitskomplex‹ zu.

In Frankreich wie in Amerika ist seit *Le deuxième Sexe* eine umfangreiche Literatur entstanden, die es sich angelegen sein läßt, die Frau von ihrer ›besonderen Berufung‹ zu überzeugen. Man behauptete, »den Feminismus zu entmystifizieren«, was dann in Wirklichkeit auf eine Mystifizierung der Frauen hinauslief. Man hat den Feminismus für altmodisch, für überholt erklärt, ein durchschlagendes Argument in einer dem Terrorismus der Modernität ausgesetzten Zeit. Die Frauen selber, heißt es, lehnten ihn ab; die berufstätigen Frauen erlebten in ihrem Beruf nur Enttäuschungen; sie würden lieber daheim bleiben. Wenn zwei Kasten einander befehden, finden sich in der weniger begünstigten immer einzelne, die sich aus Eigennutz mit den Privilegierten verbünden.[6] Zudem muß man den zumeist in einem konservativen Geist veranstalteten soziologischen Umfragen mißtrauen: oft wird durch die Art der Fragestellung die Antwort bereits diktiert.[7] Andererseits stimmt es, daß den Frauen unter den gegenwärtigen Bedingungen die Arbeit, der sie neben ihren häuslichen Pflichten nachgehen, nicht die gleichen Vergünstigungen einbringt wie den Männern; die Gesellschaft enthält sie ihnen vor und setzt alles ins Werk, um ihnen ein schlechtes Gewissen zu vermitteln. Schließlich ist die Frau am häuslichen Herd im allgemeinen weit davon entfernt, die Befriedigung zu empfinden, die sie zur Schau trägt. Unzufrieden mit ihrem Los, will sie nicht, daß ihre Töchter es besser haben und besteht um so strenger auf der Aufrechterhaltung ihres Status, je mehr sie darunter gelitten hat. Die Männer wiederum bestehen hartnäckig auf der Bestätigung ihrer Überlegenheit. Der ›Machismus‹ ist bei den französischen Männern so eingewurzelt, daß manche nicht zögern, ihre Überlegenheit damit zu begründen, daß sie im Stehen urinieren – was eher herabsetzend für die mohammedanischen Männer ist. Chaban-Delmas, der enthusiastisch die ›neue Gesellschaft‹ preist, hat präzis erklärt, daß die Frau neben dem Mann gleichberechtigt sei, aber wohlverstanden unter Wahrung des Unterschieds. Es scheint, als prädestiniere dieser Unterschied die Frau vor allem zum Säubern: die Babies, die Kranken, die Greise mit dem Wischlappen zu betreuen, das ist der *service social,* den M. Debré ihr vorschlägt. Tatsache ist, daß sich in Frankreich in den letzten zehn Jahren die Lage der Frau kaum geändert hat. Man hat das Eherecht zu ihren Gunsten verbessert. Die Empfängnisverhütung ist staatlich genehmigt worden, aber wie gesagt: kaum 7 Prozent der gebärfähigen französischen Frauen benutzen empfängnisverhütende Mittel. Die Abtreibung ist nach wie vor strikt untersagt. Die Last des Haushalts ruht ausschließlich auf den Frauen. Ihre Forderungen auf Anerkennung im Berufsleben sind unbeachtet geblieben.

In den USA sind die Frauen sich dieser Unterdrückung bewußt ge-

6 »Die Frau wertet sich in ihren Augen und in denen des Mannes auf, indem sie sich den Standpunkt des Mannes zu eigen macht.« G. Texcier: *Les Enquêtes sociologiques et les femmes.* In: *Les Temps Modernes,* 1. Dezember 1965.
7 Ebd.

worden, und sie haben dagegen revoltiert. Betty Friedan veröffentlichte 1963 ihr ausgezeichnetes Buch *Der Weiblichkeitswahn*, das enormen Widerhall fand. Sie beschreibt darin ein ›Problem ohne Namen‹: das Unbehagen der Hausfrau. Betty Friedan zeigt darin, mittels welcher Verfahren der Kapitalismus die Frauen manipuliert, damit sie sich auf die Rolle bloßer Konsumentinnen beschränken; es geht dabei allein um das Interesse der Industrie und des Handels, ihre Umsätze zu steigern. Sie deckt auf, wie Freuds Lehren und die postfreudianische Psychoanalyse mißbraucht werden, um die Frau davon zu überzeugen, daß ihr eine einzigartige Bestimmung beschieden sei, nämlich die, ihren Haushalt zu führen und Kinder zu kriegen. Drei Jahre später, 1966, gründete Betty Friedan die NOW, eine liberale und reformerische Frauenbewegung, die bald durch radikalere, von jüngeren Frauen geschaffene Organisationen überholt wurde. 1968 erschien das *Scum Manifesto*, das Manifest der *Society for Cutting Up Men*.[8] Es handelt sich dabei nicht um ein wörtlich zu nehmendes Programm, sondern um ein bissiges Pamphlet in Swiftscher Manier, in dem die Auflehnung gegen den Mann bis zum Exzeß vorangetrieben wird.

Weit bedeutungsvoller war die Entstehung der Women's Lib-Bewegung im Herbst 1968, der sich zahlreiche Frauen anschlossen. Noch weitere Gruppen wurden gegründet. Dieser neue Feminismus hat durch mehr oder weniger spektakuläre Manifestationen und durch eine Flut von Literatur von sich reden gemacht, darunter *Sexus und Herrschaft* von Kate Millett, *The Dialectic of Sex* von Shulamith Firestone, *Sisterhood is Powerful*, eine von Robin Morgan publizierte Reihe von Studien, *Der weibliche Eunuch* von Germaine Greer. Was diese Frauen fordern, ist nicht eine oberflächliche Emanzipation, sondern die ›Dekolonisation‹ der Frau, denn sie betrachten sich als ›intern Kolonisierte‹. Ausgebeutet als Hausfrauen, denen die Gesellschaft unbezahlte Arbeit abnötigt, sind sie zugleich Opfer einer Diskriminierung auf dem Arbeitsmarkt: man gesteht ihnen nicht die gleichen Chancen und Löhne zu, wie die Männer sie haben. Die Women's Lib-Bewegung hat sich in den USA stark ausgebreitet und sich auf verschiedene andere Länder ausgedehnt, besonders auf Italien und auf Frankreich, wo die Organisation Mouvement de Libération de la Femme (M.L.F.) seit 1970 besteht.

---

8 Gesellschaft für die Kastrierung der Männer. Die Abkürzung schließt ein Wortspiel ein, denn das englische *scum* bedeutet Abschaum.

Wie ist es zu dieser Explosion gekommen? Es gibt dafür zwei entscheidende Gründe. Erstens stellt in einer fortgeschrittenen kapitalistischen Gesellschaft der Status der Frauen – der, ökonomisch betrachtet, in den Augen der Männer sehr vorteilhaft ist – in den Augen der Frauen selbst einen Widerspruch dar. In einer auf die Produktion von Konsumgütern ausgerichteten Gesellschaft wird die Hausarbeit nicht wirklich als Arbeit angesehen: um dies zu ändern, müßte man sie in eine öffentliche Produktion umwandeln. Die Arbeiten, die in jedem Haushalt bewältigt werden müssen – und sei es mit Hilfe von Geräten –, passen nun einmal nicht in eine technokratische Gesellschaft, in der die übrigen Formen der Arbeit mehr oder weniger streng rationalisiert worden sind. Zweitens, und das ist der gewichtigere Grund, haben die Frauen festgestellt, daß die Bewegungen der Linken und der Sozialismus für die Probleme der Frauen keine Lösung gefunden haben. Die Produktionsverhältnisse zu verändern genügt nicht, um die Beziehungen der einzelnen Menschen untereinander zu wandeln, und vor allem ist in keinem sozialistischen Land die Frau dem Mann wirklich gleichgestellt. Viele militante Anhängerinnen von Women's Lib oder dem M.L.F. in Frankreich haben selbst diese Erfahrung gemacht: auch in noch so authentisch revolutionären Gruppen werden der Frau die undankbarsten Aufgaben zugewiesen, und der Ton wird immer von Männern angegeben. Als in Vincennes ein paar Frauen die Fahne der Revolte geschwungen haben, kamen Gauchisten in den Saal gestürmt und schrien: »Die Macht gehört dem Phallus!« Die Amerikanerinnen haben ähnliche Erfahrungen gemacht.

In ihrer Taktik und der Art der Aktionen sind die heutigen Feministen in den USA von den Hippies, den Yippies und vor allem von den Black Panthers beeinflußt, die französischen Feministen hauptsächlich von den Ereignissen im Mai 1968: sie streben eine andere Form der Revolution an als die klassische Linke und erfinden immer neue Methoden, um sie herbeizuführen.

Ich habe die amerikanische feministische Literatur gelesen, mit militanten Mitgliedern der Bewegung korrespondiert, bin einigen von ihnen begegnet und war glücklich, als ich erfuhr, daß der neue amerikanische Feminismus sich auf *Le deuxième Sexe* beruft. 1969 hat die Taschenbuchauflage 750 000 Exemplare erreicht. Daß die Frau durch die Zivilisation geprägt wird und nicht biologisch determiniert ist, wird von keiner modernen Verfechterin der Frauenrechte in Zweifel gezogen. Sie entfernen sich von den Thesen meines Buches nur auf dem Gebiet der Praxis: sie lehnen es ab, auf die Zukunft zu vertrauen, und wollen heute schon ihr Schicksal selbst in die Hand nehmen. Und das ist der Punkt, in dem ich mich gewandelt habe: ich gebe ihnen recht.

Le deuxième Sexe mag für militante Feministen von Nutzen sein, doch ist es nicht eigentlich ein militantes Buch. Ich glaubte, die Lage der Frau werde sich zugleich mit der Gesellschaft verändern. Ich schrieb: »Im großen und ganzen haben wir die Partie gewonnen. Viele Probleme scheinen uns wesentlicher als diejenigen, die speziell uns betreffen.« Und in *La Force des choses* habe ich über die Situation der Frau gesagt: »Sie hängt von der Zukunft der Arbeit in der Welt ab, sie wird sich nicht ernstlich ändern, es sei denn um den Preis einer Umwälzung der Produktionsverhältnisse. Deshalb habe ich es vermieden, mich auf den Feminismus zurückzuziehen.« Etwas später habe ich in einem Gespräch mit Jeanson[9] gesagt, man interpretiere mein Denken am richtigsten, wenn man es so radikal wie möglich auf den Feminismus anwende. Doch blieb ich damit im Bereich der Theorie: ich leugnete von Grund auf die Existenz einer spezifisch weiblichen Natur. Heute verstehe ich unter Feminismus, daß man für die speziellen Forderungen der Frauen kämpft – parallel zum Klassenkampf – und bezeichne mich selbst als Feministin. Nein, wir haben die Partie nicht gewonnen: in Wirklichkeit haben wir seit 1950 so gut wie nichts erreicht. Die soziale Revolution wird nicht genügen, um unsere Probleme zu lösen. Diese Probleme gehen etwas mehr als die Hälfte der Menschheit an: ich halte sie *jetzt* für wesentlich. Und es erstaunt mich, daß die Ausbeutung der Frau so leicht hingenommen wird. Wenn man an die antiken Demokratien denkt, die so ernsthaft einem Ideal der Gleichheit anhingen, kann man nur schwer begreifen, daß der Status der Sklaven ihnen natürlich erschien: der Widerspruch hätte ihnen eigentlich in die Augen springen müssen. Nun, eines Tages vielleicht wird sich die Nachwelt mit der gleichen Verwunderung fragen, wie die bürgerlichen oder die Volksdemokratien skrupellos eine so radikale Ungleichheit zwischen den beiden Geschlechtern haben aufrechterhalten können. Es gibt Augenblicke, in denen ich selbst, obwohl ich die Gründe klar erkenne, fassungslos stau-

---

9 Francis Jeanson: *Simone de Beauvoir ou l'entreprise de vivre.*

ne. Kurz, früher glaubte ich, der Klassenkampf müsse dem Kampf der Geschlechter vorangehen. Ich bin jetzt der Meinung, daß sie beide gleichzeitig geführt werden müssen.

In ihrem hervorragenden kleinen Buch *Woman's Estate*[10] beschreibt Juliet Mitchell sehr gut die zwischen dem radikalen Feminismus und dem abstrakten Sozialismus bestehenden Divergenzen.

Radikaler Feminismus	*Abstrakter Sozialismus*
Die Männer sind die Unterdrükker.	Die Unterdrückung ist im System begründet.
Alle Gesellschaften haben den Männern den Vorrang zuerkannt.	Der Kapitalismus unterdrückt die Frauen.
Es handelt sich in erster Linie um einen psychologischen Machtkampf, den die Männer gewinnen.	Die Situation erklärt sich aus dem Privateigentum.
Der Sozialismus hat uns nichts zu bieten.	Wir müssen unsere Beziehung zum Sozialismus klären.

Vor einigen Jahren noch hätte ich genau die Thesen des abstrakten Sozialismus verfochten; heute bin ich wie Juliet Mitchell der Meinung, daß keine der beiden Serien von Behauptungen ausreicht: man muß die einen durch die anderen ergänzen. Ja, das System vernichtet die Männer wie die Frauen, und es fordert jene dazu heraus, diese zu unterdrücken: aber jeder Mann übernimmt und verinnerlicht es; darum wird er seine Vorurteile und Ansprüche auch dann aufrechterhalten, wenn das System sich ändert. Genau wie im Mai 1968 die Revolte der Jungen allein nicht zur Revolution führen konnte, genauso wird die Revolte der Frauen nicht eine Umwälzung der Produktionsverhältnisse herbeiführen können. Andererseits ist der Beweis erbracht, daß der Sozialismus – soweit er heute verwirklicht ist – die Frauen nicht befreit hat. Würde dies einem wirklich das Prinzip der Gleichheit vertretenden Sozialismus gelingen? Im Augenblick ist ein solcher Sozialismus eine Utopie, während die Lage, in der die Frau sich befindet, eine Realität ist.

10 Das 1971 erschienene Buch greift den einige Jahre zuvor in der *New Left Review* erschienenen interessanten Artikel *The Longest Revolution* wieder auf und ergänzt ihn.

322

Es gibt viele Punkte, in denen die Feministen verschiedener Meinung sind. Wenn es um die Zukunft der Familie geht, zögern sie. Manche, so Shulamith Firestone, sind der Meinung, ihre Zerstörung sei notwendig, um der Befreiung der Frau wie auch um der Befreiung der Kinder und Heranwachsenden willen. Das Scheitern der Institutionen, die die Eltern ersetzen, beweise nichts: das seien Abstellplätze am Rande einer Gesellschaft, die man radikal umstrukturieren müsse. Das ist richtig, und ebenso finde ich auch Shulamith Firestones Kritik an der Familie gerechtfertigt. Ich beklage die Sklaverei, die der Frau durch die Kinder aufgezwungen wird, und den Mißbrauch der Autorität, dem die Kinder ausgesetzt sind. Die Eltern weisen ihren Kindern einen Platz in ihren sadomasochistischen Spielen zu, indem sie ihre eigenen Phantasmen, ihre Obsessionen und Neurosen auf sie projizieren. Das ist eine äußerst ungesunde Situation. Die Aufgaben der Eltern sollten gerecht und angemessen zwischen Vater und Mutter aufgeteilt sein. Auch wäre es wünschenswert, daß die Kinder ihnen so wenig wie möglich ausgeliefert wären, daß ihre Autorität begrenzt und einer strengen Kontrolle unterworfen würde. Wäre eine dergestalt geordnete Familie auch weiterhin von Nutzen? Es gibt Kommunen, in denen alle Kinder unter der Obhut aller Erwachsenen stehen und die damit ausgezeichnete Ergebnisse erzielt haben, aber noch sind es zu wenige, als daß man schon sagen könnte, dies sei eine Lösung des Problems. Wie viele Feministen bin auch ich für die Abschaffung der Familie, weiß jedoch nicht recht, wie man sie ersetzen könnte.

Ein anderer Punkt ist ebenfalls umstritten: die Beziehung der Frau zum Mann. Daß Liebe und Sexualität neu zu definieren sind, darüber sind sich alle Feministen einig. Manche jedoch leugnen, daß der Mann im Leben der Frau, speziell in ihrem Sexualleben, eine Rolle zu spielen habe, während andere wiederum ihm einen Platz in ihrem Dasein und in ihrem Bett erhalten wollen. Ich stehe auf der Seite der letzteren. Ich bin eine absolute Gegnerin der Idee, die Frau in ein Weibergetto einzusperren.

Unter Berufung auf die von William H. Masters und Virginia E. Johnson durchgeführten Laborexperimente behaupten manche Feministen, der vaginale Orgasmus sei ein Mythos und einzig der klitorale sei ein wirklicher Orgasmus: um sexuellen Lustgewinn zu erlangen, sei die Frau nicht, wie Freud behaupte, auf den Mann angewiesen. Zweifellos

ist Freuds Einstellung zu dieser Frage von seiner patriarchalischen Vorstellung von den Beziehungen der Geschlechter bestimmt: es ist das
Bemühen, der Frau die sexuelle Autonomie abzusprechen und sie dadurch in Abhängigkeit vom Mann zu zwingen. Freud geht so weit, zu
behaupten, daß die Klitorismasturbation eine männliche Aktivität sei:
die Elimination der Klitorissexualität sei eine wesentliche Voraussetzung für die Entwicklung zur Weiblichkeit. Da die Klitoris ein ausschließlich weibliches Organ ist, springt die Absurdität der ersten Behauptung in die Augen. Es ist ein Vorurteil, anzunehmen, eine Frau, die
– in der gleichgeschlechtlichen Liebe oder durch Onanie – Lustgewinn
vermittels der Klitoris sucht, sei weniger ausgeglichen als eine andere.
Aber auch die Vorstellung, die Klitorissexualität müsse eliminiert werden, ist irrig; die Klitoris ist aufs engste mit der Vagina verbunden, und
vielleicht macht gerade diese Verbindung den vaginalen Orgasmus möglich. Dies vorausgeschickt kann man sagen, daß ein Koitus mit Eindringen in die Vagina ein Lustgefühl von unleugbarer Eigenart vermittelt,
und dieses erscheint denn auch vielen Frauen als das ergiebigste und befriedigendste. Laborexperimente, bei denen die Sensibilität des Innern
der Vagina isoliert von der Gesamtheit ihrer Reaktionen untersucht
wird, beweisen nichts. Der Koitus ist nicht eine Beziehung zwischen
zwei Genitalsystemen oder auch zwischen zwei Körpern, sondern eine
Beziehung zwischen zwei Personen, und der Orgasmus ist im Grunde
seines Wesens ein psychosomatisches Phänomen.[11]

Ich akzeptiere auch die Vorstellung nicht, daß jeder Koitus eine Vergewaltigung sei. Ich finde sogar, daß ich zu weit gegangen bin, als ich in
Le deuxième Sexe schrieb: »Die erste Penetration ist immer ein Akt der
Gewalt.« Ich dachte dabei vor allem an die traditionellen Hochzeits-
nächte – an jene Situation, wo eine ahnungslose, unberührte junge Frau
mehr oder weniger ungeschickt entjungfert wird. Tatsächlich kommt es
in allen Gesellschaftsschichten häufig vor, daß der Mann die Frau
›nimmt‹, ohne sie um ihre Zustimmung zu bitten, und daß er dabei auch

11 In seinem Buch *Le Sexe de la femme* beschreibt Gérard Zwang mit äußerster Präzision
die Voraussetzungen und den Mechanismus des vaginalen Lustgewinns (p. 125–129). Er erinnert daran, daß die Fälle vaginaler Masturbation sehr zahlreich sind. Der Gebrauch, den
die Andenbewohner vom ›Guesquel‹ machen, oder die Art, wie die Polynesier und viele andere Volksstämme das männliche Glied umkleiden, hätten im Fall einer Unempfindlichkeit
der Vagina keinerlei Sinn. Man vergleiche hierzu auch Mary Jane Sherf: *Die Potenz der Frau.
Wesen und Evolution der weiblichen Sexualität.* Köln 1974.

von seiner körperlichen Stärke Gebrauch macht. Wenn der Frau der Beischlaf aufgezwungen wird, ohne daß sie ihn wünscht, *ist* er eine Vergewaltigung. Aber er kann ebenso ein Austausch sein, dem beide Seiten aus freien Stücken zustimmen; in diesem Falle das Eindringen des Gliedes als Vergewaltigung zu bezeichnen, käme einem Rückfall in alle jene männlichen Mythen gleich, die das männliche Glied als Pflugschar, als Schwert und in jedem Fall als Waffe und Zeichen der Herrschaft darstellen.

Der Männerhaß geht bei manchen Frauen so weit, daß sie alle von den Männern anerkannten Werte verwerfen und alles ablehnen, was sie, die Frauen, als ›männliche Modelle‹ bezeichnen. Ich kann dem nicht zustimmen, da ich nicht glaube, daß es spezifisch feminine Eigenschaften, Werte oder Lebensweisen gibt. Daran zu glauben, hieße, die Existenz einer weiblichen Natur anzuerkennen, mit anderen Worten: einem Mythos anzuhängen, der von den Männern eigens erfunden wurde, um die Unterdrückung der Frau aufrechtzuerhalten. Es geht für die Frauen nicht darum, sich als Frauen zu bestätigen, sondern als ›ganze‹, ›vollständige‹ menschliche Wesen anerkannt zu werden. Alle ›männlichen Modelle‹ abzulehnen, wäre unsinnig. Tatsache ist, daß die Kultur, die Naturwissenschaft, die Kunst und die Technik von den Männern geschaffen worden sind, da sie ja stets die Gesamtheit repräsentierten. Doch ebenso wie das Proletariat auf seine Weise das Erbe der Vergangenheit für sich nutzbar macht, müssen die Frauen sich der von den Männern geschmiedeten Werkzeuge bemächtigen und sich ihrer in ihrem eigenen Interesse bedienen. Es ist richtig, daß die Zivilisation, so wie sie von den Männern mit dem Anspruch der Allgemeingültigkeit etabliert worden ist, ihren Machismus reflektiert; selbst ihr Vokabular ist davon geprägt. Bei allem, was wir von ihnen übernehmen, müssen wir wachsam unterscheiden zwischen dem, was wirklich allgemeingültig ist, und dem, was den Stempel ihrer betont maskulinen Einstellung trägt. Die Wörter ›schwarz‹ oder ›weiß‹ bedeuten für uns das gleiche wie für sie – nicht so das Wort ›viril‹. Ich bin der Meinung, daß man unbekümmert Mathematik oder Chemie studieren kann; die Biologie ist da schon suspekter, und erst recht gilt das für die Psychologie und die Psychoanalyse. Ich halte es für notwendig, daß wir das Wissen von unserem Gesichtspunkt her revidieren – nicht, daß wir es ablehnen.

Ich habe – persönlich und durch ihre Schriften – viele Feministen kennengelernt, die etwa die gleiche Haltung einnehmen wie ich. Darum konnte ich, wie ich berichtet habe, an manchen ihrer Aktionen teilnehmen und mich ihrer Bewegung anschließen. Und ich habe die Absicht, diesen Weg auch weiterhin zu verfolgen.

TEXT 21

Irmtraud Morgner

»Produktivkraft Sexualität souverän nutzen«
Ein Gespräch mit der DDR-Schriftstellerin
Von Karin Huffzky

*Die 1933 in Chemnitz geborene Schriftstellerin Irmtraud Morgner ge-
hört, besonders nach ihrem in diesem Jahr erschienenen großen Roman
»Leben und Abenteuer der Trobadora Beatriz« zu den hervorragendsten Talenten der DDR-Literatur. Frau Morgner, die Germanistik stu-
diert hat und 1975 den ebenso hochdotierten (20 000 Mark) und angese-
henen Heinrich-Mann-Preis der Akademie der Künste in (Ost-)Berlin
erhielt, lebt jetzt in Berlin. Ihr Roman ist vergriffen, trotz Papierman-
gels in der DDR wird aber eine zweite Auflage für Ende des Jahres in
Aussicht gestellt. Karin Huffzky sprach mit Irmtraud Morgner über ihr
Buch und über weibliches Selbstbewußtsein, Emanzipation, Feminismus und andere Fragen, die im Mittelpunkt des »Lebens und der Abenteuer der Trobadora Beatriz« stehen, aber auch im Mittelpunkt des All-
tags einer Frau und Künstlerin in der DDR.*

FR: Seit Veröffentlichung Ihres Romans »Leben und Abenteuer der
Trobadora Beatriz . . . .« gelten Sie bei westdeutschen Lesern und Leser-
innen, genauer gesagt im westdeutschen Literaturbetrieb, als »Feministin der DDR«. Wie stellen Sie sich zu dieser Einschätzung?

Morgner: Das Wort »Feministin« gefällt mir nicht, weil es einen mo-
dischen, unpolitischen Zug hat für mich, weil es die Vermutung provo-
ziert, daß die Menschwerdung der Frau nur eine Frauensache sein
könnte. Da wird aber ein Menschheitsproblem aufgeworfen. Emanzipation der Frauen ist ohne Emanzipation der Männer unerreichbar und
umgekehrt. »Trobadora Beatriz« ist von einer Kommunistin geschrieben.

FR: Das Ziel ist ein Menschheitsproblem, aber der Weg dahin, muß
er nicht von den Frauen erkämpft werden . . .?

Morgner: Von den Frauen mit der Arbeiterbewegung und in ihr, ja.
Wer etwas will, muß sich engagieren. Es geht nicht um die Fortführung
des Krieges der Geschlechter, den wir wer weiß wie lange schon haben,

es geht um seine Beendigung, endlich. Und was als Verschärfung dieses Krieges erscheint, kann, glaube ich, das Vorspiel für Frieden sein.

FR: Muß aber denn dieses Vorspiel nicht offensiv sein? und ist es nicht ein bißchen »unemanzipiert«, vom Vorspiel(!) für den Frieden zu reden?

Morgner: Über diesen Vorgang kann man weder »emanzipiert« noch »unemanzipiert« reden, sondern nur politisch. Mit »Vorspiel« deute ich an, daß die Lösung des Problems sehr viel Zeit in Anspruch nehmen wird. Sitten, die sich in Jahrtausenden herausgebildet haben, lassen sich nicht in Jahrzehnten ändern. Diese Einsicht ist unangenehm, denn wir leben nur kurz. Ungeduld ist verständlich, aber leider großen historischen Augenblicken nicht angemessen. Große historische Augenblicke dauern lange. Wer da zeitlich Illusionen suggeriert, arbeitet bewußt oder unbewußt dem nostalgischen Rückschlag zu, der enttäuschten Hoffnungen folgen muß.

FR: Was sie hier im Interview sagen, hört sich vergleichsweise harmlos an. Wenn ich mich an Ihr Buch »Trobadora« erinnere, fällt mir ein, daß sie gelegentlich einen enormen Männerhaß formuliert haben. So sprechen Sie zum Beispiel von »chauvinistischen Verfratzungen« der Männer gegenüber den Frauen, von »Demütigungen« und »Unterwerfungsvorstellungen«. Den Penis nennen Sie eine »Apparatur« und ein »Herrschaftszepter«. Spricht da nicht eine haßerfüllte Frau?

Morgner: Wenn Sie mein Buch genau angesehen haben, werden Sie merken, daß ich entschieden ernst oder heiter, nicht »harmlos«, zwei Seiten einer Erscheinung beschreibe; einmal den Mann als soziale Erscheinung, wie er historisch geworden ist und die Frau ausbeutet, was nicht dem einzelnen Mann anzulasten ist. Zum anderen den Mann als unhistorische Erscheinung, wie er werden könnte, eine Art Utopie, die uns gelegentlich in realen Männern, wenigstens zeitweise, entgegentritt. Und hier, glaube ich, besinge ich die Schönheit des männlichen Körpers, ähnlich wie Männer die Schönheit der Frauen besingen. Das könnte ich nicht, wenn ich eine Männerhasserin wäre. Ich hasse allerdings die Sitten, die die Männer oft daran hindern, sich Frauen gegenüber menschlich zu verhalten.

FR: Kann denn der Mann, wenn die Sitten so sind, überhaupt wissen, was die Frau unter »menschlich« versteht? Im Westen wie in der DDR sind die Frauen erst dabei, den Begriff »Menschlichkeit« mitzubestimmen, zu formulieren. Bisher hat der Mann verfügt, was Menschlichkeit zu sein hat. Daher doch die ganze Frauenbewegung . . .

Morgner: In vielen Sprachen ist die Männerherrschaft manifest, im Französischen zum Beispiel heißt »homme« Mann und Mensch. Als: Mann gleich Mensch oder so herum: Mensch gleich Mann. Ich habe das Wort »menschlich« eben nicht in diesem historischen Sinn gebraucht, sondern in einem normativ ethischen. Eine erotische Beziehung zwischen Mann und Frau, zwischen Menschen überhaupt, sollte eigentlich Freundschaft voraussetzen.

FR: Zurück zum Feminismus. Wenn Sie diesen Begriff, der ja im Westen entstanden ist, für modisch halten, halten Sie dann auch die Bewegung, die dahintersteht, für modisch?

Morgner: Historische Bewegungen sind sozial begründet, nicht modisch. Ich freue mich über die rebellische Energie dieser Bewegung. Aber ich sehe natürlich auch, daß diese Bewegung in Ihrem Land und in anderen kapitalistischen Ländern zum Teil mit Erfolg modisch vermarktet wird, um sie zu bagatellisieren, ähnlich wie etwa die Modeverweigerung als Verweigerungsmode vermarktet wird. Die Emanzipationsbewegung artikuliert sich in vielen Richtungen, uneinheitlich, sie ist dem Druck einer ungeheuren Manipulationsmaschinerie ausgesetzt. Ich halte nur die Richtung für wirkungsvoll, die sich politisch begreift.

FR: Sie halten es also für falsch, den Feminismus, der sich allein als Gegenpart zum Mann versteht, bereits für eine politische Bewegung zu halten? Ist nicht jede Aktivität politisch?

Morgner: Politisch schon, aber mit welchem Effekt? Ich glaube, daß die Menschwerdung der Frau als gesellschaftliche Veränderung erst nach der sozialistischen Revolution wirklich beginnen kann. Und zwar nicht automatisch. Mit der Abschaffung der Ausbeutung des Menschen durch den Menschen ist nicht automatisch die Ausbeutung der Frau durch den »Menschen« abgeschafft. Der Sozialismus befreit die Frau deshalb zunächst außerdem durch Gesetz, soweit das durch Gesetze möglich ist. Die DDR ist heute natürlich auch noch ein Männerstaat – die führenden Positionen in Staat, Wirtschaft und Kultur sind noch überwiegend von Männern besetzt. Das ist nicht verwunderlich. Unser Staat ist noch nicht einmal dreißig Jahre alt. Aber er hat eine ausgesprochen frauenfreundliche Gesetzgebung. Und die haben wir nicht nur dem solidarischen Verständnis männlicher Kommunisten, sondern vor allem der politischen Arbeit und Initiative weiblicher Kommunisten in Partei, Organisationen und Kommissionen zu verdanken. Mit diesen Gesetzen ragt die Zukunft in unseren Alltag. Wir haben sie sozusagen täglich vor der Nase, sehen täglich die Diskrepanz zwischen Gesetzen und Sitten. Auch die Regierung sieht diese Diskrepanz und gibt sich mit den Gesetzen keineswegs zufrieden. Erich Honecker hat zum Beispiel erst kürzlich wieder praktische Maßnahmen erörtert, die zunehmend bessere Voraussetzungen schaffen sollen, damit die Frauen von den ihnen gesetzlich verbrieften Rechten auch tatsächlich Gebrauch machen können. Denn gleiche Rechte nützen den Frauen nichts, wenn sie doppelte Pflichten haben. Diese Gesetze garantieren also nicht nur Rechte, sondern stacheln auch die Unzufriedenheit der Frauen an, ermutigen ihre Unzufriedenheit.

FR: Und wie sollen Ihrer Ansicht nach die Frauen im Kapitalismus für ihre gesellschaftliche Gleichwertigkeit mit dem Mann, also für ihre Menschwerdung kämpfen? Sollen sie erst auf die Revolution warten und auf die frauenfreundlichen Gesetze, die sie mit sich bringt?

Morgner: Wenn man überzeugt ist, daß die sozialistische Revolution der einzige Weg zur Abschaffung des verhaßten Zustands ist, wartet man nicht auf sie. Man tut was zur Veränderung der ökonomischen Verhältnisse, um später die sittlichen ändern zu können. Man tut das eine und behält das andere im Auge. Es ist gut, zeitig zu wissen, wohin man will.

FR: Um es so herum zu sagen: Sie meinen, die Frauen im Kapitalismus sollten sich zuerst für den Klassenkampf engagieren, anstatt für ihre rollenspezifischen Probleme?

Morgner: Sie sollten beides gleichzeitig tun, im Bewußtsein, daß die ökonomische Veränderung das Nahziel ist.

FR: Und was sollen und können die Frauen in der DDR tun, um die Sitten auf die Höhe der frauenfreundlichen Gesetze zu bringen?

FR: Bei uns arbeiten 83 Prozent der arbeitsfähigen weiblichen Bevölkerung, überwiegend nicht nur aus finanziellen Gründen. Ein Mann, der auf sich hält, hat selbstverständlich eine berufstätige Frau, das ist schon so was wie Ehrensache. Hausfrauen-Ehefrauen, obgleich sie Bequemlichkeit schaffen, stehen bei den Männern, hier in geringem Ansehen. Immerhin: das konnten die Frauen unter den sozialistischen Bedingungen in der DDR schon schaffen, für sich, für eine neue Atmosphäre des Zusammenlebens der Geschlechter. Und ich als Schriftstellerin tue etwas, indem ich dieses Buch geschrieben habe, und jetzt schreibe ich ein Stück. Man kann die Sitten nur ändern, indem man sie als seltsam und unangemessen ins Bewußtsein hebt, zum Beispiel mit Literatur, indem man Leser anregt zu einem schöpferischen Prozeß des Nachdenkens und der Verwunderung über sich selbst. Eine Änderung der Sitten ist ein schöpferischer Prozeß der Gesellschaft und jedes einzelnen, ein Prozeß, der Entdeckungen bringt. Mit Literatur zum Beispiel kann man Menschen anregen, solche Entdeckungen zu machen, besonders natürlich, sich selbst zu entdecken.

FR: Und was soll nun die Sekretärin tun oder die Arbeiterin? Sollen sie Ihr Buch lesen . . .?

Morgner: Ich würde es mir natürlich wünschen, ja. Aber lesen allein genügt nicht. Um gesellschaftlich etwas bewirken, mitbestimmen zu können, muß man sich mit Gleichgesinnten verbünden, im Betrieb, in Organisationen.

FR: Stichwort Gleichberechtigung. In Ihrem Roman »Trobadora Beatriz« sagt eine Frau, von der Art der Gleichberechtigung, die den Frauen erlaube, wie Männer zu arbeiten und wie Frauen dazu, hätte sie die Nase voll. Ist das nicht die realistische Beschreibung der Emanzipation, wie sie heute in der DDR funktioniert?

Morgner: Das ist ein Zornausbruch, der auf der Überzeugung steht, daß leider kein anderer Weg zur Emanzipation führt als der über die zeitweilige Doppelbelastung. Statistisch wurde zum Beispiel ermittelt, daß eine berufstätige Frau mit zwei Kindern noch über fünfzig Stunden im Haushalt zu arbeiten hat. Andererseits wird hier eine alleinstehende Frau mit oder ohne Kinder nicht mehr als unvollständiger Mensch gewertet, sie kann »normal« leben: angesehen, geachtet.

FR: Aber die Frage, um die es geht, ist, wie kann man hier in der DDR das Bewußtsein der Männer gegenüber den Frauen ändern und auch das Bewußtsein der Frauen selbst? Literatur ist nur *ein* Weg.

Morgner: Die Frauen ändern ihr Bewußtsein und das der Männer am besten durch Selbstbewußtsein, das durch Selbstverwirklichung gewonnen wird. Hauptsächlich in einem Beruf, außerdem ist Propaganda gut. In den Massenmedien . . .

FR: Die dominieren aber wiederum die Männer . . .

Morgner: Sie werden aber zum Beispiel zwischen den Arten Reklame zu machen bei Ihnen und bei uns Unterschiede finden. Reklame, die ja den Leuten einschmeichelnd nach dem Mund redet, macht immer deutliche Aussagen. Es gibt bei uns in der Werbung für Waschmittel Männer, die waschen, und in der Einkaufswerbung gibt es Männer, die einkaufen. Das fällt uns schon gar nicht mehr auf, das fällt nur im Kontrast zu Ihrer Werbung auf, wo Frauen ein schlechtes Gewissen haben müssen, wenn sie nicht weich genug gespült haben.

FR: In der Emanzipationsliteratur der DDR, in der Belletristik zum Problem Emanzipation, fällt zunehmend häufiger auf, daß Körperlichkeit, Erotik, Sexualität beschrieben werden, teils schüchtern noch, etwa bei Sarah Kirsch, teils aber bereits recht unbefangen, wie in Ihrer »Trobadora«. Ist daraus zu schließen, daß die DDR allmählich dabei ist, sich mit Hilfe ihrer Emanzipationsliteratur von ihrer Prüderie zu emanzipieren?

Morgner: Es ist allgemein zu bemerken, daß revolutionären Bewegungen oft zunächst ein asketischer Zug anhaftet. Da haben wir keine Ausnahme gemacht. Andererseits deutet die Pornowelle ja doch nur einen Notstand an und hat mit Emanzipation von Prüderie nichts zu tun. Im Gegenteil, man kann Pornographie nicht genießen, wenn man dabei nicht das Gefühl hat, daß da Verbotenes gezeigt wird. Ein Gefühl von Sünde, das nicht direkt religiös zu sein braucht, macht erst die Wirkung von Pornographie. Viele pornographische Filme ziehen ihre Wirkung aus der überlieferten Objekthaltung der Frau, von der normalerweise ja erwartet wird, daß sie »nein« sagt. Wer sich da nicht als prüde gibt, ist oft einfach verklemmt, kann sich nicht souverän zu seiner Sexualität bekennen und sucht Ventile.

FR: In Ihrem Roman sagen Sie, die Frauen müßten es noch lernen, die »Produktivkraft Sexualität souverän zu nutzen«. Was meinen Sie damit?

Morgner: Ein bekannter Philosoph (Schopenhauer, Anm. der Red.) hat einmal gesagt, von Frauen wären keine produktiven Leistungen zu erwarten, weil sie nichts zu sublimieren hätten. Diese Theorie unterstellt, daß Frauen keine Sexualität haben. Hier wird Sitte mit Biologie verwechselt. Der Philosoph beschreibt als Naturzustand, was sittliches Gebot war. Die anständige Frau hatte keine Sexualität zu haben. Inzwischen hat die Wissenschaft längst bewiesen, daß getrennt geschlechtliche Organismen eine Lebenseinheit sind, die nur gemeinsam die in ihrem Lebensmuster enthaltenen sexuellen Reaktionsautomatismen realisieren können. Die Paarung als physisches Erfolgserlebnis (unabhängig vom Zeugungsvorgang) ist ein wichtiges Harmonierungselement des Lebens, die Paarung mit Orgasmus beider Partner. Frauen, denen die Sitten jahrhundertelang abverlangt haben, ihre Sexualität zu unterdrükken, mußten verkrüppeln, und von Krüppeln sind keine originären Leistungen zu erwarten.

FR: Was heißt es denn nun, »die Produktivkraft Sexualität souverän nutzen«?

Morgner: Sexualität ist eine kostbare Unruhe, die erotische Beziehungen ermöglicht, nicht nur zu Menschen, sondern auch zu Landschaften, Tönen, Farben, Gerüchen – zu Erscheinungen dieser Welt überhaupt. Ohne sie gibt es keinen Enthusiasmus, kein Feuer des Geistes, keinen Esprit. Kein Denker, kein Politiker, kein Wissenschaftler, kein Dichter, kein Komponist arbeitet nur mit dem Kopf. Er arbeitet als Ganzheit: der Kopf ist ein Teil seines Körpers, nicht sein Widersacher. Mit sich in Harmonie und Spannung wird die Welt gemacht, in sich und außer sich. Das gilt für Frauen ebenso wie für Männer.

FR: Eine produktive, vor allem eine originäre Leistung ist Ihr Buch »Trobadore Beatriz«. Es ist eine Emanzipationsliteratur, die sich als »experimenteller Montageroman« versteht. Dieser Roman ist ungewöhnlich gebaut, enthält am Ende einen zehnseitigen dünnzeilig abgedruckten »Bauplan«. »Trobadora Beatriz« ist also nicht nur ein Buch, das von Emanzipation handelt, es ist auch seiner Form nach selbst ein Stück Emanzipation innerhalb der Literatur. Trifft meine These zu, daß Frauen, die sich an ihre eigene Menschwerdung heranschreiben, die sich sozusagen im Schreiben als Subjekt erfahren, daß diese Frauen auch neue literarische Formen entwickeln? Entwickeln müssen – im Gegensatz zu den Frauen, die überwiegend nach den Kategorien Fleiß und Leistung schreiben.

Morgner: Sozial unterscheidet sich das Leben von Männern und Frauen doch enorm – der biologische Unterschied ist vergleichsweise gering. Und unterschiedliche Lebensformen müssen unterschiedliche literarische Zeugnisse hervorbringen, denn: der Stil ist der Mensch. Man kann Stil nicht machen. Er wächst. Die literarischen Formen, die Männer über Jahrhunderte entwickelt haben, sind gewachsen. Frauen können diese Formen bewundern, nicht als Muster übernehmen. Sie müssen ihre eigenen Formen entwickeln. Das kann man nicht erzwingen, das dauert, das verlangt Arbeit von Generationen. Der Anfang kann keine strenge geschlossene Form bringen, er braucht die strenge offene Form. Der Anfang ist notwendigerweise experimentell. Die Form muß den Prozeß der Wahrheitsfindung mit zeigen können. Eine geschlossene Form setzt bei Arbeitsbeginn große Übersicht über das Material voraus – Vorarbeiten anderer. Den Frauen hat niemand vorgearbeitet. Sie müssen ihre Wahrheit finden und ihre Form, gleichzeitig, vielleicht einige Jahrhunderte lang. Dann, wenn sich das Leben von Frauen und Männern sozial kaum noch unterscheidet, könnte eine von beiden Geschlechtern entwickelte Kulturtradition entstehen.

IV. Praktische Frauenarbeit in der Bundesrepublik Deutschland – Beispiele und Möglichkeiten

Das Interesse, das die Frau hat, ihre Unterdrückung im privaten Bereich und ihre trotz Gleichberechtigung noch immer vorhandene Benachteiligung im gesellschaftlichen Bereich abzuschaffen, kann nicht von ihr allein in die Tat umgesetzt werden. Dazu bedarf es der gemeinsamen Aktion, um die Schwäche der einzelnen durch die Stärke im Zusammenschluß vieler aufzuheben.

Eine Möglichkeit, sich über die eigene Lage erst einmal bewußt zu werden, frei von männlicher Konkurrenz und Befangenheit darüber diskutieren zu können, bieten die autonomen Frauengruppen. In der Bundesrepublik meist im Zusammenhang mit der Kampagne gegen den § 218 entstanden, sind sie oft die erste Anlaufstelle für Frauen, die etwas ändern wollen, aber nicht wissen wie. Zahlreiche Gruppen arbeiten nach dem amerikanischen Vorbild des »consciousness-raising« (Bewußtseinshebung), das durch persönliches Erkennen und Bekennen der eigenen Misere zu aufklärerischem Handeln gegenüber den anderen »Schwestern« wie auch zu kämpferischer Aktion gegenüber den »Feinden« (Ehemänner, Frauenärzte, Vorgesetzte usw.) führen soll. In Kleingruppen (s. Text 22) sollen die Frauen die ihnen anerzogenen Hemmungen überwinden und Raum finden, über ihre ganz persönlichen Probleme zu sprechen.

Daneben gibt es eine Richtung innerhalb der Frauengruppen, die es für unabdingbar hält, daß die persönlichen Erfahrungen der Frauen – über das individuelle Erleben hinaus – verallgemeinert werden können. Einen solchen Anspruch vertritt beispielsweise der Sozialistische Frauenbund Westberlin (Text 23), dessen politisches Programm in erster Linie durch die Schulung seiner Mitglieder bestimmt ist. In Schulungsgruppen, die etwa 15 Frauen umfassen, werden historische Texte aus der Frauenbewegung und solche zur Analyse der Ökonomie des bürgerlichen Staates aufgearbeitet, mit dem Ziel, nicht nur ein Verständnis der eigenen Situation zu bekommen, sondern zugleich die Verhältnisse zu begreifen, die diese hervorgebracht haben und bestimmen. Auch wird realistisch eingeschätzt, daß die Frauenorganisation nicht Endstadium der politischen Arbeit bleiben kann, weil all diese Gruppen an zweierlei kranken:

1. Erreichen sie nur bestimmte Schichten von Frauen, wie werdende und fertige Akademikerinnen oder bereits »anpolitisierte« Frauen wie Buchhändlerinnen, Krankenschwestern, Büroangestellte. Hausfrauen oder Arbeiterinnen haben oft nicht die Zeit zur Mitarbeit oder fühlen sich wegen der hochgestochenen Sprache von vornherein befremdet und ausgeschlossen.

2. Können sie nur nach innen (in den Köpfen ihrer Mitglieder) etwas in Gang setzen; nach außen sind ihnen wegen ihrer Kompetenzlosigkeit enge Grenzen gesetzt. So können sie die Arbeit in den Gewerkschaften bestenfalls ergänzen, auf keinen Fall aber ersetzen.

Wenn heute von einem Frauenbefreiungskampf in den Gewerkschaften noch kaum die Rede sein kann, wird diese negative Tendenz durch die mangelnde gewerkschaftliche Organisierung der Frauen (15 Prozent) nur noch verstärkt. Es wird sich daran nichts ändern, bis die Frauen es gelernt haben, die größte Interessenvertretung der Arbeitnehmer zu ihrer eigenen zu machen. Das geht allerdings nur durch ihre aktive Arbeit in den Gewerkschaften. Vom DGB wird sie erwartet und erwünscht. Das Erkämpfen von Rechten für Arbeitnehmerinnen kann auch die bestorganisierte Frauenorganisation nicht übernehmen. Arbeitskampf findet am Arbeitsplatz statt. Allerdings erst, wenn es für die erwerbstätige Frau zur Selbstverständlichkeit geworden ist, sich gewerkschaftlich zu organisieren und für ihre Rechte am Arbeitsplatz einzutreten, wird Frauenpolitik in den Gewerkschaften nicht mehr Stiefkind, sondern sorgfältige Pflicht sein. Wie sehr diese auf die Mitarbeit der Frauen angewiesen sind, zeigen die von Maria Weber vorgestellten »Programmatischen Forderungen des DGB im Jahr der Arbeitnehmerin« (Text 24), die sich ohne den massiven Einsatz von Frauen innerhalb der Gewerkschaft wohl kaum durchsetzen lassen werden.

Aber auch in den beiden Parteien (SPD und DKP), die es als erste Aufgabe ansehen, die Sache der arbeitenden Menschen in unserem Staat zu vertreten, ist Frauenarbeit in den letzten Jahren integraler Bestandteil der Parteiarbeit geworden. Im Jahre 1973 wurde unter dem Motto »Unser Ziel – Benachteiligung überwinden« innerhalb der SPD die eigenständige Arbeitsgemeinschaft sozialdemokratischer Frauen (ASF) eingerichtet. Die Aussagen der SPD im Godesberger Programm zur Frauenpolitik, die auch in einige Bereiche der Familienpolitik hineinreichen, wurden von den Sozialdemokratinnen als ergänzungswürdig erachtet. Eine von der ASF eingesetzte Programmkommission wurde beauftragt, dieses Theoriedefizit in Form eines Grundsatzpapiers zu beheben. Auf der diesjährigen Bundesfrauenkonferenz der SPD in Braunschweig legte die Programmkommission ihre »Grundsätze für die Arbeit der sozialdemokratischen Frauen« (Text 25) zur Beschlußfassung vor.

Nach einer heißen, kontroversen Grundsatzdiskussion wurden die einleitenden politökonomischen Teile I bis III – Ziele, Rahmenbedingungen und Strategien sozialdemokratischer Frauenpolitik – abgelehnt, während die Grundforderungen und inhaltlichen Teilziele der ASF-Arbeit mit nur geringfügigen Änderungen angenommen wurden. Aus diesen Teilen IV bis VI des Grundsatzpapiers ist aber gut abzulesen, mit welchem Engagement und welchen Schwerpunkten die ASF *praktische* Frauenpolitik betreiben will. Allerdings muß sie in den kommenden Jahren noch klarstellen, auf welcher – wenn nicht auf der in Braunschweig verworfenen – *theoretischen* Grundlage diese Politik betrieben werden soll.

Während die ASF die bürgerliche Frauenbewegung, d. h. Gleichberechtigungsbewegung, im besten Sinne fortsetzt, will die DKP die Tradition des Kampfes um gleiche Rechte für die Frauen innerhalb der revolutionären Arbeiterbewegung weiterführen. In ihren Grundsätzen und Forderungen »Für eine demokratische Frauenpolitik« (Text 26) wendet sie sich an 10 Millionen berufstätige Frauen, an Hausfrauen und Mütter, an die jungen Mädchen in der Ausbildung, an die männlichen Kollegen in den Betrieben (in deren objektivem Interesse es liegt, gleichberechtigte Frauen an ihrer Seite zu haben) und an die ausländischen Arbeiterinnen. Diese betroffenen Frauen und angesprochenen Männer sollen sich gemeinsam gegen Benachteiligung und Diskriminierung von Frauen einsetzen und für bessere Arbeits- und Lebensbedingungen ringen. Indem sie dies tun, leisten sie bereits einen Beitrag innerhalb der übergreifenden Bewegung »für eine Politik des Friedens, der Entspannung, Abrüstung und Verständigung, für die internationale Solidarität«. (5)

TEXT 22

Frauengruppe Freiburg
Kleingruppen – Erfahrungen und Regeln

Dieses Papier soll sich mit einer bestimmten Möglichkeit der Organisation innerhalb der Frauengruppe auseinandersetzen, den *Kleingruppen*. Ein anderer Ausdruck wäre »Selbsterfahrungsgruppen« oder »C-R-Gruppen« – das ist das amerikanische conciousness-raising-groups (Bewußtseinshebende Gruppen).

Wir werden im Folgenden den Begriff »Kleingruppe« verwenden, weil er sich hier bei uns in Freiburg so eingebürgert hat, nicht so psychoanalytisch befrachtet ist wie das Wort »Selbsterfahrungsgruppe« und nicht so schwer verständlich ist wie der amerikanische Ausdruck – der allerdings am treffendsten wäre.

Zur Geschichte der Kleingruppen in Freiburg

Die Geschichte der Kleingruppen in Freiburg hängt direkt auch mit der Entstehungsgeschichte der Freiburger Frauengruppe zusammen.

Eine der Frauen, die damals dabei war, hat das so erzählt: »Wir sind im Oktober 1972 aus einer linken Gruppe an der PH hervorgegangen, und zwar aus folgenden Gründen:

- weil wir meinten, daß man uns nur wirklich politisch aktiv werden kann, wenn man von selbst erlebten Unterdrückungssituationen ausgeht und von den eigenen Bedürfnissen;
- weil wir in einer Organisation arbeiten wollten, die nicht die alten Autoritätsstrukturen wiederholt;
- weil wir allmählich kapierten, daß die Trennung von Persönlichem und Politischem sich direkt als Frauenunterdrückung auswirkte und zwar sowohl in der Gruppe als auch privat.

Wir fingen dann zu sechst mit einer Kleingruppe an, wie sie in der amerikanischen Frauenbewegung organisiert werden und machten nach sechs Wochen ein Flugblatt, worin wir Frauen an der PH zu einem Abend einluden. 30 Frauen kamen und es gab eine gute Diskussion, danach bildeten sich gleich weitere Kleingruppen.

Die nächste Zeit verlief ziemlich chaotisch, wir waren nicht in der Lage, die Plenen vernünftig vorzubereiten und hatten Angst, in eine Autoritätsrolle gedrängt zu werden. Die neuen Kleingruppen gingen teilweise kaputt, es kamen jedesmal neue Frauen und die alten kamen nicht mehr. Wir waren auch noch sehr unsicher und schwach und kämpften praktisch immer um unsere Existenzberechtigung als autonome Gruppe.

Das änderte sich eigentlich erst nach dem Frauentreffen in Frankfurt, wo wir anfingen, uns als Teil einer größeren Bewegung zu begreifen. Danach machten wir die ersten Aktionen und zeigten Frauenfilme, die ziemlich gut ankamen.

Aus anfangs 10 – 15 aktiven Frauen wurden ca. 30. Doch leider veränderten sich unsere regelmäßigen Treffen dadurch nicht automatisch. Sie blieben unverbindlich und langweilig.

Da viele Frauen damit unzufrieden waren, versuchten wir, eine lockere Organisationsform zu schaffen, die mit kleinen Änderungen auch heute noch praktiziert wird.

Einmal in der Woche findet unser gemeinsames Treffen – das Plenum – statt, wo alles Organisatorische geregelt wird, Aktionen geplant werden und über Themen gesprochen wird, die uns als Frauengruppe interessieren, z. B., wie wir uns zu lesbischen Frauen stellen, oder auch, was uns beim Bau von Atomkraftwerken[1] als Frauen besonders betrifft.

Die eigentliche Arbeit, deren Ergebnisse im Plenum vorgestellt werden sollen, findet in den Arbeitskreisen statt, wo Frauen an bestimmten Themen und Projekten arbeiten, wie: Medizinvorsorge, Stadtteilarbeit, feministische Theorien usw. Und dann gibt es noch – wie am Anfang – die Möglichkeit, sich in Kleingruppen zusammenzufinden, wo Frauen über sich persönlich reden, sich kennen- und sich verstehen lernen.

Von ungefähr $1\frac{1}{2}$ Jahren wurde in der Frauengruppe hier das Thema Kleingruppe besonders häufig besprochen. Bei diesen Diskussionen wurde klar, daß die Möglichkeit, sich in Kleingruppen zu organisieren, von den meisten Frauen lebhaft begrüßt und als wichtige Hilfe zur ganz direkten Kontaktaufnahme mit Frauen angesehen wurde.

Wir schlugen daher auch Frauen, die neu zu uns kamen, vor, sich in solchen Gruppen zusammenzuschließen. Aber außer unserem Artikel,

---

1 Die Freiburger Frauengruppe hat sich in großem Maße an den Aktionen gegen das geplante Atomkraftwerk in Wyhl beteiligt.

»*Der Freiraum*«,[2] konnten wir ihnen nichts an Hilfe anbieten und über-
ließen sie weitgehend sich selbst.

Von vielen Kleingruppen war dann auch bald gar nichts mehr zu hören, höchstens, daß sie »eingegangen« waren. Wir wußten aber nicht,
wie wir das Problem anpacken könnten und waren dann wohl alle auch
ziemlich froh, als drei Frauen, die eine Arbeitsgruppe zum Thema
Kleingruppe gebildet hatten, nützliche Vorschläge machten und so eine
Art »Betreuung« für die Kleingruppen übernahmen. D. h., sie besuchten die Kleingruppen, besprachen auftretende Schwierigkeiten und halfen neuen Frauen bei der Bildung von Kleingruppen.

Es war damals eine Zeit, in der unheimlich viel neue Frauen in die
Gruppe kamen. Die drei Frauen, die die Kleingruppen betreuten, fühlten sich nach einiger Zeit nicht mehr in der Lage, ihre Arbeit weiterzuführen, weil sie hoffnungslos überlastet waren. Von da an waren die
Kleingruppen wieder weitgehend sich selbst überlassen.

Warum in der folgenden Zeit so viele Kleingruppen kaputt gingen,
hing sicher auch damit zusammen, daß viele Frauen ziemlich ahnungslos waren, wie sie sich in einer solchen Gruppe verhalten sollten.

Da wir nach wie vor davon überzeugt waren, daß das Konzept, sich in
Kleingruppen zusammenzuschließen, richtig und gut war, wir aber
nicht restlos klar darüber werden konnten, aus welchen Gründen die
Kleingruppen auseinandergebrochen waren, nahmen Frauen nach ungefähr einem Jahr das Thema Kleingruppen wieder auf und versuchten,
im Plenum zusammen mit anderen Frauen, die aus solchen Gruppen
kamen, herauszufinden, was falsch gemacht wurde. Und hier gab es
schon viele Schwierigkeiten, weil viele Frauen überhaupt nicht mehr ins
Plenum gekommen sind, nachdem ihre Kleingruppe auseinandergebrochen war. (Es wurde uns klar, daß »sich-wohl-fühlen« in der Kleingruppe hilft, um manchmal frustierende, schleppend vorangehende
Plenen zu überstehen und sich am Anfang nicht so allein zu fühlen.) Für
viele Frauen, die neu zu uns kommen, sieht es am Anfang so aus, wie es
Katharine uns erzählt hat:

»Als ich zum ersten Mal in die Frauengruppe ging, fühlte ich mich
unheimlich isoliert, weil ich eine große Gruppe vor mir sah, die ziemlich
abgeschlossen wirkte, und in der sich die Frauen untereinander schon

---

2 Pamela Allen, Der Freiraum, in: Frauen gemeinsam sind stark!, Frankfurt 1972.

gut kannten. Frauen, die schon länger in der Gruppe waren, wurden mit großem ›Hallo‹ begrüßt, und ich saß in der Ecke auf meinem Stühlchen. Es fällt mir schwer, den ersten Schritt zu tun als Einzelne gegenüber der Masse.«

Erwartungen an die Kleingruppe

Für viele Frauen ist es schwierig, einer großen Gruppe gegenüber Bedürfnisse zu äußern, vor vielen etwas zu sagen. Und gerade die »Neuen« haben oft das Gefühl, daß die Gruppe ihnen gegenüber abgeschlossen ist und nicht fähig, ausreichend auf die persönlichen Bedingungen der Einzelnen einzugehen. Schlimm ist dann, wenn Frauen, die sich abgelehnt fühlen, resignieren und sich wieder zurückziehen, weil sie keine Chance sehen, ihre Bedürfnisse und Erwartungen erfüllen zu können. Dabei ist gerade der Wunsch, einmal über »sich« persönlich reden zu können, besonders wichtig. Das Bedürfnis nach Kontakt zu anderen Frauen ist bei allen Gründen, sich der Frauenbewegung anzuschließen, ein lebenswichtiges Bedürfnis, und zugleich die wichtigste Voraussetzung für unsere politische Arbeit. Das unterscheidet uns auch ganz klar von vielen linken Gruppen, die die eigenen Bedürfnisse und Gefühle als »Psycho-Scheiße« abtun oder zumindest aus ihrer politischen Arbeit ausklammern.

Frauen haben bis jetzt die Erfahrungen gemacht, mit ihren Ängsten und Hoffnungen ziemlich alleine da zu stehen. Durch unsere Erziehung zu »konkurrenzfähigen« Weibchen wurden wir systematisch von anderen Frauen isoliert. Und durch die uns anerzogenen »typisch weiblichen« Eigenschaften (wie z. B. Häuslichkeit, Passivität, Ängstlichkeit) wurde uns fast jede Möglichkeit genommen, aus unserer Isolation auszubrechen und aktiv am öffentlichen Leben teilzunehmen. Die Möglichkeit, Frauen nicht mehr als Konkurrentin zu betrachten, mit Frauen offen über Persönliches zu reden und zu entdecken, daß es Spaß macht, mit Frauen zusammen zu sein, ist ein Teil unserer Politik. Denn so geben wir ein Beispiel dafür, wie Menschen nicht aneinander vorbei leben, sondern zueinander Kontakt finden können und eine Stimmung gegenseitiger Zuneigung und gegenseitigen Vertrauens schaffen.

Diese Bedürfnisse nach persönlichem Kontakt können am besten in einer Kleingruppe verwirklicht werden.

Dazu setzen sich am besten Frauen, die neu in die Frauengruppe gekommen sind, zusammen. (Im Plenum fragen, wer alles neu ist – am besten immer im ersten Plenum des Monats.)

Es hat sich als günstig erwiesen, wenn Frauen sich vorher nicht kennen, damit sich keine Dialoge anbahnen (z. B. »weißt du noch, damals« usw.). Damit würden die anderen Frauen ausgeschlossen werden. Aber das sollte von allen Frauen entschieden werden – es gibt durchaus Kleingruppen, in denen sich Frauen schon von früher kannten, und die Gruppe das ganz gut regulieren konnte, wenn zwei Frauen anfingen, in alten gemeinsamen Erinnerungen zu kramen.

Natürlich ist es auch möglich, persönliche Gespräche in Arbeitsgruppen zu haben (es sollte jedenfalls möglich sein!). Aber es hat sich bei vielen Gruppen herausgestellt, daß die Arbeit dadurch manchmal nur sehr langsam vorankommt. Es kann natürlich auch eine Kleingruppe zu einer Arbeitsgruppe werden oder umgekehrt. Inwieweit sich die beiden Vorgänge abwechseln, wechselseitig bedingen oder getrennt nebeneinander herlaufen, hängt davon ab, was die einzelnen Frauen wollen, und wie sich die Gruppen entwickeln.

Wichtig ist, daß die Gespräche in den Kleingruppen uns zeigen, wie und in welchem Ausmaß wir unter den vorgegebenen Rollen leiden, daß wir Angst haben, uns gegen die Rollenzwänge aufzulehnen. Daß es aber für uns genauso schlimm ist, wenn wir sie einfach hinnehmen. Dadurch, daß wir unsere Erfahrungen austauschen, fühlen wir uns nicht mehr allein. Indem wir unsere Ängste, die wir ja oft als Schwächen kennengelernt haben, mitteilen und bei anderen erleben, lernen wir, daß unser »Sich-mies-fühlen« nicht unser eigenes Versagen ist: daß wir nicht minderwertig und unfähig sind, sondern daß wir dazu gemacht wurden. Hier setzt dann auch die Frage ein, warum das so ist, und wem das dient, wenn Frauen dazu erzogen werden, passiv, emotional, anschmiegsam, intuitiv, unlogisch usw. zu sein, und warum Männer aktiv, rational, hart, dynamisch und ehrgeizig sein müssen.

Wir sollten uns dieser verinnerlichten Normen bewußt werden, sie gemeinsam kennenlernen, fähig werden, sie auf ihre Funktionen hin zu überprüfen und sie in den notwendigen gesamtgesellschaftlichen Zusammenhang zu stellen. Das ist ein wichtiger Weg, damit wir lernen, uns als »uns selbst« zu erleben, andere Frauen und uns selbst nicht mehr mit den Maßstäben der Männer zu messen, sondern unsere eigenen Interessen erkennen und wahrnehmen zu lernen.

Ein gutes Beispiel dafür, wie ahnungslos wir oft »Männermaßstäbe« an uns und andere Frauen anlegen, hat uns eine Frau geschrieben:

»In meiner linken Studentengruppe war eine Frau gewesen, der gegenüber ich mich immer als ausgesprochen häßlich oder besser gesagt unfraulich, klobig, unchic empfand, so daß ich fest davon überzeugt war, jeder Mann würde sie mir unbedingt vorziehen. Wir waren in der gleichen Gruppe und hatten darüber selbstverständlich viel »Kontakt« miteinander. Und doch wußte ich nichts von ihr und letztlich auch nichts von mir, denn ich fiel wie aus allen Wolken, als wir viel später (als wir beide schon in Frauengruppen waren) einmal darüber sprachen. Sie erzählte mir, sie habe mich immer als schrecklich überlegen erlebt, weil ich mit den Männern ganz auf deren Ebene habe Politik machen können, und sie habe sich mir gegenüber immer ganz minderwertig gefühlt. So hatten wir uns bei allem freundschaftlichen »Kontakt« gegenseitig ständig unter Druck gesetzt, weil wir beide in verschiedener Weise die Männererwartungen unhinterfragt erfüllten. Und wir haben das nicht einmal gewußt! Wie hätten wir etwas dagegen unternehmen können? Wir konnten uns erst gut miteinander fühlen, als wir fähig waren, in *wirklichen* Kontakt miteinander zu kommen.«

Eine Kleingruppe kann dabei keine fertigen Lösungen anbieten, aber sie kann den Rücken stärken, um die Veränderungen in Angriff zu nehmen. Sie schafft damit die Grundlagen zu unserer Politisierung. Auch wenn Frauen nicht gleichzeitig in der Frauengruppe oder »öffentlich« aktiv werden (z. B. bei der Arbeit zu der anderen Kollegin oder in der Familie auf die Kinder), so verändern sie sich doch und können dadurch auch auf ihre Umwelt verändernd wirken.

Hiermit wird ganz klar, wie politisch wichtig die Kleingruppen sind; sie sind unsere politische Basis!

Der notwendige Freiraum

Wir müssen uns darüber klar sein, daß wir in den Kleingruppen einen Freiraum haben, daß es hier leichter fällt, sich verändert zu verhalten. Schwierig wird es, wenn wir mit unserer realen Umwelt konfrontiert werden. Aber auch hier hilft uns, zu wissen, daß wir nicht allein dastehen, sondern daß es »Rückendeckung« gibt.

Freiraum heißt hier auch, daß wir uns ohne Männer treffen: das ist notwendig, um nicht sofort wieder in alte Rollenverhalten gedrängt zu werden oder reinzurutschen. Wir wollen uns unter Frauen die Möglichkeit geben, ein neues Bewußtsein zu entwickeln.

Die Männer werden daraus ihre Konsequenzen ziehen müssen. Sie werden mit ihren »alten« Rollen bei uns einfach nicht mehr »durchkommen« und damit gezwungen sein, neue Verhaltensweisen zu lernen und Selbstverständlichkeiten einbüßen zu müssen, und zwar:

– Pillen schluckende Freundinnen
– Windeln waschende Mütter
– im Haushalt aufgehende Frauen
– nicht ernst zu nehmende Kolleginnen
– attraktive Politmiezen
– anpassungswillige Gefährtinnen
– immer bereite Ehefrauen

usw. Vielleicht finden die Männer dann heraus, daß dabei auch für sie Positives herauskommt.

Was eine Kleingruppe nicht sein soll

Auf gar keinen Fall darf eine Kleingruppe zur »Heilenweltinsel« werden, wo wir unsere Frustrationen abladen, uns wieder aufrichten und im übrigen genauso weitermachen wie bisher: uns Frauen gegenüber, die nicht in der Frauengruppe sind, nicht solidarisch verhalten, bei der Arbeit und in unseren Vorstellungen weiter an den Vorstellungen der Männer kleben.

Und es wäre ebenso eine Heileweltidylle, wenn Aggressionen und Konflikte in den Kleingruppen überspielt würden. Viel wichtiger ist es, sie gemeinsam zu besprechen und unsere Gefühle zeigen zu dürfen (es kann unheimlich erleichternd sein, einmal richtig und ungeniert heulen zu können). Auf jeden Fall wollen wir keinen Scheinfrieden und keine Bla-Bla-Solidarität!

Eine Kleingruppe ist auch total überfordert, wenn sie als Therapieersatz herhalten muß. Das kann sie nicht leisten und soll es auch nicht. Trotzdem kann man nicht darüber hinweg sehen, daß sie momentane

Entlastung schafft, weil sie Frauen von falschen Schuldgefühlen befreien kann.

Der Unterschied unserer Kleingruppe zu einer Gruppenanalyse ist folgender: »Die persönlichen Probleme werden nicht auf dem Hintergrund der individuellen Lebensgeschichte interpretiert, sondern in Zusammenhang mit der Gesellschaft und politischen Situation der Frau. Dazu gibt es keine Experten und damit keine Autoritäten.«[3]

Bevor sich aber nun Frauen zusammensetzen, um eine Kleingruppe zu bilden, sollte noch einiges zum Verlauf der Sitzungen gesagt werden. Bei unseren Diskussionen zu den kaputt gegangenen Kleingruppen kam uns ein Artikel von A. Wagner zu Hilfe.[4] Er packt viele der Probleme der Kleingruppen an (Autoritätskonflikte, Angst, sich zu öffnen usw.) und bietet Möglichkeiten, Gruppenvorgänge bewußt zu machen ohne dabei den Aspekt aus dem Auge zu verlieren, daß die Kleingruppen selbst bestimmen sollen, welche der Vorschläge übernommen werden können und welche für ihre Situation abgeändert werden müssen.

Viele Frauen, deren Gruppen kaputt gegangen waren, fanden, daß sich vieles mit diesem Artikel hätte vermeiden lassen können und daß vieles anders ausgegangen wäre. Deshalb beschlossen wir, ein Selbsterfahrungsinfo herzustellen, in das wir all das, was uns wichtig erschien, reinschreiben wollten.

Da sich die Regeln, wie sie von den Freiburger Frauen dargestellt werden, nicht wesentlich von denen aus dem zitierten Buch unterscheiden, übernehmen wir sie hier in der von Angelika Wagner neu überarbeiteten Fassung:

Regeln für eine Frauengesprächsgruppe

Bewußtseinsveränderungsgruppen sind Gruppen ganz besonderer Art. Die Erfahrung hat gezeigt, daß diese Gesprächsgruppen dann am besten verlaufen, wenn sie sich an folgende Regeln halten:

1. *Die Gruppe besteht nur aus Frauen*
   Dies ist sehr wichtig, denn die Gruppe soll ja gerade ein Freiraum sein, in dem wir uns über unsere Erfahrungen als Frauen klar wer-

3 Angelika Wagner, in: Mysogynie in der BRD, München.
4 a.a.O.

den wollen. In Gegenwart von Männern würden wir jedoch wieder in unsere Rolle als Freundin oder Ehefrau verfallen. Es würde uns schwerfallen, wirklich offen und ehrlich miteinander zu reden. (Und die Männer würden außerdem vermutlich wie üblich die Diskussion beherrschen.) Deshalb ist es einfach notwendig, daß wir Frauen unter uns sind. Erst wenn wir zu uns selbst gefunden haben, können wir (etwa nach sechs oder acht Monaten) auch an gemeinsame Sitzungen denken.

2. *Die günstigste Größe liegt bei etwa fünf bis sieben Frauen*
   Zu Beginn können es aber ruhig acht oder neun Frauen sein, da manchmal eine oder zwei Frauen später fortbleiben.

3. Nach den ersten beiden Sitzungen sollten keine neuen Mitglieder mehr hinzukommen. Dies ist wichtig, weil die Mitglieder in jeder Sitzung sich besser kennenlernen und allmählich zu einer Gruppe zusammenwachsen. Dieser Vorgang wird jedoch erheblich gestört, wenn ein neues Mitglied hinzukommt. Die Gruppe muß dann gewissermaßen wieder von vorne anfangen – und das ist für alle frustrierend. Besser ist es, Frauen, die auch gerne noch mitmachen möchten, zu helfen, eine eigene Gruppe zu gründen. Etwa dadurch, daß sich alle überlegen, ob sie nicht auch noch andere kennen, die an solchen Gruppen Interesse haben.

4. *Die Gruppe sollte sich einmal in der Woche für zwei oder drei Stunden treffen*
   Dies wird in der Regel reihum bei den einzelnen Mitgliedern geschehen. Allerdings darf dabei niemand durch »Gastgeberpflichten« abgelenkt werden. Probleme wie »meine Wohnung ist nicht groß/schön genug«, »wie bezahle ich den Babysitter?« sollten in der Gruppe gemeinsam besprochen und gelöst werden (z. B., indem alle zu den Kosten beitragen).

5. *Alle Mitglieder sollten unbedingt regelmäßig an den Gruppengesprächen teilnehmen*
   Fehlen einige Mitglieder häufig, so wird dadurch die ganze Gruppe gestört. Diejenige, die fehlt, weiß nicht, was inzwischen besprochen worden ist, und das Zusammenwachsen der Gruppe wird zumindest verzögert.

6. *Es gibt keine Gruppenleiterin*
   Eins der Ziele ist es ja gerade, die Gewohnheit, uns unterzuordnen,

zu überwinden. Hat jedoch die Gruppe das Gefühl, daß es ohne eine Gesprächsleitung nicht geht, so können die einzelnen Mitglieder reihum abwechselnd diese Rolle übernehmen.

7. *Zu Beginn oder besser noch vor jeder Sitzung einigt sich die Gruppe auf ein Thema. Zu diesem Thema berichtet reihum jede Frau über ihre persönlichen Erfahrungen*

   Der Sinn dieser Regel des Reihum-Sprechens liegt darin, zu verhindern, daß manche Mitglieder sehr viel reden, während andere gar nichts sagen. Dies führt auf die Dauer mit Sicherheit zu großen Spannungen. Am Anfang fürchten allerdings manche, daß die Regel des »Reihum-Sprechens« zu einem unangenehmen »Redezwang« werden könnte. Natürlich steht es jedem Mitglied frei, wenn die Reihe an ihr ist, zu sagen, daß sie zu diesem Thema nichts (oder nur wenig) zu berichten hätte. Die Erfahrung zeigt jedoch, daß diese anfängliche Zurückhaltung bald aufgegeben wird und dann sehr oft die umgekehrte Situation eintritt, daß jemand etwas sagen möchte und nicht dazu kommt, weil andere sich bereits zu »Vielrednern« entwickelt haben.

8. *Jede Frau entscheidet selbst darüber, was sie erzählen möchte und was nicht*

   Die Gruppe darf niemals Druck auf ein Mitglied ausüben, mehr zu sagen als sie möchte, auch nicht durch neugierige Fragen. Bei den Berichten kommen gelegentlich auch recht persönliche Dinge zur Sprache. Deshalb ist es selbstverständlich, daß die Entscheidung jeder einzelnen darüber, was sie jetzt erzählen möchte und was nicht, respektiert wird. Ebenso selbstverständlich bleibt alles, was in der Gruppe besprochen wird, vertraulich.

9. *Bei diesem persönlichen Erfahrungsbericht darf sie nicht unterbrochen werden*

   Dies ist vielleicht der wichtigste Vorteil der Gesprächsgruppe gegenüber einer normalen Diskussion. Jede weiß, daß man ihr eine bestimmte Zeit lang zuhören wird. So braucht sie sich bei ihrem Bericht nicht zu beeilen, sondern kann auch einmal innehalten und nachdenken, ohne daß die Gruppe sie stört. Aber auch für die anderen ist dies von Vorteil. Sie können sich nämlich ganz auf das Zuhören einstellen, ohne bereits über kritische Einwände nachdenken zu müssen. Da alle wissen, daß man auch ihnen eine bestimmte Zeit lang zuhören wird, braucht niemand ängstlich auf eine Gelegenheit zum Sprechen zu warten, sondern kann sich ganz auf das Zuhören konzentrieren.

10. *Auf diesen Erfahrungsbericht gehen die anderen Mitglieder ein, indem sie versuchen, das Gesagte besser zu verstehen und Anteilnahme und Verständnis auszudrücken*

Dies kann in der Form des »aktiven Zuhörens« geschehen (Du hast dich darüber geärgert, daß . . .: ist es so, daß Du meinst, eigentlich sollte . . .). Es können aber auch Fragen sein, die den anderen helfen, das Gesagte besser zu verstehen oder spontane Reaktionen (»Mein Gott, da hast Du aber viel durchgemacht!«).

Je persönlicher die Erfahrungsberichte sind, desto wichtiger ist es, daß die anderen anteilnehmend darauf eingehen, indem sie sich jeweils auf dieses spezielle Mitglied beziehen (also nicht einfach bloß rundum diskutieren *über* diejenige, die berichtet hat, sondern sie jeweils ansprechen).

11. *Die persönlichen Erfahrungsberichte dürfen jedoch nicht kritisiert werden – mit einer Ausnahme: wenn diejenige, die berichtet, ausdrücklich um Kritik bittet*

Dies ist die schwerste, aber auch die wichtigste Regel überhaupt. Erfahrungen sind für die, die sie macht, immer wahr. Wir alle müssen von selbst zu neuen Einsichten kommen. Werden wir durch Kritik dazu gedrängt, uns zu verteidigen, so wird dies nur erschwert. Vielleicht ist es für diejenige, die berichtet, das erste Mal, daß sie von sich selbst sprechen kann, ohne daß man ihr widerspricht. Und außerdem wird uns auch niemand widersprechen, wenn wir an der Reihe sind!

Wir zitieren hier noch einmal das Kleingruppen-Papier der Freiburger Frauengruppe, da dieser Punkt ausführlicher behandelt wurde:

Zu dieser Regel gingen unsere Meinungen in der Diskussion am meisten auseinander. Die einen meinten, daß man damit nur Scheinharmonie produziert, die anderen waren der Ansicht, daß dies die wichtigste Voraussetzung für eine offene Atmosphäre wäre. Argumente für das Äußern von Kritik waren z. B.: daß Aggressionen, da wo sie vorhanden sind, auch frei werden sollten, da sie sich sonst leicht in die Gespräche einschleichen können. Es ist

z. B. schlecht, wenn eine Frau durch Reaktionen wie Stöhnen oder eisiges Schweigen und durch Unaufmerksamkeit ablesen kann, daß sie hier auf versteckte Kritik gestoßen ist. Hier wäre es besser, wenn die Kritik ausgesprochen werden würde, weil sie sich dann dagegen wehren kann.

Dagegen spricht, daß es sicher nicht zu einer angstfreien Atmosphäre verhilft, wenn wir uns schon gleich zu Anfang wehren müssen, weil wir uns in die Ecke gedrängt fühlen. Unsere persönlichen Erfahrungen können nur dann bewußt werden, wenn wir sie frei aussprechen. Es ist wichtig, daß wir lernen, aufeinander einzugehen und unsere Erfahrungen als Frauen nicht zu kritisieren. Erst wenn wir uns wohlfühlen miteinander, wenn wir keine Angst mehr haben offen zu sein, ist Kritik an unserem Verhalten nicht mehr niederschmetternd, sondern kann uns helfen, uns zu verändern.

12. *Keine Ratschläge geben (außer wenn jemand ausdrücklich darum bittet)*

    Wir alle neigen dazu, schnell irgendwelche Ratschläge zur Hand zu haben, die in den meisten Fällen jedoch am eigentlichen Problem vorbeigehen. Ziel der Gruppe ist es nicht, jemanden »zu belehren«, sondern ihre Situation besser zu *verstehen*. Wir können uns niemals ganz in die Situation der anderen versetzen und die Lage mit ihren Augen sehen. Was für uns selbst richtig ist, kann für andere falsch sein.

13. *Nicht »man«, sondern »ich« sagen*

    Verallgemeinerungen machen das Gespräch unpersönlich. Sie stoßen diejenigen, auf die sie nicht zutreffen, vor den Kopf. Hinter den meisten Verallgemeinerungen stehen persönliche Erfahrungen. Deshalb anstelle von »man fühlt sich unsicher, wenn . . .« lieber sagen »gestern habe ich mich unsicher gefühlt, als . . .« Dabei hilft oft die Frage »kannst Du dazu ein Beispiel bringen?«

14. *Nachdem jede Frau reihum berichtet und die Gruppe jeweils anteilnehmend zugehört hat und darauf eingegangen ist, sollte die Gruppe sich etwa eine halbe Stunde Zeit nehmen, um über diese Sitzung insgesamt zu sprechen*

    Dabei gibt es zwei wichtige Aspekte: Der *Inhalt* der Erfahrungsberichte und der *Verlauf* des Abends, über die beide gesprochen werden sollte.

Fragen zum Inhalt: »Welche Einsichten sind mir heute gekommen?« »Was ist für mich wichtig gewesen?« »Was ist mir aufgefallen?« Allmählich wird immer deutlicher werden, wieviele Gemeinsamkeiten in unseren Erfahrungen sich aus unserer Rolle als Frau in dieser Gesellschaft ergeben.

Um über den Verlauf des Abends zu sprechen, ist es sinnvoll, sich reihum zu fragen: »Wie habe ich mich heute abend in dieser Gruppe gefühlt?«

Wenn man regelmäßig auch darüber spricht, so werden viele Spannungen und Unzufriedenheiten gar nicht erst zu einem Problem.

Und nun noch ein paar Hinweise:

Am Anfang nicht zu viel Zeit darauf verwenden, ein Thema zu suchen. Und nicht gleich mit dem schwersten Thema anfangen (z. B. Sexualität).

Oft ist es sinnvoll, wenn man mit der Kindheit beginnt (Eltern, Geschwister, ich selbst).

Es geht um unsere Erfahrungen als Frauen!

Deshalb sollten andere Themen vermieden werden.

Alle Bemerkungen sollten an die ganze Gruppe gerichtet sein – sonst fühlen sich manche ausgeschlossen und der Zusammenhalt der Gruppe leidet.

Nach fünf bis zehn Sitzungen tritt oft ein Tiefpunkt ein.

Die Gruppe hat das Gefühl, daß man sich kennt und doch nicht richtig kennt. Zu diesem Zeitpunkt sollte man einen Abend lang über das Thema sprechen: »Wie fühle ich mich in der Gruppe?«

Und ganz zum Schluß: Diese Regeln sollte man nach den ersten paar Sitzungen noch einmal lesen!

Wie gründe ich eine Frauengesprächsgruppe?

Dazu gibt es mehrere Möglichkeiten:

– Sie fragen einfach in Ihrem Bekanntenkreis. Wenn Sie zwei, drei andere finden, die jede noch eine Frau mitbringen, so kann es bereits losgehen.

– Oder Sie inserieren in einer Zeitung (»Frauengesprächsgruppe – Gesucht werden fünf andere Frauen, die ›einmal in der Woche über sich selbst sprechen wollen‹, Tel . . .«). Oder Sie schreiben ein kleines Plakat, das Sie bei Ihrem Kaufmann, am Schwarzen Brett Ihres Wohnblocks usw., anbringen.

– Oder Sie laden im Rahmen einer Organisation (z. B. Club Junger Hausfrauen, Volkshochschule, Kirchenkreis) zu einem Abend ein, an dem sich interessierte Frauen treffen und sich zu einer, zwei oder drei Gruppen zusammentun, je nachdem, wieviele kommen.

Zur Zusammenstellung der Gruppe:

Gruppen, deren Mitglieder sich in vielem ähnlich sind (Alter, Familienstand, mit/ohne Kinder) haben es am Anfang etwas leichter; Gruppen, deren Mitglieder sich in vielem unterscheiden, brauchen länger, bis sie sich wirklich zusammengefunden haben, finden es aber oft dann auch interessanter. Vielleicht sollte man vermeiden, daß ein einzelnes Mitglied sich stark von allen anderen unterscheidet.

Themenliste:

– Wie haben sich unsere Eltern uns Mädchen gegenüber verhalten? Was für Gefühle hat das damals in uns wachgerufen?
– Wie wurde die Entscheidung für unsere Schulbildung und für den Beruf getroffen? Wie haben wir uns dabei gefühlt?
– Was waren unsere ersten Erfahrungen mit sexuellen Phantasien? Mit sexuellem Geschehen? Haben wir Angst, nicht geliebt zu werden, nicht liebenswert zu sein?
– Wie ist unser Verhältnis zu unserem Körper?
– Was denken wir über Macht und Erfolg?
– Was erhoffen wir von der Zukunft? Was möchten wir erreichen, bevor wir sterben?
– Wie ist unser Verhältnis zu anderen Frauen?

Frauen aus der Frauengruppe Freiburg

Jutta Menschik

Vom »Aktionsrat zur Befreiung der Frau« zum »Sozialistischen Frauenbund Westberlin«

An der Entstehung des Sozialistischen Frauenbundes Westberlin läßt sich aufzeigen, wie sich frauenrechtlerisches Aufbegehren gegen die bestehende Diskriminierung und Unterdrückung der Frau in der Gesellschaft der BRD zu politischem, antikapitalistischem Bewußtsein und Selbstverständnis entwickeln kann.

Die Studentenbewegung (Ende der sechziger Jahre) bildete den politischen Hintergrund der ersten Diskussionen dieser Frauen über ihre Möglichkeiten, an politischer Arbeit teilzunehmen.

Noch weit entfernt von der marxistisch-leninistischen Analyse des kapitalistischen Staates, die sein Wesen auf die kapitalistischen Produktions- und Verwertungsbedingungen zurückführt, war die studentische Protestbewegung zu der Überzeugung gelangt, daß die politischen Kämpfe aller Völker, Klassen und Schichten sich gegen einen gemeinsamen Feind richten müßten: den ›repressiven‹, ›autoritären‹, ›bürokratischen‹ Staatsapparat, dessen ›anonymer Terrorismus‹ kapitalistische als auch sozialistische Systeme gleichermaßen unter seine »staatlich-gesellschaftliche Gewaltmaschine« zwinge.

Erklärtes Ziel war daher die Errichtung einer »anti-autoritären« Gesellschaft, »gegen das weltweite Netz der organisierten Repression«[1], was das auch immer sein mochte.

Diese politische Verworrenheit bestimmte zunächst weitgehend die ›theoretische‹ Konzeption des ›Aktionsrates‹.

Aus der Erkenntnis heraus, daß sich autoritäre Verhaltensstrukturen selbst innerhalb der Reihen derjenigen abzeichneten, die sie doch weltweit bekämpfen wollten, zogen im Januar 1968 sieben Frauen die Konsequenz, einen Arbeitskreis zu gründen, in dem Männer nicht mitarbei-

---

1 Dutschke, Rudi: Die geschichtlichen Bedingungen für den internationalen Emanzipationskampf, in: Bergmann, Dutschke, Lefèvre, Rabehl: Rebellion der Studenten oder Die neue Opposition, Reinbek 1968, S. 87 ff.

ten durften. Als grundsätzliches Problem kristallisierte sich aus der Diskussion die Kinderfrage heraus, ohne deren Lösung die Teilnahme der Frau am politischen Bewußtwerdungsprozeß und an der politischen Arbeit unmöglich schien. Das Ergebnis dieser Diskussion wurde in einem Flugblatt festgehalten, das an der Freien Universität nur an Frauen verteilt wurde.

Text des Flugblattes:

»Die Repressivität der Gesamtgesellschaft entlädt sich nach wie vor auf die Frau, die ihrerseits die von der übrigen Gesellschaft empfangene Aggressivität an die Kinder weitergibt. Aus Zeitmangel ist die Frau nicht in der Lage, über ihre Situation nachzudenken und daraus Konsequenzen zu ziehen. Selbst in Organisationen, die die Mitarbeit der Frau wünschen, sind die Frauen nicht nur in der Minderzahl, ihre Teilnahme ist auch weniger produktiv als die der Männer. Es gibt ein akutes Bedürfnis nach einer Organisationsform, die den Müttern zu bestimmten Zeiten ihre Kinder abnimmt, um arbeiten zu können. Dieses Bedürfnis läßt sich vor allem aus zwei Gründen nicht befriedigen:

a) gibt es zu wenig Kindergärten;

b) sind die Kindergärten, die es gibt, autoritär geleitet, so daß es für die Kinder schädlich wäre, sie in eine solche Anstalt zu schicken.

Daraus folgt, es müssen schnellstens Kindergärten gegründet werden.«

In dem Flugblatt wurde zu einer Veranstaltung aufgerufen, auf der die Möglichkeiten diskutiert werden sollten, zunächst durch Selbsthilfe das Kinderproblem zu lösen. Zu der Veranstaltung kamen etwa 80 Frauen, von denen etwa die Hälfte Kinder hatte. Diskutiert wurden Vorstellungen über die Einrichtung von Straßenkindergärten; die anwesenden Mütter sollten jeweils in ihren Stadtteilen Arbeitsgruppen bilden und die Kinder in einer Privatwohnung umschichtig beaufsichtigen.

Es wurde beschlossen, sich weiterhin regelmäßig zu treffen. Theoretisch bestimmt wurde die Arbeit des sich nun kontinuierlich treffenden Arbeitskreises durch das Aufarbeiten der wiederentdeckten Schriften der zwanziger Jahre von Wera Schmidt, Anna Freud, Melanie Klein, Siegfried Bernfeld u. a. über fortschrittliche, kollektive Erziehungsmethoden; praktisch bereiteten sie für den Vietnam-Kongreß (Februar

1968) einen provisorischen Kindergarten in der Technischen Universität vor.

Folgende Schilderung eines Berliner Autorenkollektivs fängt die damalige Stimmung atmosphärisch genau ein:

»(. . .) Hier wurde es den Berliner Studenten zum Erlebnis, keine kleine radikale Minderheit zu sein, im Kampf gegen Kapitalismus, Faschismus und Polizeiterror nicht allein zu sein. Diese imposante Szenerie ist die Geburtsstunde der Berliner Kinderläden. Die Frauen der Genossen konnten und durften sich diesem Ereignis nicht verweigern. Sie hatten ihre Kinder einfach mitgebracht. In der Vorhalle des Hörsaals spielte eine Gruppe von etwa 40 Kindern. Nicht wie sonst auf Demonstrationen und Teach-ins vereinzelt und verängstigt im Gedränge verloren, hatten sie sich aus Stoffetzen und Stöcken Fahnen gemacht und spielten Demonstration. Die Begeisterung der Erwachsenen hatte sie mitgerissen. Mitglieder des Aktionsrates und Eltern wechselten sich in der Betreuung der Kinder ab. Spontan fanden sich andere, die mithalfen.«[2]

Es ist sicher ungewollt, daß hier von »Frauen der Genossen« statt von Genossinnen gesprochen wird, doch ist diese Fehlleistung nicht zufällig. Jede der Frauen des damaligen Frauenarbeitskreises hatte sich mit dem ironischen Spott ihres Mannes oder Freundes auseinanderzusetzen, wenn sie in den ›Emanzipationskreis‹ ging, wenn sie sich ›emanzipieren‹ ging. Deshalb wurde angeregt, daß jede von ihnen einen Erfahrungsbericht über ihre persönliche Situation anfertigen sollte, um so die ›Eigenbewußtwerdung‹ voranzutreiben.

Der Zustrom interessierter Frauen – in erster Linie Hausfrauen, Kindergärtnerinnen, Studentinnen, Krankenschwestern – zu dieser arbeitenden Gruppe, die sich ab Mai 1968 ›Aktionsrat zur Befreiung der Frau‹ nannte, war außerordentlich groß. Jedoch drehte sich die Arbeit im Kreise, und der anfängliche Optimismus wich zunehmender Frustration. Einerseits absorbierte die organisatorische Arbeit in den Kinderläden (die seit dem Vietnam-Kongreß in allen Stadtteilen entstanden

2 Kinderläden, Revolution der Erziehung oder Erziehung zur Revolution. Von Hille Jan Breiteneier, Rolf Manff u. a., Reinbek 1971, S. 28.

waren) fast alle verfügbare Arbeitskraft, zum anderen kam hinzu, daß die Arbeit an frauenspezifischen Themen an einem krankte, nämlich, daß diese nicht historisch und politisch abgeleitet wurden, sondern sich bestimmte Fragen aus den individuellen Bedürfnissen einzelner ergaben.

Aus der Erkenntnis heraus, daß ihre Theorielosigkeit zu keinen brauchbaren Arbeitsergebnissen führen konnte, baten sie den SDS um theoretische (Nach-)Hilfe. Die Tomaten, die auf der Delegiertenkonferenz des SDS (Herbst 1968) gegen die ›Autoritäten‹ flogen, veranlaßten diese zwar nicht, auf die Probleme der Frauen einzugehen, doch entstanden nach dieser spektakulären Aktion in einigen Städten Aktionskreise oder Frauenarbeitskreise.

Von den Männern weiterhin allein gelassen, konkretisierte sich schließlich doch etwas wie eine ›Theorie‹ heraus, die als Quintessenz den Gedanken enthielt, »daß Familie und Sozialismus« unvereinbare Widersprüche seien. Im Oktober 1969 wurde dann ein ›Aktionsprogramm‹ veröffentlicht, das die ganze Hilflosigkeit und Unausgereiftheit darstellt, aus einem System ausbrechen zu wollen, dessen Auswirkungen zwar als Unterdrückung sinnlich spürbar sind, dessen Grundzüge und damit Ursachen für die erfahrene Unterdrückung aber gar nicht erkannt wurden.

»Bekanntmachung des Aktionsrats zur Befreiung der Frauen
Gruppe: Gegen das Alte und für das Neue
FRAUEN GEMEINSAM SIND STARK!

Wir haben gelernt, daß Frauen innerhalb des kapitalistischen Systems sich nicht emanzipieren können. Wir haben gelernt, daß ein sozialistisches Wirtschaftssystem nicht automatisch die Bedingungen für eine Befreiung der Frauen schafft. In den sozialistischen Staaten hat die formale Gleichberechtigung mit dem Mann die Doppelrolle der Frauen erleichtert. Gleichzeitig wird der eigentliche Widerspruch verschleiert.

Der Widerspruch besteht darin, daß die Institution Familie, die die erste Grundlage zur Kapitalbildung war, weiterhin die Grundlage des gesellschaftlichen Lebens auch in den sozialistischen Ländern ist und dadurch weiterhin die Grundlage zur Unterdrückung der Frauen und Kinder bildet.

[. . .]

FAMILIE UND SOZIALISMUS SIND UNVEREINBAR, WENN DIE EMANZIPATION DER FRAUEN KEINE FARCE BLEIBEN SOLL!

Wir werden die Genossinnen und Genossen ohne Kinder zwingen, die allgemeine Verantwortlichkeit für die Kinder zu akzeptieren, sowohl in der Theorie als auch in der Praxis.

Wir werden es nicht mehr zulassen, daß die Misere der Genossinnen mit Kindern im linken Klatsch erledigt wird und undialektisch zu ihrer privaten Schuld deklariert wird.

Wir werden es nicht mehr zulassen, daß Frauen es nötig haben, ihre Männer mit den Kindern zu erpressen, um sich durch die Anpassung an eine Rolle eine Identität zu schaffen.

Wir werden es nicht mehr zulassen, daß Genossen mit Kindern, denen die Schwierigkeiten über den Kopf wachsen, andere Frauen dazu mißbrauchen, sich einmal auszuheulen, daß sie aber niemals wagen, mit anderen Männern über diese Probleme zu reden und daraus politische Konsequenzen zu ziehen.

Wir werden es nicht mehr zulassen, daß das Frauenproblem und das Kinderproblem in den Kinderläden getrennt wird, so als könne man sozialistische Erziehungsmethoden entwickeln, solange die Frauen noch nicht in der Lage sind, eigene Vorstellungen über ihre Situation zu entwickeln, was zwangsläufig neue Erziehungskonzepte hervorbringen würde.

Wir werden es nicht mehr zulassen, daß sogar linke Frauen es noch nötig haben, ihren Liebeswert dadurch zu sichern, daß sie sich unreflektiert dem Kleiderkonsum unterwerfen, bürgerliches Konkurrenzverhalten fortsetzen und damit die Solidarität mit den Genossinnen erschweren.

Wir werden es nicht mehr zulassen, daß unsere Forderungen als Appell an linke Caritas verstanden werden, sondern wir werden nicht aufhören, durch Aktionen Grundwidersprüche sichtbar zu machen.

Wir werden es nicht mehr zulassen, daß Grundwidersprüche weiter verdrängt werden, wir werden die Voraussetzungen schaffen, daß Männer und Frauen gemeinsam für den Sozialismus kämpfen.

Um die Arbeit zu beginnen

fordern wir als ERSTES das Geld, das die Genossen mit ihrem Blut [Blutspenden, J. M.] in das Sozialistische Zentrum gesteckt haben und weiter stecken werden, um dafür die ersten Wohnungen für Frauen mit Kindern zu mieten, die so lange auf die Mildtätigkeit anderer angewiesen und dadurch arbeitsunfähig sind, solange ihre Situation nicht zu einem politischen Problem gemacht wird.

Als ZWEITES fordern wir Genossen mit Titeln und Einkommen auf, Wohnungsverträge für Frauen mit Kindern abzuschließen.

Als DRITTES fordern wir alle Genossinnen und Genossen auf, sich zu überlegen, wie die ungleiche Finanzsituation innerhalb der Linken aufgehoben werden kann.

Wir fordern nicht nur auf. Wir werden unsere Forderungen durchsetzen. Sie sind die ersten und notwendigen Voraussetzungen zu unserer Befreiung.

Wir müssen uns entscheiden: Für den Sozialismus oder dagegen. JEDER GEBE NACH SEINEN FÄHIGKEITEN, JEDER BEKOMME NACH SEINEN BEDÜRFNISSEN.«[3]

Die hierin anklingende Rückkehr zum Matriarchat liquidierte endgültig jeden ernst zu nehmenden Ansatz (und immer noch bestehenden Anspruch) zur Vorantreibung realer Möglichkeiten zur Befreiung der Frau.

Zerrieben von der Einsicht, ihre Lage ändern zu müssen, ohne zu wissen, wie diese Zukunft aussehen solle, flüchteten sie in eine falsche Radikalität und erklärten so den politischen Bankrott des Aktionsrates, was zeitlich zusammenfiel mit dem Ende der antiautoritären Bewegung überhaupt.

Spätestens die Septemberstreiks (1969) hatten den Studenten gezeigt, daß ein Herumwursteln neben der realen Arbeiterbewegung und das Ignorieren der Arbeiterklasse als revolutionäres Subjekt der gesellschaftlichen Umwälzung in eine politische Sackgasse führen mußte. Die Konsequenz für den politisch profilierten Teil der Studentenbewegung hieß daher: Aneignung der proletarischen Anschauungsweise, Hinwendung zum wissenschaftlichen Sozialismus, Neuentdecken der Schriften von Marx, Engels, Lenin.

Auch im Aktionsrat gab es eine kleine Gruppe von Frauen, die sich bereits dem Studium des Marxismus-Leninismus widmete. Von daher

3 Rote Presse Korrespondenz vom 3. Oktober 1969, 1. Jg. 1969, Nr. 33.

waren sie in der Lage, das oben angeführte ›Aktionsprogramm‹ korrekt zu kritisieren und zugleich neue Perspektiven für die Arbeit aufzuweisen.

Die nachstehende Erklärung dieser Frauen lieferte bereits die Grundzüge des ein Jahr später formulierten ›Selbstverständnisses des Sozialistischen Frauenbundes‹; sie selbst waren der vorantreibende Kern in der politischen Umbruchsphase des ›Aktionsrates‹.

»Zur Frauenemanzipation«
Für eine Politisierung des Aktionsrates zur Befreiung der Frau

In der »Bekanntmachung des Aktionsrats zur Befreiung der Frauen« wird dem Aktionsrat eine Perspektive gegeben, die letztlich wieder auf eine Unterdrückung der Frauen mit anderen Mitteln hinausläuft. Definiert man den Hauptunterdrückungsmechanismus als die biologische Tatsache, daß Frauen die Kinder bekommen und daß sie darüber hinaus in dieser Gesellschaft auch für sie verantwortlich sind, so begibt man sich auf die den wirklichen Ausbeutungscharakter (weniger Profit bei möglicher Schwangerschaft seit Einführung des Mutterschutzes) verschleiernde Argumentationsebene des Klassenfeindes. Nicht, daß die Frauen Kinder bekommen können, bestimmt die Ungleichheit im Produktionsprozeß. Ihre größere Ausbeutung hat ihre Ursache in ihrem historisch späteren Eintritt in den kapitalistischen Verwertungsprozeß, in dem sie ebenso wie die Kinder – und heute die Gastarbeiter – die Rolle der Lohndrücker übernehmen mußten. Daß sie als Konkurrentinnen der Männer um den Arbeitsplatz sich mit geringerem Lohn zufriedengeben mußten, liegt weder an den Männern, die sie als Gleichberechtigte weder anerkannten noch unterstützten, noch an ihrem möglichen Muttersein, sondern einzig am Kapitalverhältnis.

Die bürgerliche Reduktion des politischen Kampfes der linken Frauen auf den Sektor Kind und Familie kann eine Änderung allenfalls für wenige Individuen zur Folge haben. Selbstverständlich ist das Interesse dieser Genossinnen berechtigt, die Solidarisierung und Organisierung, z. B. in Wohngemeinschaften ist notwendig. Die ökonomische Sicherung wieder ist ein ständig zunehmendes Problem aller Linken. – Bei der Misere der Genossinnen mit Kindern erschwert im allgemeinen eine abgebrochene Berufsausbildung zusätzlich die Möglichkeit, materiell unabhängig zu sein.

Bei der frauenfeindlichen Struktur der Hochschule und Industrie erschien die Flucht in die bürgerliche Familie zunächst erträglicher. Die Arbeitsteilung in der Familie, die die vollständige Isolierung von allen gesellschaftlichen Bezügen (politische und theoretische Arbeit) mit sich bringt, macht eine weitere Form der Unterdrückung bewußt. Wenn die daraus resultierende Unzufriedenheit zu *politischem* Kampf führen soll, müssen wir analysieren, was die wirkliche Ursache der Unterdrückung ist. Zum Beispiel wird eine Analyse der ökonomischen Benachteiligung, der geschlechtsspezifischen Rollenerwartung und der daraus resultierenden und sie perpetuierenden Arbeitsteilung notwendig.

Geht man wie in dem Paper auf die Entstehung der Familie und des Privateigentums zurück, so kann man nicht unmaterialistisch das Verhältnis von Basis und Überbau auf den Kopf stellen (»die Institution Familie [. . .] erste Grundlage der Kapitalbildung«), sondern muß die Entstehung von Privateigentum im Zusammenhang mit einer bestimmten Form der Arbeitsteilung als Grund für die Entstehung nicht von Familie schlechthin, sondern einer bestimmten Form von Familie, der patriarchalisch-monogamen Familie ansehen. Wenn wir annehmen, daß zwischen dieser vorgeschichtlichen Familie und der heutigen Kleinfamilie noch irgendeine Identität, nämlich die der relativ größeren Unterdrückung der Frau und der Kinder, verglichen mit dem Mann, besteht, dann können wir nicht die Aufhebung der Familie fordern, sondern müssen für die Aufhebung dessen kämpfen, was sich in der Phase des Kapitalismus aus Privateigentum und Arbeitsteilung entfaltet hat, nämlich des Grundwiderspruchs von Lohnarbeit und Kapital. Das heißt nicht, daß mit der Aufhebung dieses Widerspruchs automatisch die Unterdrückung der Frau aufgehoben ist, sondern daß die Aufhebung dieses Grundwiderspruchs erst die Bedingung der Möglichkeit der Emanzipation des Menschen schafft.

Das kann nicht heißen, daß die Frauen abwarten sollen, bis die Männer die Revolution gemacht haben, noch daß wir unsere Probleme verdrängen können und so tun, als wäre unsere bisherige subalterne Tätigkeit ein emanzipatorischer Beitrag zum Klassenkampf. Da aber das Ziel der *gemeinsame* Klassenkampf ist, müssen wir die Bedingungen dafür schaffen. Zusätzlich zu der Funktion der Arbeitsentlastung durch Selbsthilfe (Kinderläden) und vor allem der bürgerlichen Emanzipation, d. h. der Möglichkeit zu diskutieren, Probleme zu artikulieren, Selbstbewußtsein und Solidarität herzustellen und uns zu theoretischer und praktischer Arbeit motivieren, müssen wir im Aktionsrat unser vages Bewußtsein von Unterdrückung in ein politisches Bewußtsein umwandeln, um politische Arbeit leisten zu können, müssen wir die geschlechtsspezifische Arbeitsteilung innerhalb der Linken aufheben und dadurch unsere und der Männer Rollenerwartung abzubauen versuchen.

Unumgänglich für die Erarbeitung einer Perspektive zur Veränderung unserer politischen und privaten Praxis ist die Orientierung an den objektiven Notwendigkeiten, die sich aus den bestehenden Produktionsverhältnissen und unserem Kampf dagegen ergeben. Die Analyse schafft zudem erst die Bedingungen für die politische Aktion über den bisherigen Rahmen des Aktionsrates hinaus, z. B. Agitation und Organisation von Arbeiterinnen.

Um mit der Schulung anzufangen, beginnen wir noch in diesem Monat mit einem Arbeitskreis über das Kapital, zudem empfehlen wir, in unserem Seminar an der PH über geschlechtsspezifische Sozialisation mitzuarbeiten.

Genossinnen aus dem Aktionsrat[4]

Nach Erscheinen dieser Erklärung wurde beschlossen, daß alle Frauen des ›Aktionsrates‹ in Schulungsgruppen zusammenarbeiten sollten, um sich durch die Aneignung der wesentlichen Elemente des wissenschaftlichen Sozialismus die Voraussetzung zu schaffen, frauenspezifische Probleme fundiert zu analysieren. Solidarität sollte sich nicht mehr in erster Linie über den Erfahrungsaustausch persönlicher Probleme, sondern während der eigentlichen Arbeit entwickeln. Im Mai 1970 erschien Nummer 1 der Zeitschrift *Pelagea* (so genannt nach Brechts ›Die Mutter‹: Pelagea Wlassowa), in der erste Ergebnisse dieser Arbeit vorgelegt und die nächsten Aufgaben bestimmt wurden.

Als notwendige Folge der veränderten Arbeitsweise wurde im September 1970 ein Sekretariat als Kontakt- und Informationszentrale errichtet und einen Monat später ein Organisationsstatut angenommen, das feste Mitgliedschaft und verbindliche Mitarbeit in Schulungs- oder Untersuchungsgruppen vorsieht.

---

4 Rote Presse Korrespondenz vom 17. Oktober 1969, 1. Jg. 1969, Nr. 35.

Die im Dezember 1970 beschlossene Umbenennung in ›Sozialistischer Frauenbund Westberlin‹ beendete den Prozeß der Umstrukturie-
rung. Zur Zeit[5] arbeiten 14 Schulungsgruppen und drei Untersuchungsgruppen. (Themen: Geschichte der Frauenarbeit, ökonomische
Situation der Frau in der spätkapitalistischen Gesellschaft der BRD,
Frauenbefreiungsbewegungen in Westeuropa und den USA.)

Obwohl es auf den ersten Blick widersprüchlich anmutet, scheint
dem Sozialistischen Frauenbund zweierlei gelungen zu sein:

1. die Schaffung einer autonomen Organisation für Frauen, in der
diese ungehindert von Leistungsdruck und Konkurrenzangst gegenüber den Männern ihre politische Ausbildung und Artikulierung erarbeiten können;

2. die bewußtseinsmäßige Aufhebung des scheinbaren Gegensatzes
zwischen Männern und Frauen, zugunsten der Erkenntnis des Existie-
rens herrschender und beherrschter Klassen.

»Daß wir uns als Frauen zunächst autonom organisieren müssen
[. . .], hat seinen Grund in der Verinnerlichung der jahrhundertelangen Unterdrückung der Frauen, die unselbständige, abhängige mit
Minderwertigkeitsgefühlen beladene Individuen hervorgebracht hat.
Die gemeinsame Schulung und Organisierung wird unser Bewußtsein
entwickeln und uns stärken für den solidarischen Kampf mit den Männern gegen das kapitalistische Herrschaftssystem [. . .] Wir müssen
gewährleisten, daß weder der Kampf von Männern allein geführt werden muß, noch das Ergebnis im wesentlichen eine Gesellschaft für
Männer (›auch für uns‹) wird. Das können wir nur, indem wir selbst
kämpfen.«[6]

Der Parole des ›Aktionsrates‹: FRAUEN GEMEINSAM SIND
STARK! fügte der Sozialistische Frauenbund hinzu: FRAUEN UND
MÄNNER SIND STÄRKER!

5 1971.
6 Pelagea, Nr. 1/Mai 1970, S. 3.

Selbstverständnis und Organisation
des Sozialistischen Frauenbundes Westberlin

I. Zum Selbstverständnis

Das Prinzip des Kapitalismus ist Mehrwertproduktion um den Preis der Unterdrückung und Ausbeutung der arbeitenden Klasse. Unter diesen Bedingungen kann es keine Gleichheit für alle Menschen geben, auch wenn sie gesetzlich fixiert ist. Die Voraussetzung für das allmähliche Durchsetzen der Gleichheit aller Menschen in der klassenlosen Gesellschaft ist die Vergesellschaftung der Produktionsmittel.

Die besondere Situation der Frau in der kapitalistischen Gesellschaft – wir meinen nicht Frauen der Kapitalistenklasse: Unternehmerinnen und Frauen von Unternehmern – ist gekennzeichnet durch doppelte Unterdrückung:

1. Die durch die Produktionsverhältnisse bedingte Unterdrückung der Frau am Arbeitsplatz, die der Mann auch erfährt;

2. Die Diskriminierung der Frau in allen gesellschaftlichen Bereichen, die rückwirkend die ökonomische Unterdrückung noch verschärft.

Diese doppelte Unterdrückung der Frau entstand mit der Entwicklung der kapitalistischen Produktionsweise. Die Frau als Hausfrau produziert weiterhin individuell; trotz industrieller Revolution findet keine Kooperation in der ihr von der Gesellschaft zugewiesenen Sphäre statt (das hieße: gemeinschaftliche Kindererziehung, Abschaffung der individuellen Hausarbeit etc.). Sie produziert also nicht gesellschaftlich, vom Standpunkt der kapitalistischen Warenproduktion.

Erst durch den Eintritt in den gesellschaftlich orientierten Produktionsprozeß wird sie aktiver Teil der Gesellschaft. Obwohl die Mechanisierung der Produktion ihre fehlende Muskelkraft ausgleicht und sie so in der Arbeit dem Manne gleichwertig ist, wird ihre Arbeitskraft geringer bezahlt als die des Mannes, denn:

1. der Lohn des Mannes war ursprünglich darauf berechnet, den Unterhalt der gesamten Familie zu decken. Der Lohn der Frau stellte von Anfang an nur die Kosten für den Unterhalt einer Person dar.

2. Bedingt durch die Familiensituation fühlt sich die Frau nur als Mitverdienerin; ihre gesellschaftliche Tätigkeit im Produktionsprozeß dient nur dem zusätzlichen Geldverdienst. Ihre Hauptaufgabe sieht sie in ihrer Rolle als Hausfrau.

Die Tradition der jahrhundertelangen Unterdrückung, entsprechende Erziehung und Propaganda sind so tief in das Bewußtsein der Menschen eingedrungen, daß die Frauen selbst ihre Lage als naturbedingt und unveränderlich ansehen.

Auf diese Weise bietet die Frau dem Kapitalismus folgende hauptsächliche Vorteile:

a) Sie fungiert als Sicherheitsventil für die vom Mann erfahrene Unterdrückung am Arbeitsplatz, die in die Familie hineingetragen und nicht am Arbeitsplatz bekämpft wird. Aufgrund ihrer Isolation und der daraus resultierenden Unsicherheit bremst sie die mögliche Kampfbereitschaft des Mannes, weil sie über den unmittelbaren Horizont ihrer Familie nicht hinausblickt.

b) Sie erfüllt nach ihrem Eintritt in den Produktionsprozeß die Lohndrückerfunktion gegenüber dem Mann.

c) Frauen stellen für den Kapitalismus einen großen Teil der Reservearmee, die er je nach der Konjunkturlage entweder umwirbt oder in die Familie zurückweist.

Die Frau ist aufgrund ihrer Lage im Produktionsprozeß und ihrer zusätzlichen Tätigkeit im Haushalt doppelt belastet, daher ist es nicht verwunderlich, daß die Frau oft gern bereit ist, persönliche Entwicklung und gesellschaftliche Interessen aufzugeben zugunsten eines Daseins als Mutter, Geliebte und Hausfrau.

Um ihre Situation verändern zu können, müssen die Frauen aus ihrer Isoliertheit heraus und aktiv am Produktionsprozeß teilnehmen.

Erst dadurch wird es möglich, daß sie ihre Lage begreifen und Ursachen und Zusammenhänge erkennen können, die zu ihrer jetzigen Situation geführt haben. In diesem Prozeß der Bewußtwerdung und Politisierung entwickelt sich die Solidarität der Frauen, die notwendig ist für den Kampf gegen Unterdrückung und Ausbeutung, der gemeinsam mit den Männern geführt werden muß.

Wir organisieren uns zunächst separat als Frauen, um in theoretischer Arbeit die Ansatzpunkte zur spezifischen Frauenagitation herauszufinden.

II. Organisatorischer Teil

Es finden regelmäßig Informationsabende statt. Für Frauen, die im Sozialistischen Frauenbund – Westberlin mitarbeiten wollen, werden Vorbereitungsabende eingerichtet. Erst nach Ablauf eines Vorbereitungszyklus können interessierte Frauen (Teilnehmerinnen der Vorbereitungsabende) vor dem Plenum ihre Mitgliedschaft beantragen.

Mitgliedschaft

Mitglied sind alle Frauen, die an einer Arbeitsgruppe des SFb-Wb mitarbeiten. Die Mitgliedschaft endet, wenn die Bedingungen dieses Status nicht erfüllt werden.

Struktur der Organisation

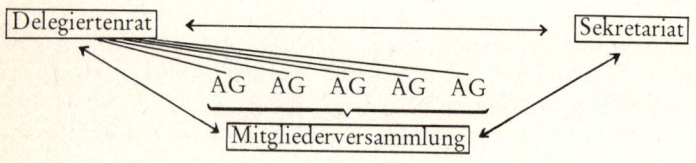

Alle Mitglieder sind verpflichtet, an einer Arbeitsgruppe teilzunehmen. Sie können hiervon durch den Delegiertenrat oder das Sekretariat beurlaubt werden.

Arbeitsgruppen sind:
1. Schulungsgruppen
2. Untersuchungsgruppen
3. Kapital-Arbeitskreise.

Schulungsgruppen und Kapital-Arbeitskreise haben eine Leitung. Untersuchungsgruppen arbeiten kollektiv.

Die AGs sind zu regelmäßiger Berichterstattung gegenüber der MV verpflichtet.

Die AGs können sich jederzeit mit Vorschlägen an die MV wenden und verlangen, daß diese auch diskutiert werden.

Die AGs senden jeweils einen Delegierten in den Delegiertenrat. Dieser Delegierte ist von der AG jederzeit abwählbar.

Der Delegiertenrat ist beschlußfähig, wenn mehr als die Hälfte seiner Mitglieder anwesend sind.

Die Aufgaben des DR nach außen sind:

– Stellungnahmen, Agitation, Öffentlichkeitsarbeit (Presse, Funk, Fernsehen, Referate, Flugblätter, Teilnahme an Kongressen etc.);

Die Aufgaben des DR nach innen sind:

– Kontrolle der Durchführung der Schulungsprogramme und Koordination der Arbeit in den Untersuchungsgruppen

Das Sekretariat ist das Exekutivorgan des Sozialistischen Frauenbundes Westberlin und hat folgende Aufgaben:

– Vertretung nach innen und außen;

– Erledigung der organisatorischen Aufgaben;

– Einrichtung regelmäßiger Sprechstunden;

– Kontakt- und Koordinationsgespräche mit anderen Gruppen;

– Kassieren von Mitgliedsbeiträgen ohne Verfügungsgewalt darüber.

Das Sekretariat ist verpflichtet, eng mit dem DR zusammenzuarbeiten und möglichst an allen Sitzungen des DR teilzunehmen. Wenn der DR und das Sekretariat nicht einig sind, muß eine MV einberufen werden.

Die Mitglieder sind verpflichtet, dem Sekretariat über ihre politische Tätigkeit im Rahmen der Organisation (z. B. Vorträge, Interviews u. a.) Mitteilung zu machen.

Das Sekretariat wird von der MV gewählt. Es besteht aus 3–5 Mitgliedern. – Eine Kandidatin für das Sekretariat muß folgende Voraussetzungen erfüllen:

1. Ein Jahr aktive Mitarbeit

2. Mitarbeit in einer Untersuchungsgruppe oder einem Kapitalarbeitskreis

3. Bereitschaft zu ausführlicher politischer Befragung durch die Mitgliederversammlung.

. . .

Unser Publikationsorgan ist die Zeitschrift PELAGEA. Über Inhalt und Erscheinen beschließt die MV . . .

TEXT 24

Maria Weber
Programmatische Forderungen des DGB im Jahr der Arbeitnehmerin

I. Gewerkschaftliche Zielvorstellungen

Die Industrialisierung und die Folgen zweier Weltkriege haben die Stellung der Frau in Familie, Beruf und Gesellschaft wesentlich verändert. Die zunehmende Teilnahme der Frauen am Erwerbsleben ist eine Realität, sie wird von der Gesellschaft weitgehend anerkannt, die Leistung der Frauen für die Volkswirtschaft ist unbestritten. Die veränderte Einstellung zur Frauenerwerbsarbeit hat zu Verbesserungen im Bereich der Arbeits- und Sozialgesetzgebung geführt[1], hat aber auch viele Probleme zutage treten lassen.

Gewerkschaftliche Frauenarbeit, verstanden als integrierter Bestandteil gesellschaftspolitischer Tätigkeit des DGB, zielt darauf ab, die sich aus der Erwerbstätigkeit der Frau und ihrer Rolle in Familie, Beruf und Gesellschaft ergebenden Probleme zu analysieren und nach Möglichkeit zu lösen. Vorrangiges Ziel gewerkschaftlicher Frauenarbeit ist es, die Veränderung und Verbesserung der Situation der Frau – insbesondere der erwerbstätigen Frau – herbeizuführen und für die Verwirklichung des Grundsatzes der Gleichberechtigung von Mann und Frau auf sozialem, gesellschaftlichem und wirtschaftlichem Gebiet zu sorgen. Dieses Ziel ist eng verbunden mit dem Bemühen, eine größere Aufgeschlossenheit und ein höheres soziales Verantwortungsgefühl bei der Behandlung von Fragen, die die Frauenerwerbstätigkeit betrifft, bei allen zu schaffen[2]. Deshalb ist es dringend notwendig, »daß man sich allgemein von der Stellung der Frau ein zutreffendes Bild macht. Vor allem ist es für die Gewerkschaftsbewegung notwendig, sich ein Bild zu machen

---

1 Z. B. im Arbeitsförderungsgesetz, Berufsausbildungsgesetz, Mutterschutzgesetz, gesetzliche Unfallversicherung.
2 Vgl. Bericht VI (1) der Internationalen Arbeitskonferenz, »Die arbeitende Frau in einer sich wandelnden Welt«, Genf 1963, S. 76.

von der veränderten Stellung der Frau in unserer Zeit – insbesondere von der Stellung der erwerbstätigen Frau«[3].

II. Situationsanalyse – Rechtliche Ausgangssituation

Das Grundgesetz für die Bundesrepublik Deutschland (GG) enthält in seinem Grundrechtskatalog Bestimmungen, die den Frauen und den Männern die Möglichkeiten und Chancen einer Erwerbstätigkeit garantieren: Art. 3 Abs. 1: Männer und Frauen sind gleichberechtigt. Art. 3 Abs. 3: Niemand darf wegen seines Geschlechts . . . benachteiligt oder bevorzugt werden. Art 11 Abs. 1: Alle Deutschen genießen Freizügigkeit im ganzen Bundesgebiet. Art. 12 Abs. 1: Alle Deutschen haben das Recht, Beruf, Arbeitsplatz und Ausbildungsstätte frei zu wählen. Art. 12 Abs. 2: Niemand darf zu einer bestimmten Arbeit gezwungen werden.

Der Grundsatz der Gleichberechtigung gibt heute der Frau formal-rechtlich die Möglichkeit, »mit gleichen rechtlichen Chancen marktwirtschaftliches Einkommen zu erzielen, wie jeder männliche Staatsbürger«[4]. Es ist aber festzustellen, daß dieser Rechtsgrundsatz aus den unterschiedlichsten Gründen, seien es andere Rechtsnormen, Vorurteile oder traditionelle Verhaltensmuster verbunden mit psychologischen Widerständen, bis heute in weiten Bereichen nur theoretisch verwirklicht ist. In der Praxis stellen sich der Frau viele Schwierigkeiten in den Weg, wenn sie Rechte und Pflichten in Familie und Beruf miteinander verbinden will. So geht z. B. noch heute auch das Bürgerliche Gesetzbuch von dem Leitbild der Hausfrauenehe aus und schreibt einer Ehefrau deshalb im § 1356, Abs. 1, S. 2 BGB vor, nur dann zu einer Erwerbstätigkeit berechtigt zu sein, »soweit dies mit ihren Pflichten in Ehe und Familie vereinbar ist«. Andererseits ist die Frau nach § 1360 BGB zu einer Erwerbstätigkeit verpflichtet, »soweit die Arbeitskraft des Mannes und die Einkünfte der Ehegatten zum Unterhalt der Familie nicht ausreichen«. Diese staatliche Vorschrift über die Arbeitsteilung der Ehegatten, die auch die Chancengleichheit der Frau im Beruf behin-

3 Protokoll der 5. Bundesfrauenkonferenz des DGB 1965, S. 167.
4 BVerf. GE. 6.55/82.

dert, sollte dahingehend geändert werden, daß die Ehepartner selbst darüber entscheiden, wie sie ihre Haushaltsführung regeln. Diesem Tatbestand trägt der Entwurf eines 1. Gesetzes zur Reform des Ehe- und Familienrechts Rechnung[5].

Das in Art. 23 der Menschenrechtskonvention verankerte Recht auf Arbeit, verbunden mit dem Gleichberechtigungsgrundsatz unserer Verfassung, ist letztlich nur zu verwirklichen, wenn der Frau über die rechtlichen Möglichkeiten hinaus Hilfen im Bereich von Familie und Beruf geboten werden.

Situationsanalyse – Statistische Daten zur Erwerbstätigkeit der Frau

Im April 1970 betrug die Erwerbsquote der Frauen 30,2 vH, die der Männer 59,1 vH[6]. Nach der Beteiligung am Erwerbsleben gab es 9,602 Mill. weibliche Erwerbstätige und 0,081 Mill. weibliche Erwerbslose. Davon waren

    55,8 vH verheiratet,
    11,8 vH verwitwet/geschieden,
    32,4 vH ledig.

Die erwerbstätigen Frauen aufgeteilt nach ihrer Stellung im Beruf:

Selbständige	0,574 Mill.
mithelfende Familienangehörige	1,532 Mill.
Beamtinnen	0,229 Mill.
Angestellte	3,785 Mill.
Arbeiterinnen	3,482 Mill.[7]

2,608 Mill. erwerbstätige Mütter hatten Kinder unter 15 Jahren (davon 2,068 Mill. außerhalb der Land- und Forstwirtschaft), 1,175 Mill. Mütter hatten wenigstens ein Kind unter 6 Jahren (davon 0,923 Mill. außerhalb der Land- und Forstwirtschaft) zu betreuen[8]. Wie stark sich der Familienstand der erwerbstätigen Frauen in den letzten Jahrzehnten geändert hat, zeigt ein Vergleich mit früheren Jahren:

5 BT-Drucksache VI/2577, S. 2.
6 Statistisches Jahrbuch der BRD 1971, S. 122.
7 Ebd., S. 125.
8 Ebd., S. 128.

Verheiratet waren   1907 = 10   vH
                                 1925 = 35,9 vH
                                 1970 = 55,8 vH[9]

Rechnet man zu den im April 1970 verheirateten erwerbstätigen
Frauen die erwerbstätigen verwitweten und geschiedenen Frauen (11,8
vH) hinzu – sie haben oft auch »Familienpflichten« –, so beträgt der statistisch errechnete Anteil verheirateter oder verheiratet gewesener
Frauen mit Pflichten gegenüber Ehegatten und/oder Kindern in der
BRD 67,6 v.H. Der Anteil Frauen mit Familienpflichten an den erwerbstätigen Frauen muß aber wesentlich höher angesetzt werden, denn in
diesen Zahlen sind die ledigen Mütter nicht enthalten und außerdem –
das wird zuwenig beachtet – haben auch oft ledige Frauen Pflegedienste
an alten Angehörigen zu leisten. Solche Dienste stehen an Belastungen
und Beanspruchungen denen der Kindererziehung meistens nicht nach.
    Es ist festzustellen, daß die Mehrzahl der erwerbstätigen Frauen
heute beruflichen und familiären Belangen gerecht werden muß. Das
geht bei ganztätiger Erwerbstätigkeit und alleiniger oder überwiegender
Sorge um den Haushalt und die Familie vielfach zu Lasten der Gesundheit dieser Frauen. Dennoch versuchen viele Frauen beides: sie tun es
unter Aufbietung ihrer Kraft und unter Vernachlässigung ihrer persönlichen Belange. Das heißt, sie müssen auf vieles verzichten, was im weitesten Sinne als kulturelles Bedürfnis anerkannt ist.

Situationsanalyse: Befragungsergebnisse zur familiären Situation
»Angesichts der Technisierung reicht für den Mann im allgemeinen die
berufliche Leistung allein nicht mehr aus. Er muß auch in der Familie
dabeisein, nicht nur nebenherlaufen. Und angesichts der Verringerung
der Kinderzahl, der Verschiebung der Altersgrenze und der Lösung der
Produktion aus der Familie reicht für die Frau nicht mehr ihr Dasein in
der Familie. Sie muß auch im Rahmen der größeren Gemeinschaft etwas
leisten[10].« Familie und Beruf sind also Kompensationsfaktoren einerseits für die Anforderungen im Beruf, andererseits für die Einseitigkeit
einer nur auf den Haushalt bezogenen Tätigkeit. Deshalb sollten Vor-

---

9 Vgl. Statistische Jahrbücher der betreffenden Jahre.
10 Scheffler, Erna, Die Stellung der Frau in Familie und Gesellschaft im Wandel der
Rechtsordnung seit 1918, Frankfurt/Berlin 1970, S. 31.

bedingungen geschaffen werden, damit die Frauen und Männer mit Familienpflichten zugleich die Belange des Berufs und der Familie erfüllen und dadurch die Idee der Partnerschaft in die Tat umsetzen können[11].

Der Wunsch nach Partnerschaft ist heute bei vielen Menschen vorhanden. Das bestätigt auch eine Untersuchung, die der DGB zum »Jahr der Arbeitnehmerin«[12] durchführen ließ. 59 vH der Frauen – bei den 25- bis 34jährigen sogar 67 vH – sind bereits so optimistisch zu glauben, daß sich in den nächsten 20 Jahren die partnerschaftliche Lebensform durchsetzen werde. – Von den Arbeiterinnen waren 84 vH, von den Angestellten und Beamtinnen sogar 89 vH und von den verheirateten Männern, deren Ehefrauen berufstätig sind, auch über 80 vH der Ansicht, daß erwerbstätige Frauen ein Recht auf die Hilfe des Mannes im Haushalt haben, bzw., daß eine partnerschaftliche Aufgabenverteilung im Haushalt und in der Kindererziehung bestehen sollte.

Die verheirateten Männer sind zuwenig auf ihre Rolle in der Familie vorbereitet worden. Deshalb ist es interessant, daß 74 vH der Frauen und 59 vH der Männer, die befragt wurden, der These zustimmten, daß die Söhne genauso wie die Töchter zur Hausarbeit herangezogen werden sollten. – Daß Wunsch und Wirklichkeit der Partnerschaft allerdings noch weit auseinanderfallen, zeigt die Aussage der verheirateten Frauen: Nur 20 vH von ihnen konnten angeben, daß der Mann mit ihnen die Hausarbeit teile.

III. Vorbedingungen zur Verwirklichung des Rechts auf Arbeit: Hilfen der Gesellschaft

Die Verwirklichung des Rechts auf Arbeit für die Frau hängt nicht nur von dem rechten Rollenverständnis der Männer und Frauen ab, sondern auch von der Ausgestaltung der Lebensbereiche Beruf und Familie und den dazu gebotenen Hilfen seitens der Gesellschaft. Derzeit ist es erwerbstätigen Frauen und auch Männern nur schwer möglich, familiäre Aufgaben, wie die Haushaltsführung, die Kindererziehung oder die

11 Vgl. kritisch dazu Myrdal, Alva, und Klein, Viola, Die Doppelrolle der Frau in Familie und Beruf, 2. Auflage, Köln 1962.
12 Vgl. dazu die ausführliche Darstellung in »Frauen und Arbeit«, Nr. 9/72, die im folgenden referiert wird.

Pflege kranker und alter Angehöriger zu erfüllen. Sie wären besser dazu in der Lage, wenn sie sich für die erforderliche Zeit von der Erwerbsarbeit befreien lassen könnten, wenn sie die Möglichkeit einer flexibleren Arbeitszeitgestaltung hätten und/oder ein ausreichendes Angebot von Dienstleistungen und Institutionen aller Art, z. B. Kindergärten, Ganztagsschulen, Hauspflege usw. zur Verfügung ständen.

In der bereits erwähnten Untersuchung ist von den Befragten Auskunft über Maßnahmen gegeben worden, die sie für ihre persönliche Entlastung für vordringlich halten. Aus einem Katalog von Hilfen kristallisierten sich folgende fünf als vordringlich heraus:

gleitende Arbeitszeit,

Urlaub bei Krankheit von Familienmitgliedern,

Verlängerung der Mutterschutzfristen vor und nach der Geburt,

Kindergärten,

Ganztagsschulen.

Wenn alle Frauen und Mädchen darauf vertrauen könnten, daß in Zukunft einerseits der Ehemann zur Partnerschaft bereit und andererseits diese aufgeführten Hilfen garantiert wären, würden sicher viel mehr von ihnen von Anfang an eine langfristige Erwerbstätigkeit in ihrem Lebensplan berücksichtigen. Das hätte u. a. zur Folge, daß der Wunsch zu einer besseren Bildung und Ausbildung ausgeprägter wäre. Die Mädchen und Frauen wären mehr darauf bedacht, ihren Wissensstand auch in anderen Gebieten zu erweitern, ihr Interesse auch auf andere fachliche Bereiche als nur die auf spätere Haushaltsführung ausgerichteten zu verlagern.

Vorbedingungen zur Verwirklichung des Rechts auf Arbeit:
Ausweitung der Berufsfelder für Frauen

Am Jahresende 1969 waren die Mädchen bei den Auszubildenden in den Lehrberufen zu fast 94 vH an den folgenden Berufsgruppen orientiert: Textilhersteller und -verarbeiter, Handschuhmacher, Handelsberufe, hauswirtschaftliche Berufe, körperpflegerische Berufe, Organisations-, Verwaltungs- und Büroberufe, Gesundheitsdienst-Berufe, künstlerische Berufe.[13]

13 Errechnet nach Tabelle »Ausbildungsverhältnis nach ausgewählten Berufsgruppen« in BT-Drucksache VI/3689, S. 71.

Die traditionelle Vorstellung, daß Frauen vor allem für die Aufgaben in der Familie vorbereitet sein sollten, spiegelt sich auch hier wider. *Hofbauer* sieht in seiner Untersuchung über »Potentielle Berufsfelder für die Frauen« ebenfalls die Erklärung darin, »daß neben den natürlichen Unterschieden zwischen den Geschlechtern auch gesellschaftliche Bedingungen für die Existenz geschlechtstypischer Berufe maßgeblich sind. Eine soziologische Erklärung für die Existenz geschlechtstypischer Berufe bildet die Rollentheorie, nach der das soziale Verhalten der Menschen von den Erwartungen der Mitmenschen geprägt wird (rollenadäquates Verhalten)«[14]. Diese Rollenerwartungen führen auch dazu, daß Frauen nicht zu allen Berufen Zugang erhalten bzw. ihnen der Zugang zu bestimmten Tätigkeiten ungebührlich erschwert wird, obwohl sie dazu qualifiziert wären. Nach Hofbauer ergibt sich, daß in vielen Berufsbereichen der Anteil der Frauen wesentlich höher sein könnte, als er heute ist. So beträgt z. B. der Frauenanteil in den Facharbeiterberufen des Drehers, Fräsers, Metallschleifers in der BRD 3 bis 7 vH. In der DDR liegt er bei 10 bis 20 vH. Nach dem Urteil der befragten Vorgesetzten könnte der Anteil der Frauen in der BRD in diesen Berufen bei einem Drittel liegen. Daß Frauen zu technischen und naturwissenschaftlichen Berufen ebenso befähigt sind wie Männer, zeigt der hohe Anteil der Frauen in diesen Berufszweigen in osteuropäischen Ländern. Dort gibt es allerdings für Jungen und Mädchen bereits keine unterschiedlichen Lernprogramme im Kindergarten, in der Grundschule und in den weiterführenden Schulen.

Selbstverständlich sind es nicht allein die unzureichende Bildung bzw. Ausbildung oder die traditionellen Rollenerwartungen, die dazu führen, daß den Frauen der Zugang zu allen Berufen und zu allen Positionen verwehrt bzw. erschwert wird. Eine Analyse der Vorurteile über die Berufseignung von Frauen muß auch die sogenannten Leistungsaspekte, die von Arbeitgeberseite so gerne angegeben werden, mit umfassen. Frauen wird unterstellt, daß sie aufgrund ihrer biologischen Ausstattung leistungsgehemmt sind oder häufiger als Männer am Arbeitsplatz fehlen. Ebenso wird ihnen oft der andere Körperbau als leistungsmindernder Faktor vorgehalten. Diese Vorwürfe sind in dieser

---

14 Hofbauer, Hans, Potentielle Berufsfelder für Frauen, Mitteilungen aus der Arbeitsmarkt- und Berufsforschung, Kohlhammer, Stuttgart 1971, Heft 3, S. 337.

Form nicht berechtigt. Fehlen, durch typische Frauenkrankheiten verursacht, steht nach *Schmale*[15] erst an dritter Stelle der Häufigkeitsliste der Verursachung. Leistungsminderungen infolge anderen Körperbaus und anderer Körpermaße würden nicht entstehen, wenn der Arbeitsplatz auf die Erfordernisse des Arbeitnehmers, der ihn einnimmt, sei es eine Frau, sei es ein Mann, zugeschnitten wäre.

Vorbedingungen zur Verwirklichung des Rechts auf Arbeit:
Die Veränderung der Einstellung der Frau zur Berufsrolle

Betrachtet man die eingangs erwähnte DGB-Untersuchung einmal im Hinblick auf diese Ausführungen, so wird deutlich, daß Frauen selbstbewußter geworden sind und sie der Berufsrolle eine wichtige Bedeutung beizumessen beginnen. 67 vH der Arbeiterinnen und 81 vH der Angestellten/Beamtinnen gehen davon aus, daß eine teure Schul- und Berufsausbildung sich für Mädchen genauso lohnt wie für Jungen. 90 vH sind allerdings der Meinung, daß die Eltern ihren Kindern generell bessere Voraussetzungen für die berufliche Entwicklung geben sollten, als sie selbst hatten. Vergleicht man diese Aussage einmal mit den Antworten auf die Frage nach einer Lehre bzw. Anlernzeit der Befragten, so ergeben sich recht interessante Resultate. Während die jüngeren Arbeiterinnen (25–34 Jahre) zu 57 vH eine Lehre/Anlernzeit beendeten, sind es nur 39 vH der älteren Arbeiterinnen (35–44 Jahre). Auch bei den Angestellten/Beamtinnen haben die jüngeren (25–34 Jahre) zu einem höheren Prozentsatz (85 vH) eine Lehre/Anlernzeit gegenüber 73 vH der 35- bis 44jährigen. – Der Wunsch, im Beruf voranzukommen, drückt sich in der Antwort aus, daß Frauen, die in Wirtschaft oder Politik Karriere machen, zu bewundern sind. Diese Meinung vertreten in fast gleichem Umfang Arbeiterinnen (62 vH) und Angestellte/Beamtinnen (65 vH). Auf die Frage, ob Frauen zu bedauern sind, die im öffentlichen Leben eine führende Position einnehmen, antworten 69 vH aller Befragten mit »Nein«. 47 vH der Frauen sind ausdrücklich der Meinung, daß die berufliche Karriere der Frau nicht den Verzicht auf Kinder erfordert.

15 Schmale, Hugo, Analyse der Vorurteile über die Berufseignung von Frauen, in: Informationen für die Frau, 1/71, S. 3 f.

IV. Forderungen zur Verwirklichung des Rechts auf Arbeit, der Gleichberechtigung und der Chancengleichheit der Frau

Davon ausgehend, daß einerseits »Erwerbstätigkeit der Frauen für die Frauen selbst von wesentlicher Bedeutung, für die Volkswirtschaft unentbehrlich und für die Gesellschaft notwendig ist«[16], und andererseits den Belangen der Familie, insbesondere den Bedürfnissen der heranwachsenden Kinder bestens entsprochen werden muß, sollen hier im folgenden einige Forderungen, die zur Verbesserung der Situation der erwerbstätigen Frauen und ihrer Familien beitragen können, schwerpunktmäßig dargestellt werden.

1. Überprüfung von Rechtsvorschriften: Zahlreiche Beschäftigungsverbote und -beschränkungen, die in den vergangenen Jahrzehnten zum Schutz der erwerbstätigen Frauen erlassen worden sind, gelten heute noch. Diese Rechtsvorschriften wurden dem Stand der damaligen Erkenntnisse und Erfahrungen entsprechend ausgestaltet. Die Schutzvorschriften beschränken sich zumeist darauf, Frauen generell ohne Rücksicht auf individuelle Eignung von bestimmten Berufen und Tätigkeiten auszuschließen. Die infolge technischen Fortschritts veränderte Arbeitswelt, Ergebnisse der neueren medizinischen Forschung und die heutige Rolle der Frau im Beruf haben dazu geführt, daß einige dieser Beschränkungen jetzt von den Frauen als ungerechtfertigt und als Einschränkung ihres Rechts auf Arbeit angesehen werden. Sie dienen weniger als Schutz der Frau denn als Eingriff in ihren persönlichen Entscheidungsspielraum. Inzwischen setzt sich immer mehr die Auffassung durch, daß Generalverbote für bestimmte Tätigkeiten ihre Rechtfertigung verloren haben können, sie deshalb überprüft werden müssen und gegebenenfalls in Individualverbote umzuwandeln sind. Beispiel: Verordnung über die Beschäftigung von Frauen auf Fahrzeugen vom 2. 12. 1971.[17] Sie läßt jetzt für Frauen das Führen von Schienenfahrzeugen, Omnibussen und Lastkraftwagen zu. Voraussetzung ist lediglich eine ärztliche Bescheinigung darüber, daß keine gesundheitlichen Bedenken bestehen.

---

16 Programm des DGB für Arbeitnehmerinnen – Grundsätze und Forderungen, in: Frauen und Arbeit, 10/69, S. 3.
17 BGBl. I/1957.

2. Ein für die Gewerkschaften vorrangiges Problem ist, daß das *Prinzip des gleichen Entgelts für gleichwertige Arbeit* weder bei den Arbeiterinnen noch bei den Angestellten verwirklicht ist. Ein Drittel aller Arbeitnehmer in der BRD sind Frauen. Auf sie entfällt nur knapp ein Viertel der gesamten Bruttolohn- und -gehaltssumme. Dieses Verhältnis gilt generell auch dann, wenn man statt der Erwerbsquote zum Vergleich den Anteil der von Frauen geleisteten Arbeitsstunden zugrunde legt[18].

Von den *gewerblichen Arbeitnehmerinnen* in der Industrie ohne Bauindustrie waren im Oktober 1971[19]

6,0 vH in der Leistungsgruppe 1[20]. Ihr Bruttostundenverdienst lag durchschnittlich um DM 2,19 (28 vH) niedriger als der Verdienst der Männer;

46,5 vH in der Leistungsgruppe 2. Ihr Bruttostundenverdienst lag durchschnittlich um DM 1,76 (25 vH) niedriger als der Verdienst der Männer;

47,5 vH in der Leistungsgruppe 3. Ihr Bruttostundenverdienst lag durchschnittlich um DM 1,22 (19,5 vH) niedriger als der Verdienst der Männer.

Von den *weiblichen kaufmännischen Angestellten* in Industrie, Handel, Kreditinstituten und im Versicherungsgewerbe einschließlich Bauhauptgewerbe bzw. -handwerk waren im Oktober 1971[21]

4,4 vH in der Leistungsgruppe II[22]. Ihr Bruttomonatsverdienst war um DM 424,– (20 vH) niedriger als der Verdienst der Männer;

28,3 vH in der Leistungsgruppe III. Ihr Bruttomonatsverdienst war um DM 296,– (18,5 vH) niedriger als der Verdienst der Männer;

53,9 vH in der Leistungsgruppe IV. Ihr Bruttomonatsverdienst war um DM 250,– (21 vH) niedriger als der Verdienst der Männer;

18 Quantitative Aspekte der Frauenarbeit in der Volkswirtschaft, WWI-Mitteilungen, Mai 1971, S. 128 ff.

19 Preise, Löhne, Wirtschaftsrechnungen, Fachserie M, Reihe 15, I, Oktober 1971.

20 Zur amtlichen Definition der Leistungsgruppen, vgl. Hofbauer, Hans, Ausbildungs- und Qualifikationsstruktur der erwerbstätigen Frauen in der Bundesrepublik Deutschland, in: Gewerkschaftliche Monatshefte 11/1972, S. 700 ff.

21 Preise, Löhne, Wirtschaftsrechnungen, Fachserie M, Reihe 15, II, Oktober 1971.

22 Zur amtlichen Definition der Leistungsgruppen bei Angestellten, vgl. Hofbauer, a. a. O.

13,4 vH in der Leistungsgruppe V. Ihr Bruttomonatsverdienst war um DM 257,– (24 vH) niedriger als der Verdienst der Männer.

Ein Institut für Unternehmensberatung kam in einer Untersuchung in 700 Unternehmen aller Branchen und Größen zu der Feststellung: »Hat sich die Frau zur Führungskraft hochgearbeitet, wird sie im Normalfall um 21 vH schlechter bezahlt als ihr männlicher Kollege in gleicher Position[23].«

Durch gewerkschaftliche Arbeit wurde erreicht, daß in den Tarifverträgen die mit »Frauen« bezeichneten Lohngruppen beseitigt worden sind. In einer Anzahl Tarifverträgen gibt es aber dafür die sogenannten »Leichtlohngruppen«, deren Entgelte auch heute noch – wie früher – unter dem der Lohngruppe für männliche Hilfsarbeiter liegen. In der Praxis zeigt sich, daß – von ganz wenigen Ausnahmen abgesehen – nur Frauen nach diesen »Leichtlohngruppen« bezahlt werden. Es kann deshalb mit Recht gesagt werden, daß die »Leichtlohngruppen« die verschleiert fortgeführten verfassungswidrigen alten Frauenlohngruppen sind. Sie müssen ersatzlos gestrichen werden. – Eine andere Form der Benachteiligung der Frauen in ihrem Entgelt ergibt sich z. B. aus der Zuordnung einer Arbeit zu einer Lohn- bzw. Gehaltsgruppe, die im Verhältnis zu den Anforderungen anderer Entgeltgruppen zu niedrig angesetzt ist. Eigenartigerweise werden derartige Arbeiten ebenfalls vorwiegend Frauen zugewiesen, das heißt, die Arbeitsleistung der Frau wird häufig unterbewertet, weil die Belastungen und Beanspruchungen des Arbeitsplatzes nicht exakt ermittelt und bei der Eingruppierung berücksichtigt werden.

Der DGB fordert deshalb, bei der Bewertung der Arbeit die genaue Feststellung der Belastungen und Beanspruchungen wie: körperliche Belastungen, Belastungen von Sinnen und Nerven, Umgebungseinflüsse, Fachkönnen, Geschicklichkeit, Fingerfertigkeit, Verantwortung.

Schließlich wird auch, um ein weiteres Beispiel zu nennen, die Frau benachteiligt, deren Arbeitgeber zu ihrem Grundlohn einen niedrigeren »freiwilligen Zuschlag« zahlt als dem Mann.

Das neue Betriebsverfassungsgesetz bietet mit dem im § 87 ausgebauten Mitbestimmungsrecht der Betriebsräte in Fragen der Lohn- und Gehaltsgestaltung einen besseren Ansatz zur Beseitigung der Ungleich-

23 dpa-Sozialpolitische Nachrichten, 18/72, v. 1. 5. 72.

behandlung von Frauen und Männern bei der Festlegung der jeweiligen Lohn-/Gehaltsgruppe bzw. der Entgelte. Es kommt darauf an, daß mehr Frauen in den Betriebsräten und in den Lohnkommissionen der Gewerkschaften mitwirken. – In den letzten Jahren ist durch gewerkschaftliche Öffentlichkeitsarbeit ein verstärktes Problembewußtsein unter der Bevölkerung geweckt worden. Das zeigt auch das Ergebnis der DGB-Befragung:

84 vH der befragten Frauen und 82 vH der Männer sind der Ansicht, daß das Prinzip »gleicher Lohn für gleichwertige Arbeit« noch immer nicht realisiert ist. Für 40 vH der befragten Frauen wird die nicht leistungsgerechte Bezahlung direkt spürbar. Sie gaben an, daß die Nichtverwirklichung der Lohngerechtigkeit ihre eigene Tätigkeit betreffe. 87 vH der Frauen waren der Meinung, daß ihre Tätigkeit auch von einem Mann ausgeführt werden könnte, aber nur 35 vH vermuten, daß ein Mann ihre Arbeit für das gleiche Entgelt übernehmen würde.

3. Chancengleichheit in der Bildung: In den kulturpolitischen Grundsätzen des Grundsatzprogramms des DGB steht: »Jedem Kind müssen die seinen Anlagen und Befähigungen entsprechenden Bildungs- und Ausbildungsmöglichkeiten offenstehen, und zwar unabhängig von der sozialen Stellung und der wirtschaftlichen Lage der Eltern[24].« Voraussetzung für die Chancengleichheit sind gleiche Bildungsmöglichkeiten und Begabungsförderungen für Jungen und Mädchen. Dies ist u. a. zu verwirklichen durch: Einführung einer obligatorischen Vorschulstufe, verstärkte Errichtung von Ganztagsschulen, Übergang zum Gesamtschulsystem, Verwirklichung der Koedukation in allen Schulen, Verlängerung der Schulpflicht auf mindestens 10 Jahre, für Mädchen und Jungen unterschiedslose fortschrittliche und zukunftsorientierte Lehrpläne und Stundentafeln sowie entsprechendes Lehr- und Lernmaterial[25].

Heute bestehen noch Unterschiede in der Einstellung zur Bildung und Berufsausbildung zwischen Jungen und Mädchen. Die Statistik der Schulabgänger 1969/70 gibt darüber Aufschluß[26]:

24 Grundsatzprogramm des DGB, beschlossen auf dem Außerordentlichen Bundeskongreß am 21./22. 11. 1963.
25 Programm des DGB für Arbeitnehmerinnen, a. a. O., S. 10.
26 Ergebnisse der Berufsberatungsstatistik in der BRD 1969/70, Sonderheft zu ANBA Nr. 9/71, S. 9.

Schulbildung	männlich absolut	v. H.	weiblich absolut	v. H.
Hauptschule	237 074	63,9	219 170	64,0
ohne mittleren Bildungsabschluß	14 620	3,9	11 220	3,3
mit mittlerem Bildungsabschluß	68 100	18,3	77 128	22,6
Abitur	51 752	13,9	34 494	10,1
insgesamt	371 546	100,0	342,012	100,0

»Im Studienjahr 1970/71 waren knapp ein Drittel der Studenten an den wissenschaftlichen Hochschulen Frauen, lediglich an den pädagogischen Hochschulen war der weibliche Anteil mit 63 vH fast doppelt so hoch wie der der männlichen Studenten. Die Studentinnen konzentrierten sich an den wissenschaftlichen Hochschulen vorwiegend auf das Lehramt an Grund-, Haupt- und Realschulen, auf Sprach- und Kulturwissenschaften, Wirtschafts- und Sozialwissenschaften, Pharmazie und Medizin – die Fächerskala der männlichen Studenten war wesentlich breiter[27].«

Ähnliche Tendenzen wie bei der Teilnahme an allgemeinbildenden Schulen und Hochschulen – qualifikationsmäßig schlechtere Ausbildung, kürzere Ausbildung, Konzentration auf wenige Fächer – setzten sich bei den Mädchen auch in der betrieblichen und schulischen Berufsbildung fort[28]. Im Bericht der Bundesregierung über die Maßnahmen zur Verbesserung der Situation der Frau heißt es dazu: »Während an den Berufsfach- und Fachschulen einschließlich Technikerschulen und Schulen des Gesundheitswesens der Anteil der Mädchen 62 vH bzw. 52 vH im Jahre 1970 betragen hat, ist in der praktischen Berufsausbildung eine ungünstigere Situation der weiblichen Lehrlinge zu registrieren. Zwar ist der Anteil der Mädchen unter den Lehrlingen von 37 vH im Jahre 1969 auf 39 vH im Jahr 1970 gestiegen, aber trotz dieser Entwicklung bleibt der Anteil der Mädchen, die einen anerkannten Ausbildungsberuf erlernen, noch hinter dem Anteil der weiblichen Schulabgänger zurück, denn von allen Schulabgängern waren 48 vH weiblichen Geschlechts. Die Relation zum Ausbildungsberuf zeigt, daß noch immer erheblich mehr Mädchen als Jungen ohne volle Ausbildung eine

27 BT-Drucksache VI/3689, Bericht der Bundesregierung über die Maßnahmen zur Verbesserung der Situation der Frau, Bonn 1971, S. 1.
28 Bildungsbericht der Bundesregierung, 1970, S. 60.

Erwerbstätigkeit aufnehmen oder sich zumindest auf Ausbildungsgänge beschränken, die zu keinem anerkannten Ausbildungsabschluß führen[29].« Daraus ergeben sich weitere Forderungen für spezielle Maßnahmen für Mädchen:

– verstärkte Information und Beratung zur Erweiterung der Wahlmöglichkeiten für weiterführende Schulen und Ausbildungsgänge,

– Aufklärung der Eltern über die Notwendigkeit einer guten Schul- und Berufsausbildung für Mädchen,

– Maßnahmen zur Weckung von Lernmotivationen und Berufswünschen bei Mädchen im technisch-wissenschaftlichen, wirtschaftlichen und politischen Bereich.

Sowohl für Berufsaufklärung wie für Berufsberatung als auch für berufliche Ausbildung, Weiterbildung, Anpassung und Umschulung sind öffentliche Mittel bereitzustellen. – Die Hilfe für erwerbstätige Frauen und/oder Rückkehrerinnen in den Beruf sollte darin bestehen, Vorbereitungs-, Anpassungs-, Umschulungs- und Fortbildungskurse zu besuchen, die ihrer Vorbildung und ihren Fähigkeiten angepaßt sind.

4. Verbesserung der sozialen Sicherung und Schaffung einer eigenständigen, vom Ehemann unabhängigen Rentenentwicklung der Frau: Das geltende Rentenversicherungsgesetz ist sowohl für die pflichtversicherte Arbeitnehmerin als auch für die nichterwerbstätige Ehefrau mangelhaft. Der DGB hat in dem Antrag Nr. 138 des 9. Ordentlichen DGB-Bundeskongresses (1972) Vostellungen dazu entwickelt, wie diese Härten und Unzulänglichkeiten beseitigt werden sollten.

a) Die jahrzehntelangen Lohnbenachteiligungen der Frauen wirken sich außerordentlich ungünstig auf die Rentenhöhe aus. Diese auf die Renten fortgewälzten Benachteiligungen widersprechen dem Diskriminierungsverbot im Grundgesetz. Sie sind deshalb umgehend zu beseitigen durch einen Härteausgleich für die Versicherungszeiten, in denen eine ungleiche Behandlung der Frauen in ihrer Entlohnung bestand. Durch das 2. Rentenreformgesetz vom September 1972 ist für eine Reihe Frauen diese Härte etwas gemildert worden.

b) Die mit dem dritten Rentenversicherungsänderungsgesetz eröffnete Nachentrichtungsmöglichkeit für erstattete Beträge ist zwar optisch vorteilhaft, kann aber von der Mehrzahl der Arbeitnehmerinnen

---

29 BT-Drucksache VI/3689, a. a. O., S. 1.

nicht genutzt werden, weil die in der Versicherung verbliebenen Arbeitgeberanteile nicht wiederaufleben. Diese Arbeitgeberanteile sind Lohnbestandteile gewesen, die die Frauen verdient haben. Die Verweigerung der Wiedereinsetzung in den vorherigen Rechtsstand ist unbillig, deshalb wird gefordert: das Recht der Wiedereinzahlung der durch die Heiratserstattung zurückerhaltenen Arbeitnehmeranteile und das Wiederaufleben der in der Versicherung verbliebenen Beitragsanteile.

c) Nach den Vorschriften der RVO und AVG (Anlagen 1 und 2 zu § 1225a RVO und § 32 AVG) werden noch immer den Frauen niedrigere Pauschalwerte für bestimmte Ausfallzeiten angerechnet als den Männern. Diese Differenzierung nach der Geschlechtszugehörigkeit ist mit Art. 3 GG nicht zu vereinbaren. Sie muß deshalb umgehend beseitigt werden.

d) Die Kindererziehung ist eine gesellschaftlich wichtige Aufgabe. Aus ihr dürfen keine Nachteile im Rentenanspruch erwachsen. Genauso wie der Bund die Beiträge für die wehrdienstpflichtigen Männer übernimmt, muß er auch die Beitragszahlungen für einen angemessenen Zeitraum der Kindererziehung übernehmen.

e) In den Diskussionen der letzten Monate ist die mangelhafte soziale Sicherung der verheirateten Frauen offenkundig geworden. Es zeigt sich immer mehr, daß das geltende System der veränderten Stellung der Ehefrauen nicht gerecht wird und es auch den Grundsätzen der Gerechtigkeit und der Sozialstaatlichkeit widerspricht; denn die nicht selbst ausreichend versicherten Ehefrauen erhalten keine Leistungen bei vorzeitiger Invalidität. Im Falle der Ehescheidung haben sie meistens keinen Anspruch auf die sogenannte Geschiedenen-Witwenrente. Die Witwenrente ist für die meisten Frauen so niedrig, daß sie ihre Lebenshaltungskosten nur unzulänglich decken können. Beispiel: Am 1. 1. 1972 erhielten 65 vH der Arbeiterwitwen und 29,1 vH der Angestelltenwitwen nur eine Rente von unter 300,– DM im Monat[30].

Eine Änderung dieses Zustandes ist durch den Ausbau eines eigenständigen Rentenversicherungsanspruches der Frauen zu erreichen. Von folgenden Gesichtspunkten soll ausgegangen werden: In der Regel wird vor der Ehe durch Erwerbstätigkeit einschließlich Ausbildung die Versicherung begründet; diese muß auch während der Ehe fortgeführt

---

30 Vgl. BT-Drucksache VI/3254 (Rentenanpassungsbericht 1972, S. 40).

werden. – Ab Beginn der Ehe müssen beide Partner im Rentenrecht als Einheit betrachtet werden, d. h., die in der Ehe insgesamt erworbenen Rentenansprüche werden jedem Partner zu gleichen Teilen angerechnet und auf seinem Konto gutgeschrieben. – Während der Zeit der Kindererziehung sind die Versicherungsbeiträge aus öffentlichen Mitteln im Rahmen des Familienlastenausgleichs aufzubringen; der Beitrags- und Leistungsbemessung sollen mindestens 75 Prozent, besser aber 100 Prozent des Durchschnittseinkommens zugrunde gelegt werden. – Erzielt die Person, die das Kind erzieht, während dieser Beschäftigung ein Entgelt, welches einem geringeren Prozentsatz entspricht, dann muß ein Ausgleich bis zu diesem Prozentsatz geschaffen werden. – Für Zeiten, in denen ein Ehegatte keine Erwerbstätigkeit ausübt und nicht mindestens ein Kind bis zu einem bestimmten Alter erzieht, muß von dem anderen Ehegatten ein zusätzlicher Pflichtbeitrag für die Alterssicherung erbracht werden. – Mit dem Ausbau einer eigenständigen Rentenversicherung der Frau wird langfristig sukzessive eine Umgestaltung der Witwen-/Witwenrentenansprüche erfolgen können. Die dabei mögliche Beitragssenkung muß ausschließlich den Arbeitnehmern zugute kommen.

5. Ausbau der Hilfen im Bereich der Familie und Beruf: Nach dem Grundsatzprogramm nimmt der DGB die wirtschaftlichen, sozialen und kulturellen Interessen der Arbeitnehmer und ihrer Familien wahr. Aus diesem Grund wurde ebenfalls auf dem 9. Ordentlichen Bundeskongreß des DGB der vom DGB-Bundesfrauenausschuß gestellte Antrag Nr. 315: »Hilfen für die Arbeitnehmerfamilien« einstimmig angenommen. Ausgehend von dem Grundsatz, daß jedem Arbeitnehmerkind gleiche Startchancen und bestmögliche Entwicklung zu bieten sind, benachteiligte Familien hinreichend zu unterstützen sind und die gleichen Rechte der Partner verwirklicht werden müssen, wird u. a. gefordert:

Die ökonomischen Grundlagen sind durch die Neuregelung des Familienlastenausgleichs zu sichern. – Die Erziehungsfähigkeit der Eltern ist zu fördern. – Ein Sonderurlaub (Babyurlaub) ist für Mütter oder Väter in den ersten 18 Monaten nach der Geburt eines Kindes bei Zahlung eines angemessenen Entgeltes aus öffentlichen Mitteln zu gewähren. – Eine familienergänzende Erziehung für alle Kinder ab dem 3. Lebensjahr muß im Kindergarten ermöglicht werden. – Ausreichende ganztägig geöffnete Kindertagesstätten sind zu schaffen. – Es muß eine Arbeitszeitregelung gefunden werden, die die mehrfachen Funktionen der Ehepartner in Familie und Beruf berücksichtigt. – Die Freistellung von der Arbeit bei Erkrankung von Angehörigen muß unter Fortzahlung des Entgeltes ermöglicht werden. – Dienste der Hauspflege und Einrichtungen der Altenbetreuung und Altenpflege sind auszubauen.

V. 1972 – Jahr der Arbeitnehmerin

Der DGB hat das »Jahr der Arbeitnehmerin« unter das Motto »Solidarität« gestellt im Bewußtsein, daß die Situation der erwerbstätigen Frau nur verbessert werden kann, wenn Männer und Frauen gemeinsam zur Lösung der Probleme beitragen, und zwar auf allen Ebenen: in der Familie, im Beruf und in der Gesellschaft.

In der *Familie* geschieht dies durch eine partnerschaftliche Lebensführung und die Bereitschaft seitens des Mannes mitzuhelfen, daß auch die Frau, wenn sie es wünscht, ihr Recht auf Arbeit wahrnehmen kann und sie einen eigenständigen Anspruch auf soziale Sicherung bei Krankheit und Alter erhält. Im *Beruf* muß sich die Solidarität darin bewähren, daß noch bestehende Vorurteile gegenüber der Frau abgebaut werden, die Gleichberechtigung und die Gleichbehandlung verwirklicht und ihre Qualifikation und ihr Leistungsvermögen anerkannt werden. Die Interessenvertretung (Betriebsrat/Personalrat) der Frauen durch Männer sollte sich für die Probleme der Frau genauso einsetzen wie für die Männer: z. B. wäre es dadurch eher möglich, die Lohndiskriminierung der Frauen zu beseitigen. In der *Gesellschaft* kann sich diese Solidarität darin ändern, daß den Frauen die reale Chance eröffnet wird, sich in allen Bereichen des öffentlichen Lebens aktiv zu beteiligen. Dazu ist es erforderlich, die noch bestehenden Hemmnisse bei den Frauen selbst überwinden zu helfen und den Abbau der Vorurteile der Männer gegenüber der politischen Befähigung und Eignung der Frau zu fördern.

Der DGB hat durch seine intensive Arbeit und durch das Gewicht als größte Interessenvertretung der Arbeitnehmer vieles über den Gesetzgeber auf Bundes- und Landesebene und bei den Kommunen erreicht, dennoch gibt es ungelöste Probleme auf allen Ebenen. Im Jahr der Arbeitnehmerin standen bzw. stehen bestimmte Ziele im Vordergrund. Das sind u. a.:

1. Vorbereitung und Durchführung der *Betriebsrätewahlen* im ersten Halbjahr unter dem Aspekt, mehr Frauen für die Interessenvertretung im Betrieb zu gewinnen und sie dann bei der Wahl besonders zu unterstützen. Als Ergebnis dieser Arbeit, die vorwiegend bei den Einzelgewerkschaften lag, ist festzustellen, daß mehr Frauen in die Betriebsräte hineingekommen sind und daß eine Reihe von Frauen zum Betriebsratsvorsitzenden gewählt wurden. Es wird erwartet, daß die verstärkte Interessenvertretung der Frauen durch Frauen dazu beiträgt, spezifische Frauenprobleme in den Betrieben, wie etwa Arbeitsplatzgestaltung, Arbeitsplatzbewertung, gleiche Entlohnung für gleichwertige Arbeit und Verbesserung der Aufstiegschancen, schneller lösen zu können.

2. Information durch die *Befragung »Arbeitnehmerinnen 1972«* des DGB. Der Öffentlichkeit und allen denen, die an der Bildung der öffentlichen Meinung beteiligt sind, geben die Antworten der befragten Männer und Frauen Aufschluß über die aktuelle Situation der erwerbstätigen Frauen. Darüber hinaus sollen die Befragungsergebnisse für die Verantwortlichen in der Regierung, den demokratischen Parteien, bei befreundeten Organisationen und Institutionen ein Denkanstoß sein, um weitere Verbesserungen für die erwerbstätigen Frauen und ihre Familien zu schaffen. Gleichzeitig stellen sie wertvolles Arbeitsmaterial für die Kolleginnen und Kollegen im gewerkschaftlichen Bereich dar, die mit dem DGB um die Verwirklichung der Gleichberechtigung der Frau ringen.

3. *Werbung* für gewerkschaftliche Vorstellungen zur Verbesserung der Situation der Frauen durch eine Anzeige in Form eines Fragebogens in Zeitungen und Zeitschriften. An Hand der rund 9000 zurückgesandten Antworten können gewerkschaftliche Forderungen daraufhin überprüft werden, inwieweit sie von der Öffentlichkeit anerkannt und unterstützt werden. Neben den persönlichen Bemerkungen im Fragebogen bietet eine Vielzahl von beigefügten Briefen Aufschluß darüber, daß das »Jahr der Arbeitnehmerin« das Problembewußtsein bei Männern und Frauen gefördert hat. Sie machen aber auch deutlich, wieviel an gewerkschaftlicher und gesellschaftspolitischer Arbeit zur Lösung der Probleme, die in der Schilderung von Einzelfällen erkennbar wer-

den, noch zu tun ist. Eine andere Form gezielter Werbung und Aufklärungsarbeit wird schwerpunktmäßig im zweiten Halbjahr durchgeführt mit Großveranstaltungen, Podiumsdiskussionen und Informationsständen auf Straßen, Ausstellungen usw. Thematische Schwerpunkte sind spezielle Probleme der erwerbstätigen Frauen, z. B. die Entwicklung und Bedeutung der Frauenerwerbsarbeit, Arbeitschancen der Frauen, ihre Bildungssituation, die Verwirklichung des Prinzips gleiches Entgelt für gleichwertige Arbeit, Verbesserung und Ausbau der sozialen Sicherung der Frauen sowie Hilfen für Familien, damit Berufs- und Familienpflichten von den Frauen, die beide Pflichten übernehmen wollen oder müssen und auch von den Männern besser in Einklang gebracht werden können.

Davon ausgehend, daß die Auffassung von der Rolle und der Stellung der Frau in Familie, Beruf und Gesellschaft und die damit verbundenen Verhaltensweisen von Land zu Land einerseits stark voneinander abweichen können, daß sich andererseits viele Probleme der erwerbstätigen Frau in diesen so unterschiedlich strukturierten Ländern in gleicher Weise stellen, kommt es darauf an, auch international zusammenzuarbeiten. Viele Schwierigkeiten der erwerbstätigen Frau in einer sich wandelnden Welt werden eher zu lösen sein, wenn sich die Arbeitnehmer in Solidarität ihrer annehmen. Die in diesem Jahr stattfindende Internationale Konferenz über die Lohnprobleme der Frauen ist ein Versuch des IBFG, die Lohndiskriminierung der Frauen zu beseitigen. Das vom DGB durchgeführte »Jahr der Arbeitnehmerin« ist in diesem Sinne auch ein Beitrag zur internationalen Solidarität. Es ist eine wesentliche Vorbereitung der deutschen Gewerkschaften für das von der IAO für 1975 erklärte »Jahr der Frau«.

TEXT 25

Grundsätze
für die Arbeit der Sozialdemokratischen Frauen

I. Ziele sozialdemokratischer Frauenpolitik

I. 1 Die SPD erstrebt eine neue und bessere Gesellschaftsordnung: den demokratischen Sozialismus.

Sozialdemokratische Frauenarbeit kann keine andere politische Zielsetzung haben als die Politik der SPD insgesamt. Sie muß ihren aktiven Beitrag leisten zur Verwirklichung der sozialistischen Gesellschaft und gleichzeitig den Frauen den gleichen Anteil an den von der sozialistischen Bewegung bereits errungenen Fortschritten sichern.

I. 2 Der demokratische Sozialismus will vor allem eine neue Wirtschafts- und Sozialordnung schaffen, weil in unserer, von privatem Gewinn- und Machtstreben bestimmten Wirtschaft und Gesellschaft Demokratie, soziale Sicherheit und Entfaltung der freien Persönlichkeit gefährdet sind. »Die Vorrechte der herrschenden Klassen zu beseitigen und allen Menschen Freiheit, Gerechtigkeit und Wohlstand zu bringen, das war und das ist der Sinn des Sozialismus« (Godesberger Programm).

I. 3 Ziel des demokratischen Sozialismus ist eine Gesellschaftsordnung, in der die Grundwerte Freiheit, Gerechtigkeit und Solidarität verwirklicht sind. In ihr ist die freie Entwicklung eines jeden die Bedingung für die freie Entwicklung aller; das bedeutet die volle Selbstbestimmung des einzelnen ebenso wie die volle Selbstverwaltung der Gesellschaft. Sozialismus und vollendete Demokratie sind identisch.

I. 4 In der kapitalistischen Gesellschaft wird in einem komplizierten, arbeitsteiligen Prozeß gesellschaftlicher Reichtum von allen arbeitenden Menschen erzeugt. Diese durch die industrielle Fertigungsweise entstandene immense Produktivität würde Wohlstand, Bildung, Freiheit und Gleichheit für alle möglich machen.

I. 5 Aber nur eine kleine Minderheit, die Eigentümer der Produktionsmittel, verfügt über den gesellschaftlichen Reichtum und eignet ihn sich an.

I. 6 Aus diesem Grundwiderspruch der gesellschaftlichen Produktion einerseits und der privaten Aneignung ihrer Ergebnisse andererseits resultiert immer noch die auf ökonomischer und damit auch politischer Macht beruhende Herrschaft Weniger über die große Mehrheit der abhängig Arbeitenden und ihrer Familien.

I. 7   Diese Klassenherrschaft ist nicht unabänderlich. Denn die Entwicklung der Produktivkräfte und der Produktionsverhältnisse bietet die Möglichkeit zu ihrer Aufhebung.

I. 8   Die Erkenntnis dieser Möglichkeit ist der Ursprung der sozialistischen Bewegung als der Kraft, die überzeugt von der Notwendigkeit, Klassenherrschaft zu überwinden, bewußt politische und soziale Kämpfe zur Verwirklichung dieses Ziels plant und durchführt.

I. 9   Dieses Ziel kann nur erreicht werden, wenn alle Menschen ihre Fähigkeiten voll entfalten und ökonomische, organisatorische und geistig kulturelle Alternativen entwickeln und solidarisch durchsetzen.

I. 10   Deshalb müssen alle Frauen gleichberechtigt am gesellschaftlichen Veränderungsprozeß teilnehmen können. Der Beitrag der Frauen zu diesem Veränderungsprozeß ist weder ein Teil- noch ein Nebenaspekt gesellschaftlicher Veränderungsmöglichkeiten, sondern er ist unverzichtbarer Inhalt sozialistischer Politik.

I. 11   Der Beteiligung der Frauen stehen besonders große Schwierigkeiten entgegen. Denn die Abhängigkeit der übergroßen Mehrheit der Frauen ist doppelt begründet:

Mit der Versorgung des Haushalts und der Erziehung der Kinder übernehmen die Frauen gesellschaftlich notwendige Aufgaben.

Für diese Arbeit erhalten sie keinen Lohn.

Damit sind die Frauen, deren Leben einzig mit diesen Tätigkeiten ausgefüllt ist, unmittelbar und vollständig abhängig von ihrem Ehemann Diese Abhängigkeit ist nicht durch die Verpflichtung des Ehemannes zur Zahlung eines Hausfrauenlohnes aufzuheben; denn das würde die Verlängerung des Lohnarbeitsverhältnisses aus dem kapitalistisch organisierten Lohnarbeitsverhältnis mit all seinen Unterdrückungs- und Konkurrenzmechanismen in die Familie hinein bedeuten. Die nicht berufstätigen Frauen stellen den Mann als Ernährer der Familie unter den Zwang der absoluten Anpassung an die ökonomischen Verhältnisse, um ihre eigene wirtschaftliche Sicherheit und die ihrer Kinder zu gewährleisten. Die Beschränkung der Frauen auf den häuslichen Bereich ist somit ein wirksames Instrument zur Herrschaftssicherung und trägt dazu bei, die Chancen zur Schaffung einer neuen Gesellschaft zu verschlechtern.

Die berufstätigen Frauen schaffen gemeinsam mit den ebenfalls abhängig arbeitenden Männern den gesellschaftlichen Reichtum. Beide sind vom Besitz und der Verfügung über die von ihnen erarbeiteten Werte weitgehend ausgeschlossen.

Für die Frauenerwerbsarbeit kommt verschärfend hinzu, daß Frauen niedriger entlohnt werden und in wirtschaftlichen Krisenzeiten von Arbeitslosigkeit besonders betroffen sind. Hierin äußert sich der Widerspruch zwischen den Möglichkeiten der Nutzung gesellschaftlichen Reichtums für alle und der Wirklichkeit der Ungleichheit in seiner Verteilung besonders kraß.

Dies macht deutlich: Frauenprobleme sind keine gesellschaftlichen Randprobleme.

Die Unterdrückung der Frau ist kein Nebenwiderspruch, sondern ergibt sich unmittelbar aus dem Grundwiderspruch unserer Gesellschaftsordnung. Daraus folgt: das Bemühen der Frauen um Emanzipation, um ein Leben in Selbstbestimmung, wird nur Erfolg haben, wenn die Emanzipation der Frauen als Teil der gesellschaftlichen Befreiung von Fremdbestimmung gesehen wird.

I. 12   Die Forderung nach der Produktion und Aneignung des gesellschaftlichen Reichtums durch die abhängig arbeitenden Männer und Frauen *gemeinsam* schließt die volle Teilnahme der Frauen am Arbeitsleben ein. Sie gehört als unverzichtbarer Bestandteil in ein Langzeitprogramm zur Verwirklichung des demokratischen Sozialismus.

Diese Forderung wird nur durchgesetzt werden können, wenn Männer und Frauen gemeinsam für sie kämpfen.

I. 13   Für die ASF ist die Berufstätigkeit der Frauen nicht ein isoliertes Ziel sozialdemokratischer Frauenpolitik, sondern sie bedeutet eigenständige materielle Existenzsicherung, Chance zur Selbstverwirklichung und damit eine unabdingbare Voraussetzung für gesellschaftliche Veränderung hin zum demokratischen Sozialismus.

I. 14   Die Forderung nach Berufstätigkeit der Frauen im Rahmen eines Langzeitprogramms kann nicht bedeuten:

– die kurzfristige Realisierung dieser Forderung angesichts der noch bestehenden inhumanen Arbeitsbedingungen gerade für Frauen,

– den Zwang zur alternativen Entscheidung zwischen Kindern und Beruf,

– den weitgehenden Verzicht auf Reformen im Bereich Familie, Wohnen, Freizeit (Reproduktionsbereich).

I. 15   Sozialdemokratische Politik muß solche Sozialreformen verwirklichen, die den Frauen die volle, ungeschmälerte Teilnahme am gesellschaftlichen Arbeitsprozeß ermöglichen und erleichtern.

I. 16   Die Doppelbelastung der berufstätigen Frauen und Mütter durch Haushalts- und Familienpflichten muß durch ein System gesellschaftlicher Hilfen im Erziehungs-, Wohn- und Sozialbereich beseitigt werden.

I. 17   Die Situation der Frauen im Arbeitsleben muß durch den Kampf um bessere Entlohnung, bessere Qualifizierung und Humanisierung der Arbeitsbedingungen verändert werden. Die demokratischen Mitbestimmungsmöglichkeiten und -rechte müssen so ausgebaut werden, daß die Frauen sich die materiellen, organisatorischen und emotionalen Voraussetzungen zur Wahrnehmung ihrer Interessen schaffen können.

II. Rahmenbedingungen sozialdemokratischer Frauenpolitik

II. 1   Die Durchsetzung [dieser] zentralen Forderungen sozialdemokratischer Frauenpolitik und die Realisierung jedes einzelnen Teilzieles werden nicht ohne tiefgreifende Konflikte und sogar Rückschläge möglich sein.

Die sozialistische Bewegung, die sich die Aufhebung der Herrschaft von Menschen über Menschen zum Ziel gesetzt hat, muß damit rechnen, daß diejenigen, die Herrschaft ausüben, diese nicht kampflos aufgeben werden.

II. 2   Auch die SPD als Regierungspartei stößt immer wieder an die Grenzen politisch-parlamentarischer und staatlicher Handlungsmöglichkeiten einer Politik sozialer und demokratischer Reformen. Dennoch ist es für die SPD unerläßlich, die Staatsmacht zu erringen, um den Staat und die Gesellschaft schrittweise demokratisch zu verändern im Interesse der abhängig arbeitenden Menschen.

Dabei müssen sich Sozialdemokraten darüber klar sein, daß solche Veränderungen – obwohl die demokratische Verfassung der Bundesrepublik Deutschland dazu die Möglichkeit gibt – auf massiven Widerstand der wirtschaftlich Mächtigen stoßen wird.

II. 3 Die Auseinandersetzungen um die Reformpolitik der SPD in den letzten Jahren machen deutlich, daß jeder Schritt zur Mit- und Selbstbestimmung, auch der Frauen in ihrem angeblich privaten Bereich, als Gefahr für die bestehenden Herrschaftsverhältnisse bekämpft wurde.

Das zeigt sich insbesondere am Streit um die Reform des § 218 StGB im Sinne der Fristenlösung, an der Reform des Ehe- und Familienrechtes, aber auch an dem erbitterten Einsatz aller Mittel durch die ökonomisch Herrschenden und ihre politischen Erfüllungsgehilfen gegen die paritätische Mitbestimmung, die Reform der beruflichen Bildung und die Reform des Bodenrechts.

Die Verwirklichung dieser Reformen wird in Krisensituationen zusätzlich erschwert durch die Angst der Bevölkerung vor den scheinbar unlösbaren ökonomischen Problemen. Die SPD als Regierungspartei ist in solchen Situationen gezwungen, die bestehenden Herrschafts- und Abhängigkeitsverhältnisse zur Sicherung der materiellen Existenzgrundlage aufrechtzuerhalten; gleichzeitig muß sie über die Grenzen ihrer Handlungsmöglichkeiten aufklären mit dem Ziel, für weitergehende gesellschaftliche Veränderungen eine Massenbasis zu gewinnen.

Ein solidarisches politisches Handeln von SPD und Gewerkschaftsbewegung ist dabei eine unabdingbare Voraussetzung.

III. Strategie sozialdemokratischer Frauenpolitik

III. 1 Reformen zur Veränderung der Rahmenbedingungen unserer Gesellschaft können nur mit einer Strategie durchgesetzt werden, die der ökonomischen Macht der Kapitalisten die organisierte Macht der sozialistischen Bewegung, d. h. der SPD und der Gewerkschaften, gestützt auf eine Massenbasis in der Bevölkerung, entgegensetzt. Dieses ist möglich durch ein Konzept grundsätzlicher gesellschaftlicher Strukturreformen, das nach folgenden Kriterien aufgebaut sein muß:

– Es muß die Lage der arbeitenden Männer und Frauen verbessern.

– Es muß langfristig zur Verwirklichung des demokratischen Sozialismus beitragen.

– Es muß zu vermitteln sein und die Mobilisierung der Bevölkerung für die Teilziele und die langfristigen Ziele erreichen.

III. 2 Sozialdemokratische Frauenpolitik muß daher ein Konzept aufeinander abgestimmter kurz-, mittel- und langfristiger Maßnahmen entwickeln, um die materielle Lage der Frauen zu verbessern und ihre Mitwirkung an der Veränderung der Gesellschaft zu ermöglichen. Dabei muß der Tageskampf um Sozialreformen einen zentralen Stellenwert erhalten: als Kampf zur Verbesserung der materiellen Lebensbedingungen und als Voraussetzung für ein Bewußtsein, das die Veränderung der eigenen sozialen Situation und der Gesellschaft für möglich hält.

III. 3 Die kurzfristigen politischen Tagesforderungen müssen, wenn sie für Frauen grundsätzliche Veränderungen bringen sollen und nicht lediglich ihre Anpassung an das bestehende System fördern, mit der Perspektive mittelfristiger Strukturreformen in gesellschaftlichen Teilbereichen und der langfristigen sozialistischen Zielsetzung verknüpft werden.

Diese Persektive darf sozialdemokratische Frauenpolitik nicht aus den Augen verlieren, auch wenn sie in wirtschaftlichen und politischen Krisenzeiten von Rückschlägen bedroht wird.

III. 4 Dieses Konzept muß umgesetzt werden in ein politisches Arbeitsprogramm, mit dem [die Handlungen und Aktivitäten] sozialdemokratischer Frauen in Partei, Parlamenten und in den Gruppen der Bevölkerung übereinstimmen.

Ein solches Arbeitsprogramm muß Forderungen für einen überschaubaren Zeitraum und eine einheitliche Durchsetzungsstrategie innerhalb der ASF und der SPD enthalten. [Die Verpflichtung von ASF-Funktionärinnen und Mandatsträgerinnen auf dieses Programm schafft die Möglichkeit der Kontrolle bei der Durchsetzung dieser Forderungen.]

III. 5 Mit dem Konzept der grundlegenden Strukturreformen kann der Kampf um Sozialreformen in eine langfristige Strategie zur Verwirklichung des demokratischen Sozialismus einbezogen werden. Unter diesen Bedingungen hat die theoretische und programmatische Diskussion der Frauenpolitik innerhalb der ASF und innerhalb der gesamten sozialistischen Bewegung eine theoretische wie praktische Perspektive.

Vorbemerkung

IV. 1 Die folgenden Forderungen stellen weder einen flächendecken-den Forderungskatalog dar, noch bieten sie sich zu einer unmittelbaren Umsetzung in parlamentarische Gesetzesarbeit an. Vielmehr wollen sie die zentralen inhaltlichen Zielvorstellungen und Leitlinien von ASF-Arbeit in den nächsten Jahren angeben und diese zugleich in Teilaspekte und Teilziele für die praktische ASF-Arbeit untergliedern.

1. Grundforderung

IV. 2 Es müssen die Voraussetzungen für die gleichberechtigte Erwerbs-tätigkeit der Frauen geschaffen werden.

Das bedeutet für die Arbeitswelt: Der Grundsatz »Gleicher Lohn für gleichwertige Arbeit« muß verwirklicht werden.

– Die Leichtlohngruppen müssen abgeschafft werden.

– Es müssen neue Maßstäbe für die Bewertung der Arbeitsleistung entwickelt werden (Berücksichtigung nicht nur der physischen, son-dern auch der psychischen Belastung).

– Es muß die Zersplitterung von Belegschaften in eine Vielzahl von Akkord- und Lohngruppen abgebaut werden.

–·Die Überbewertung von formalen Berechtigungen muß ersetzt werden durch eine Bewertung der tatsächlichen Qualifikation, vor al-lem der in der Arbeit gewonnenen Erfahrungen.

IV. 3 *Das bedeutet für die Bildung:* Das Recht auf Bildung muß auch für Frauen über den formalen Anspruch hinaus faktisch verwirk-licht werden.

– Durchlässigkeit und Öffnung aller Ausbildungeinrichtungen und die Schaffung eines integrierten Gesamtschulsystems sind die unab-dingbaren Voraussetzungen für jede demokratische Bildungsreform, die gleiche Qualifikationen für alle Jugendlichen bieten kann.

– Mädchen und Jungen müssen nach gleichen Lehrplänen in densel-ben Unterrichtsfächern unterrichtet werden.

– Schulbücher, die traditonelle Rollenvorstellungen vermitteln, dür-fen nicht genehmigt werden.

– Rollenklischees, die zu Benachteiligungen führen, müssen über-wunden werden. Weder darf es noch länger Sonderbestimmungen in

der Schulbesuchspflicht für Mädchen geben, noch dürfen un- und angelernte Arbeiterinnen in der Berufsschule weiterhin in hauswirtschaftliche Klassen eingewiesen werden.

– Für Mädchen und Jungen ist eine allgemeine Berufsbildungspflicht
einzuführen.

– Über die allgemeine Forderung auf lebenslanges Lernen hinaus
müssen für Frauen, ausgehend von ihrer besonderen sozialen Situation,
spezifische Bildungsangebote gemacht werden, die ihre besondere Le-
benssituation berücksichtigen. Altermäßige und vorbildungsmäßige
Begrenzungen für Fördermaßnahmen müssen aufgehoben werden. Für
erwerbstätige Frauen muß ein verstärktes Angebot in betriebsnaher Bildungsarbeit gemacht werden, das von den Vertrauensleutekörpern im
Betrieb oder den örtlichen Frauenausschüssen der Gewerkschaften
durchgeführt werden soll.

Für Hausfrauen müssen berufsqualifizierende Angebote durch Einrichtungen der öffentlichen Erwachsenenbildung geschaffen werden.

IV. 4 *Das bedeutet für den Bereich Familie, Wohnen und Erholung:* Die Familie soll von Aufgaben entlastet werden, die kooperativ
oder öffentlich erfüllt werden können.

– Eine familienergänzende Erziehung der Kinder muß durch ein dif-
ferenziertes Angebot öffentlicher Einrichtungen, wie Tageseinrichtun-
gen für Kleinstkinder, Kindergärten, Kindertagesstätten und Ganztagsschulen sichergestellt werden. Diese Einrichtungen sollen geschlechtsspezifische Benachteiligungen überwinden helfen, soziales Lernen,
Einübung solidarischen Verhaltens ermöglichen. Ihre Organisation
(Öffnungszeiten etc.) soll von der Situation berufstätiger Eltern ausgehen.

– Neue Dienste und gemeinschaftliche Einrichtungen, in denen Aufgaben der Haushaltsführung rationeller und kostensparender erledigt
werden können, sind im sozialen und gemeinnützigen Wohnungsbau
durch Bewilligungsrichtlinien und -auflagen zu gewährleisten.

2. Grundforderung

IV. 5 Alle gesellschaftlichen Bereiche müssen von den Grundwerten
der Humanität und Solidarität durchdrungen werden. Der politische
Kampf der Frauen für ihre Befreiung von inhumanen Zwängen und Ab-
hängigkeiten ist ein unverzichtbarer Beitrag zu diesem Ziel.

IV. 6 *Das bedeutet für die Arbeitswelt:* Die Arbeitsbedingungen und Arbeitsbeziehungen müssen umfassend humanisiert werden. Die Frauen sind aufgrund ihrer unzureichenden Qualifizierung, ihrer anerzogenen Duldsamkeit und ihres Verständnisses von Erwerbstätigkeit als Übergangs- und Notlösung inhumanen Arbeitsbedingungen besonders ausgeliefert.

– Der Arbeitsprozeß muß menschenwürdig organisiert werden. Die extreme Arbeitsteilung in monotone Handgriffe und Arbeitsvorgänge muß abgebaut werden. Die Bandgeschwindigkeiten müssen verringert werden. Bei der Konstruktion von Maschinen und der Planung von Arbeitsabläufen müssen von vornherein Bedürfnisse und Möglichkeiten der arbeitenden Menschen berücksichtigt werden. Neue Kriterien der Arbeitsplatzbewertung müssen entwickelt und eingesetzt werden. Die Nacht- und Schichtarbeit muß eingeschränkt werden, die Urlaubszeiten müssen verlängert werden. Der bezahlte Bildungsurlaub muß gesetzlich eingeführt werden. Die arbeitsmedizinische Betreuung im Betrieb und die Beschäftigung von Sicherheitsingenieuren muß in der Praxis durchgesetzt werden. Der Mutterschutz muß verbessert werden.

– Der rechtliche Rahmen der Arbeitsverhältnisse muß im Sinne einer gleichwertigen sozialen Sicherung der Arbeitnehmer reformiert werden. Noch bestehende arbeits- und sozialrechtliche Benachteiligungen erwerbstätiger Frauen müssen beseitigt werden. Jede Frau muß die Möglichkeit haben, durch Beitragszahlung aus eigener Erwerbstätigkeit sowohl an der Solidargemeinschaft der Sozialversicherten teilzunehmen als auch für ihre eigene Sicherung bei Krankheit und Alter ausreichend vorzusorgen. Zeiten der Kindererziehung sind in begrenztem Umfang in der Rentenversicherung anzurechnen. Alle anderen Regelungen, auch die 60%ige Witwenrente, sind unbefriedigend, eine Diskriminierung der Frauen und eine große Belastung der Versichertengemeinschaft.

Auch im Steuerrecht sind noch bestehende Benachteiligungen für erwerbstätige Frauen zu beseitigen. *Die steuerliche Begünstigung der Einverdienerehen durch das Splitting-Verfahren ist ungerechtfertigt.* Die steuerliche Gleichstellung der unvollständigen mit der vollständigen Familie muß erreicht werden.

IV. 7 *Das bedeutet für die Bildung:* Übergreifendes Ziel aller Bildungsprozesse ist die Vermittlung von Fähigkeiten und Kenntnissen zur Beherrschung der Umwelt, d. h. zum einen, Qualifizierung für einen Beruf, zum anderen, Erwerb von sozialen Fähigkeiten und Verhaltensweisen, die solidarisches Handeln zur Veränderung der Gesellschaft im Sinne des demokratischen Sozialismus ermöglichen. Dieses Ziel gewinnt für Frauen besondere Bedeutung, weil es die gegenwärtig noch vorherrschenden, geschlechtsspezifischen Erziehungsnormen von Anpassung, Unterordnung und Beschränkung auf den »privaten Bereich« ablösen helfen kann.

– Es muß ein einheitliches Bildungssystem mit einem kontinuierlichen Angebot für alle Altersgruppen geschaffen werden.

– Die Lerninhalte müssen einer gründlichen Revision unterzogen werden. Sie müssen an den konkreten Lebenserfahrungen der Kinder ansetzen und die Kinder befähigen, sich kritisch mit der gesellschaftlichen Realität auseinanderzusetzen. Die Befähigung zum solidarischen Verhalten, zur Selbst- und Mitbestimmung, ist oberstes Lernziel.

– Die berufliche Ausbildung muß in öffentlicher Verantwortung und Kontrolle stattfinden. Die berufliche Bildung darf kein gesonderter Bereich des Bildungssystems bleiben. Die Integration der allgemeinen und beruflichen Bildung ist durchzusetzen. Die Ausbildungsinhalte müssen nach dem Prinzip einer breiten Grundbildung und späten Spezialisierung neu bestimmt und geordnet werden, um den Jugendlichen eine möglichst hohe Flexibilität und Mobilität im Berufsleben zu gewährleisten.

– Das Weiterbildungssystem muß ausgebaut werden. Die Trennung von politischer und allgemeiner Erwachsenenbildung muß aufgehoben werden.

IV. 8 *Das bedeutet für den Bereich Familie, Wohnen und Erholung:* Im Reproduktionsbereich müssen Kommunikationsformen und Formen des Miteinanderlebens entwickelt werden, die fester als bisher auf der Anerkennung der gleichen Menschenrechte von Kindern, Frauen und Männern beruhen.

– Es müssen neue Wohnformen entwickelt werden, die dem Einzelnen mehr Entfaltungs- und Entspannungsmöglichkeiten bieten und die Kommunikation und Solidarität aller Bewohner fördern (Veränderung der Wohnkleinstruktur, Wohn-Mischformen etc.).

– Die traditionellen Normen und Vorurteile über die Rollenzuweisung innerhalb der Familie und die Abkapselung der Familie gegenüber der Umwelt müssen überwunden werden (Einrichtung von Bürgerzentren und anderen Gemeinschaftseinrichtungen).

– Über die gegenwärtige Reform des Familien- und Eherechts hinaus müssen Gesetze und Rechtssprechung ständig darauf überprüft werden, ob sie ein Optimum an Entfaltungsmöglichkeiten für alle Familienmitglieder bieten.

3. Grundforderung

IV. 9   Das demokratische Prinzip der Beteiligung aller an Willensbildungs- und Entscheidungsprozessen muß in allen gesellschaftlichen Bereichen verwirklicht werden. Reformen zur Veränderung der Gesellschaft können nicht von oben verordnet werden, sondern müssen von den Betroffenen selber vorangetrieben und getragen werden.

IV. 10   *Das bedeutet für die Arbeitswelt:* Die Entscheidungsprozesse in der Arbeitswelt müssen vom Arbeitsplatz des Einzelnen über die Unternehmensebene bis zur gesamtwirtschaftlichen Ebene umfassend demokratisiert werden. Die paritätische Mitbestimmung muß eingeführt werden.

– Entscheidungen über die Gestaltung des Arbeitsplatzes und die Arbeitsorganisation müssen von den Betroffenen mitgetragen werden. Die in den Betrieben Arbeitenden müssen stärker am Zustandekommen der Tarifforderungen beteiligt werden. Die Tätigkeit der gewerkschaftlichen Vertrauensleute während der Arbeitszeit muß rechtlich abgesichert werden, ebenso Kündigungsschutz, partielle Arbeitsfreistellung und Bildungsurlaub für Vertrauensleute.

– Die paritätische Mitbestimmung auf Unternehmensebene muß verwirklicht werden, damit die abhängig Beschäftigten die Entscheidungen auf Unternehmensebene, die vor allem ihre Arbeitsplatzsicherheit betreffen können, wirksam beeinflussen können. Eine Vertretung der Gewerkschaften in den Mitbestimmungsgremien ist unerläßlich, damit die über das einzelne Unternehmen hinausgehenden Interessen der Arbeitnehmerschaft berücksichtigt werden.

– Auf gesamtwirtschaftlicher Ebene ist eine demokratisch organisierte gesamtgesellschaftliche Lenkung der Investitionen unter Beteiligung der Gewerkschaften durchzusetzen.

IV. 11   *Das bedeutet für die Bildung:* Die Lernenden müssen das Recht und die Möglichkeit zur Selbstorganisation der Lernprozesse im

Rahmen vorgegebener Lernziele haben. Die Mitbestimmung von Lehrern und Eltern im Bildungsprozeß ist zu verwirklichen.

– Die Mitwirkungsmöglichkeiten in Schulen und Kindergärten müssen von den Eltern wie von den Schülern voll genutzt werden und erweitert werden, weil sie zur Demokratisierung von Erziehungs- und Bildungseinrichtungen beitragen können, das Erziehungsverständnis und -verhalten in der Familie beeinflussen und auch den Frauen die Beteiligung an einem gesellschaftlichen Bereich eröffnen, die zur Zeit nicht berufstätig sind.

IV. 12 *Das bedeutet für den Bereich Familie, Wohnen und Erholung:* Auch im Reproduktionsbereich muß die Fremdbestimmung überwunden werden durch Erweiterung individueller Selbstbestimmung und durch Solidarisierung von Betroffenen.

– Die Institution der Familie darf nicht als Selbstzweck verstanden werden; auch die Familie soll den Bedürfnissen und Selbstverwirklichungsansprüchen der Menschen dienen.

– Maßnahmen der Elternbildung sind vor allem unter dem Aspekt der Befähigung zur Solidarität und Mitbestimmung zu sehen; sie sollen Eltern nicht nur pädagogisch beraten und informieren, sondern sie in die Lage versetzen, gemeinsam für die Interessen ihrer Kinder einzutreten.

– Die anstehende Reform des Jugendhilferechts muß jedem jungen Menschen ein Grundrecht auf Erziehung und Bildung gewähren und seine Rechtsstellung gegenüber Eltern und Staat durch wirksame Mit- und Selbstbestimmungsrechte verbessern. Jugendhilfe darf den Jugendlichen nicht als Objekt staatlicher und familiärer Maßnahmen sehen.

– Unter den gegenwärtigen Lebensbedingungen sind die Frauen die von der Unwirtlichkeit unserer Städte und Wohngebiete am stärksten Betroffenen. Sie müssen in besonderem Maße an Planungsprozessen und Initiativen zur Behebung von Planungs- und Baumißständen beteiligt werden.

V. Sozialdemokratische Frauenarbeit in der SPD

V. 1 Die programmatische Diskussion in der SPD zur Situation der Frauen steht in besonderem Maße im Spannungsfeld zwischen dem ak-

tuellen Vorrang des konkret Machbaren und der Einordnung in länger-
fristige gesellschaftsverändernde Zielvorstellungen. Denn gerade eine
ernsthafte Diskussion der Frauenfrage kann sich nicht auf pragmatische
Verbesserungsvorschläge beschränken, sondern muß an den Zielen gesellschaftlicher Veränderung im Sinne des demokratischen Sozialismus
festgemacht werden.

V. 2   Innerhalb der Partei ist ein Bewußtsein für die grundlegende
Bedeutung der Frauenfrage noch kaum in Ansätzen vorhanden. Die
unübersehbare Benachteiligung der Frauen wird zwar mit Bedauern,
aber doch nur als Randproblem zur Kenntnis genommen.

V. 3   Vor Wahlen wird allenthalben bekundet, wie wichtig es sei,
daß Frauen aufgestellt und gewählt werden würden. Hinterher wundert
man sich, daß es wieder nur so wenige »geschafft« haben. Es ist richtig
und wichtig, daß Frauen Mandate erringen; denn nur so können sie ihre
Forderung innerhalb und außerhalb wirksam durchsetzen.

V. 4   Die Situation der Frauen in der Partei kann aber nicht nur an
der Zahl der erreichten Mandate gemessen werden. Sie ist vielmehr in
erster Linie gekennzeichnet durch die Art und Weise, wie die Frauenfrage in der innerparteilichen Diskussion behandelt wird: sogenannte
Frauenprobleme werden mit freundlicher Duldsamkeit zur Kenntnis
genommen; ebenso oberflächlich ist die Bereitschaft, punktuelle Forderungen der Frauen verbal zu unterstützen.

V. 5   Es liegt nicht an bewußt verweigerten Hilfen, daß Frauen auch
in der SPD benachteiligt sind. Die Hauptursache für die mangelnde po-
litische Repräsentanz von Frauen und das fehlende Bewußtsein von
Männern und Frauen für diese Lage liegt vielmehr darin, daß es in der
Programmatik unserer Partei weder Aussagen zur gesellschaftlichen
Lösung der Frauenfrage gibt – geschweige denn eine entsprechende po-
litische Praxis –, noch eine Übereinstimmung darüber besteht, daß diese
Arbeit zunächst von den Frauen selbst getragen werden muß.

Das Godesberger Programm knüpft lediglich an die traditionellen
Vorstellungen von Frauen- und Familienpolitik an und läßt zentrale
Fragen, wie z. B. die Problematik der Frauenerwerbstätigkeit, offen:

»Die Gleichberechtigung der Frau muß rechtlich, sozial und wirtschaftlich verwirklicht werden. Der Frau müssen die gleichen Möglichkeiten für Erziehung und Ausbildung, für Berufswahl, Berufsausübung
und Entlohnung geboten werden wie dem Mann.

Gleichberechtigung soll die Beachtung der psychologischen und biologischen Eigenarten der Frau nicht aufheben. Hausfrauenarbeit muß als Beruf anerkannt werden. Hausfrauen und Mütter bedürfen besonderer Hilfe. Mütter von vorschulpflichtigen und schulpflichtigen Kindern dürfen nicht genötigt sein, aus wirtschaftlichen Gründen einem Erwerb nachzugehen.

Staat und Gesellschaft haben die Familie zu schützen, zu fördern und zu stärken. In der materiellen Sicherung der Familie liegt die Anerkennung ihrer ideellen Werte.«

V. 7 Die Frage nach Zusammenhängen von Mißständen und nach den gesellschaftlichen Ursachen wird nicht gestellt. So werden unter der Marke »Frauenpolitik« ausschließlich rein pragmatische Vorschläge behandelt, wie z. B. Tagesmütter, Teilzeitarbeit, Hausfrauenrente usw. Es werden kurzfristige Erleichterungen für Frauen angestrebt, die keinesfalls immer als strategisch richtige Schritte in einer langfristigen Perspektive bezeichnet werden können.

V. 8 Angesichts dieser Situation ist es Aufgabe der ASF, ein Programm zu entwickeln und schrittweise zu konkretisieren, das einerseits die gesellschaftlichen Ursachen der Benachteiligung erklärt und andererseits Strategien zu ihrer Aufhebung entwirft.

V. 9 Diese Funktion der ASF ergibt sich aus der Notwendigkeit:

– Problembewußtsein in der Partei und darüber hinaus in der gesamten Bevölkerung zu wecken und zu vertiefen.

– Einer emanzipatorischen Politik für die Frauen den ihr gebührenden Stellenwert im Rahmen gesamtgesellschaftlicher Reformpolitik zu sichern.

– Forderungen, die in der Bevölkerung erhoben werden, aufzugreifen und daran die Rahmenbedingungen zu verdeutlichen.

– Die Betroffenen zu mobilisieren und ihre Selbstorganisation zu fördern.

– Dafür zu sorgen, daß Frauen Solidarität erfahren können und ihre Probleme im Zusammenhang der gesamtgesellschaftlichen Situation sehen lernen.

Voraussetzungen zu schaffen, daß Frauen in den politischen Gremien ausreichend repräsentiert sind.

– Durch Schulung die Fähigkeiten für politische Arbeit zu entwikkeln und zu stärken.

V. 10 Diese für die Gesamtpartei notwendige Arbeit der ASF muß finanziell sichergestellt werden. Es ist ein unerträglicher Zustand, daß die ASF auf allen Ebenen einen übergroßen Teil ihrer Energien darauf verwenden muß, die bescheidensten finanziellen und organisatorischen Voraussetzungen für ihre Arbeit zu schaffen.

V. 11 Die Bereitschaft zum politischen Engagement ist bei vielen Frauen zwar grundsätzlich vorhanden, hat jedoch einen eher diffusen Charakter. Es ist bemerkenswert, daß in den Wählerinitiativen und Bürgerinitiativen der letzten Jahre die Frauen zahlenmäßig recht stark vertreten waren, diese Aktivitäten jedoch nur in wenigen Fällen in parteipolitischen Einsatz mündeten.

V. 12 Die Gründe für diese politische Abstinenz ergeben sich sowohl aus den gesellschaftlichen Rahmenbedingungen (s. auch Kap. III) als auch aus der Parteiorganisation selbst.

Was die Arbeit innerhalb der Partei betrifft, so müssen Barrieren abgebaut werden, die sich hindernd den Aktivitäten von Frauen – aber nicht nur ihnen! – entgegenstellen.

V. 13 Ein großes Problem ist die Verselbständigung und Bürokratisierung der Organisation, die den Anforderungen einer demokratischen Massenpartei entgegenstehen. Die Organisation gewährleistet noch nicht einmal einen reibungslosen verwaltungsmäßigen Ablauf, geschweige denn eine offene und zügige Organisation von Informations-, Meinungs- und Willensbildungsprozessen.

V. 14 Die Vermittlung zwischen Basis und Parteiführung funktioniert nur ungenügend, mangelde oder zu späte Information beeinträchtigt politische Aktionen. An der Basis entsteht häufig das Gefühl, nicht voll am demokratischen Meinungs- und Willensbildungsprozeß beteiligt zu sein.

Hinzu kommt in vielen Unterorganisationen ein Mangel an Planungskenntnissen und -fähigkeiten, der zu Desorganisation führt.

V. 15 Frauen werden von diesen Mängeln besonders betroffen: ihre Doppelaufgaben in Beruf und Familie lassen politische Betätigung aus zeitlichen Gründen ohnehin fast als »Luxus« erscheinen, zumal ihre Bedürfnisse und Interessen – und das gilt auch für die nichtberufstätigen Frauen – weder organisatorisch noch thematisch von der Partei berücksichtigt werden.

V. 16 Die allgemeinen gesellschaftlichen Benachteiligungen der Frauen wiederholen sich auf diese Weise in der Partei. In der SPD selbst müssen zuerst die Voraussetzungen geschaffen werden, die notwendig sind, um Benachteiligungen aufzuheben, wenn sie ihren programmatischen Anspruch, bessere Verhältnisse im Sinne der Gleichheit und Solidarität zu schaffen, glaubwürdig einlösen will.

V. 17 Diese Arbeit kann nicht von der ASF allein geleistet werden, sie ist Aufgabe der Gesamtpartei.

Dabei sind folgende Kriterien zugrundezulegen:

– Es müssen demokratische Erfahrungen durch Arbeitsformen und Arbeitsinhalte vermittelt werden, die tendenziell autoritäre Erziehungs- und Sozialisationserfahrungen überwinden helfen.

– Aufgaben und Verantwortlichkeiten müssen breit delegiert werden, so daß ein hohes Maß an aktiver Beteiligung erreicht wird.

– Die Mandatsträger müssen auf Programmatik und Beschlüsse der Partei verpflichtet sein. Die Parteigliederungen müssen ihre Kontrollfunktionen wahrnehmen. Bei der Kandidatenaufstellung sind inhaltlich-politische Maßstäbe anzulegen.

VI. Aktionsfelder sozialdemokratischer Frauenarbeit

V. 1 Strategien zur Mobilisierung und Motivierung von Frauen für politisches Engagement müssen im konkreten Erfahrungsbereich und bei den individuellen Lebenslagen ansetzen:

VI. 1a Die nichterwerbstätigen Frauen konzentrieren sich auf Familie und Privatsphäre.

Mögliche Aktionsfelder: Wohnen, Erziehung, Bildung, Freizeit, Gesundheit, Verbraucherfragen.

VI. 1b Die meisten erwerbstätigen Frauen mit Familie oder mit dem Lebensziel, Familie zu gründen, messen der Berufstätigkeit nur zweitrangige Bedeutung bei (Übergangslösung, Mit-Verdienen).

Mögliche Aktionsfelder: Wohnen, Erziehung, Bildung, Gesundheit, aber auch Situation am Arbeitsplatz, Lohngleichheit, Humanisierung der Arbeitswelt.

VI. 1c Für die Minderheit der Frauen – wohl vorwiegend in Berufen mit gehobener Qualifikation – ist die Arbeit der Lebensmittelpunkt.

Mögliche Aktionsfelder: Betriebsbezogene Bildungsarbeit, Sicherung des Arbeitsplatzes, Humanisierung der Arbeitswelt, Mitbestimmung.

VI. 2 Aus der jeweiligen konkreten Lebenslage heraus muß die Einsicht in den gesamtgesellschaftlichen Zusammenhang vermittelt werden. Die individuelle Bedürfnissituation bestimmt die Art der politischen Aktionen. Aktionen sind allerdings nur dann sinnvoll, wenn sie mit den langfristigen Perspektiven in Einklang stehen. Sie müssen gleichzeitig konkrete, überschaubare Teilziele erreichbar erscheinen lassen.

VI. 3 Der Erfolg einer Aktion vermittelt den beteiligten Frauen Solidaritätserfahrungen, die wiederum die Bereitschaft zur weiteren politischen Arbeit wecken und stabilisieren.

VI. 4 Damit langfristige und dauerhafte Mobilisierung der Frauen für gesellschaftliche Veränderungen möglich ist, muß vermieden werden, Illusionen zu wecken, die nur zu enttäuschten Hoffnungen und zu Resignation führen. Es muß deutlich gemacht werden, in welchem Maße gerade für die Frauen die gesellschaftlichen Rahmenbedingungen einengend sind und wie mühevoll und folglich auch lang der Weg der Veränderung sein wird.

VI. 5 Aktionen zur Mobilisierung weiter Bevölkerungsteile haben das Ziel, politisches Bewußtsein zu vermitteln. Gleichzeitig müssen sie
a) innerparteilich zu stärkerem Engagement motivieren,
b) angesprochene Gruppen für die Parteiarbeit gewinnen.

VI. 6 Aktionen müssen in langfristige Parteiziele eingebunden sein, damit das geweckte Engagement nach erreichten Teilerfolgen nicht verpufft. Sie sind sowohl zu bundespolitischen als auch landespolitischen oder gemeindepolitischen Reformforderungen durchzuführen. Sie dürfen aber nicht nur auf den parlamentarischen Bereich zielen, sondern sollen auch zur Selbstorganisation der Betroffenen führen. Dabei muß die Form der Aktion auf die jeweilige Zielgruppe abgestimmt sein. Zielgruppen der ASF-Aktionen sind in jedem Fall Angehörige der Arbeiterschaft, vor allem die abhängig beschäftigten Frauen und die nicht berufstätigen Familienangehörigen der Arbeitnehmer.

VI. 7 Aktionen müssen anknüpfen an dem Bewußtseins- und Informationsstand der Bevölkerung, der geprägt wird durch eigene Erfahrungen und Massenmedien.

VI. 8 Auslösende Momente für Aktionen können sein:

a) akute Ereignisse, die sofortige Reaktion verlangen,

b) langfristige Themen, für die erst durch die ASF Problembewußtsein geweckt werden muß,

c) Übernahme von Teilaktionen im Rahmen allgemeiner Aktivitäten der Partei oder ihrer Arbeitsgemeinschaften,

d) Initiativen von den der SPD nahestehenden Organisationen oder anderer außerparlamentarischer Gruppen.

VI. 9 Es kann kein einheitliches Schema für Aktionen erstellt werden. Wichtig bei der Vorbereitung jeder Aktion ist:

1. eigene inhaltliche Auseinandersetzung mit dem Thema,
2. Hineintragen des Themas in die entsprechende Parteigliederung,
3. Sicherstellung der organisatorischen und finanziellen Mittel,
4. Sammeln und Erarbeiten des nötigen Materials,
5. Kontakte zu Massenmedien (Presseerklärungen, Materialmappen),
6. richtige Terminplanung,
7. unbedingt zuverlässige personelle Besetzung.

VI. 10 ASF-Forderungen können vermittelt werden durch z. B.: öffentliche Versammlungen, Flugblattverteilungen, Informationsstände und -gespräche, Demonstrationen, Filmvorführungen, Ausstellungen, eigene Presseartikel, Straßentheater, exemplarisches Spielen mit Kindern und Jugendlichen.

VI. 11 Durch Aktionen im oben bezeichneten Sinn kann die ASF die Interessen und Forderungen der Frauen in die politische Willensbildung der Partei zur Geltung bringen, mehr Frauen für die Parteiarbeit gewinnen und die politische Mitarbeit in der Partei so verstärken, daß die politische Willensbildung gleichermaßen von Männern und Frauen getragen wird.

Bonn, im Januar 1975

Für eine demokratische Frauenpolitik. Grundsätze und Forderungen der Deutschen Kommunistischen Partei

Die gesellschaftlichen Interessen der Frauen und Mütter, ihr Wunsch und ihr Streben nach Frieden und Verständigung, ihr Eintreten für bessere Arbeits- und Lebensbedingungen, für Gleichberechtigung und Chancengleichheit sind von jeher fester Bestandteil der Gesamtpolitik der Kommunisten. In der revolutionären Arbeiterbewegung hat der Kampf um gleiche Rechte für die Frauen große Traditionen. Dieses Vermächtnis ist heute im Kampf der DKP lebendig.

Unsere Grundsätze und Forderungen stimmen mit vielen Erfahrungen und Beschlüssen der Gewerkschaften, von Frauenarbeitskreisen und Initiativen überein. Unsere Vorschläge sind nicht am »grünen Tisch«, sondern in den Aktionen und Bewegungen Tausender Frauen und in zahlreichen Diskussionen entstanden. Diese Grundsätze und Forderungen für eine demokratische Frauenpolitik bilden eine Einheit mit der Grundsatzerklärung und den Thesen der DKP. Sie entsprechen der Erklärung der Konferenz der kommunistischen Parteien der kapitalistischen Länder Europas in Rom zur Situation der Frauen in diesen Ländern. Sie tragen den Forderungen der Vereinten Nationen zum Internationalen Jahr der Frau 1975 Rechnung.

Als Partei der Arbeiterklasse wenden wir uns
— an die nahezu 10 Millionen berufstätigen Frauen, die unter schwierigen Bedingungen den Alltag meistern müssen;
— an die nichtberufstätigen Frauen und Mütter, die tagaus, tagein die Bürde der Hausarbeit zu tragen haben und der sozialen Unsicherheit besonders ausgesetzt sind;
— an die jungen Mädchen auf dem Weg ins Berufsleben, die ganz gesonders die begrenzten Möglichkeiten der Bildungs-, Berufs- und Aufstiegschancen für Frauen in unserem Land zu spüren bekommen;
— an die Kollegen in den Betrieben, an die Arbeiter und Angestellten, weil es auch in ihrem Interesse liegt, im Kampf um Demokratie und ge-

sellschaftlichen Fortschritt gleichberechtigte Frauen in der Familie und im Berufsleben an ihrer Seite zu haben;

– an die ausländischen Arbeiterinnen, Arbeiter und Familien, die zusätzlichen Benachteiligungen und Diskriminierungen unterworfen sind.

Die Deutsche Kommunistische Partei wendet sich an alle fortschrittlichen Kräfte in unserem Land, in den Gewerkschaften, in der Sozialdemokratie, in Frauen- und Jugendorganisationen, in Vereinigungen und Gruppen, die mit ihr für die demokratischen Grundrechte der Frauen eintreten.

Grundsätze und Forderungen der DKP

Die Durchsetzung demokratischer Grundrechte für die Frau und der Kampf gegen Diskriminierung, Unterdrückung und Ausbeutung sind ein Grundanliegen aller arbeitenden Menschen in der Bundesrepublik. In allen Schichten der werktätigen Bevölkerung wächst die Erkenntnis, daß die Frauen große Leistungen vollbringen, daß ihre gesellschaftliche Haltung und ihre Aktivität bedeutungsvoll für die sozialen und demokratischen Bewegungen unseres Volkes sind, daß sie aber im Widerspruch dazu keine gleichen Rechte haben.

Immer mehr Frauen erkennen, daß sie ihre Benachteiligung und Diskriminierung nur im gemeinsamen politischen und sozialen Kampf der Arbeiterklasse überwinden können. Immer mehr organisieren und engagieren sich. Im Ringen um bessere Arbeits- und Lebensbedingungen, gegen die Abwälzung der Krisenlasten auf die arbeitende Bevölkerung, gegen Preistreiberei und Mietwucher, in Bürgerinitiativen, für demokratische Bildungsreformen, gegen Berufsverbote und gegen den § 218 sind die Frauen aktiver als je zuvor. Sie fordern Arbeitsplatzsicherung, höhere und gleiche Löhne, Streichung der diskriminierenden Leichtlohngruppen. In den Bewegungen für eine Politik des Friedens, der Entspannung, Abrüstung und Verständigung, für die internationale Solidarität setzen sich Männer und Frauen gemeinsam ein.

Die DKP stellt fest:

– Grundlage jeder fortschrittlichen Frauenpolitik ist die Erhaltung des Friedens, der Kampf um Sicherheit, Verständigung und Abrüstung.

– Das Ringen um die Gleichberechtigung der Frau ist Teil des Klassenkampfes. Eine demokratische Frauenpolitik ist auf das engste mit den Gegenwarts- und Zukunftsinteressen der Arbeiterklasse verbunden.

– Jeder Fortschritt im Kampf um die Gleichberechtigung der Frau kann nur durch gemeinsames Wirken von Frauen und Männern gegen das Großkapital und seine Vertreter errungen werden und erfordert die Mitbestimmung der Arbeiterklasse und ihrer gesellschaftlichen Organisationen.

– Jeder Schritt zur Durchsetzung demokratischer Grundrechte für die Frauen ist eng verbunden mit der Bewegung gegen die Macht des Großkapitals, für die Überführung der Schlüsselindustrien, der Rüstungsmonopole und Großbanken in öffentliches, demokratisch kontrolliertes Eigentum.

– Die Befreiung der Frau von Ausbeutung und Unterdrückung, ihre volle Gleichberechtigung und Emanzipation ist erst im Sozialismus möglich.

Das Großkapital ist frauenfeindlich

Die Gleichberechtigung der Frau wurde vor 25 Jahren im Grundgesetz, Artikel 3, proklamiert. Trotzdem sind in der Bundesrepublik die Frauen noch immer Menschen zweiter Klasse. Die Diskriminierung auf allen Gebieten des gesellschaftlichen Lebens ist nach wie vor die Regel. In den Betrieben werden Millionen Frauen bei gleichen Arbeitsleistungen schlechter bezahlt als ihre männlichen Kollegen. In der Altersversorgung rangieren sie am untersten Ende der Rentenskala. Bei Konjunkturschwankungen und Krisen sind die Arbeitsplätze der Frauen am stärksten gefährdet. In der Bildungs- und Ausbildungspolitik wird den Frauen und Mädchen die Gleichberechtigung vorenthalten. Die Mehrheit wird durch schlechte Ausbildung und mangelnde Chancengleichheit gezwungen, an- und ungelernte Tätigkeiten zu verrichten. Die gesellschaftlich notwendige Tätigkeit der Frau in Haushalt und Familie, bei der Kinderpflege und -erziehung wird als Privatangelegenheit abgetan. Die Mütter- und Säuglingssterblichkeit ist besonders hoch. Gesetzgebung und Rechtsprechung beinhalten in zahlreichen Fällen Diskriminierungen der Frau. In den Schulbüchern und Richtlinien für Erziehung und Bildung, in Massenmedien wird das alte, heute unrealistische Bild der Frau vom »Heimchen am Herd« weiter geprägt. Obwohl mehr als 50 Prozent aller Wahlberechtigten Frauen sind, beträgt ihr Anteil in den Parlamtenden keine 6 Prozent.

Das kapitalistische System drückt dem gesellschaftlichen Leben – von der Erziehung über Bildung und Beruf bis in die Parlamente – seinen frauenfeindlichen Stempel auf.

Alle bisherigen Bundesregierungen und die im Bundestag vertretenen Parteien haben sich als unfähig erwiesen, den Verfassungsauftrag der Gleichberechtigung für die Frau zu verwirklichen.

Die CDU/CSU hat in ihrer 20jährigen Regierungsherrschaft jeden Versuch durchkreuzt, die Rechte der Mädchen und Frauen zu verwirklichen. Ihre jetzigen Versprechungen und ihr sozial tönendes Gerede dienen dem Zweck, die Frauen als willige Wähler für ihre Politik zu mißbrauchen. Denn die Praxis beweist, daß diese Parteien auf der Seite des Großkapitals stehen und sich gegen die Interessen der arbeitenden Menschen wenden. Darüber kann keine soziale Heuchelei hinwegtäuschen.

Mit der Absicht, Wählerstimmen zu gewinnen, versucht sich die FDP als besonders frauenfreundlich darzustellen. Sie ist aber nicht bereit, die volle Mitbestimmung der Gewerkschaften, die Rechte der Frauen gegenüber den Unternehmern im Betrieb sowie im öffentlichen Leben durchzusetzen.

Unter dem Druck der Gewerkschaften und der demokratischen Öffentlichkeit hatte die sozialdemokratisch geführte Bundesregierung entscheidende Reformvorhaben angekündigt. Aber bis heute sind sie nicht verwirklicht. Angeblich nimmt sie auf den Koalitionspartner und die Opposition Rücksicht. Tatsächlich aber ist auch die sozialdemokratische Führung dem Großkapital verpflichtet. Der Wählerwille nach entscheidenden gesellschaftlichen Veränderungen, die Hoffnungen der Frauen auf Maßnahmen zur Durchsetzung gleicher Rechte werden deshalb mißachtet.

Bis zum heutigen Tag gibt es von der CDU/CSU, der FDP und der SPD keine Initiativen und praktische Schritte, um demokratische Grundrechte der Frauen zu verwirklichen.

Solange Lohn- und Ausbildungsdiskriminierung, Rentenbenachteiligung, sozial- und bildungspolitische Unterentwicklung weiter bestehen, wird die Ungleichheit der Frauen nicht beseitigt. Die DKP fordert, daß entsprechend dem Grundgesetz alle diskriminierenden Bestimmungen in Gesetzen und Verordnungen beseitigt werden. Sie unterstützt die zunehmende Bewegung der demokratischen Öffentlichkeit, die Aktivitäten der Frauen selbst, die sich gegen die Benachteiligung auf verschiedenen Ebenen zur Wehr setzen. Die DKP begrüßt die wachsende Bereitschaft der Frauen, sich gewerkschaftlich zu organisieren, um die sozialen und politischen Belange der arbeitenden Menschen gegen das Großkapital durchzusetzen. Sie tritt dafür ein, daß entsprechend dem Grundsatz der Gleichberechtigung der Anteil der Frauen in allen gesellschaftlichen Funktionen, in kommunalen und Länderparlamenten sowie im Bundestag wesentlich erhöht wird.

Die DKP nennt die Ursachen für die Diskriminierung der Frauen beim Namen. Sie liegen im Profit- und Machtsystem des staatsmonopolistischen Kapitalismus, in der Ausbeutung und Unterdrückung von Millionen durch eine Handvoll Millionäre. Dieses System braucht billige und hörige Arbeitskräfte, um seine Ziele durchzusetzen. Das ist mit rechtlosen, systemangepaßten Frauen leichter. Es liegt im Macht- und Profitstreben der herrschenden Kräfte in unserem Land, daß sie jeden gesellschaftlichen Fortschritt und auch die Verwirklichung demokratischer Grundrechte für die Frauen zu verhindern versuchen.

Unter den heutigen Bedingungen der BRD ist der Kampf der Arbeiterklasse und aller antimonopolistischer Kräfte um eine demokratische Erneuerung von Staat und Gesellschaft gegen die Herrschaft des Großkapitals am besten geeignet, den Weg zum Sozialismus zu öffnen. Dieser Kampf um antimonopolistische Demokratie und Sozialismus ermöglicht heute bereits die Durchsetzung wichtiger Teilforderungen der Frauen.

Die DKP kämpft für eine sozialistische Gesellschaftsordnung in der Bundesrepublik, weil die grundlegenden gesellschaftlichen Erfordernisse unserer Zeit, darunter auch die Interessen und Forderungen der Frauen, den Sozialismus erfordern.

In den sozialistischen Ländern wurden mit den veränderten gesellschaftlichen Verhältnissen alle gesetzlichen Diskriminierungen der Frauen beseitigt. Es wurden beispielhafte Möglichkeiten und Maßnahmen geschaffen, um die Gleichberechtigung durchzusetzen. In der DDR z. B. ist das Recht auf Arbeit, gleiche Ausbildung und gleiche Entlohnung garantiert und verwirklicht. Mit großem finanziellen Aufwand wurden soziale und bildungsfördernde Einrichtungen geschaffen, die es den Frauen ermöglichen, die ihnen zustehenden Rechte wahrzunehmen. 80 Prozent aller Kindergarten- und Vorschulkinder werden in vorbildlichen Ganztagseinrichtungen zu einem Tagessatz von 35 Pfennigen untergebracht. 45 Prozent aller Kinder bis zu 3 Jahren werden in Kinderkrippen betreut. An den Hochschulen der DDR sind gegenwärtig 54,1 Prozent, an den Fachschulen sogar 63,6 Prozent aller Direktstudenten junge Frauen und Mädchen.

57 Prozent haben im Rahmen der Erwachsenenbildung die Facharbeiterprüfung abgelegt. Nimmt eine Frau neben ihrer Berufstätigkeit ein Abendstudium auf, so erhält sie vom Betrieb wöchentlich bis zu 20 Stunden frei, bei vollem Lohnausgleich.

Die gleichberechtigte Teilnahme der Frau in Politik und Gesellschaft wird planmäßig gefördert. Heute sind 31,8 Prozent aller Abgeordneten der obersten Volksvertretung der DDR Frauen. In den Kreistagen beträgt der Frauenanteil 40 Prozent.

Die sozialen Hilfen für alleinstehende Mütter, junge Familien, für Mütter und Kind werden ständig erweitert. Alleinstehende Mütter oder Väter erhalten zur Pflege erkrankter Kinder bis zu 6 Wochen jährlich 75 Prozent des Nettodurchschnittsverdienstes. Kann für das Kind einer alleinstehenden Mutter nicht sofort ein Ganztagskrippenplatz zur Verfügung gestellt werden, erhält sie monatlich mindesten 250 Mark bzw. 70 Prozent ihres bisherigen Nettoverdienstes.

Bei Schwangerschaftsabbruch, der für jede Frau in den ersten drei Monaten kostenlos in Krankenhäusern möglich ist, erhalten Berufstätige während der Arbeitsunfähigkeit Krankengeld. Verhütungsmittel werden auf Rezept kostenlos abgegeben. Junge Eheleute erhalten zur Beschaffung und Wohnraumgestaltung bis zu 10 000 Mark zinslose Kredite.

Die Praxis beweist, daß auch für die Verwirklichung der grundlegenden Interessen der Frau der Sozialismus notwendig ist.

Um die Arbeits- und Lebensbedingungen der Frauen zu verbessern, kämpft die DKP entschlossen um folgende demokratischen Grundrechte der Frauen:

I. Das Recht auf Arbeit, auf Sicherung des Arbeitsplatzes, auf gleichen Lohn für gleichwertige Arbeit

Die werktätigen Frauen gehören zu den Teilen der Arbeiterklasse, die im Kapitalismus am stärksten ausgebeutet und unterdrückt werden. Die Unternehmer verschleißen sie als ein Heer von billigen, ungelernten oder angelernten Arbeitskräften, aus denen sie Milliarden Extraprofite pressen.

36 Prozent aller Erwerbstätigen in der Bundesrepublik sind Mädchen und Frauen. Ganze Industriezweige, wie die Textil- oder Lederindustrie sowie Dienstleistungs-, sozialpädagogische und pflegerische Bereiche, sind auf die Arbeitskraft der Frauen angewiesen.

Für viele Arbeiter- und Angestelltenfamilien ist die Berufstätigkeit der Frau zu einer wirtschaftlichen Notwendigkeit geworden. Der Lohn des Mannes reicht nicht aus, um die ständig steigenden Lebenshaltungskosten zu bestreiten. 58 Prozent aller berufstätigen Frauen sind verheiratet. In den letzten Jahren hat die Erwerbstätigkeit von Müttern mit Kindern unter 16 Jahren um 80 Prozent zugenommen. Die Zahl der Frauen, die einen Beruf ausüben möchten, nimmt ständig zu.

Trotz dieser Entwicklung wurden und werden nur völlig unzureichende Möglichkeiten für die Unterbringung und Betreuung der Kinder in entsprechenden Einrichtungen geschaffen.

Als Erleichterung und Ausweg für die Frauen aus Doppelbelastung, Sorge um die Unterbringung der Kinder wird von der Bundesregierung und den Unternehmern die Teilzeitbeschäftigung und die Heimarbeit angepriesen. Über 2 Millionen Frauen sind stundenweise und 300 000 in Heimarbeit erwerbstätig.

Für sie bedeutet dieser scheinbare Ausweg: unqualifizierte Arbeit ohne Entwicklungsmöglichkeiten, noch mehr Unsicherheit des Arbeitsplatzes, oftmals keinerlei Sozial- und Arbeitslosenversicherung, niedrige Löhne trotz hoher Arbeitsintensität. Für die Unternehmer ist diese Arbeit eine zusätzliche Profitquelle; die Regierung spart damit die Ausgaben für soziale Einrichtungen.

Die Millionen Arbeiterinnen und weiblichen Angestellten in der Bundesrepublik erhalten durchschnittlich 33 Prozent weniger Lohn und Gehalt als ihre männlichen Kollegen. Durch besonders beschränkte Aufstiegschancen, durch Einstufung in die untersten Lohn- und Gehaltsgruppen werden sie in der Berufsentwicklung und der Entlohnung diskriminiert.

Die ungleiche Entlohnung der Frauen dient zugleich als Druckmittel auf die Löhne und Gehälter der Männer. Das wird vor allem in den Industriezweigen deutlich, wo weibliche Arbeitskräfte besonders stark vertreten sind. Dort liegen auch die Männerlöhne erheblich unter den Durchschnittslöhnen der Gesamtindustrie.

Trotz der Bestimmungen im Grundgesetz und trotz internationaler Verpflichtungen zur Verwirklichung des Grundsatzes »Gleicher Lohn bei gleichwertiger Arbeit«, denen die Bundesrepublik zugestimmt hat (Artikel 119 des EWG-Vertrages, Erklärung der Vollversammlung der Vereinten Nationen zur Beseitigung der Diskriminierung der Frauen vom 7. 11. 1967), wird vom Gesetzgeber die Lohndiskriminierung weiter geduldet und verschleiert. Unter Berufung auf die Tarifautonomie läßt die Regierung zu, daß in Form von »Leichtlohngruppen« verschleierte Frauenlohngruppen weiter existieren. Den Monopolen wird gestattet, ihre wirtschaftliche und politische Macht über Gesetze hinweg gegen die arbeitenden Menschen in unserem Land zu mißbrauchen. Daran hat auch eine sozialdemokratisch geführte Bundesregierung nichts geändert.

Die DKP unterstützt das zunehmende Interesse vieler Frauen, eine berufliche Tätigkeit aufzunehmen. Sie bringt ihnen mehr materielle Sicherheit, stärkt ihr Selbstbewußtsein und dient der Persönlichkeitsentwicklung. Die Berufstätigkeit fördert ihr gewerkschaftliches und politisches Engagement und begünstigt das einheitliche Handeln der arbeitenden Bevölkerung in sozialen und politischen Auseinandersetzungen. Daraus erwachsen neue Impulse, die Durchsetzung der Gleichberechtigung mit den sozialen und politischen Kämpfen der gesamten Arbeiterklasse zu verbinden.

Die DKP fordert:

– daß das Recht auf Arbeit, das Recht auf einen gesicherten Arbeitsplatz und auf Berufstätigkeit durchgesetzt wird;

– daß das Prinzip »Gleicher Lohn für gleichwertige Arbeit« verwirklicht wird. Die Leichtlohngruppen sind zu streichen;

– daß bei Arbeitsbewertungen die vielfältigen Belastungen des technisch entwickelten Produktionsprozesses stärker berücksichtigt werden. Nervliche Belastung, Fingerfertigkeit, Zeitzwang, Monotonie usw., die Frauenarbeitsplätze besonders kennzeichnen, dürfen nicht länger als angeblich leichte Arbeit gegenüber der körperlich schweren Arbeit beurteilt werden;

– daß die Arbeitszeit auf 35 Stunden bei vollem Lohnausgleich verkürzt wird;

– daß für alleinstehende Frauen und Mütter ein besonderer Kündigungsschutz durchgesetzt wird;

– daß die Altersgrenze für den Rentenbezug für Frauen auf 55 Jahre herabgesetzt wird. Als erster Schritt muß Frauen der Bezug von vorgezogenem Altersruhegeld ab dem 60. Lebensjahr ohne einschränkende Voraussetzungen gewährt werden;

– daß für die Frauen bei der Rentenberechnung gleiche Tabellenwerte zugrunde gelegt werden wie bei Männern, auch für Studienjahre;

– daß bei den jährlichen Rentenanpassungen zugunsten der niedrigen Renten ein DM-Mindestbetrag festzusetzen ist;

– daß ein Rentenzuschlag von 25 Prozent an alle Frauen gezahlt wird, die infolge der jahrzehntelangen Lohndiskriminierung auch bei der Rentenberechnung benachteiligt sind;

– daß ein sofortiger Rentenausgleich für Frauen erfolgt, die wegen der Betreuung ihrer Kinder eine Berufstätigkeit unterbrechen müssen (entsprechend dem versprochenen Babyjahr). Solange nicht genügend Ganztagskindergärten und -krippen zur Verfügung stehen, sollte der Rentenausgleich bis zum Beginn der Schulpflicht des Kindes, bei mehreren eine entsprechende Staffelung des Rentenausgleichs gewährleistet werden. Witwen ist unabhängig vom Lebensalter die volle Witwenrente zu gewähren. Die Witwenrente ist auf 80 Prozent der Rente des Mannes zu erhöhen. Bei eigenen Rentenansprüchen der Frauen erhalten überlebende Ehemänner Ansprüche auf Witwerrente in gleicher Höhe;

– daß keine diskriminierenden Fragen an die Frauen betr. Schwangerschaft, Krankheiten, Ehe usw. durch Unternehmer gestellt werden dürfen;

– daß die zusätzlichen Benachteiligungen ausländischer Arbeiterinnen aufgehoben werden. Gleiche Rechte für alle werktätigen Kolleginnen und Kollegen;

– daß heimarbeitende und teilzeitbeschäftigte Frauen volle soziale Absicherung durch gesetzliche Kranken-, Renten- und Arbeitslosenversicherung erhalten.

Die Frau im landwirtschaftlichen Betrieb

Die Mehrzahl der Beschäftigten in der Landwirtschaft sind Frauen. Infolge der bauernfeindlichen Politik unterliegen die Bäuerinnen und Landarbeiterinnen härtesten Lebensbedingungen. Sie haben den längsten Arbeitstag und kaum einen freien Sonntag oder Feiertag. Meist hängt es von der Bäuerin ab, ob Nebenerwerbswirtschaften überhaupt noch weiter existieren können oder nicht. Existenzsorgen belasten das Leben der bäuerlichen Familien. Landwirte gehören mit ihren Familien zu den gesellschaftlichen Gruppen, die am seltensten in Urlaub fahren können. Unter solchen Bedingungen ist der Gesundheitszustand der Landfrauen beängstigend; 68 Prozent haben gesundheitliche Schäden. Die Säuglings- und Kindersterblichkeit auf dem Lande ist besonders hoch. In unserem Demokratischen Bauernprogramm fordern wir eine existenzsichernde Agrarpolitik, die auch die Benachteiligung und die Überbelastung der Bäuerinnen und Landarbeiterinnen beseitigt. Dazu gehört vorrangig die Verbesserung der gesetzlichen Krankenversicherung und des Unfallversicherungsschutzes für bäuerliche Familien; Ausbau von Ambulatorien, Landkrankenhäusern und speziellen Einrichtungen zur gesundheitlichen Betreuung der Bäuerinnen, einschließlich Geburtenhilfe; die Errichtung von ganztätigen Kinderkrippen und Kindergärten; die Einrichtung von Fortbildungsstätten und Kulturzentren.

II. Das Recht auf gleiche Bildung und Ausbildung

Der Kampf um die Durchsetzung der Gleichberechtigung der Mächen und Frauen ist eng mit der Bewegung um eine demokratische Reform des Bildungswesens verbunden. Der Notstand im Bildungsbereich und die mangelnde Chancengleichheit für die arbeitende Bevölkerung treffen die Mädchen und Frauen besonders. Die Praxis zeigt, daß Jungen und Mädchen noch immer eine im Niveau unterschiedliche Bildung erhalten. Trotzdem versuchen in den letzten Jahren immer mehr Mädchen, eine bessere Ausbildung zu erhalten. Das Interesse vieler Frauen an einer Weiterbildung wächst. Die gebotenen Möglichkeiten der Aus- und Weiterbildung berücksichtigen jedoch nicht die besondere Belastung der Frau in Beruf und Familie. Nur 20 Prozent beträgt der Anteil der Frauen an den Maßnahmen der beruflichen Förderung und Fortbildung.

Von den 3,5 Millionen Frauen und Mädchen, die in Industrie und Handel arbeiten, haben nur 6 Prozent eine Facharbeiterausbildung. 94 Prozent sind als un- oder angelernte Arbeiterinnen beschäftigt. Von den 25 Prozent der Jugendlichen, die keine Berufsausbildung haben, sind 92 Prozent Mächen. An den Hochschulen befinden sich unter den Studierenden etwa 25 Prozent Frauen und Mädchen. Nur 8 Prozent aller Studenten sind Arbeiterkinder und davon sind 3 Prozent Mädchen.

Längst schon erfordert die moderne Industrieproduktion auch ein höheres Wissen der weiblichen Arbeitskräfte. Im Interesse des Profits sind aber die Konzerne bemüht, dieses Wissen so knapp und eng wie möglich zu halten. Der Kapitalismus ist zutiefst bildungsfeindlich.

Erweiterte Bildungsmöglichkeiten und Chancengleichheit für Mädchen und Frauen kann es nur durch eine Demokratisierung des Bildungs- und Erziehungswesens geben, die mit der Kraft der gesamten Arbeiterklasse gegen die Konzerne durchgesetzt werden muß.

Die KP fordert:

– Um der jahrzehntelangen Benachteiligung der Frauen und der starken zusätzlichen Belastung durch Haushalt und Familie entgegenzuwirken, müssen besondere Möglichkeiten der Förderung geschaffen werden. Ein gesetzlicher Bildungsurlaub ohne Lohnausfall ist gerade für die berufstätigen Frauen besonders dringlich.

– Das Ausbildungsförderungsgesetz sollte dahingehend ergänzt werden, daß Lehrgänge für Frauen und Mädchen eingerichtet werden, die eine berufliche Abschlußprüfung ermöglichen und die einen höheren Verdienst sichern.

– Vor allem den älteren Kolleginnen, die mehr als 15 Jahre als un- bzw. angelernte Arbeiterinnen tätig sind, ist eine Chance einzuräumen, unter erleichterten Bedingungen ihren Facharbeiterabschluß nachzuholen.

– Die sofortige Bereitstellung von zusätzlichen 250 000 Lehrstellen, um den Lehrstellenmangel, die Berufsausbildungsmisere und die ansteigende Jugendarbeitslosigkeit zu überwinden.

– Mädchen und Frauen müssen zu allen Berufen Zugang haben; in der Schule und Berufsberatung müssen sie verstärkt auf technische und wissenschaftliche Berufe hingewiesen werden; die einseitige Lenkung auf sogenannte typische Frauenberufe muß überwunden werden; die einheitliche Berufsberatung für Jungen und Mädchen ist überall einzuführen;

– Die Aufhebung der Berufsverbote gegen junge Lehrerinnen, Pädagoginnen und alle vom Berufsverbot Betroffenen und die Wiederherstellung ihrer verfassungsmäßigen Rechte.

– Die demokratische Gesamtschule muß zur Regelschule werden, vorrangig in Arbeiterwohngebieten.

– Umgehend ist eine ausreichende Zahl von Ganztagsschulen zu schaffen, die Verpflegung, freiwilligen Ergänzungsunterricht und Freizeitmöglichkeiten gewährleisten.

– In den Schulbüchern, im Fernsehen, im Rundfunk und in anderen Massenmedien muß ein der Wirklichkeit entsprechendes Bild über die Frauen und ihre Leistungen in der Gesellschaft vermittelt und gezeigt werden.

– Vom Kindergarten an müssen Jungen und Mädchen gleichbehandelt werden. Gleiche Bildungsmöglichkeiten und Begabungsförderung für Mädchen und Jungen.

– Frauen an Fach- und Hochschulen muß der Studienplatz bei Schwangerschaft oder Krankheit erhalten bleiben; die betroffenen Studentinnen müssen umfassende Hilfen erhalten.

– Es sind kostenlose Fernstudienmöglichkeiten an Hoch- und Fachhochschulen zu schaffen, die einen vollwertigen staatlich anerkannten Abschluß der Ausbildung gewährleisten.

– Die Unterbringung der Kinder von Studentinnen in Kinderkrippen muß gesichert werden.

– Die Förderungsbeiträge sind entscheidend zu erhöhen.

– Genügend Studentenheime und -wohnungen müssen zu günstigen Mieten geschaffen werden.

III. Das Recht auf soziale Sicherheit der Frau und Familie

Das staatsmonopolistische System und seine frauen- und familienfeindliche Politik in der Bundesrepublik bringen ständig neue Belastungen mit sich.

Das Großkapital und seine Interessenvertreter versuchen die zunehmenden Krisenlasten auf die Schultern der Arbeiterfamilien abzuwälzen. Ständige Preissteigerungen, Unsicherheit und Verlust der Arbeitsplätze, keine ausreichenden Lehr- und Studienplätze für die Jugend, Mietsteigerungen und unzulängliche Wohnungen, fehlende Kindergärten und -spielplätze, mangelnde medizinische und soziale Einrichtungen für die Kinder und der Bildungsnotstand an den Schulen belasten vor allem die Mütter.

Steigende Ausbeutung, Arbeitshetze und Überstunden im kapitalistischen Produktionsprozeß sind zusätzliche Faktoren, die ein harmonisches, gleichberechtigtes Familienleben erschweren und sogar zerstören.

Von dieser Situation sind besonders die berufstätigen Mütter betroffen, die zu den Anspannungen am Arbeitsplatz, die Verantwortung für die Gestaltung der Lebensverhältnisse und der Kindererziehung hauptsächlich zu tragen haben.

Aktionen für Preisstopp und Arbeitsplatzsicherung, Mieterbewegungen, Bürgerinitiativen und die Aktionen für eine bessere Bildung und Ausbildung der Kinder und Jugendlichen sind Ausdruck der zunehmenden Empörung und der Bereitschaft von Frauen und Männern, gemeinsam für eine bessere Familien-, Jugend- und Bildungspolitik einzutreten.

Die DKP fordert:

Schluß mit dem Mietwucher.

Sofortiger Mietstopp, Ausweitung des Mieter- und Kündigungsschutzes.

Der Wohnungsbau, insbesondere für junge und kinderreiche Familien, muß erheblich ausgeweitet werden. Durch Einführung einer Sozialmiete muß garantiert werden, daß die Mietbelastung 12 Prozent vom Netto-Einkommen des Hauptverdieners nicht übersteigt. Für alleinstehende Mütter und Väter darf die Mietbelastung nicht mehr als 10 Prozent des Netto-Einkommens betragen. Leerstehende Wohnungen sind sofort zu Sozialmieten an Wohnungssuchende zu vermieten.

– Verstärkter Bau und Betreuung von Spielplätzen, die den Interessen und Neigungen der Kinder gerecht werden.

– Erhöhung der Ganztagskrippen- und -kindergartenplätze.

– Das Kindergeld ist jährlich den steigenden Kosten für den Unterhalt des Kindes anzupassen.

– Für Kindergärten dürfen nur geringe Verpflegungskosten erhoben werden, denn sie haben Bildungsaufgaben und müssen entsprechend der Schulgeldfreiheit behandelt werden.

– Alle Unternehmen mit mehr als 500 Beschäftigten müssen gesetzlich verpflichtet werden, jährlich von ihrem Profit 0,5 Prozent der von ihnen gezahlten Jahreslohnsumme zweckgebunden für die Errichtung und Unterhaltung von kommunalen Ganztagskinderkrippen und -kindergärten zur Verfügung zu stellen. Bei diesen Einrichtungen ist die demokratische Kontrolle und Mitbestimmung zu gewährleisten.

– Für die Kinder berufstätiger Eltern müssen mehr Tageskindergärten und -kinderhorte in der Nähe der Wohnung geschaffen werden. Öffnungszeiten sind auf die Arbeitszeit berufstätiger Eltern abzustimmen. Alleinstehende Mütter müssen vorrangig mit Plätzen in Kindereinrichtungen versorgt werden.

– Alle sozialpädagogischen Einrichtungen müssen ausreichend ausgebildetes Fachpersonal zur Betreuung der Kinder haben. Die Gruppenstärke in Kindergärten darf höchsten 12 bis 15, in Krippen höchsten 6 bis 8 Kinder betragen.

– Förderung und Ausbau von öffentlichen Dienstleistungseinrichtungen, die die private Hausarbeit weitgehend erleichtern und einschränken. Sie dürfen keine Quelle für Profite sein.

– Anschaffungskosten für Haushaltsgeräte (Spül- und Waschmaschine u. a.) müssen steuerlich absetzbar sein.

– Zinsfreie und -begünstigte staatliche Kredite für junge und kinderreiche Familien.

IV. Das Recht auf Schutz von Mutter und Kind

Die starke Belastung der arbeitenden Frauen durch verstärkte Ausbeutung und Diskriminierung im Arbeitsprozeß einerseits und die Versorgung der Familie und des Haushalts andererseits gefährdet die Gesundheit der Frauen erheblich. Die Frühinvalidität vieler Frauen ist Ausdruck der schweren Anforderungen, denen sie ausgesetzt sind.

Fuß- und Beinleiden, Unterleibserkrankungen, Wirbelsäulen- und Kreislaufschäden gehören zu den häufigsten Krankheiten. Die Mutter- und Säuglingssterblichkeit in der BRD steigt in den letzten Jahren erheblich. Der Mutter- und Kinderschutz, die medizinische Betreuung vor und nach der Entbindung, die Geburtenhilfe sind unzureichend.

Es gibt kein absolutes Fließband- und Akkordverbot für schwangere Frauen.

Diese Lage verlangt den besonderen Schutz und eine umfassende gesundheitliche Betreuung der Frau und Mutter.

Die DKP fordert:

– Gesetzlich gesicherte bezahlte Kurzpausen, Pausengymnastik sowie Einrichtung von betrieblichen Ruheräumen, um der dauernden Überbelastung entgegenzuwirken.

– Anwendung der arbeitsmedizinischen Erkenntnisse durch Verbot bestimmter gesundheitsschädlicher Arbeiten und Erlaß besonderer Schutzbestimmungen.

– Arbeitszeitverkürzung und mehr Urlaubstage ohne Lohneinbuße für Mütter mit drei und mehr Kindern. Bei besonders gesundheitsgefährdenden Arbeiten muß die tägliche Arbeitszeit ebenfalls herabgesetzt werden.

– Kostenlose regelmäßige Voruntersuchung zur Früherkennung der wichtigsten belastungs- und berufsbedingten Krankheiten.

– Einrichtung und Ausbau regelmäßiger Vorsorge- und Rehabilitationsmaßnahmen für Frauen, wie Kurplätze, Bäder usw., besonders für alleinstehende Mütter, Mütter mit mehreren oder behinderten Kindern.

– Verlängerung der Schutzfristen nach der Entbindung auf 14 Wochen. Der Schwangerschaftsurlaub muß insgesamt 20 Wochen betragen.

– Möglichkeit eines Sonderurlaubs von 18 Monaten nach der Schutzfrist einer Entbindung bei Sicherstellung des Arbeitsplatzes, der Rentenanrechnung und einer staatlichen finanziellen Unterstüzung.

– Gesetzliches Verbot von Fließband- und Akkordarbeit für Schwangere, bei vollem Lohnausgleich.

– Absoluter Kündigungsschutz für werdende Mütter, auch im Ausbildungsverhältnis.

– Sofortige Einführung einer Höchstarbeitszeit von 7 Stunden täglich und 35 Stunden wöchentlich für werdende und stillende Mütter, bei vollem Lohnausgleich.

– Die Freistellung von 5 Tagen bei Erkrankung eines Kindes unter

8 Jahren ist auf mindestens 14 Tage im Jahr zu erhöhen; die dafür festgelegte Altersgrenze des Kindes ist auf 14 Jahre heraufzusetzen.

V. Das Recht der Frau auf Selbstentscheidung

Seit über 100 Jahren wird der Kampf gegen den frauenfeindlichen Paragraphen 218 geführt. Dieser Pragraph hat nie Schwangerschaftsunterbrechungen verhindern können. Die Reichen nahmen sich schon immer das Recht, unerwünschte Schwangerschaften durch kostspielige ärztliche Hilfe beseitigen zu lassen. Unter menschenunwürdigen Bedingungen wurde und wird die Gesundheit und das Leben der Frauen, vor allem aus der Arbeiterklasse, gefährdet. Die Frauen, die nicht über die notwendigen Beziehungen und finanziellen Mittel verfügen, wurden und werden in die Hände der Kurpfuscher getrieben. In den letzten Jahren demonstrierten im Interessen des Rechts der Frau auf Selbstentscheidung Frauen und Männer für eine Reformierung des Paragraphen 218 im Sinne der Fristenregelung. Unter dem Druck ihrer massiven Forderungen beschloß der Bundestag 1974 die Fristenregelung.

Gegen die beschlossene Fristenregelung stemmten sich alle reaktionären und konservativen Kräfte, die im Interesse ihres Machtsystems jeden gesellschaftlichen Fortschritt verhindern möchten. Da die reaktionäre Position der CDU/CSU im Bundestag scheiterte, klagten diese Parteien beim Bundesverfassungsgericht.

Das Bundesverfassungsgericht entschied im Sinne der CDU/CSU. Es setzte sich über den Willen von Millionen Frauen und Männer, der Gewerkschaften, demokratischen Organisationen und Jugendverbände hinweg und erklärte die Fristenregelung für verfassungswidrig.

Mit diesem Urteilsspruch sollen alle Frauen und Mädchen weiter entmündigt werden, es soll ihnen weiterhin das Recht abgesprochen werden, selbst zu entscheiden, wann und wieviel Kinder sie haben möchten.

Dieser Urteilsspruch widerspricht dem Grundgesetz, das jedem Bürger, auch der Frau, das Recht auf freie Entfaltung ihrer Persönlichkeit, auf Gleichberechtigung und das Recht auf Leben und körperliche Unversehrtheit garantiert.

Das Urteil des Bundesverfassungsgerichtes ist unsozial, da es vor allem die Frauen der arbeitenden Bevölkerung trifft. Es ist empörend, da sich das kapitalistische System und die Bonner Parteien als unfähig erwiesen haben, gesellschaftliche Verhältnisse zu schaffen, in denen alle Kinder eine gesicherte Zukunft haben.

Mit diesem Urteilsspruch erweist sich die BRD als rückständiges Land gegenüber vielen Ländern, in denen die Fristenregelung eingeführt ist.

Die DKP wendet sich mit aller Schärfe gegen die Heuchelei der CDU/CSU und die Vertreter des politischen Klerikalismus, die unter Mißbrauch christlicher Gefühle sich als Anwälte ungeborenen Lebens aufspielen. Ihre Politik hat bewirkt, daß in unserem Land weder das ungeborene noch das geborene menschliche Leben ausreichend geschützt werden.

Sie reden vom Schutz des werdenden Lebens. Sie rechtfertigen und unterstützen gleichzeitig die Niederschlagung antiimperialistischer Befreiungsbewegungen in der ganzen Welt, so u. a. in Chile.

Die DKP unterstützt nach wie vor in eigenen und gemeinsamen Aktionen die Forderung der Arbeiterbewegung, die heute von allen demokratischen Kräften erneut erhoben wird, im Interesse der Frauen und Familien die Fristenregelung durchzusetzen.

Die DKP fordert:

– daß der Wille der Mehrheit unserer Bevölerung respektiert und eine Reform zum Paragraphen 218 im Sinne der Fristenregelung verwirklicht wird;

– daß jeder Frau während der ersten drei Monate der Schwangerschaft die Möglichkeit eines Abbruchs bei medizinischer Beratung und Behandlung in Kliniken, auf Kosten der gesetzlichen Krankenversicherung, gegeben wird;

– daß berufstätige Frauen für die Dauer der damit verbundenen Arbeitsunfähigkeit Krankengeld erhalten;

– daß eine breite Information und Aufklärung in Schulen, Bildungseinrichtungen und Beratungsstellen zu sexuell-ethischen Fragen, zur Schwangerschaftsverhütung und zur Vorbereitung auf die Familie in demokratischem und humanistischem Sinn gewährleistet wird;

– daß jeder Frau, auch jungen Mädchen, auf Wunsch Schwangerschaftsverhütungsmittel kostenlos durch Ärzte verschrieben werden.

Die DKP unterstützt alle fortschrittlichen Maßnahmen auf sozialpolitischen, medizinischen und gesellschaftlichen Gebieten, die für die Kinder und Familien notwendig sind. Sie fordert eine Politik, die dem werdenden und dem geborenen Leben Schutz und Sicherheit gewährleistet.

VI. Die DKP und die Frauen

Die Entwicklung der letzten 25 Jahre in der Bundesrepublik zeigt, daß die Parteien, die sich der Erhaltung des kapitalistischen Systems verpflichtet fühlen, nicht bereit sind, im Interesse der arbeitenden Menschen und damit im Interesse der Mehrzahl der Frauen in unserem Land zu handeln. Wer den Millionären nichts nimmt, kann den Millionen nichts geben.

Weil die DKP die Partei der Arbeiterklasse ist, die konsequent für die Gesamtinteressen der arbeitenden Bevölkerung eintritt, ist sie auch die Partei, die sich für die sozialen, ökonomischen und politischen Forderungen der Frauen aktiv einsetzt.

Die DKP ist die Partei, die reale Alternativvorschläge für den Kampf um die Gleichberechtigung der Frau vorlegt und gleichzeitig den Weg aufzeigt, um die notwendigen Reformen zu finanzieren und durchzusetzen.

Die DKP setzt sich dafür ein, daß die BRD einen eigenen konstruktiven Beitrag zur Rüstungsbeschränkung und Abrüstung leistet. Sie fordert die sofortige Kürzung des Rüstungsetats um jährlich 15 Prozent zugunsten der sozialen Ausgaben. Sie fordert die Umverteilung des Steueraufkommens im Interesse der arbeitenden Menschen.

Sie ist für eine höhere Besteuerung der Großunternehmer und die Einschränkung ihrer Profite; für den Abbau der Steuerbegünstigung aller großen kapitalistischen Unternehmen; für die Verhinderung der Steuerflucht ins Ausland, die jährlich einen Verlust von mindestens 5 Milliarden DM für den Staatshaushalt bedeutet. Die DKP macht keine Versprechungen. Sie orientiert nicht auf Abwarten, sondern auf aktives Handeln. Sie unterstützt das wachsende demokratische und gewerkschaftliche Engagement der Frauen in unserem Land, weil jeder Schritt, weil jeder Erfolg gegen das demokratiefeindliche Großkapital ein Fortschritt für die Durchsetzung der Gleichberechtigung ist.

Die DKP verbindet den Kampf für die unmittelbaren Tagesinteressen der Frauen mit dem Kampf für die demokratische, antimonopolistische Umgestaltung und den Kampf um den Sozialismus.

Die DKP ist fester Bestandteil der kommunistischen Weltbewegung. Durch ihre feste Verbundenheit zu den Bruderparteien und den Völkern der sozialistischen Welt kann sie Erfahrungen dieser Länder bei der Verwirklichung der Gleichberechtigung der Frau solidarisch vermitteln.

Die Erfahrung der demokratischen Bewegung in der BRD, die Streiks in den Betrieben, die gewerkschaftlichen Zusammenkünfte und Kongresse, alle Aktionen, die dem Wohle der werktätigen und friedliebenden Menschen bei uns dienen, zeigen die große Kraft des einheitlichen Auftretens der Werktätigen, vor allem der Arbeiterinnen und Arbeiter, der Bürger der BRD und der in unserem Lande arbeitenden ausländischen Bürger. Dieses einheitliche Handeln ist die einzige Kraft, die alle Spaltungsversuche der Vertreter des Großkapitals durchkreuzen kann und die berechtigten sozialen und politischen Interessen der werktätigen Bevölkerung durchzusetzen vermag.

Wer heute Unterstützung und Gleichberechtigung, wer wirkliche Solidarität sucht, der findet sie in der DKP. 30 Prozent ihrer Mitglieder sind Frauen und Mädchen, die sich gemeinsam mit den männlichen Mitgliedern für die Verwirklichung der Lebensinteressen der Werktätigen aller am gesellschaftlichen Fortschritt interessierten Menschen in der BRD einsetzen. Deshalb braucht die DKP die Unterstützung und Mitarbeit zahlreicher Frauen und Mädchen, so wie die Frauen und Mädchen für ihr erfolgreiches Wirken auch die DKP brauchen.

Lob der Wlassowas

Das ist unsere Genossin Wlassowa, gute Kämpferin.
Fleißig, listig und zuverlässig.
Zuverlässig im Kampf, listig gegen unseren Feind und fleißig
Bei der Agitation. Ihre Arbeit ist klein
Zäh verrichtet und unentbehrlich.
Sie ist nicht allein, wo immer sie kämpft.
Wie sie kämpfen zäh, zuverlässig und listig
In Twer, Glasgow, Lyon und Chicago
Shanghai und Kalkutta
Alle Wlassowas aller Länder, gute Maulwürfe
Unbekannte Soldaten der Revolution
Unentbehrlich.

Aus: Brechts, DIE MUTTER (Pelagea Wlassowa)[1]

1 Pelagea: Zeitschrift des Sozialistischen Frauenbundes Westberlin.

Weitere Literatur

Das Argument. Zeitschrift für Philosophie und Sozialwissenschaften. Hefte 22, 23, 24, 35, 67.

Becker, Christa: Problem 218, Frankfurt a. M. 1972.

Berufstätige Frau und Familie, Berlin (DDR) 1972.

Bölke, Gundula: Die Wandlung der Frauenemanzipationstheorie von Marx bis zur Rätebewegung, Berlin o. J.

Boris, Maria: Die Benachteiligung der Mädchen in Schulen der Bundesrepublik und Westberlin, Frankfurt a. M. 1972.

Brandt, Gisela, Johanna Kootz u. Gisela Steppke: Zur Frauenfrage im Kapitalismus, Frankfurt a. M. 1973.

Broyelle, Claudie: Die Hälfte des Himmels, Frauenemanzipation und Kindererziehung in China, Berlin 1973.

Brunotte, Erika-Ruth: Vorurteile gegenüber Frauen. In: Das Vorurteil als Bildungsbarriere. Hrsg. von Olly Strzelewicz, Göttingen 1965.

Bücher, Karl: Die Frauenfrage im Mittelalter, Tübingen 1910.

Dannhauer, Heinz: Geschlecht und Persönlichkeit. Eine Untersuchung zur psychischen Geschlechtsdifferenzierung in der Ontogenese, Berlin (DDR) 1973.

Dessai, Elisabeth: Sklavin, Mannweib, Weib. Streitschrift für eine weibliche(re) Gesellschaft, München 1970.

Engels, Friedrich: Die Lage der arbeitenden Klasse in England. In: MEW Bd. 2, Berlin (DDR) 1962.

ders.: Ursprung der Familie, des Privateigentums und des Staates. In: MEW Bd. 21, Berlin (DDR) 1962.

Erler, Ursula: Mütter in der BRD, Starnberg 1973.

Die Frau und die Gesellschaft. Aus der Geschichte des Kampfes um die Gleichberechtigung der Frau, Leipzig 1974.

Frauenfeindlichkeit. Sozialpsychologische Aspekte der Misogynie von Hans Dieter Schmidt, Christiane Schmerl u. a., München 1973.

Gast, Gabriele: Die politische Rolle der Frau in der DDR, Düsseldorf 1973.

Gebhard, Paul, Jan Raboch und Hans Giese: Die Sexualität der Frau, Reinbek 1968.

Gerstein, Hannelore: Studierende Mädchen. Zum Problem des vorzeitigen Abgangs von der Universität, München 1965.

Für die Befreiung der Frau. Hrsg. von Marianne Konze, Frankfurt a. M. 1972.

Die Geschlechterrolle. Hrsg. von Karl Bönner, München 1973.

Greer, Germaine: Der weibliche Eunuch, Frankfurt a. M. 1971.

Haensch, Dietrich: Repressive Familienpolitik, Reinbek 1969.

Helwig, Gisela: Zwischen Familie und Beruf. Die Stellung der Frau in beiden deutschen Staaten, Köln 1974.

Hervé, Florence: Studentinnen in der BRD. Eine soziologische Untersuchung, Köln 1973.

Hieblinger, Inge: Frauen in unserem Staat, Berlin (DDR) 1971.

Höhn, Elfriede: Das berufliche Fortkommen von Frauen. RKW Bad Harzburg 1964.

Hofmann, Friedrich: Schwangerschaftsunterbrechung. Aktuelle Überlegungen zur Reform des Paragraph 218, Frankfurt a. M. 1974.

Jaide, Walter: Junge Arbeiterinnen, München 1969.

Köhler-Wagnerová, Alena: Die Frau im Sozialismus – Beispiel ČSSR, Hamburg 1974.

Kunstmann, Antje: Frauenemanzipation und Erziehung, Starnberg 1971.

Laube, Horst: Frauen als Vorgesetzte. RKW Bad Harzfeld 1964.

Lehr, Ursula: Frau im Beruf und Familie, Bonn 1969.

Liebe Kollegin. Texte zur Emanzipation der Frau in der BRD. Hrsg. von Britta Noeske, Gabriele Röhrer und der Westberliner Werkstatt im Werkkreis »Literatur der Arbeitswelt«, Frankfurt a. M. 1973.

Marx, Engels, Lenin: Über die Frau und die Familie. Auswahlband, Leipzig 1972.

Mead, Margaret: Jugend und Sexualität in primitiven Gesellschaften, Bd. 1–3, München 1970.

Menschik, Jutta, und Evelyn Leopold: Gretchens rote Schwestern. Frauen in der DDR, Frankfurt a. M. 1974.

Merfeld, Mechthild: Die Emanzipation der Frau in der sozialistischen Theorie und Praxis, Reinbek 1972.

Mitchell, Juliet, u. a.: Frauenemanzipation – antiautoritäres Mißverständnis oder Beitrag zur Konsolidierung der Arbeiterbewegung, München 1970.

Money, John, und Anke Erhardt: Männlich–Weiblich. Die Entstehung der Geschlechtsunterschiede, Reinbek 1975.

Morgan, Elaine: Der Mythos vom schwachen Geschlecht, Frankfurt a. M. 1975.

Nave-Herz, Rosemarie: Das Dilemma der Frau in unserer Gesellschaft. Der Anachronismus in den Rollenerwartungen, Neuwied/Berlin 1972.

Pfeil, Elisabeth: Die Berufstätigkeit von Müttern, Tübingen 1961.

Probleme der Frauenqualifizierung, Berlin (DDR) 1971.

Pross, Helge: Gleichberechtigung im Beruf? Eine Untersuchung mit 7000 Arbeitnehmerinnen in der EWG, Frankfurt a. M. 1973.

dies.: Die Wirklichkeit der Hausfrau, Reinbek 1975.

Röhr, Dorothea: Prostitution. Eine empirische Untersuchung, Frankfurt a. M. 1972.

Runge, Erika: Frauen. Versuche zur Emanzipation, Frankfurt a. M. 1969.

Schroeder, Margot: Ich stehe meine Frau. Roman, Frankfurt a. M. 1975.

Schwarzer, Alice: Der kleine Unterschied und seine großen Folgen, Frauen über sich, Frankfurt a. M. 1975.

dies.: Frauenarbeit – Frauenbefreiung, Frankfurt a. M. 1973.

Sokolowska, Magdalena: Frauenemanzipation im Sozialismus. Das Beispiel der Volksrepublik Polen, Reinbek 1973.

Sullerot, Evelyne: Die emanzipierte Sklavin. Geschichte und Soziologie der Frauenarbeit, Wien/Köln/Graz 1972.

Thönessen, Werner: Frauenemanzipation. Politik und Literatur der deutschen Sozialdemokratie 1863–1933, Frankfurt a. M. 1966.

Ulshoefer, Helgard: Mütter in Beruf. Die Situation erwerbstätiger Mütter in neun Industrieländern. Annotierte Bibliographie, Weinheim/Berlin/Basel 1969.

Vaerting, M.: Neubegründung der Physiologie von Mann und Weib. (Männerstaat-Frauenstaat), Karlsruhe 1921. (Frauenraubdruck vom Frauenzentrum Berlin)

Wir bleiben zusammen. Eine Diskussion um die Ursachen von Ehekrisen, Hrsg. Richard Halgasch, Leipzig 1971.

Zahn-Harnack, Agnes: Die Frauenbewegung. Geschichte, Probleme, Ziele, Berlin 1928.

Quellen und Nachweise

1. Louise Otto, Aufruf in der »Leipziger Arbeiterzeitung« Nr. 4 vom 20. Mai 1948, aus: Jürgen Kuczynski, Studien zur Geschichte der Lage der Arbeiterin in Deutschland von 1700 bis zur Gegenwart, Berlin 1963, S. 342–344.

2. Declaration of sentiments, aufgestellt von der Versammlung amerikanischer Frauen in Seneca Falls (N. Y.) am 19. und 20. Juli 1848, aus: Helene Lange, Die Frauenbewegung in ihren gegenwärtigen Problemen, Leipzig 1924, S. 151 f.

3. Friedrich Schleiermacher, Idee zu einem Katechismus der Vernunft für edle Frauen, aus: Helene Lange, Die Frauenbewegung . . ., a.a.O., S. 30.

4. Mahnwort eines Seelsorgers an junge Hausfrauen, aus: Das häusliche Glück, hrsg. von einer Kommission des Verbandes »Arbeiterwohl«, Gladbach und Leipzig 1882, S. 5–19. Neu hrsg. von Richard Blank. München 1975.

5. Clara Zetkin, Die bürgerliche Frauenbewegung, aus: Dies., Zur Geschichte der proletarischen Frauenbewegung Deutschlands, Berlin 1958, S. 202–211.

6. Clara Zetkin, Die sozialdemokratische [proletarische] Frauenbewegung, aus: Dies., Zur Geschichte . . ., a.a.O., S. 212–223.

7. Lily Braun, Das Verhältnis von bürgerlicher zu proletarischer Emanzipation, aus: Dies., Die Frauenfrage, Leipzig 1901, S. 456–475 (gekürzt).

8. Helene Lange, Die Stellung der Frauenbewegung zu Ehe und Familie, aus: Dies., Die Frauenbewegung . . ., a.a.O., S. 78–93.

9. August Bebel, Die Frauen in der Zukunft, aus: Ders., Die Frau und der Sozialismus, Berlin 1964, S. 515–522.

10. Clara Zetkin, Für die Befreiung der Frau!, aus: Dies., Ausgewählte Reden und Schriften, Band 1, Berlin 1957, S. 3–11.

11. Alexandra Kollontay, Die Liebe der drei Generationen, aus: Dies., Wege der Liebe, Drei Erzählungen, Berlin 1925, S. 5–68.

12. Betty Friedan, Das Problem ohne Namen, aus: Dies., Der Weiblichkeitswahn oder die Selbstbefreiung der Frau, Ein Emanzipationskonzept, Reinbek 1970, S. 13–26, © 1966 by Rowohlt Verlag GmbH, Reinbek bei Hamburg.

13. Alva Myrdal und Viola Klein, Die Doppelrolle der Frau in Familie und Beruf, aus: Dies., Die Doppelrolle der Frau in Familie und Beruf, Köln/Berlin 1971, S. 68–82 (Die Lebensabschnitte der Frau) und S. 285–303 (Ziele auf lange Sicht). © 1960 by Verlag Kiepenheuer & Witsch, Köln.

14. Simone de Beauvoir, Schlußfolgerungen, aus: Dies., Das andere Geschlecht, Sitte und Sexus der Frau, Hamburg 1968, S. 668–681. © 1951 by Rowohlt Verlag, Hamburg.

15. Anordnung über die Aus- und Weiterbildung von Frauen für technische Berufe und ihre Vorbereitung für den Einsatz in leitenden Tätigkeiten vom 7. Juli 1966 (Gesetzblatt der DDR), aus: Staatliche Dokumente zur Förderung der Frau in der Deutschen Demokratischen Republik, Gesetzesdokumentation, Berlin 1973, S. 115–156.

16. Kate Millet, Freud und der Einfluß der Psychoanalyse, aus: Dies., Sexus und Herrschaft, Die Tyrannei des Mannes in unserer Gesellschaft, München 1974, S. 255–260. © 1974 by Desch Verlag, München.

17. Shulamith Firestone, Die Dialektik der Geschlechter – Klassenkampf oder sexuelle Revolution, aus: Dies., Frauenbewegung und sexuelle Revolution, Frankfurt am Main 1975, S. 9–20 (Dialektik der Geschlechter – Klassenkampf und sexuelle Revolution), S. 35–42 (Der alte und der neue Feminismus). © 1975 by Fischer Taschenbuch Verlag, Frankfurt am Main.

18. Mariarosa dalla Costa, Die Produktivität der Passivität, aus: Dies., Die Macht der Frauen und der Umsturz der Gesellschaft, Berlin 1973, S. 40–58. © 1973 by Merve-Verlag, Berlin.

19. Anne Koedt, Lesbische Bewegung und Feminismus, aus: Radical Feminism, ed. by Anne Koedt, Ellen Levine, and Anita Rapone, New York 1973. Zuerst erschienen in: Notes from the Third Year, New York 1971. © 1973 by Anne Koedt. Reprinted by permission of Quadrangle – The New York Times Book Co., New York.

20. Simone de Beauvoir, Ich bezeichne mich selbst als Feministin, aus: Dies., Alles in allem, Reinbek 1974, S. 450–465. © 1974 by Rowohlt Verlag GmbH, Reinbek bei Hamburg.

21. »Produktivkraft Sexualität souverän nutzen«, Gespräch mit der DDR-Schriftstellerin Irmtraud Morgner, von Karin Huffzky, aus: Frankfurter Rundschau vom 16. 8. 1975.

22. Kleingruppen – Erfahrungen und Regeln, aus: Fraueninfo Freiburg 1975, S. 35–39.

23. Jutta Menschik, Vom »Aktionsrat zur Befreiung der Frau« zum »Sozialistischen Frauenbund Westberlin«, aus: Dies., Gleichberechtigung oder Emanzipation, Frankfurt am Main 1971, S. 157–165 und S. 185 f. © 1971 by Fischer Taschenbuch Verlag, Frankfurt am Main.

24. Maria Weber, Programmatische Forderungen des DGB im Jahr der Arbeitnehmerin, aus: Gewerkschaftliche Monatshefte 11/1972.

25. Grundsätze für die Arbeit der Sozialdemokratischen Frauen, erarbeitet von der Programmkommission beim Bundesvorstand der Arbeitsgemeinschaft Sozialdemokratischer Frauen (ASF), Beschlußvorlage für die ordentliche Bundesfrauenkonferenz vom 23. bis 25. Mai 1975 in Braunschweig.

26. Für eine demokratische Frauenpolitik, Grundsätze und Forderungen der Deutschen Kommunistischen Partei, hrsg. vom Parteivorstand der DKP, Referat Öffentlichkeitsarbeit, Düsseldorf.

Den Artikel des Freiburger Frauenkollektivs „Kleingruppen – Erfahrungen und Regeln" entnahmen wir dem Buch „Frauenjahrbuch 1", Verlag Roter Stern, Frankfurt 1975, Postfach 1801 47.
Die Übersetzung des Artikels von Anne Koedt „Lesbische Bewegung und Feminismus" entnahmen wir dem Buch „Frauen gemeinsam sind stark! Texte und Materialien des Women's Liberation Movement in den USA", Verlag Roter Stern, Frankfurt/M 1972.
Die Novelle von Alexandra Kollontay „Die Liebe der drei Generationen" ist enthalten in „Wassilissa Malygina. Erzählungen über 'Wege der Liebe' im frühen Sowjet-Rußland/ Frauen zwischen Ehe und Revolution", Verlag Roter Stern, Frankfurt/M 1973.
Das Buch von Clara Zetkin „Zur Geschichte der proletarischen Frauenbewegung Deutschlands", dem die Beiträge S. 44 – 61 entnommen sind, ist im Reprint beim Verlag Roter Stern erhältlich.

Handbuch für Frauen

Frauenaktion Dortmund

Schwangerschaft und der neue § 218

Abtreibung in der BRD: Praxis und Möglichkeiten

Kleine Bibliothek, Bd. 74
200 Seiten, DM 9,80

Nach der Neufassung des § 218 sind Frauen, die sich nicht in der Lage sehen, die Folgen einer Schwangerschaft auf sich zu nehmen, praktisch dem Verständnis oder Unverständnis des Arztes ausgesetzt. Gutachten von Ärzten entscheiden, ob das Kind ausgetragen oder die Schwangerschaft unterbrochen wird. Frauen, die verständnislosen Ärzten ausgesetzt sind, wenden sich aus naheliegenden Gründen nicht an die Öffentlichkeit.

An konkreten Schwangerschaftsfällen zeigt der Band, was sich in den Sprechzimmern der Ärzte abspielt, welche Verhaltensweisen noch am ehesten zur Durchsetzung von Traueninteressen führen. Informiert wird ausführlich über Verhütungsmethoden sowie über die nach medizinischen Erkenntnissen schonendsten und risikolosesten Abbruchmethoden, die im Ausland seit langem angewandt werden. Im Ausland, besonders in Holland, sind Erfahrungen gesammelt worden, die als Basis für die zukünftige Praxis in der BRD dienen können.

Von Frauen für Frauen geschrieben, stellt das Buch in der Tat eine praktische Lebenshilfe dar. Zugleich ermöglicht es den Frauen, ihre Situation in einem gesellschaftlichen Zusammenhang zu sehen.

Pahl-Rugenstein

Demokratische Erziehung

Politisch-wissenschaftliche Zweimonatszeitschrift für das gesamte Bildungs- und Erziehungswesen

Herausgegeben von *Georg Auernheimer* · *Frank Benseler* · *Horst Bethge* · *Karl H. Bönner* · *Dankwart Danckwerts* · *Alfred Degen* · *Frank Deppe* · *Helga Deppe-Wolfinger* · *Lottemi Doormann* · *Karl-Heinz Heinemann* · *Horst Holzer* · *Hans Rainer Kaiser* · *Karl Chr. Lingelbach* · *Michael Otte* · *Karin Priester* · *Erich Roßmann* · *Gerwin Schefer* · *Stephan Voets* · *Herbert Vorgrimler*

Jedes Heft enthält Aufsätze zu einem Hauptthema und Aufsätze zu grundlegenden und aktuellen wissenschaftlichen Themen. Ferner in jedem Heft: Kommentare und Berichte · Literaturverzeichnis zum Hauptthema · Rezensionen · Bildungspolitische Dokumente und Kurzinformationen · Kontroverse Diskussionsbeiträge

Bisher behandelte Hauptthemen: Hauptschule · Berufs- und Bildungssituation der Frau · Berufliche Bildung · Politische Bildung · Lehrerbildung und -bedarf · Bildungsökonomie · Sonderpädagogik

Einzelne Aufsätze u. a.: *D. Brühl/H. Fleßner*, Arbeitereltern und Hauptschule · *H. J. Gamm*, Konfliktproblematik der bürgerlichen Schule · *W. Jantzen*, Behindertenpädagogik am Scheideweg · *W. Däubler*, Betriebsräteschulung · *L. Sève*, Kampf der Begabungsideologie · *H. Helmer*, Reform des Deutschunterrichts · *O. Todtenberg*, Arbeitslosigkeit und Berufsnot der Jugend · *K. Lipps*, Unterrichtseinheit zur Befreiung vom Faschismus · *H. D. Strüning*, Die Politikrichtlinien in NRW · *B. Degen*, Zweiter Bildungsweg · *D. Pollmann*, Alphabetisierung in Portugal · *F. Haug*, Automation und Höherqualifikation · *S. Tschernik/A. Fotejewa*, Sowjetisches Rahmengesetz über Volksbildung · *H. Bethge/L. Doormann*, Elternaktionen · *G. Rückriem*, Bildungsberatung

Im Abonnement DM 3,50 · Studentenabonnement DM 3,– · Einzelheft DM 5,–

Pahl-Rugenstein

Bildung und Erziehung

Autorenkollektiv Wissenschaftspsychologie
am Psychologischen Institut der Universität Münster

Materialistische Wissenschaft und Psychologie

446 S., DM 14,80.

Das von Hochschulpraktikern erarbeitete Lehrbuch gibt Psychologiestudenten, Sozialpsychologen und Sozialwissenschaftlern eine Einführung in die theoretischen Grundlagen marxistischer Psychologie. Im zweiten Teil des Bandes werden die allgemeinen Grundlagen exemplarisch auf aktuelle sozialpsychologische Forschungsbereiche angewandt.

Anna A. Ljublinskaja

Kinderpsychologie

Aus dem Russischen. 544 S., DM 19,80.

Aus dem Inhalt: Geschichte und Methoden der Kinderpsychologie – Die Entwicklung der Erkenntnis – Der Erwerb eines Systems praktischer und geistiger Handlungen – Die Vererbung – Die Entwicklung der höheren Nerventätigkeit und des Gehirns – Das Spiel – Die Arbeit – Die Wahrnehmung – Gedächtnis und Phantasie – Die Rolle der Tätigkeit beim Einprägen des Stoffes – Das Lesenlernen – Die Herausbildung der Persönlichkeit im Schulalter – Die Herausbildung von Moralbegriffen.

Rüdiger Koch

Berufstätigkeit der Mutter
und Persönlichkeitsentwicklung des Kindes

176 S., DM 14,80.

Koch weist nach, daß immer weniger Mütter auf Haushalt und Kinderpflege sich beschränken lassen. Er zeigt, wie sich mit der Einbeziehung von Frauen in den Produktionsprozeß ihr Selbstbewußtsein positiv verändert und wie sich das Verhältnis der Mütter zu ihren Kindern verbessert. Neben stärkerem Selbstbewußtsein und größerer Unabhängigkeit des Kindes betont Koch die bessere Leistungs- und Durchsetzungsfähigkeit sowie die insgesamt entwickelteren kognitiven Fähigkeiten.

Plädoyer für eine demokratische Bildungspolitik

Herausgegeben von W. Alff, H. Bethge, R. Bünemann, L. Doormann, H. J. Krysmanski, R. Opitz, K. Priester, S. Rosenberg, E. Rossmann.

Kleine Bibliothek, Bd. 75, 192 S., DM 9,80.

Die Bestandsaufnahme seit Kriegsende ergibt: Die Ziele von 1945 sind nicht erreicht. Die Lage des Erziehungswesens ist gegenwärtig sogar durch Stagnation und Rückschritt gekennzeichnet. Markantester Ausdruck der Misere sind die Berufsverbote. Wie sind unter den heutigen Bedingungen Fortschritte zu erreichen? Was lehrt uns die Geschichte für die Erziehung zu Demokratie und Frieden?

Pahl-Rugenstein

Demokratie und Recht

Udo Mayer / Gerhard Stuby (Hrsg.)
Die Entstehung des Grundgesetzes
Beiträge und Dokumente
338 Seiten, DM 14,80

Dieses Buch bietet Materialien und Dokumente für eine Verfassungsgeschichte der BRD. Es umreißt die ambivalente Entstehung des Grundgesetzes: einerseits Dokument der Spaltung Deutschlands, andererseits Rahmenkompromiß zwischen Anhängern einer sozialistischen Gesellschaftsordnung und Verfechtern traditioneller privater Eigentumsverhältnisse. Die Autoren untersuchen die Gründe für das Scheitern der Bildung einer einheitlichen deutschen Republik. Sie analysieren die Widersprüche bei der Beratung des Grundgesetzes und gehen an dessen Strukturelementen der demokratischen und antifaschistischen Intention der Verfassungsgesetzgeber nach. So trägt das Buch zur Rückbesinnung auf Grundlagen der Verfassung bei.

Vereinigung Demokratischer Juristen (Hrsg.)
Das Grundgesetz
Verfassungsentwicklung und demokratische Bewegung in der BRD
Beihefte zur Zeitschrift Demokratie und Recht, Band 4, 145 Seiten,
kartoniert, DM 14,80

Horst Bethge / Erich Roßmann (Hrsg.)
Der Kampf gegen das Berufsverbot
Dokumentation der Fälle und des Widerstands
Kleine Bibliothek, Bd. 43, 384 Seiten, DM 12,80

Die Zerstörung der Demokratie durch die Berufsverbote
Herausgegeben von H. Bethge, R. Bünemann, H. Enderlein, I. Kurz, E. Rossmann, Th. Schiller, H. Stein, G. Stuby
Kleine Bibliothek, Bd. 71, 320 Seiten, DM 7,80

Dieses Buch schließt an die 1973 erschienene Dokumentation »Der Kampf gegen die Berufsverbote« an, in der die ersten dreihundert Verbotsfälle dargestellt sind. Mit der steigenden Zahl der Opfer ist die Bewegung gegen die Berufsverbote erheblich angewachsen. Inzwischen mobilisieren über 300 Bürgerinitiativen, zahlreiche gewerkschaftliche, studentische und kirchliche Organisationen, Jugendverbände, Juristen, Wissenschaftler, Journalisten, aber auch Gliederungen der Parteien, den öffentlichen Widerstand im In- und Ausland. Der Sammelband enthält Stellungnahmen, dokumentiert neuere Beschlüsse und gibt wichtige Materialien des Kampfes gegen die Berufsverbote wieder.

Pahl-Rugenstein

Geschichte · Zeitgeschichte

Joachim Streisand
Deutsche Geschichte von den Anfängen bis zur Gegenwart
Eine marxistische Einführung
484 Seiten, DM 9,80

Dem wachsenden Bedürfnis nach einem eindeutig an Fortschritten in der deutschen Geschichte orientierten Überblick wird zur Zeit kein Historiker so gerecht wie Joachim Streisand, der leichte Lesbarkeit mit historischer Akribie zu verbinden versteht. Hauptprobleme
und Wendepunkte der deutschen Geschichte treten scharf hervor: die Herausbildung des ersten deutschen Reichs, die Entwicklung des Humanismus und der Reformation, die früh-
bürgerliche Revolution, die Befreiungskriege, die Revolution 1848, die Reichsgründung
1871, der Imperialismus, die deutsche Arbeiterbewegung u. a. m. Die Beschäftigung mit den
Wendepunkten der deutschen Geschichte, mit den Knotenpunkten des Übergangs von einer
Gesellschaftsordnung zur anderen wird besonders von der materialistischen Geschichtswis-
senschaft gefördert, zu deren bedeutendsten Vertretern Streisand zählt.

Reinhard Kühnl
Der deutsche Faschismus in Quellen und Dokumenten
512 Seiten mit 317 Dokumenten und 13 Abbildungen
DM 9,80

Wie konnte der Faschismus die Weimarer Republik zerstören und die Diktatur errichten?
Wie wurde die Bevölkerung gewonnen? Wie sah das Herrschaftssystem aus? Welche Ziele
verfolgten die Nazis? In wessen Interesse wurden sie durchgesetzt? Wer profitierte vom Ter-
ror? Wer leistete Widerstand? Ausgehend von diesen immer wieder aufgeworfenen Fragen
hat der bekannte Faschismusforscher der BRD Dokumente ausgewählt und kommentiert,
die den Charakter des deutschen Faschismus sowie dessen innen- und außenpolitische Ziel-
setzungen unmißverständlich bloßlegen.

Rolf Badstübner / Siegfried Thomas
Restauration und Spaltung
Entstehung und Entwicklung der BRD 1945–1955
512 Seiten, DM 9,80

Das Buch zeigt, wie es zur Entstehung der BRD, zu ihrer Einbeziehung in die NATO und
damit zur gewollten Zerreißung Deutschlands kam. In der Nachzeichnung der Restaura-
tions- und Spaltungsgeschichte widerlegen die für diese Zeitperiode bestens ausgewiesenen
Verfasser gängig gewordene Geschichtslegenden und weisen nach, daß die Entwicklung
vom Deutschen Reich zur Bundesrepublik ein Produkt der rigorosen Durchsetzung bürger-
lich-konservativer Interessen war. Die in den Nachkriegsjahren in den Westzonen Deutschlands versäumten demokratischen Chancen vermitteln wichtige Lehren für die Gegenwart
und Zukunft.

Pahl-Rugenstein